应用型本科及高职高专交通土建类专业规划教材

隧道工程

王海彦　骆宪龙　付迎春　主编

西南交通大学出版社

·成　都·

图书在版编目（ＣＩＰ）数据

隧道工程／王海彦，骆宪龙，付迎春主编. —成都：
西南交通大学出版社，2016.7（2021.11 重印）
ISBN 978-7-5643-4775-8

Ⅰ．①隧… Ⅱ．①王… ②骆… ③付… Ⅲ．①隧道工
程－高等学校－教材 Ⅳ．①U45

中国版本图书馆 CIP 数据核字（2016）第 154649 号

隧道工程

王海彦　骆宪龙　付迎春　主编

责 任 编 辑	曾荣兵	
封 面 设 计	墨创文化	
出 版 发 行	西南交通大学出版社 （四川省成都市二环路北一段 111 号 西南交通大学创新大厦 21 楼）	
发行部电话	028-87600564　028-87600533	
邮 政 编 码	610031	
网　　　址	http://www.xnjdcbs.com	
印　　　刷	成都中永印务有限责任公司	
成 品 尺 寸	185 mm × 260 mm	
印　　　张	22.25	
字　　　数	548 千	
版　　　次	2016 年 7 月第 1 版	
印　　　次	2021 年 11 月第 3 次	
书　　　号	ISBN 978-7-5643-4775-8	
定　　　价	44.00 元	

课件咨询电话：028-87600533
图书如有印装质量问题　本社负责退换

前　言

随着我国基础建设的迅猛发展，公路和铁路交通建设也得到了飞速发展，隧道作为公路和铁路线上的重要建筑物，无论是隧道修建长度、断面大小，还是施工技术都发生了巨大变化。目前，我国的隧道修建总长度居于世界第一，已成为世界上隧道数量最多、施工难度最大、修建最快的国家。在这样的发展背景下，隧道设计、施工技术水平已接近国际先进水平，部分技术已达到国际领先水平。本教材结合工程应用型本科和高等职业技术教育侧重实践性和实用性特点，为满足培养工程技术应用型人才要求编写的。

本教材按最新公路和铁路隧道设计规范和施工技术规范编写，内容系统整合了公路和铁路隧道的有关知识点，完全满足交通土建类专业课程教学要求。本教材力求简明，突出了实践性和实用性，在充分吸收和继承同类教材经典内容基础上，比较全面、系统地介绍了隧道构造、隧道设计和施工方面的基本知识，广泛吸取了国内外施工现场的新技术、新方法、新材料、新工艺。在教学过程中应根据各专业特点和授课对象将教学内容做适当调整，并结合隧道工程技术发展前沿，结合一定的工程实例组织教学。本教材既可作为应用型本科和高职高专交通土建类隧道工程教学用书，也可供隧道施工技术人员学习参考。

本教材由王海彦、骆宪龙、付迎春任主编，周太平、陈宇任副主编，仇文革主审。参加编写工作的有：陈宇（绪论），周太平（第一章和第三章五、六节），习淑娟（第二章），骆宪龙（第三章一、二、三、四节和第九章），王海彦（第四章和第五章），杨治东（第六章），付迎春（第七章），林宝龙（第八章）。其中，仇文革是西南交通大学的教师，周太平是四川管理职业学院的教师，陈宇是铁道第三勘察设计院的设计师，其他人员均为石家庄铁路职业技术学院教师。

在本书编写得到了国内同行和参编人员的大力支持，特别是得到了西南交通大学仇文革教授的悉心指导，郑文华、李日华、王素康等同志给予了文字校核，在此表示诚挚的谢意。由于编者水平有限,不当之处还望各位同行和读者批评指正。

编　者

2016 年 12 月

目　录

绪　论

隧道是一种修建在地下的工程结构物。随着人类文明及现代工程技术的发展，隧道以其位于地下这一特点，已被广泛地应用于交通、矿山、水利及国防等领域，现已成为土木工程的一个重要分支。交通运输类隧道与其他用途的隧道相比，不仅长度大、数量多，而且在施工中面临的工程地质和水文地质条件也比较复杂，对其平面、纵断面、横断面以及形状、尺寸要求都较严格。目前对隧道的勘测、设计和施工体系已日趋成熟。本书旨在介绍铁路和公路隧道的构造、设计及施工等方面的知识。

一、隧道的基本概念和用途

一般说来，隧道是按照设计形状和尺寸在地下开挖出一个长形的通道，再做必要的支护形成稳定的洞室，以便使用。因此，所谓隧道，通常是指修建在地层中断面面积不小于 2 m² 的地下通道。长期以来，除天然洞穴外，人类为了不同的需要，在地下修建了许多各种用途的工程建筑物，如位于地下的人防工程、工厂、仓库、街道、商店、停车场、陵墓等。这些地下建筑物虽然其用途、结构形式和构造有所不同，但都是作为地下洞室而存在的。因此，作为"地下通道"的隧道概念，也可以扩大到地下空间利用的各个方面（断面过小的地下管道除外）。

作为地下通道，隧道的主要用途有两方面：用作交通运输通道和水流通道。因此，除了在公路、铁路建设中及挖掘运河时常要修建公路隧道、铁路隧道及航运隧道外，在水力发电、农田灌溉或为了向大城市供水等而修建的输水隧道。此外，在国防及市政等工程建设中，隧道也得到了广泛的应用，如人防工程、城市地铁、过街地道等。

二、隧道在交通运输方面的应用和分类

在公路和铁路上，隧道常用于穿越山岭和水流障碍。在城市交通运输中，隧道也常常被采用。按照穿越障碍或作用的不同，位于交通线上的隧道可分为山岭隧道、水底隧道和地下铁道等。

（一）山岭隧道

在山区修建公路和铁路时，往往会遇到高程障碍，而修建隧道克服之则有着明显的优势。它既可以使线路顺直，避免无谓的展线，使线路缩短；又可以减小线路坡度，使运营条件得以改善，从而提高运输能力，取得理想的经济效果。

目前，世界上已建成的最长的山岭隧道是西格（西宁—格尔木）铁路二线新关角隧道，全长 32.645 km，隧道设计为两座平行的单线隧道，共设置了 11 座斜井（合计 15.26 km）及 9.8 km 的平行导坑辅助正洞掘进，建设总工期为 5 年，实际将近 7 年，2014 年 4 月 15 日，隧道全线贯通。

我国已建成的较长的山岭铁路隧道有：位于兰渝铁路线上西秦岭隧道，国内铁路第二长隧道，全长 28.238 km，穿越西秦岭山区，位于甘肃省陇南市境内，2014 年 7 月 19 日全线贯通；位于我国石太客运专线上的太行山隧道，左线隧道长 27.839 km、右线隧道长 27.848 km，全隧道共设进口 1 个、斜井 9 个、出口 1 个，共 11 处施工通道，在 20 个工作面上同时展开施工；位于兰州—武威复线的乌鞘岭隧道，左、右线隧道长均为 20.05 km，此隧道于 2005 年 10 月建成；位于西安—安康线上的秦岭隧道，单线全长 18.456 km，这一隧道的修建使得线路长度比 20 世纪 70 年代设计的线路方案缩短了 88 km，且能以最短距离通过 4 个地质大断裂带，节省工程造价约 10 亿元，真正实现了少弯道、低坡度的运输方式，运输能力大大提高；20 世纪 70 年代末建成的京广线衡广复线，在坪石与乐昌之间，由于修建了长度为 14.295 km 的大瑶山隧道，避免了大量展线，且使线路顺直，线路长度较既有线缩短约 15 km，这一数字几乎为坪石至乐昌间既有线路长度的 1/3。

（二）水底隧道

交通道路遇到江河、海峡、海湾等水流障碍时，虽然多采用桥梁或轮渡方案通过，但考虑穿越地点的地形、地质、水文、航运、军事等因素，也可选取水底隧道作为穿越方案。世界上最长的水底隧道是日本青涵海底隧道（Seikan tunnel）（穿越津轻海峡），长度约 53.85 km，1964 年开挖斜坑道，经过 24 年的施工，于 1988 年 3 月 13 日正式投入运营。其中海底段长 23.3 km，它把日本的本州与北海道两大岛连接起来。其次是英法海峡海底隧道（又称是"欧洲隧道"）。它横穿英吉利海峡最窄处，西起英国东南部港口城市多佛尔附近的福克斯通，东至法国北部港口城市加来，这项工程于 1987 年 12 月正式动工。由于工程难度大，整整花了六年半时间才得以正式竣工，比预定完工时间晚了 1 年，于 1994 年 5 月 6 日通车，全长 50.5 km，其中海底部分长 37 km。

我国在 1949 年以后也相继修建了几座水底隧道，如上海的黄浦江隧道，广州的珠江地铁隧道，宁波的甬江隧道、武汉长江隧道、南京长江隧道等。现已建成的海底隧道是厦门翔安海底隧道，也是我国内地首条海底隧道，从 2005 年 9 月开工至 2009 年 10 月，历时 4 年多，全长 8.695 km，其中海底隧道长约 6.05 km，跨越海域约 4.2 km，设计使用寿命 100 年，采用三孔隧道方案，两侧为行车主洞，中间一条服务中孔，最深在海平面下约 70 m。运营最长的水下隧道是位于广州市南沙区的狮子洋隧道，新建于广深港高速铁路专线广州至深圳段位于广东省中南部，是内地连接香港的快速通路，左、右线各长 10.8 km，隧道穿越小虎沥、沙仔沥和狮子洋三条水道，是目前国内里程最长、建设标准最高的第一座水下铁路隧道。该隧道是国内首次在软硬不均匀岩层中采用大直径泥水盾构长距离掘进的。狮子洋隧道工程为全线控制性工程，其中盾构段长 9.277 km，工作井长 46 m。盾构段采用 4 台泥水平衡式盾构施工。隧道施工方案为"两个工作井、四台盾构地中对接"。隧道段内径 9.80 m，外径 10.80 m，采用"7 + 1"分块式的通用楔形环钢筋混凝土单层管片衬砌。

（三）地下铁道隧道

随着城市建设的飞速发展，地面交通日益繁忙。为了有效缓解地面交通压力，修建地下铁道已成为解决大城市中交通运输问题的重要手段之一。地下铁道不占地面空间，而且安全、快捷、方便、运量大，只是费用比较高。因此，是否修建地铁，要从政治、经济、技术和军事等诸多方面进行考虑。当前，世界上已有100多座城市修建有地下铁道并投入了使用。我国已建成地下铁道并通车的城市有北京、上海、天津、大连、沈阳、西安、广州、重庆、成都、南京、深圳、香港、台北，正在修建地下铁道尚未通车的城市有合肥、青岛、南宁、石家庄、兰州、乌鲁木齐等。

三、隧道施工方法简介

隧道施工方法，一般可分为明挖法和暗挖法两大类。

明挖法适用于浅埋隧道的施工。此种方法的特点是先从地面将隧道上方及内部地层挖开，形成壕堑，然后在壕堑中修建衬砌，再在衬砌顶部进行土石回填。在修建浅埋的地下铁道时亦常采用明挖法施工。

暗挖法施工的特点是先在地层中按需要的形状和尺寸开挖出一个孔洞，然后在其中修建衬砌。常用的暗挖法有矿山法、掘进机法及盾构法三种。其中，矿山法是山岭隧道常采用的施工方法。

矿山法是用一般地下开挖方法来进行隧道施工。当隧道穿经岩石地层时，通常均用钻眼爆破的方法进行开挖，清除开挖出来的石渣并进行必要的初期支护之后，再修建永久性支护结构——衬砌。隧道的横断面视具体条件可分为几部分挖成，亦可一次挖成。由于这种方法与矿山地下巷道的施工方法类似，故常称为矿山法。

掘进机法是采用掘进机来进行隧道开挖的。在石质地层中修建圆形断面的隧道时，常用全断面隧道掘进机（TBM），像钻孔一样，一次便将隧道整个断面钻凿成形。掘进机除了具有掘进功能外，还兼有装渣及自动推进的功能。我国有一些输水隧道曾采用隧道掘进机施工。目前已建成的秦岭隧道亦采用了先进的全断面掘进机设备进行施工，且取得了较好的效果。

在水底隧道、城市地下铁道和上下水道的建设中，由于经常通过松软的甚至含水的土层，故一般采用"盾构"法施工。"盾构"是一种兼有推进、防护、安装和掘进功能的壳体隧道开挖机。按其功能不同，可分为普通盾构、机械化盾构、气压盾构及泥水加压盾构等多种。上海黄浦江公路隧道、上海地铁一号线隧道工程，就是采用盾构法施工的。除了上述几类施工方法外，修建水底隧道时还可采用沉管法施工。这种方法需要预先选定隧道的走向，将路线上的水底表层松软泥土挖走，铺上石头作为地基，再把造好的特定长度的隧道一节一节地铺设在地基上即可。铺设隧道绝不是件容易事：一节管道造好后，要将它运到投放地点，往管道里注水，使它下沉。水下的潜水员指挥水上的起重机调整管道位置，从而保证每节管道完好对接。铺设完成后，还要在隧道外层加铺石料，以防隧道受到外部撞击而破裂。在隧道出入口建成后，就可以把隧道里的水抽走，对隧道内部进行配套设施的安装了。

近几年来，在我国相继修建的隧道基本上是在"新奥法"原理指导下设计和施工的。众多隧道穿越的地层千差万别，工程地质和水文地质条件千变万化，但我国隧道工作者克服种种困难，充分发挥自己的聪明才智，正确运用"新奥法"的原理进行设计、施工，积累了在个别复杂地质条件下实施"新奥法"的成功经验，为我国今后大力推广和发展"新奥法"奠定了基础。除此之外，20世纪80年代以来，我国高等级公路的修建使得公路隧道的建设发展很快。例如，运用新奥法原理可以将矿山法应用到软弱围岩之中，甚至于第四纪地层中的浅埋市政隧道以取代传统的明挖法或盾构法，我国隧道工作者称之为"浅埋矿山法"。

当然，尽管近年来我国隧道工程已经取得了一定的成就，隧道施工技术也得到了相应的发展，但是还存在许多问题和缺点。从总体来看，隧道结构还比较粗大厚实，施工环境还很恶劣，工人劳动强度还很大，工程进度不快和工程造价较高。因此，对围岩的性质还应做更深入的了解；计算模型的选用和计算理论还应更符合实际；施工技术水平和管理方法还应更进一步改进；人力和物力的消耗和浪费都应降低，所有这些都有待隧道工作者去研究和解决。今后应当加强隧道环境和地质的现场量测及实验室的实验工作，以便对各种不同性质的围岩模拟出较为符合实际的计算模型并建立相应的计算理论；进一步提高开挖技术和支护方法；配备完善的施工机械，从目前的半机械化提高到全机械化；要提倡采用科学的管理方法，根据调查的信息，制订施工计划，又根据实测的信息反馈，不断调整计划，达到方案优、质量高、进度快、造价低的目的。总之，只要我们以科学的态度不断实践和探索，就一定能把我国的隧道建设事业推向前进。

四、我国隧道发展概况

（一）我国公路隧道发展概况

我国山地、丘陵和高原面积约占国土总面积的69%。过去在山区修筑公路，由于建设资金严重短缺，多以盘山绕行为主。公路隧道建设非常缓慢，20世纪50年代，仅有30多座总里程约2.51 km的公路隧道。在20世纪50~60年代，我国有10条公路线上曾修建了百米以上的公路隧道，例如1964年修建的北京至山西原平公路（四级公路），修建了两座200 m以上的隧道，当时已是非常大的工程。

改革开放以来，随着国民经济的迅速发展，公路交通建设规模日益扩大，隧道施工技术达到新的水平，公路隧道建设不仅在山区和丘陵地区公路建设中，而且在东部江河桥隧跨越方案比选中，日益引起人们重视，并得到很大发展。据统计，1979年我国公路隧道通车里程仅为52 km/374座，而到2002年年底，我国公路隧道通车里程已达704 km/1700多座，比1979年增长了13倍多，比1993年增长了5倍多。

截至2013年年底，我国大陆有公路隧道11 359座，总长9 605.6 km，与2012年相比净增1 337座，长度增加1 552.9 km。进入21世纪以来，我国高速公路增长迅速，2010—2013年，高速公路的增长率为29.0%，而其隧道总里程与座数的增长率分别为46.7%和35.0%，远高于公路本身的增长率。近十多年来，我国修建了不少特长隧道、长隧道以及隧道群，隧道占公路里程比重不断增大，同时隧道修建技术得到了日新月异的提高和发展。例如1995年建

4

成的成渝高速公路上的中梁山隧道长 3.165 km，解决了我国特大公路隧道的通风问题，在我国的现代化隧道建设中具有重要意义；1999 年 9 月全线通车的四川广安地区华蓥山公路隧道长 4.795 km，地质情况复杂，集溶洞、涌泥、突水、岩爆、高瓦斯和石油天然气于一身，是有名的"烂洞子"，经过科研人员和施工技术人员的联合攻关，都得到了成功解决；1999 年年底实现双洞通车的全长 2×4.116 km 的浙江省甬台高速公路大溪岭—湖雾岭隧道，设置了照明、通风、防火监控等完善的运营机电设施，它是我国自行设计、施工及采用国产材料设备为主的现代化大型隧道；2003 年 9 月通车的山西省雁门关隧道长 5.2 km，运用 TSP2003 地质超前预报技术、现场地质分析技术、徕卡 TCRAL101 全站仪非接触围岩净空位移量测技术等措施，对围岩的稳定性进行综合评价，采用了先进的隧道运营管理机电系统。西安至安康高速公路上穿越秦岭山脉的秦岭终南山特长公路隧道，全长 18.02 km，属世界规模第一、长度第二的山岭公路隧道；西安至汉中高速公路上穿越秦岭山脉的三座特长隧道单洞总长 34 km，整个西汉高速公路隧道单洞总长度约 100 km；上海崇明岛和武汉的长江上将建设大型过江通道工程。同时，我国还修建了不少大跨度隧道、连拱隧道和小间距隧道。沈大高速公路改建工程中的金州隧道，单向四车道行车，单洞开挖宽度 23 m，是亚洲最宽的公路隧道。京珠高速公路五龙岭隧道为双连拱结构，总开挖宽度达 32.52 m。在地质条件不利的条件下，采用三导坑分部开挖，挂网锚喷加钢拱架联合支护，成功地将我国隧道修建技术向前推进了一步。此外，我国应用暗挖法、盾构法、沉管法成功地修建了 5 座水下隧道，标志着我国已具备修建水下隧道的能力并掌握了相关技术。同时，我国还有许多特长公路隧道正在规划和研究中。例如，贯穿中国沿海大走廊的渤海海峡隧道与琼州海峡隧道等，修建连接台湾省与祖国大陆的台湾海峡隧道也在研讨之中。可以预见，21 世纪，我国公路隧道建设技术必将有新的更大的发展。

（二）我国铁路隧道发展概况

目前我国铁路隧道无论在数量上还是在总长度上均已处于世界领先地位。我国从 1888 年春开始建造第一座铁路隧道以来，迄今已有 120 余年的修建历史。根据统计，截止 2013 年年底，我国共建成铁路隧道达 11 074 座，总延长 8 938.78 km，2014 年在建的铁路隧道有 4 206 座，长度 7 795.15 km；已规划有 4 600 余座铁路隧道，总长 10 600 km。在建最长的铁路隧道为高黎贡山隧道，长 34 538 m。

进入"十一五"时期，铁道部全面实施《中长期铁路网规划》，一个以客运专线为重点的铁路网建设已经全面展开，隧道修建数量有了突飞猛进的增长。未来 10 年我国将要修建的铁路隧道，其总长度几乎等于我国已建成的铁路隧道的总和。届时我国铁路隧道的总座数将超过 1 万座，总延长将突破 8 000 km，单座隧道的长度将达到 32 km 及以上。

我国已运营的铁路隧道中，具有标志性的隧道工程主要有大瑶山隧道、秦岭隧道、乌鞘岭隧道、太行山隧道、风火山隧道、昆仑山和新关角隧道。位于京广铁路衡广复线段的大瑶山隧道，是我国目前已建成的最长双线电气化铁路隧道。位于西康线上的秦岭 I、II 线并行的铁路隧道是 20 世纪我国最长的铁路隧道。位于兰新铁路线上兰武复线段的乌鞘岭隧道，也是两座单线隧道。该隧道在软岩深埋复杂应力隧道的修建技术上取得突破。位于石太客运专线上太行山隧道是目前我国建成最长的客运专线铁路隧道。位于青藏铁路线上的风火山隧道是世界上海拔最高的多年冻土隧道，全长 1.338 km，而昆仑山隧道是世界上最长的多年冻土隧道，全长 1.686 km。

目前，我国高速铁路隧道主要分布在东北、华北、华东、中南、东南沿海及中西部地区，地形和地质情况异常复杂，如武广客运专线上通过岩溶地区的铁路隧道，郑西、石太客运专线上通过黄土地区的铁路隧道，下穿高速公路和既有建筑物的铁路隧道，位于自然保护区的铁路隧道，还有穿越江河的水下铁路隧道等。总之，铁路隧道的建设环境和地质情况越来越复杂。

随着我国经济的持续发展，综合国力不断增强，高新技术不断发展以及国内不断扩大内需的实际需要，我国铁路隧道发展前景广阔，同时铁路隧道发展也是我国西部大开发战略和发展沿海经济的迫切需要。

今后，从可持续发展战略出发，我国隧道工程技术发展的重点，一是隧道工程质量，包括工程质量的控制和检测技术；另一方面是隧道工程与生态环境的协调，例如洞口环境的保护、围岩变形与地表沉降的控制、地下水资源的保护等。这些问题不但涉及施工新技术的开发，而且关系到设计理念的转变。

第一章　围岩分级与围岩压力

第一节　围岩分级

一、概　述

围岩是指隧道开挖后其周围产生应力重分布范围内的岩体（或土体），或指隧道开挖后对其稳定性产生影响的那部分岩体（或土体）。

隧道是地下工程，其稳定程度与周围岩体的性态特征有密切的关系，所以研究围岩的性态特征就显得尤为重要。隧道的围岩性态特征是千变万化的，如从松散的流沙到坚硬的花岗岩，从完整的岩体到极破碎的断裂构造带等，都会因在其中修建隧道而表现出不同的稳定性（所谓围岩稳定性，即在隧道开挖后不加支护的情况下其自身的稳定程度，可分为充分稳定、基本稳定、暂时稳定、不稳定）。

根据长期的工程实践，人们认识到，各种围岩的物理性质之间存在着一定的内在联系和规律，因而可将稳定性相似的一些围岩划归为一级，并将全部围岩划分为若干级，这就是围岩分级。

围岩分级的目的是：作为选择隧道施工方法的依据；进行科学管理及正确评价经济效益；确定结构荷载（松散荷载）；确定衬砌结构的类型及尺寸；作为制定劳动定额、材料消耗标准等的基础。

二、围岩分级方法

围岩分级的方法是在人们不断实践和对围岩地质条件逐渐加深了解的基础上发展起来的，分有多种。不同国家、不同行业根据各自的工程特点和目的提出了不同的围岩分级方法，但是这些不同的围岩分级方法考虑的因素具有共性之处。目前，国内外隧道围岩分级考虑了以下三个基本因素：

（1）与岩性有关的因素，如岩石的强度和变形性质（抗压强度、弹性模量、弹性波速等），可将岩石分为硬岩、软岩、膨胀岩等。

（2）与地质构造有关的因素：岩体的完整性或结构状态。如软弱结构面的分布与形态、风化程度、节理发育程度、块度大小等，其分级指标在围岩分级中占有重要地位。

（3）与地下水有关的因素。

大量实践证明，地下水也是影响洞室稳定性的一个重要因素。地下水既能影响应力状态，又能影响围岩强度。一般情况下，地下水在如下四个方面起作用，即动水压力作用、静水压力作用、对含有可溶盐的溶解作用以及对软弱结构面的软化或泥化作用。具体表现在：

① 由于地下水的活动，增加了岩石的含水量和饱和度，降低了岩石的变形模量和强度，使岩石屈服点下降、黏性增加，对裂隙面则是摩擦系数降低和黏聚力减小，因此加剧了围岩的变形和破坏。

② 由于开挖地下洞室而提高了渗压梯度，产生指向洞内的渗透压力。围岩中的渗透压力分布会因裂隙方向的变化和不均匀分布而呈现出不对称性，在不对称性渗透压力作用下，洞壁上的分离块体易于发生塌落。

③ 由于静水压力的作用，饱和水部分岩石的裂隙或有孔隙岩石母体中有效压力都减小了，因此，无论对裂隙或岩石母体，其应力状态都趋于恶化，即抗剪强度减小；此外，润湿、潜蚀、冲走软弱结构面中的充填物而使软弱结构面软化、摩擦阻力减小，促使岩块滑动或失稳。

④ 在某些地质条件下，如含盐地层、黏土和石膏等，遇水后饱和膨胀而产生膨胀压力。

（一）以岩石强度和物理性质指标为代表的分级法

1. 以岩石的强度为基础的分级法

这种围岩分级方法，单纯以岩石的强度为依据。该分级法一般将围岩分为四种类型：坚岩、次坚岩、松石以及土。这种分级方法认为，岩石越坚硬，坑道越稳定，围岩就越好。但它有局限性：如我国陕北的老黄土，无水时直立性很强，稳定性相当好，但强度却很低；再如江西、福建等地的红砂岩，虽然强度低，但稳定性较好。因此，单纯以岩石强度为基础的分级方法需要改进、完善。

2. 以岩石物理性质指标的分级法

苏联的普氏（普洛托奇雅柯诺夫教授）分级法（也称 f 值分级法），把围岩分成 10 类，这种分级法曾在我国的隧道工程中得到广泛的应用。"f"值是一个综合的物性指标，它代表岩石的相对坚固性，如岩石的抗钻性、抗爆性、强度。

$$f_{岩石} = \left(\frac{1}{100} - \frac{1}{150} \right) R_c \qquad （1\text{-}1\text{-}1）$$

式中 R_c ——岩石饱和单轴极限抗压强度。

我国把"f"值应用到隧道工程的设计、施工中时，还考虑了地质条件的影响，即考虑了围岩的节理、裂隙、风化等条件，实质上是将由强度决定的"f"值适当降低，即

$$f_{岩体} = k \cdot f_{岩石} \qquad （1\text{-}1\text{-}2）$$

式中 k ——地质条件折减系数。

（二）以岩体构造、岩性特征为代表的分级法

（1）太沙基（K.terzaghi）分级法：将不同岩性、构造条件的围岩分为九级，对应每一级

都有一个相应的地压范围和支护措施。该分级法在美国、英国等广泛应用。

（2）以岩体综合物性指标的分级法：这种分级法是我国现行铁路隧道围岩分级方法（见后详述）。

（三）与地质勘探手段相联系的分级法

1. 围岩弹性波纵波速度分级

随着工程地质勘探方法，尤其是物探方法的进展，1970年前后，日本提出按围岩弹性波速度进行分级。这种分级方法认为波速越高，围岩越好。

2. 以岩石质量为指标的分级法——RQD（Rock quality designation）分级法

用岩芯复原率来表示岩石质量指标，岩芯的完整程度与岩体的原始裂隙、硬度、均匀性等状态有关。

所谓岩芯复原率，是指单位长度的钻孔中10 cm以上的岩芯占有的比例。

$$RQD(\%) = \frac{10 \text{ cm 以上岩芯累计长度}}{\text{单位钻孔的的长度}} \times 100\% \qquad (1\text{-}1\text{-}3)$$

这种围岩分级方法将围岩分为五级：优、良、好、差、很差。

（四）组合多种因素的分级法（岩体质量——Q分级法）

1974年挪威地质学家巴顿等人提出以"岩体质量——Q"的分级方法。根据不同的Q值将围岩分为九级。这种分级法将岩体质量的6个地质参数之间的关系表达为

$$Q = \frac{RQD}{J_h} \cdot \frac{J_r}{J_\alpha} \cdot \frac{J_w}{SRF} \qquad (1\text{-}1\text{-}4)$$

式中　RQD——岩石的质量指标；

　　　J_h——节理组数目；

　　　J_r——节理粗糙度；

　　　J_α——节理蚀变值；

　　　J_w——节理含水折减系数；

　　　SRF——（Stress rebate factor）应力折减系数。

通过进一步分析发现，$\dfrac{RQD}{J_h}$表示岩块的大小；$\dfrac{J_r}{J_\alpha}$表示岩块间的抗剪强度；$\dfrac{J_w}{SRF}$表示作用应力。所以，岩体质量Q值实质上是岩块尺寸、抗剪强度和作用力的复合指标。

三、我国铁路隧道的围岩分级法

1. 我国铁路隧道围岩基本分级

隧道围岩基本分级应由岩石坚硬程度和岩体完整程度两个因素确定，岩石坚硬程度和岩

体完整程度，应采用定性划分和定量指标 2 种方法综合确定。

岩石坚硬程度可按表 1-1-1 划分，表中岩石风化程度可按表 1-1-2 确定，岩性类型可按表 1-1-3 确定。

表 1-1-1　岩石坚硬程度的划分

岩石类别		单轴饱和抗压强度 R_c/MPa	定性鉴定	岩石风化程度及岩性类型
硬质岩	极硬岩	$R_c>60$	锤击声清脆，有回弹，振手，难击碎；浸水后，大多无吸水反应	未风化或微风化的 A 类岩石
	硬岩	$30<R_c\leq60$	锤击声较清脆，有轻微回弹，稍振手，较难击碎；浸水后，有轻微吸水反应	弱风化的 A 类岩石；未风化或微风化的 B、C 类岩石
软质岩	较软岩	$15<R_c\leq30$	锤击声不清脆，无回弹，较易击碎；浸水后，指甲可刻出印痕	强风化的 A 类岩石；弱风化的 B、C 类岩石；未风化或微风化的 D 类岩石
	软岩	$5<R_c\leq15$	锤击声哑，无回弹，有凹痕，易击碎；浸水后，手可撕开	强风化的 A 类岩石；弱风化或强风化的 B、C 类岩石；弱风化的 D 类岩石；未风化或微风化的 E 类岩石
	极软岩	$R_c\leq5$	锤击声哑，无回弹，有较深凹痕，手可捏碎；浸水后，可捏成团	全风化的各类岩石和成岩作用差的岩石

注：当无条件取得单轴饱和抗压强度 R_c 实测值时，也可采用实测的岩石点荷载强度指数 $I_{s(50)}$ 的换算值，换算方法按现行国家标准《工程岩体分级标准》GB/T 50218 执行。

表 1-1-2　岩石风化程度的划分

风化类别	岩石风化特征
未风化	岩石结构构造未变，岩质新鲜
微风化	岩石结构构造、矿物成分和色泽基本未变，部分裂隙面有铁锰质渲染或略有变色
弱风化	岩石结构构造部分破坏，矿物成分和色泽较明显变化，裂隙面风化较剧烈
强风化	岩石结构构造大部分破坏，矿物成分和色泽明显变化，长石、云母或铁镁矿物已风化蚀变
全风化	岩石结构构造完全破坏，已崩解和分解成松散土状或砂状，矿物全部变色，光泽消失，除石英颗粒外的矿物大部分风化蚀变为次生矿物

表 1-1-3　岩性类型的划分

岩性类型	代表性岩石
A	岩浆岩：花岗岩、闪长岩、正长岩、辉绿岩、安山岩、玄武岩、石英粗面岩、石英斑岩等； 变质岩：片麻岩、石英岩、片岩、蛇纹岩等； 沉积岩：熔结凝灰岩、硅质砾岩、硅质石灰岩等
B	沉积岩：石灰岩、白云岩等碳酸岩类
C	变质岩：大理岩、板岩等； 沉积岩：钙质砂岩、铁质胶结砾岩及砂岩等
D	第三纪沉积岩类：页岩、砂岩、砾岩、砂质泥岩、凝灰岩等； 变质岩：云母片岩、千枚岩等，且岩石单轴饱和抗压强度 $R_c>15$ MPa
E	晚第三纪或第四纪沉积岩类：泥岩、页岩、砂岩、砾岩、凝灰岩等，且岩石单轴饱和抗压强度 $R_c\leq15$ MPa

岩体完整程度可按表 1-1-4 确定，表中结构面结合程度可按表 1-1-5 确定，层状岩层厚度划分可按表 1-1-6 确定。

表 1-1-4　岩体完整程度的划分

完整程度	结构面发育程度			主要结构面结合程度	主要结构面类型	相应结构类型	岩体完整性指数/K_V	岩体体积节理数/（条/m^3）
	定性描述	组数	平均间距/m					
完整	不发育	1～2	>1.0	结合好或一般	节理、裂隙、层面	整体状或巨厚层状结构	$K_V>0.75$	$J_V<3$
较完整	不发育	1～2	>1.0	结合差	节理、裂隙、层面	块状或厚层状结构	$0.75{\geq}K_V>0.55$	$3{\leq}J_V<10$
	较发育	2～3	1.0～0.4	结合好或一般		块状结构		
较破碎	较发育	2～3	1.0～0.4	结合差	节理、裂隙、劈理、层面、小断层	裂隙块状或中厚层状结构	$0.55{\geq}K_V>0.35$	$10{\leq}J_V<20$
	发育	≥3	0.4～0.2	结合好		镶嵌碎裂结构		
				结合一般		薄层状结构		
破碎	发育	≥3	0.4～0.2	结合差	各种类型结构面	裂隙块状结构	$0.35{\geq}K_V>0.15$	$20{\leq}J_V<35$
	很发育	≥3	≤0.2	结合一般或差		碎裂结构		
极破碎	无序	—	—	结合很差		散体结构	$K_V{\leq}0.15$	$J_V{\geq}35$

注：平均间距指主要结构面间距的平均值。

表 1-1-5　结构面结合程度的划分

结合程度	结构面特征
结合好	张开度小于 1 mm，为硅质、铁质或钙质胶结，或结构面粗糙，无填充物； 张开度 1～3 mm，为硅质或铁质胶结； 张开度大于 3 mm，结构面粗糙，为硅质胶结
结合一般	张开度小于 1 mm，结构面平直，钙泥质胶结或无填充物； 张开度 1～3 mm，为钙质胶结； 张开度大于 3 mm，结构面粗糙，为铁质或钙质胶结
结合差	张开度 1～3 mm，结构面平直，为泥质胶结或钙泥质胶结； 张开度大于 3 mm，多为泥质或岩屑填充
结合很差	泥质充填或泥夹岩屑充填，充填物厚度大于起伏差

表 1-1-6　层状岩层厚度的划分

层状岩层厚度	单层厚度
巨厚层	大于 1.0 m
厚层	大于 0.5 m，且小于等于 1.0 m
中厚层	大于 0.1 m，且小于等于 0.5 m
薄层	小于等于 0.1 m

考虑岩石坚硬程度、岩体完整程度、土体特征、围岩基本质量指标及围岩弹性纵波速度，确定围岩基本分级如表1-1-7所示。

表 1-1-7　围岩基本分级

级别	岩体特征	土体特征	围岩基本质量指标 BQ	围岩弹性纵波速度 v_p（km/s）
I	极硬岩，岩体完整	—	>550	A：>5.3
II	极硬岩，岩体较完整； 硬岩，岩体完整	—	550～451	A：4.5～5.3 B：>5.3 C：>5.0
III	极硬岩，岩体较破碎； 硬岩或软硬岩互层，岩体较为完整； 较软岩，岩体完整	—	450～351	A：4.0～4.5 B：4.3～5.3 C：3.5～5.0 D：>4.0
IV	极硬岩，岩体破碎； 硬岩，岩体较破碎或破碎； 较软岩或软硬岩互层，且以软岩为主，岩体较完整或较破碎； 软岩，岩体完整或较完整	具压密或成岩作用的黏性土、粉土及砂类土，一般钙质、铁质胶结的粗角砾土、粗圆砾土、碎石土、卵石土、大块石土、黄土（Q_1，Q_2）	350～251	A：3.0～4.0 B：3.3～4.3 C：3.0～3.5 D：3.0～4.0 E：2.0～3.0
V	较软岩，岩体破碎； 软岩，岩体较破碎至破碎； 全部极软岩及全部极破碎岩（包括受构造影响严重的破碎带）	一般第四系坚硬、硬塑黏性土，稍密及以上、稍湿或潮湿的碎石土、卵石土、圆砾土、角砾土、粉土及黄土（Q_3，Q_4）	≤250	A：2.0～3.0 B：2.0～3.3 C：2.0～3.0 D：1.5～3.0 E：1.0～2.0
VI	受构造影响严重呈碎石、角砾及粉末、泥土状的富水断层带，富水破碎的绿泥石或炭质千枚岩	软塑状黏性土，饱和的粉土、砂类土等，风积沙，严重湿陷性黄土	—	<1.0 （饱和状态的土 <1.5）

注：围岩弹性纵波速度中A、B、C、D、E系指岩性类型。

围岩基本质量指标 BQ 值，应根据岩石坚硬程度、岩体完整程度的定量指标 R_C 和 K_V 确定，按下式计算：

$$BQ = 100 + 3R_C + 250K_V \qquad (1\text{-}1\text{-}5)$$

式中，K_V 为岩体完整性指数又称裂隙系数，为岩体与岩石的纵波速度之比的平方，即 $K_V = \left(\dfrac{v_{pm}}{v_{pr}}\right)^2$，用动力法可以测定岩体的完整性指数。

使用公式（1-1-5）计算时，应符合下列规定：

（1）当 $R_C > 90K_V + 30$ 时，应以 $R_C = 90K_V + 30$ 和 K_V 代入计算 BQ 值；

（2）当 $K_V > 0.04R_C + 0.4$ 时，应以 $K_V = 0.04R_C + 0.4$ 和 R_C 代入计算 BQ 值。

2. 我国铁路隧道围岩分级

影响围岩稳定性的因素很多，除了工程地质特征，还有工程结构条件。该分级法主要考虑了围岩的结构特征和完整状态、岩石强度和地下水等工程地质条件中三方面的因素，把围岩分为 6 级，依其稳定性由好到差为 Ⅰ、Ⅱ、Ⅲ、Ⅳ、Ⅴ、Ⅵ。

在我国现行的《铁路隧道设计规范》TB 10003—2016 中，明确规定了要采用以围岩稳定性为基础，以围岩基本质量指标和弹性波速度为主要定量指标对隧道围岩进行分级。其分级标准详见表 1-1-8。

表 1-1-8　铁路隧道围岩分级

围岩级别	围岩主要工程地质条件		隧道开挖后围岩稳定状态（小跨度）	围岩基本质量指标 BQ	围岩弹性纵波速度 v_p（km/s）
	主要工程地质特征	结构特征和完整状态			
Ⅰ	硬质岩（单轴饱和抗压强度 R_c>60 MPa）：受地质构造影响轻微，节理不发育，无软弱面（或夹层）；层状岩层为巨厚层或厚层，层间结合良好，岩体完整	呈巨块状整体结构	围岩稳定，无坍塌，可能产生岩爆	>550	A：>5.3
Ⅱ	硬质岩（R_c>30 MPa）：受地质构造影响较重，节理较发育，有少量软弱面（或夹层）和贯通微张节理，但其产状及其组合关系不致产生滑动；层状岩层为中厚层或厚层，层间结合一般，很少有分离现象，或为硬质岩石偶夹软质岩石	呈巨块状或大块状结构	暴露时间长，可能会出现局部小坍塌；侧壁稳定；层间结合差的平缓岩层顶板易塌落	550～451	A：4.5～5.3 B：>5.3 C：>5.0
Ⅲ	硬质岩（R_c>30 MPa）：受地质构造影响严重，节理发育，有层状软弱面（或夹层），但其产状及组合关系尚不致产生滑动；层状岩层为薄层或中层，层间结合差，多有分离现象；或为硬、软质岩石互层	呈块（石）碎（石）状镶嵌结构	拱部无支护时，可产生小坍塌，侧壁基本稳定，爆破震动过大易坍塌	450～351	A：4.0～4.5 B：4.3～5.3 C：3.5～5.0 D：>4.0
	较软岩（R_c=15～30 MPa）：受地质构造影响轻微，节理不发育；层状岩层为厚层、巨厚层，层间结合良好或一般	呈大块状结构			
Ⅳ	硬质岩（R_c>30 MPa）：受地质构造影响极严重，节理很发育；层状软弱面（或夹层）已基本破坏	呈碎石状压碎结构	拱部无支护时，可产生较大的坍塌，侧壁有时失去稳定	350～251	A：3.0～4.0 B：3.3～4.3 C：3.0～3.5 D：3.0～4.0 E：2.0～3.0
	软质岩（R_c≈5～30 MPa）：受地质构造影响较重或严重，节理较发育或发育	呈块（石）碎（石）状镶嵌结构			
	土体： 1. 具压密或成岩作用的黏性土、粉土及砂类土 2. 黄土（Q_1、Q_2） 3. 一般钙质、铁质胶结的碎石土、卵石土、大块石土	1 和 2 呈大块状，压密结构，3 呈巨块状整体结构			

围岩级别	围岩主要工程地质条件		隧道开挖后围岩稳定状态（小跨度）	围岩基本质量指标 BQ	围岩弹性纵波速度 v_p（km/s）
	主要工程地质特征	结构特征和完整状态			
V	岩体：较软岩，岩体破碎；软岩，岩体破碎至极破碎；全部极软岩及全部极破碎岩（包括受构造影响严重的破碎带）	呈角（砾）碎石状松散结构	围岩易坍塌，处理不当会出现大坍塌，侧壁经常小坍塌；浅埋时易出现地表下沉（陷）或坍至地表	≤250	A：2.0～3.0 B：2.0～3.3 C：2.0～3.0 D：1.5～3.0 E：1.0～2.0
V	土体：一般为第四系坚硬、硬塑黏性土，稍密及以上、稍湿或潮湿的碎石土、卵石土，圆砾土，角砾土、粉土及黄土（Q_3、Q_4）	非黏性土呈松散结构，黏性土及黄土呈软结构			
VI	岩体：受构造影响很严重呈碎石、角砾及粉末、泥土状的富水断层带，富水破碎的绿泥石或炭质千枚岩	黏性土呈易蠕动的松软结构，砂性土呈潮湿松散结构	围岩极易变形坍塌，有水时土砂常与水一齐涌出；浅埋时易坍至地表	—	<1.0（饱和状态的土<1.5）
VI	土体：软塑状黏性土、饱和粉土、砂类土等，风积沙，严重湿陷性黄土				

注：表中"围岩级别"和"围岩主要工程地质条件"栏，不包括强膨胀岩（土）、第三系富水弱胶结砂泥岩、岩体强度应力比小于 0.15 的极高地应力软岩等特殊围岩，相应工程措施应进行针对性的特殊设计。

3. 隧道围岩级别的修正

围岩级别应在围岩基本分级的基础上，结合隧道工程的特点，考虑地下水出水状态、初始地应力状态、主要结构面产状状态等因素进行修正。围岩级别修正宜采用定性修正与定量修正相结合的方法，综合分析确定围岩级别。

（1）地下水能软化围岩，降低围岩体强度；地下水能软化围岩体中的结构面，降低围岩体的抗剪强度，使围岩体容易滑动；地下水往往形成承压水体，促使围岩失去稳定。总之，地下水对于围岩的稳定性是不利的。地下水出水状态的分级宜按表 1-1-9 确定。地下水出水状态对围岩级别的修正，宜按表 1-1-10 进行。

表 1-1-9 地下水状态的分级

地下水出水状态	渗水量[L/（min·10 m）]
潮湿或点滴状出水	≤25
淋雨状或线流状出水	25～125
涌流状出水	>125

表 1-1-10 地下水影响的修正

地下水出水状态＼围岩级别	I	II	III	IV	V
潮湿或点滴状出水	I	II	III	IV	V
淋雨状或线流状出水	I	II	III 或 IV[①]	V	VI
涌流状出水	II	III	IV	V	VI

注：① 围岩岩体为较完整的硬岩时定为 III 级，其他情况定为 IV 级。

（2）当无实测资料时，可根据隧道工程埋深、地貌、地形、地质、构造运动史、主要构造线与开挖过程中出现的岩爆、岩芯饼化等特殊地质现象，按表 1-1-11 评估围岩初始地应力状态。初始地应力对围岩级别的修正，宜按表 1-1-12 进行。

表 1-1-11　初始地应力状态评估基准

初始地应力状态	主要现象		评估基准 R_c/σ_{max}
一般地应力	硬质岩：开挖过程中不会出现岩爆，新生裂缝较少，成洞性一般较好		>7
	软质岩：岩芯无或少有饼化现象，开挖过程中洞壁岩体有一定的位移，成洞性一般较好		
高地应力	硬质岩：开挖过程中可能出现岩爆，洞壁岩体有剥离和掉块现象，新生裂缝较多，成洞性较差		4~6
	软质岩：岩芯时有饼化现象，开挖过程中洞壁岩体有的位移显著，持续时间较长，成洞性差		
极高地应力	硬质岩：开挖过程中有岩爆发生，有岩块弹出，洞壁岩体发生剥离，新生裂缝多，成洞性差		<4
	软质岩：岩芯常有饼化现象，开挖过程中洞壁岩体有剥离，位移极为显著，甚至发生大位移，持续时间长，不易成洞		

注：表中 R_c 为岩石单轴饱和抗压强度（MPa）；σ_{max} 为垂直洞轴线方向的最大初始地应力值（MPa）。

表 1-1-12　初始地应力影响的修正

围岩级别 初始应力状态	I	II	III	IV	V
极高地应力	I	II	III 或 IV①	V	VI
高地应力	I	II	III	IV 或 V②	VI

注：① 围岩岩体为较破碎的极硬岩、较完整的硬岩时定为 III 级，其他情况定为 IV 级；
　　② 围岩岩体为破碎的极硬岩、较破碎及破碎的硬岩时定为 IV 级，其他情况定为 V 级；
　　③ 本表不适用于特殊围岩。

（3）主要结构面产状状态对围岩级别的修正，应考虑主要结构面产状与洞轴线的组合关系，并结合结构面工程特性、富水情况等因素综合分析确定。主要结构面是指对围岩稳定性起主要影响的结构面，如层状岩体的泥化层面，一组很发育的裂隙，次生泥化夹层，含断层泥、糜棱岩的小断层等。

（4）围岩级别定量修正应对围岩基本质量指标 BQ 进行修正，并以修正后获得的围岩基本质量指标值[BQ]依据表 1-1-8 确定围岩级别。围岩基本质量指标修正值[BQ]可按下式计算

$$[BQ] = BQ - 100(K_1 + K_2 + K_3) \tag{1-1-6}$$

式中　[BQ]——围岩基本质量指标修正值；

　　　BQ——围岩基本质量指标值；

　　　K_1——地下水影响修正系数，K_1 值可按表 1-1-13 确定；

　　　K_2——主要软弱结构面产状修正系数，K_2 值可按表 1-1-14 确定；

　　　K_3——初始地应力影响修正系数，K_3 值可按表 1-1-15 确定。

表 1-1-13　地下水影响修正系数 K_1

岩体基本质量指标 BQ　　地下水出水状态	>550	550~451	450~351	350~251	≤250
潮湿或点滴状出水	0	0	0~0.1	0.2~0.3	0.4~0.6
淋雨状或线流状出水	0~0.1	0.1~0.2	0.2~0.3	0.4~0.6	0.7~0.9
涌流状出水	0.1~0.2	0.2~0.3	0.4~0.6	0.7~0.9	1.0

表 1-1-14　主要结构面产状影响修正系数 K_2

结构面产状及其与洞轴线的组合关系	结构面走向与洞轴线夹角<30°结构面倾角30°~75°	结构面走向与洞轴线夹角>60°结构面倾角>75°	其他组合
K_2	0.4~0.6	0~0.2	0.2~0.4

表 1-1-15　初始地应力状态影响修正系数 K_3

岩体基本质量指标 BQ　　初始地应力状态	>550	550~451	450~351	350~251	≤250
极高应力区	1.0	1.0	1.0~1.5	1.0~1.5	1.0
高应力区	0.5	0.5	0.5	0.5~1.0	0.5~1.0

四、围岩分级的发展趋势

综上所述，围岩分级是多种多样的，至今还没有一个统一的分级方法。但从围岩分级的发展来看，其发展趋势如下：

（1）分级时以岩体为对象。单一的岩石只是分级中的一个要素，岩体则包括了岩块与岩块之间的软弱结构面。因此，分级的重点应放在岩体的研究上。

（2）分级与地质勘探手段有机联系起来。随着地质勘探技术的发展，围岩分级指标更趋定量化。

（3）分级时要有明确的工程对象和工程目的。目前，多数的围岩分级法都与隧道支护相联系，围岩的稳定性、隧道开挖后暂时稳定时间与支护方法和支护类型密切相关。因此，进行围岩分级时体现工程目的是不可缺少的。

值得注意的是，近年来国内外有关学者提出模糊数学分级法，根据隧道周边量测的收敛值分级，采用人工智能系统分级等等的建议。这些设想都将使围岩分级方法日趋完善。

第二节　围岩压力及成拱作用

一、围岩压力及其分类

（一）围岩压力

人们对围岩压力的认识，是从开挖坑道后围岩发生变形和坍塌的现象开始的。在隧道开挖、衬砌施工实践中，人们通过支护结构的变形、开裂等现象进一步认识到围岩压力的存在。

在坚硬、稳定的岩层中开挖坑道时，一般是不需要支护的，可是爆破时会导致围岩松动及暴露后受到风化，故仍需要修筑支护结构；在破碎的岩层或松软地层中修筑隧道，开挖坑道时，围岩由于扰动失去稳定而产生变形、松弛、错动、挤压、断裂、下沉或坍陷等现象。

围岩压力是指引起地下开挖空间周围的岩体和支护结构变形或破坏的作用力。它包括由地应力引起的围岩应力以及围岩变形受阻而作用在支护结构上的力。从狭义来理解，围岩压力是指围岩作用在支护结构上的压力。

（二）围岩压力分类

围岩压力按作用力发生的形态，一般可分为如下四种类型。

1. 松动压力

由于开挖而松动或坍塌的岩体以重力形式直接作用在支护结构上的压力称为松动压力。松动压力按作用在支护上力的位置不同，分为竖向压力、侧向压力和底压力。松动压力常通过下列三种情况发生：

（1）在整体稳定的岩体中，可能出现个别松动掉块的岩石；

（2）在松散软弱的岩体中，隧道顶部和两侧边塌落；

（3）在节理发育的裂隙岩体中，围岩某些部位沿软弱面发生剪切破坏或拉坏等局部塌落。

2. 形变压力

形变压力是由于围岩变形受到与之密贴的支护如锚喷支护等的抑制，而使围岩与支护结构共同变形过程中，围岩对支护结构施加的接触压力。所以形变压力除与围岩应力状态有关外，还与支护时间和支护刚度有关。

3. 膨胀压力

当岩体具有吸水膨胀崩解的特征时，由于围岩吸水而膨胀崩解所引起的压力称为膨胀压力。它与形变压力的基本区别在于它是由吸水膨胀引起的。

4.冲击压力

冲击压力是在围岩中积累了大量的弹性变形能之后，由于隧道的开挖，围岩的约束被解除，能量突然释放所产生的压力［通常是由"岩爆"（Rock burst）引起的］。

由于冲击压力是岩体能量的积累与释放，所以与弹性模量直接相关。弹性模量较大的岩体，在高地应力作用下，易于积累大量的弹性变形势能，一旦遇到适宜条件，就会突然猛烈地大量释放。

所有这些现象统称为围岩压力现象。为了阻止围岩的移动和崩落，以保证隧道具有设计的建筑界限和净空，就需要架设临时支撑或修筑永久性支护结构。这种衬砌结构承受的压力，即围岩压力。它是作用于隧道支护结构上的主要荷载之一。

二、坑道开挖前后围岩应力状态

（一）坑道开挖前围岩应力状态

坑道开挖前，地层处于相对静止的状态。因为地层中任何一处的土石都受到上、下、左、右、前、后土石的挤压，保持着相对的平衡，称为原始应力状态。这是由上覆地层自重、地壳运动的残余应力以及地下水活动等因素所决定的。

为了研究方便，仅考虑由上覆地层自重所形成的原始应力，并取深度 H 上的一个单元体来做应力分析，如图 1-2-1 所示。该单元体受到三对大小相等、方向相反的压力作用，因此该单元体处于力的平衡状态和变形运动的相对静止状态。

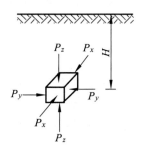

图 1-2-1 隧道开挖前任一处围岩受力状态

在上覆地层自重作用下，竖直压力为

$$P_z = \gamma H \tag{1-2-1}$$

式中 γ——地层的容重；

H——从地面到单元体所处的深度。

由于单元体的侧向变形受到周围地形的限制，便产生了侧向压力 P_x 和 P_y，其值由上覆地层自重和地层的物理力学性质所决定：

$$P_x = P_y = \lambda P_z = \lambda H \gamma \tag{1-2-2}$$

式中　λ——侧压力系数。

根据侧向应变（$\varepsilon_x , \varepsilon_y$）为零的条件，并把地层看成各向同性的弹性体，可推导出：

$$\lambda = \frac{\mu}{1-\mu} \tag{1-2-3}$$

式中　μ——泊松比视地层性质不同，μ 值取 $0.14 \sim 0.5$。

（二）坑道开挖后围岩应力状态

坑道开挖之后，围岩原来保持的平衡状态受到破坏，由相对静止状态变成显著变动状态，于是围岩在应力和变形方面开始了一个新的变化运动，出现了围岩应力重分布和围岩向开挖坑道空间变形，力图达到新的平衡。

由上述可知，坑道开挖以后，地层的一侧丧失了约束，平衡状态受到破坏，引起应力集中，围岩就可能向坑道内变形。变形的大小取决于应力变化的大小和围岩抵抗这些变形的能力，不同的岩质有不同的情况。在坚硬且完整的围岩中，围岩体本身强度足以承受坑道周边应力，这时围岩是自承的，不需要支撑或衬砌提供外加平衡力。在松软或裂隙围岩中，由于围岩体破碎，再加以在开挖坑道时受到爆破震动，因而在坑道周边一定范围内的岩体遭到严重的分割与破坏；同时围岩体本身强度低，不足以抵抗围岩的周边应力，因此这一部分岩体在坑道开挖之后，开始是产生向内的变形运动，其后则出现松动或坍塌。松动或坍塌的那一部分岩体便对支护结构施加压力，此压力即围岩压力。

三、围岩的成拱作用

在工程实践中人们发现，当隧道在多裂隙围岩（包括一般土层）中埋置较深时，作用在支护结构上的围岩压力远远小于其上覆层自重所产生的压力。这是什么缘故呢？这就可以用围岩的"成拱作用"来做解释。在上述条件下，当坑道开挖后，如果任意让其变形，松动或坍塌，这个破坏范围内松动或坍塌的岩体称为"坍落拱"，而在坑道上方形成一个相对稳定的拱形洞穴，人们常称之为"天然拱"或"平衡拱"，如图 1-2-2 所示。它上方的一部分岩体承受着上覆地层的全部重力，如同一个承载环，并将荷载重力向两侧传递下去，这就是所谓围岩的成拱作用。

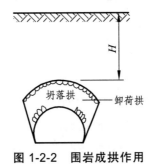

图 1-2-2　围岩成拱作用

四、影响围岩压力的因素

影响围岩压力的因素很多，一类是工程地质因素，主要包括原始应力状态、岩石的力学性质、岩体的结构面等；另一类是工程结构因素，包括施工方法、支护设置时间、支护本身的刚度、坑道形状和尺寸、埋置深度等。其中起决定作用的是围岩的地质条件，它是内因，其对围岩压力的影响已在围岩分级中述及。现将其他因素（都是外因）分析如下：

（1）时间因素：不论何种围岩，坑道开挖后的暴露时间均是越短越好。从另一个方面讲，就是要修筑永久性衬砌并使之能提供所需的支护力的时间不宜过迟；否则，要受到较大的松动围岩压力的作用。按照一般混凝土衬砌的修筑方法，从开挖到做完衬砌并使之具有一定的强度，往往需要较长的时间，因此衬砌结构一开始就要受到很大的松动围岩压力，衬砌结构就要做得相对厚些。而采用喷射混凝土技术来支护围岩，可使围岩的暴露时间较短，能及时制止围岩的变形，防止变形过大而产生较大的松动压力，充分利用围岩自身的承载能力。

（2）坑道的尺寸与形状因素：围岩压力是随着坑道尺寸的增大而增大的，当坑道有引起应力集中的形状，即有明显的拐角时，围岩压力相对较大。

（3）坑道的埋深因素：当坑道的埋置深度在一定范围内时，围岩压力是随着埋深的增大而增大的；当坑道埋深超过此范围时，则围岩压力的大小基本不受埋深变化的影响。

（4）支护因素：有支护的坑道围岩压力要比无支护的坑道小；支护及时要比支护晚的围岩压力小；支护与坑道周边密贴得越好则围岩压力越小；支护的刚度较小即柔性支护时，坑道的围岩压力相对较小。

（5）爆破因素：采用爆破法开挖对围岩的稳定极为不利，尤其是对地质条件较差的围岩，爆破的扰动很大，能造成围岩压力过大，岩体松动甚至坍方。因此在隧道施工中应严格控制爆破用药量，提倡采用光面爆破、预裂爆破等先进的爆破技术。

（6）超挖回填因素：衬砌背后的超挖部分在施工时回填不密实，使围岩得不到很好的支护而继续松动，严重时会造成围岩坍塌，引起衬砌裂损。

第三节　深埋隧道围岩压力计算方法

一、概　述

1. 围岩压力的确定方法

（1）现场量测法：量测法是用仪器实地量测围岩压力的大小，应该最具说服力。但因量测技术手段方面的因素影响，量测的结果往往不能充分反映真实情况。

（2）理论计算法：理论计算是用一些成熟的计算理论对围岩体作一些假定来实现对隧道围岩压力的计算。但因围岩的条件千变万化，所用的计算参数难免有与实际不合之处，故现阶段理论计算方法往往还需要配合其他的一些方法。

（3）统计法：通过对实际工程的围岩压力值的统计分析而形成的经验计算方法，因具有简单、可靠等特点而被广泛应用。

目前，在隧道与地下工程中往往采用上述三种方法相互验证。

2. 影响深埋隧道（Deep tunnel）围岩压力的主要因素

当隧道为深埋时，作用在支护结构上的围岩压力，从松动压力的概念看，实际为坑道周边某一破坏范围内岩体的重量。

（1）围岩压力的大小与围岩级别成正比：围岩越好坑道就越稳定，坑道开挖所影响的区域就越小，围岩压力值较小；反之，围岩越差，围岩压力值相应就越大。

（2）围岩压力的大小与坑道的跨度成正比：在围岩级别相同的条件下，跨度越大，坑道稳定性就越差，围岩压力值也就越大。

二、国内外深埋隧道围岩压力的确定方法

1. 普氏理论

在具有一定黏着力的松散介质中开挖隧道后，其上方会形成一个抛物线状的天然拱，而作用在支护上的竖向压力就是这个破坏范围内（坍落拱）松动岩体的重量。

现取坍落拱外缘的一质点拱（即厚度很薄的拱）研究其受力情况，质点拱存在条件有：

（1）在任何一截面上无弯矩作用；

（2）拱脚能保持稳定而不产生滑动。如图 1-3-1 所示。

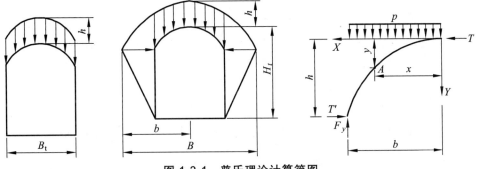

图 1-3-1　普氏理论计算简图

由力的平衡条件知，$F_y = pb$，而拱脚处水平摩阻力 $T' = pbf_c$，对 A 点取矩 $\sum M_A = 0$，则

$$Ty - \frac{px^2}{2} = 0$$

$$y = \frac{px^2}{2T} \tag{1-3-1}$$

式中　T——拱顶推力；

　　　　p——作用在"天然拱"上的竖向均布压力；

　　　　x, y——质点拱上任意一点 A 的坐标。

故天然拱为二次抛物线。

当 $x = b, y = h$，代入上式得：

$$T = \frac{pb^2}{2h}$$ （1-3-2）

式中　b——天然拱半跨度；

　　　　h——天然拱高度。

由第二条件可知，要保持拱脚稳定而不滑动，拱脚处水平摩阻力 T' 必须大于该处的推力 T，取安全系数为 2，则

$$\frac{T'}{T} = \frac{pbf_c}{T} = 2$$

即

$$T = \frac{pbf_c}{2} = \frac{pb^2}{2h}$$

故

$$h = \frac{b}{f_c}$$

其中　f_c——计算摩擦系数，$f_c = \dfrac{\sigma \tan\varphi + c}{\sigma}$。

作用在支护结构上的竖向均布压力为

$$q = \gamma h_k$$ （1-3-3）

作用在支护结构上的侧向压力（见图 1-3-2）为

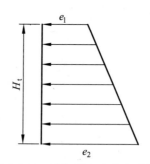

图 1-3-2　侧向压力分布示意图

$$e_1 = q\tan^2\left(45° - \frac{\varphi_c}{2}\right)$$ （1-3-4）

$$e_2 = (q + \gamma H_t)\tan^2\left(45° - \frac{\varphi_c}{2}\right)$$ （1-3-5）

若将侧向压力视为均匀分布，则

22

$$e = \left(q + \frac{1}{2}\gamma H_{t} \right) \tan^{2} \left(45° - \frac{\varphi_{c}}{2} \right) \qquad （1\text{-}3\text{-}6）$$

式中　H_{t}——隧道高度；

　　　　e——水平均布围岩压力，kN/m^{2}；

　　　　φ_{c}——围岩计算摩擦角。

注：按普氏理论计算的竖向压力，对于软土质地层偏小，对于硬土质和坚硬质地层则偏大。一般在松散、破碎围岩中较为适用。

2. 太沙基理论

将围岩视为散粒体，假定坑道上方岩体因隧道变形而下沉，并产生错动面 OAB；假定作用在任何水平断面上的竖向应力 σ_{V} 是均布的，相应的水平应力 $\sigma_{H} = \lambda \sigma_{V}$。在距地面深度 h 处，取出一厚度为 dh 的水平条带，如图 1-3-3 所示，考虑其平衡条件 $\sum V = 0$，得

$$2b(\sigma_{V} + d\sigma_{V}) - 2b\sigma_{V} + 2\lambda\sigma_{V}\tan\varphi_{c}dh - 2b\gamma dh = 0$$

即

$$\frac{d\sigma_{V}}{\gamma - \dfrac{\lambda\sigma_{V}\tan\varphi_{c}}{b}} - dh = 0 \qquad （1\text{-}3\text{-}7）$$

式中　φ_{c}——围岩的计算摩擦角；

　　　　b——洞顶松动宽度一半。

将上式积分，并引进边界条件：$h = 0$，$\sigma_{V} = 0$，得

$$\sigma_{V} = \frac{\gamma b}{\lambda\tan\varphi_{c}}(1 - e^{-\lambda\tan\varphi_{c}\frac{h}{b}}) \qquad （1\text{-}3\text{-}8）$$

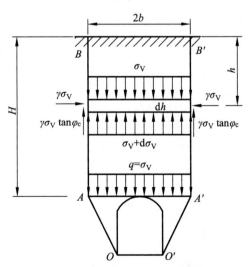

图 1-3-3　太沙基理论计算简图

由于随着隧道埋深 h 的增大，式中 $e^{-\lambda\tan\varphi_{c}\frac{h}{b}}$ 趋于 0，则 σ_{V} 趋于某一固定值。

$$\sigma_V = \frac{\gamma b}{\lambda \tan \varphi_c} \qquad (1\text{-}3\text{-}9)$$

取 $\lambda = 1$，则

$$\sigma_V = \gamma \frac{b}{\tan \varphi_c} = \gamma \frac{b}{f_c} = \gamma h$$

此时，结果与普氏理论一致。

3. 围岩压力标准值计算

我国《铁路隧道设计规范》（TB 10003—2005）规定，计算深埋隧道围岩压力时，其垂直及水平匀布压力作用的标准值可按以下各式及表确定。

（1）单线、双线及多线隧道按破坏阶段设计时围岩垂直均布压力为

$$q = 0.45 \times 2^{s-1} \gamma w \qquad (1\text{-}3\text{-}10)$$

式中　q ——竖直均布压力，kN/m²；

　　　s ——围岩级别，若围岩属于 V 级，则 $s = 5$；

　　　γ ——围岩容重，kN/m³；

　　　w ——宽度影响系数，$w = 1 + i(B_t - 5)$，i 为 B_t 每增减 1 m 时，围岩压力的增减率（当 $B_t < 5$ m 时，$i = 0.2$；$B_t \geqslant 5$ m 时，$i = 0.1$）。

式（1-3-9）适用条件：① $\frac{H}{B} < 1.7$；② 隧道属于深埋隧道；③ 采用矿山法施工；④ 隧道衬砌为整体式混凝土衬砌；⑤ 不产生显著偏压力及膨胀力的一般围岩。

（2）单线隧道按概率极限状态设计时围岩垂直均布压力为

$$q = \gamma h_a = 0.41 \times 1.79^s \gamma \qquad (1\text{-}3\text{-}11)$$

式中　q ——垂直匀布压力，kN/m²；

　　　γ ——围岩重度，kN/m³；

　　　h_a ——深埋隧道围岩压力计算高度，m；

　　　s ——围岩级别，如 Ⅱ 级围岩取 $s = 2$。

式（1-3-10）适用条件：① 不产生显著偏压力及膨胀性压力的一般围岩；② 采用钻爆法施工的隧道。

计算深埋隧道围岩压力时，尚应结合上述两公式一并考虑。水平匀布压力 e 见表 1-3-1，各级围岩的物理力学指标见表 1-3-2。

表 1-3-1　水平匀布压力

围岩级别	Ⅰ、Ⅱ	Ⅲ	Ⅳ	Ⅴ	Ⅵ
水平匀布压力 e	0	0.15q	（0.15～0.30）q	（0.30～0.50）q	（0.50～1.00）q

表 1-3-2　各级围岩的物理力学指标标准值

围岩级别	I	II	III	IV	V	VI
重度 γ /（kN/m³）	26～28	25～27	23～25	20～23	17～20	15～17
弹性抗力 k /（MPa/m）	1 800～2 800	1 200～1 800	500～1 200	200～500	100～200	＜100
变形模量 E /GPa	＞33	20～33	6～20	1.3～6	1～2	＜1
泊松比 μ	＜0.2	0.2～0.25	0.25～0.3	0.3～0.35	0.35～0.45	0.4～0.5
内摩擦角 φ /（°）	＞60	50～60	39～50	27～39	20～27	＜22
黏聚力 c /MPa	＞2.1	1.5～2.1	0.7～1.5	0.2～0.7	0.05～0.2	＜0.1
计算摩擦角 φ_c /（°）	＞78	70～78	60～70	50～60	40～50	30～40

注：① 本表数值不包括黄土地层；
　　② 选用计算摩擦角时，不再计内摩擦角和黏聚力。

【例 1-3-1】　原设计单线深埋隧道穿经 IV 级围岩，其开挖尺寸净宽 7.4 m，净高 8.8 m，围岩天然重度 $\gamma = 21$ kN/m³，试确定其松动围岩压力。若设计变更为双线隧道，开挖尺寸净宽 14.8 m，净高 8.8 m，试确定其松动围岩压力。

【解】　（1）单线隧道松动围岩压力的确定。

先验算坑道的高度与跨度之比：

$$H / B = 8.80 / 7.40 = 1.2 < 1.7$$

故可采用统计法公式。

竖向均布围岩压力作用：

$$h_a = 0.41 \times 1.79^s = 0.41 \times 1.79^4 = 4.21\ （m）$$

$$q = \gamma h_a = 21 \times 4.21 = 88.41\ （kPa）$$

水平均布围岩压力作用：

$$q = (0.15\sim0.30) \times 88.41 = 13.26\sim26.52\ （kPa）$$

（2）双线隧道的松动围岩压力的确定。

先验算隧道的高度与跨度之比：

$$H / B = 8.8 / 14.8 = 0.59 < 1.7$$

故可采用统计法公式。

因 $B = 14.8 > 5.0$m，故 $i = 0.1$，$w = 1 + 0.1 \times (14.8 - 5.0) = 1.98$。

竖向分布围岩压力为

$$q = 0.45 \times 2^{4-1} \gamma w = 0.45 \times 2^{4-1} \times 21 \times 1.98 = 149.69\ （kPa）$$

水平分布围岩压力为

$$q = (0.15\sim0.30) \times 149.69 = 22.45\sim44.91\ （kPa）$$

第四节　浅埋隧道围岩压力计算方法

一、深埋、浅埋隧道的判定原则

一般情况下，以隧道上方岩层是否能形成天然拱为深埋隧道和浅埋隧道的分界原则，但具体值较难确定，目前在铁路隧道设计中是以实际统计资料值来确定的。

$$H_P = (2.0 \sim 2.5)h_a \tag{1-4-1}$$

式中　H_P——深埋与浅埋隧道分界深度，m；

　　　h_a——深埋隧道围岩压力计算高度（m），其中 $h_a = 0.45 \times 2^{s-1} w$ 或 $h_a = 0.41 \times 1.79^s$。

当埋深 $H \geqslant H_P$ 时，隧道为深埋；当 $H < H_P$ 时，隧道为浅埋。一般在松软的围岩中取最高限，在较坚硬的围岩中取最低限，其他情况视具体情况而定。当地面水平或接近水平时，也可按表 1-4-1 所列值作为判别浅埋隧道的依据。

表 1-4-1　深、浅埋隧道的分界埋深值

围岩级别	II	IV	V	VI
隧道覆盖深/m	5～6	10～12	18～25	35～50

二、浅埋隧道围岩压力确定方法

对浅埋隧道（Shallow tunnel）而言，由于形不成天然拱而不能用深埋隧道的围岩压力的确定方法，所以要通过研究浅埋隧道岩体的平衡条件，用松散介质极限平衡理论分析，找出新的方法。

浅埋隧道开挖后如不及时支护，岩体就会大量坍塌或移动，并会影响到地表形成一个坍陷区域，此时岩体会产生两个滑动面，如图 1-4-1 所示。当滑动岩体下滑时，受到两种阻力的作用：

（1）滑面上阻止滑动岩体下滑的摩擦力；

（2）支护结构上的反作用力（围岩压力）。

根据静力极限平衡条件有：

围岩压力=滑动岩体的重力－滑动面上的阻力

计算浅埋隧道围岩压力分两种情况：

（1）当 $H \leqslant h_a$ 时，忽略滑动面上的阻力，故作用在隧道衬砌上的垂直压力等于上覆土柱的全部重力，并视为匀布分布，则

$$q = \gamma H \tag{1-4-2}$$

围岩作用在支护结构上水平侧压力为

$$e_1 = \gamma H \lambda \tag{1-4-3}$$

$$e_2 = \gamma (H + H_t) \lambda \tag{1-4-4}$$

式中　H——隧道埋深，m；

λ——侧压力系数，$\lambda = \tan^2 \left(45° - \dfrac{\varphi_c}{2} \right)$；

H_t——隧道高度，m；

φ_c——围岩计算摩擦角，(°)。

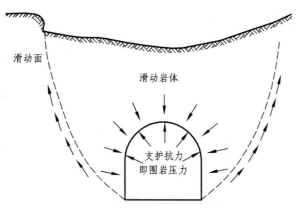

图 1-4-1　浅埋隧道围岩破坏情况

（2）当 $h_a < H < H_p$ 时，岩体中形成的滑动面是一与水平面成 β 角的斜面，如图 1-4-2（a）中的 AC 和 BD，根据地层变形和隧道开挖后岩体的运动规律，假定洞顶上覆柱状岩体 $FEGH$ 下沉，则形成两滑动面 FH 和 EG，两侧岩体对其施加力 T。而当岩体 $ABDC$ 下沉时，又受到未扰动（滑动破裂面以外）岩体对其施加的力 F。三棱体 BFD 的受力如图 1-4-2（b）所示。三棱体 ACE、BDF 和柱体 $FEGH$ 共同平衡。

因滑移面 FH 及 EG 并非真正的破裂滑动面，所以其滑动面阻力 T 将小于破裂面阻力，并记滑动面上土体的摩擦角为 θ，此处假定 θ 与 φ_c 有关（见表 1-4-2）。

表 1-4-2　各级围岩的 θ 与 φ_c 的关系

围岩类别	I	II	III	IV	V	VI
$\theta / (°)$	$0.9\,\varphi_c$	$0.9\,\varphi_c$	$0.9\,\varphi_c$	$(0.7 \sim 0.9)\,\varphi_c$	$(0.5 \sim 0.7)\,\varphi_c$	$(0.3 \sim 0.5)\,\varphi_c$
$\varphi_c / (°)$	>78	$70 \sim 78$	$60 \sim 70$	$50 \sim 60$	$40 \sim 50$	$30 \sim 40$

由此，则可求出作用在隧道顶面 HG 上的垂直压力 Q（kN）：

$$Q = W - 2T_V = W - 2T \sin \theta \tag{1-4-5}$$

式中　W——上覆岩体的重力，kW；

T——两侧三棱岩体对洞顶岩柱的阻力，kN。

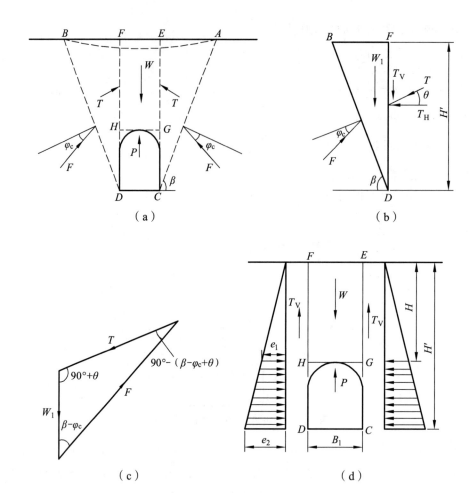

图 1-4-2 浅埋隧道的受力分析

按照土力学理论及力的平衡条件，得出全反力 T 的计算公式为

$$\frac{T}{\sin(\beta - \varphi_c)} = \frac{W_1}{\sin\left[90° - (\beta - \varphi_c + \theta)\right]} \qquad (1\text{-}4\text{-}6)$$

$$W_1 = \frac{1}{2}\gamma \cdot \frac{H'^2}{\tan\beta} \qquad (1\text{-}4\text{-}7)$$

$$T = \frac{1}{2}\gamma \cdot H'^2 \cdot \frac{\lambda}{\cos\theta} \qquad (1\text{-}4\text{-}8)$$

式中　λ ——侧压力系数，其值为

$$\lambda = \frac{\tan\beta - \tan\varphi_c}{\tan\beta[1 + \tan\beta(\tan\varphi_c - \tan\theta) + \tan\varphi_c \tan\theta]}$$

$$\tan\beta = \tan\varphi_c + \sqrt{\frac{(\tan^2\varphi_c + 1)\tan\varphi_c}{\tan\varphi_c - \tan\theta}}$$

其中　　θ——顶板土柱两侧土体的摩擦角；

　　　　φ_c——围岩计算摩擦角；

　　　　β——产生最大推力的破裂角。

设作用在隧道顶部的单位垂直力为 q，由于 GC、HD 的值与 EG、FH 的值相比较小，故摩阻力只计洞顶部分：

$$q = \gamma \cdot \left(H - \frac{\lambda H'^2}{B_t} \tan\theta \right) \approx \gamma H \left(1 - \frac{\lambda H}{B_t} \tan\theta \right) \tag{1-4-9}$$

其中　　　　　　$H' = H + H_t$

式中　γ——围岩重度，kN/m^3；

　　　H——隧道覆盖层厚度，m；

　　　B_t——隧道跨度，m；

　　　H_t——隧道高度，m。

作用在支护结构两侧的水平侧压力为

$$e_1 = \lambda\gamma H \tag{1-4-10}$$

$$e_2 = \lambda\gamma H' \tag{1-4-11}$$

则侧压力的均布压力为

$$e = \frac{1}{2}(e_1 + e_2) = \frac{1}{2}\lambda\gamma(H + H') \tag{1-4-12}$$

对于傍山隧道，由于受有偏压，更易发生山体变形及滑动。当山体基岩稳定时，开挖隧道不至于发生滑动或坍塌，但会引起山体的沉陷变形。对于地面坡度陡斜的浅埋隧道，在围岩松动压力的计算公式中，应考虑地形的影响，公式推导方法与地表水平时的原则相同，在此不再推导，只将结果写出。但应当注意，由于地表的倾斜，隧道两侧土体破裂面倾角将为 β' 和 β，则与之相对应的侧压力系数为 λ' 与 λ、T' 与 T 也分别不同，并假定偏压分布图形与地面坡一致（见图 1-4-3）。在荷载作用下其垂直压力 Q 可按下式计算：

$$Q = \frac{\gamma}{2}[(h + h')B_t - (\lambda h^2 + \lambda' h'^2)\tan\theta] \tag{1-4-13}$$

式中　h，h'——内外侧由拱顶水平至地面的高度，m；

　　　γ——围岩重度，kN/m^3；

　　　θ——顶板土柱两侧摩擦角（°），当无实测资料时，可参考表 1-3-2 选取。

$$\lambda = \frac{1}{\tan\beta - \tan\alpha} \times \frac{\tan\beta - \tan\varphi_c}{1 + \tan\beta(\tan\varphi_c - \tan\theta) + \tan\varphi_c\tan\theta} \tag{1-4-14}$$

$$\lambda' = \frac{1}{\tan\beta' + \tan\alpha} \times \frac{\tan\beta' - \tan\varphi_c}{1 + \tan\beta'(\tan\varphi_c - \tan\theta) + \tan\varphi_c\tan\theta} \tag{1-4-15}$$

$$\tan\beta = \tan\varphi_c + \sqrt{\frac{(\tan^2\varphi_c + 1)(\tan\varphi_c - \tan\alpha)}{\tan\varphi_0 - \tan\theta}} \tag{1-4-16}$$

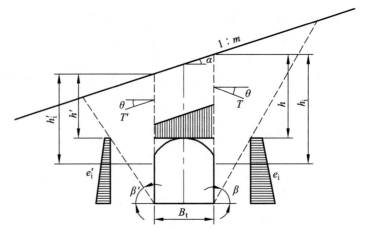

图 1-4-3　偏压隧道衬砌荷载计算简图

$$\tan \beta' = \tan \varphi_{\mathrm{c}} + \sqrt{\frac{(\tan^2 \varphi_{\mathrm{c}} + 1)(\tan \varphi_{\mathrm{c}} + \tan \alpha)}{\tan \varphi_{\mathrm{c}} - \tan \theta}} \qquad (1\text{-}4\text{-}17)$$

式中　　α ——地面坡度角,(°);

　　　　φ_{c} ——围岩计算摩擦角,(°);

　　　　β,β' ——内、外侧产生最大推力时的破裂角,(°)。

隧道水平侧压力为

$$\left.\begin{array}{ll} \text{内侧} & e_{\mathrm{i}} = \gamma h_{\mathrm{i}} \lambda \\ \text{外侧} & e_{\mathrm{i}}' = \gamma h_{\mathrm{i}}' \lambda' \end{array}\right\} \qquad (1\text{-}4\text{-}18)$$

上式中各符号的意义见图 1-4-3。

三、浅埋隧道围岩压力的其他公式

1. 比尔鲍曼公式

$$\sigma_{\mathrm{V}} = \gamma h \left[1 - \frac{h}{2a_1} K_1 - \frac{c}{\gamma a_1} (1 - 2K_2) \right] \qquad (1\text{-}4\text{-}19)$$

$$a_1 = \frac{B}{2} + H_{\mathrm{t}} \tan \left(45° - \frac{\varphi}{2} \right) \qquad (1\text{-}4\text{-}20)$$

$$K_1 = \tan \varphi \tan^2 \left(45° - \frac{\varphi}{2} \right) \qquad (1\text{-}4\text{-}21)$$

$$K_2 = \tan \varphi \tan \left(45° - \frac{\varphi}{2} \right) \qquad (1\text{-}4\text{-}22)$$

式中　　H_{t} ——隧道高度;

h——隧道顶的覆土埋深；

γ——地层的容重；

c——地层的内黏聚力；

φ——地层的内摩擦角。

2. 太沙基公式

同深埋公式（1-3-8），它是欧、美、日本等国常用于浅埋隧道的围岩压力表达式。

【例 1-4-1】 如图 1-4-4 所示单线铁路隧道，处在 $\mathbb{IV}$ 级围岩中，$B = 7.4$ m，$H_t = 8.8$ m，分别求埋深 $H = 20$ m 和 $H = 8$ m 时，隧道支护结构所承受围岩压力。

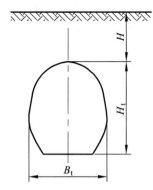

图 1-4-4 松动压力计算示例

【解】 选取围岩容重 $\gamma = 21.5$ kN/m³，则计算时取纵向单位宽度的一环。

$$h_a = 0.41 \times 1.79^s = 0.41 \times 1.79^4 = 4.21 \ (\text{m})$$

（1）当隧道埋深 $H = 20$ m 时，因 $H > 2.3 h_a = 9.68$ m，故属于深埋隧道。

垂直围岩压力为

$$q = \gamma h_a = 21.5 \times 4.21 = 90.5 \ (\text{kN/m}^2)$$

水平围岩压力为

$$e = (0.15 \sim 0.30)q = 13.5 \sim 27.15 \ (\text{kN/m}^2)$$

（2）当隧道埋深 $H = 8$ m 时，因 $H < 9.68$ m，故属于浅埋隧道。垂直围岩压力按浅埋公式（1-4-9）计算。查表 1-3-2 和表 1-4-2 得 $\varphi_c = 55°$，$\theta = 0.8\varphi_c = 0.8 \times 55 = 44°$，则 $\tan\varphi_c = 1.428$，$\tan\theta = 0.966$。

$$\tan\beta = \tan\varphi_c + \sqrt{\frac{\tan\varphi_c(\tan^2\varphi_c + 1)}{\tan\varphi_c - \tan\theta}}$$

$$= 1.428 + \sqrt{\frac{1.428 \times (1.428^2 + 1)}{1.428 - 0.996}} = 4.598$$

$$\lambda = \frac{\tan\beta - \tan\varphi_c}{\tan\beta[1 + \tan\beta(\tan\varphi_c - \tan\theta) + \tan\varphi_c\tan\theta]}$$

$$= \frac{4.598 - 1.428}{4.598 \times [1 + 4.598 \times (1.428 - 0.966) + 1.428 \times 0.966]}$$

$$= 0.153$$

垂直围岩压力由式（1-4-9），得

$$q = \gamma H\left(1 - \frac{\lambda H}{B_t}\tan\theta\right)$$

$$= 21.5 \times 8 \times \left(1 - \frac{0.153 \times 8}{8.8} \times 0.966\right)$$

$$= 148.89 \ (\text{kN/m}^2)$$

水平围岩压力为

$$e_1 = \lambda\gamma H = 0.153 \times 21.5 \times 8 = 26.32 \ (\text{kN/m}^2)$$

$$e_2 = \lambda\gamma(H + H_t) = 0.153 \times 21.5 \times (8 + 8.8) = 55.26 \ (\text{kN/m}^2)$$

由此可见，浅埋隧道所受围岩松动压力比深埋隧道大，因而靠近洞口段的洞身衬砌需要加强。

复习思考题

1. 修建隧道及地下工程为什么要对隧道围岩进行分级，试说明原因及其作用。

2. 隧道围岩、隧道围岩压力的含义是什么？

3. 我国现行把围岩分为哪几级？主要考虑哪些因素？尚存在什么问题？

4. 学习围岩压力的知识，对隧道的设计、施工和养护有什么用途？

5. 在各种围岩中开挖坑道，所产生的现象有所不同，试说明围岩压力有何不同的性质和类型。影响围岩压力的因素有哪些？

6. 目前确定围岩压力的方法有几种？各有何优缺点？哪一种方法较有发展前途？

7. 为什么说，作用在深埋隧道衬砌或支撑上的围岩压力，就是坑带围岩某一破坏范围内土石的重量，而与隧道埋置深度无关？

8. 怎样判断隧道为深埋或浅埋，并说明原因。

9. 某深埋隧道通过Ⅲ级破碎围岩，采用矿山法施工，其开挖尺寸如图所示，试确定围岩压力值。当坑道跨度增加一倍时，试确定围岩压力值的变化。

10. 隧道修筑在Ⅲ级破碎石灰岩中，埋深约 10.0 m，试判定为深埋还是浅埋，坑道尺寸如图所示。

11. 某隧道洞口段地质条件为Ⅲ级围岩，其地形及隧道断面尺寸如图所示，试求解洞顶覆盖层厚度为 4 m 及 8 m 处的围岩压力；q_k 达最大值的深度及 $q_{k\max}$ 值。

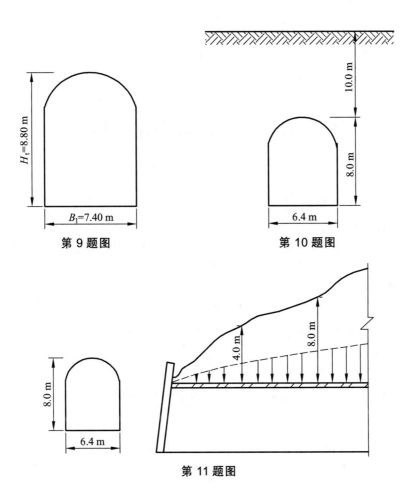

第 9 题图

第 10 题图

第 11 题图

第二章　山岭隧道结构构造

山岭隧道结构由主体建筑物和附属建筑物两部分组成。

隧道的主体建筑物是为了保持隧道的稳定，保证行车的安全而修建的，由洞身衬砌和洞门组成。在洞口容易坍塌或有落石的危险时，还需要加筑明洞。隧道的附属建筑物是为了养护、维修、救援工作的需要以及满足排水、供电、通信和通风等方面的要求而修建的，它包括：防排水设施、大小避车洞（普铁）、照明设施（公路）、综合洞室、电缆槽、长大隧道的通风设施；在电气化铁路上，当隧道较长或在隧道群地段，为了将接触线和承力索进行锚固而设置的下锚装置。隧道内设置何种附属建筑物，应根据具体情况确定。

第一节　隧道衬砌

开挖后的隧道，为了保持围岩的稳定性，一般需要进行支护和衬砌。衬砌的主要形式有：整体式混凝土衬砌、装配式衬砌、锚喷支护和复合式衬砌等。

一、衬砌形式

1. 整体式混凝土衬砌

它是指就地灌筑混凝土（钢筋混凝土）衬砌，也称模筑混凝土衬砌。

工艺流程为：测量定位—立模—灌注—养护—拆模。

特点：对地质条件适应性强，易于按需要成型，整体性好，抗渗性强，而且可以适合多种施工条件，如可用木模板、钢模板或模板台车等。因而，在我国铁路隧道工程中得到广泛采用。

依照不同的地质条件或是按照不同的围岩级别，又有直墙式和曲墙式两种形式。

（1）直墙式衬砌。

这种类型的衬砌适用于地质条件比较好，垂直围岩压力为主而水平围岩压力较小的情况。主要适用于Ⅰ~Ⅲ级围岩，在短距离的稳定性较好的Ⅳ级围岩区段也可采用。衬砌由上部拱圈、两侧竖直边墙和下部铺底三部分组合而成。图 2-1-1 为速度 160 km/h 及以下铁路隧道Ⅲ级围岩直墙式衬砌标准图，拱部内轮廓线系由三心圆曲线组成。

（2）曲墙式衬砌。

曲墙式衬砌适用于地质较差，有较大水平围岩压力的情况。主要适用于Ⅳ级及以下的围岩，Ⅲ级围岩双线、多线隧道也采用曲墙有仰拱的衬砌。它由顶部拱圈、侧面曲边墙和仰拱（或铺底）组成。除在Ⅳ级围岩无地下水，且基础不产生沉降的情况下可不设仰拱，只做平铺底外，一般均设仰拱，以抵御底部的围岩压力和防止衬砌沉降，并使衬砌形成一个环状的封闭整体结构，以提高衬砌的承载能力，图 2-1-2 为速度 160 km/h 及以下铁路隧道 V 级围岩整体曲墙式衬砌标准图，其内部轮廓线由五心圆曲线组成。

双线或三线隧道的洞身衬砌，可采取单孔式，四线隧道可采取双孔式。单孔式衬砌应满足双线或三线隧道衬砌净空的要求。双孔式衬砌系由两个双线隧道组成，中间设隔墙，为节省圬工，隔墙上设有孔洞。图 2-1-3 为贵昆线上某四线铁路隧道的衬砌断面图，其隔墙厚度为 3 m，孔洞宽 4 m，高 3.6 m，纵向间隔为 2.6 m。

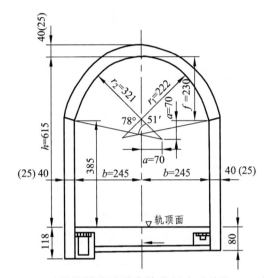

图 2-1-1　单线铁路隧道直墙式衬砌（单位：cm）

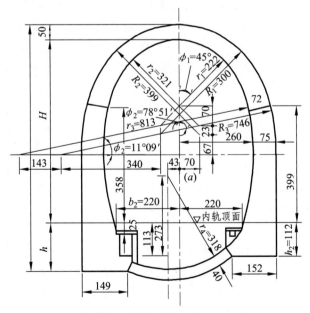

图 2-1-2　单线铁路隧道曲墙式衬砌（单位：cm）

35

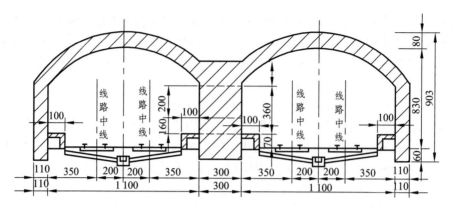

图 2-1-3　四线铁路连拱隧道衬砌（单位：cm）

2．装配式衬砌

装配式衬砌是将衬砌分成若干块构件，这些构件在现场或工厂预制，然后运到隧道内用机械将它们拼装成一环接着一环的衬砌。这种衬砌的特点是：拼装成环后立即受力，便于机械化施工，改善劳动条件，节省劳动力。目前多在使用盾构法施工的城市地下铁道和水底隧道中采用。在铁路、公路隧道中，由于装配式衬砌要求有一定的机械化设备，施工工艺复杂，衬砌的整体性及抗渗性差，而未能推广使用。

3．锚喷支护

锚喷式支护是锚喷结构，既作为隧道支护，又作为隧道永久结构的形式。它具有隧道开挖后衬砌及时、施工方便和经济性显著等特点，特别是纤维喷射混凝土技术显著改善喷混凝土性能后，在围岩整体性较好的军事工程、各类用途的使用期较短及重要性较低的隧道中得到广泛使用。在公路、铁路隧道设计规范中，都有根据隧道围岩地质条件、施工条件和使用要求可采用锚喷衬砌的规定。铁路隧道设计规范中规定，锚喷衬砌设计应符合下列要求：① 锚喷衬砌内轮廓线应比整体式衬砌适当放大，除考虑施工误差和位移量外，应再预留 10 cm 作为必要时补强用。② 遇下列情况不应采用锚喷衬砌：地下水发育或大面积淋水地段；能造成衬砌腐蚀或特殊膨胀性围岩地段；最冷月平均气温低于 – 5 ℃ 地区的冻害地段；有其他要求的隧道。

4．复合式衬砌

复合式衬砌是把衬砌分成两层或两层以上，可以是同一种形式、方法和材料施作的，也可以是不同形式、方法、时间和材料施作的。目前大都采用内、外两层衬砌。按内外衬砌的组合情况可分为锚喷支护与混凝土衬砌；根据围岩条件不同分别采用不同的断面形式和支护、衬砌参数。《铁路隧道设计规范》（TB 10003—2016）规定，在旅客列车设计行车速度等于或小于 160 km/h 时，隧道优先采用曲墙复合式衬砌，其中单线Ⅲ级、双线Ⅳ级及以上地段均应设置仰拱。

目前复合式衬砌已成为世界各国及地区高速公路和高速铁路山岭隧道衬砌结构的主流。我国客运专线铁路隧道衬砌结构类型选择中，在围岩稳定性差、地下水发育地段，推荐采用复合式衬砌，图 2-1-4 为速度 350 km/h 及以下铁路隧道 V 级围岩复合式衬砌标准图，其内部轮廓线由五心圆曲线组成。

复合式衬砌是先在开挖好的洞壁表面喷射一层早强的混凝土(有时也同时施作锚杆),凝固后形成薄层柔性支护结构(称初期支护)。它既能容许围岩有一定的变形,又能限制围岩产生有害变形,其厚度多为 5~20 cm。一般待初期支护与围岩变形基本稳定后再施作内衬。为了防止地下水流入或渗入隧道内,可以在外衬和内衬之间设防水层,其材料可采用软聚氯乙烯薄膜、聚异丁烯片、聚乙烯等防水卷材,或用喷涂防水涂料等。

关于复合式衬砌内外层结构受力状态,一种看法认为:围岩中因围岩具有自承能力,它与初期支护组合在一起能起到永久建筑物的作用,故二次衬砌只是用来提高安全度的;另一种看法则认为,二次衬砌的承载作用是主要的,它不仅稳定围岩的变形且在整个衬砌结构中占有主导地位;还有一种看法认为内、外衬砌是共同承载受力的。根据模型试验和理论分析的结果表明:复合式衬砌的极限承载能力比同等厚度的单层模筑混凝土衬砌可提高 15%~25%,如能调整好内衬的施作时间,还可以改善结构的受力条件。

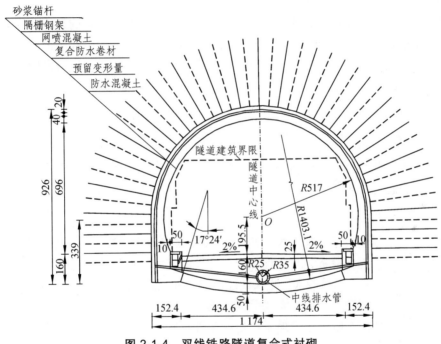

图 2-1-4　双线铁路隧道复合式衬砌

总之,复合式衬砌可以满足初期支护施作及时、刚度小、易变形的要求,且与围岩密贴,从而能保护和加固围岩,充分发挥围岩的自承作用。二次衬砌后,衬砌内表面光滑平整,可以防止外层风化,装饰内壁,增强安全感,是一种合理的结构形式,是目前公路、铁路隧道主要的结构形式。

二、衬砌材料

修建隧道衬砌的材料,应具有足够的强度和耐久性,在某些环境中,还必须具有抗冻、抗渗和抗腐蚀性。此外,还应满足就地取材、降低造价、施工方便及易于机械化施工等要求。常用的铁路隧道衬砌材料有:

1. 混凝土和钢筋混凝土

（1）混凝土优点：整体性和抗渗性较好，既能现场浇筑，也可以在工厂预制，而且能采用机械化施工。可以在水泥中掺入矿物掺合料，以提高混凝土的密实度，从而提高混凝土的抗渗性和防水性能。

（2）混凝土的缺点：混凝土浇筑后需要养护而不能立即承受荷载，需要达到一定强度后才能拆模；占用和耗用较多的拱架及模板；化学稳定性（耐侵蚀性能）较差。但其优点是主要的，所以目前混凝土仍然是隧道衬砌结构的主要建筑材料。

混凝土中加入钢筋是为了提高混凝土的抗拉、抗剪性能，所以钢筋混凝土材料主要用在明洞衬砌及地震区、偏压、通过断层碎带或淤泥、流沙等不良地质地段的隧道衬砌中，在特殊情况下可加入旧钢轨或焊接钢筋骨架进行加强。

2. 喷射混凝土（简称喷混凝土）

喷射混凝土的早期强度和密实性均较普通混凝土高，能封闭围岩的裂隙，因其中加入了速凝剂，能很快起到支护围岩的作用。其施工过程可以全部机械化，且不需要拱架和模板。在石质较软的不稳定围岩中，它还可以与锚杆、钢丝网等配合使用，是一种理想的支护材料。

3. 片石混凝土

为了节省水泥，在围岩较好地段的衬砌，可在混凝土中掺入片石即片石混凝土（片石的掺量不应超过总体积的 20%），片石因可以就近取材，降低了工程造价。此外，当起拱线以上 1 m 以外部分有超挖时，其超挖部分也可用片石混凝土进行回填。选用的石料要坚硬，严禁使用风化片石，以保证其质量。

4. 料石或混凝土块

料石或混凝土预制块用强度等级不低于 M10 的水泥砂浆砌筑衬砌。其优点是：可以就地取材，能节约大量水泥和模板，耐久性和耐侵蚀性能较好，可保证衬砌厚度并能较早地承受荷载。缺点是：砌缝多，容易漏水，防水性能较差，施工主要靠手工操作，难于机械化施工，费工、费时，施工进度较慢，而且需要大量的熟练工人。

在盛产石料的地区及隧道边墙地基的地质条件较好时，本着就地取材及经济的原则，石料衬砌仍可采用，尤其是洞门挡墙、挡土墙等仍然经常使用石料。

第二节　洞门与明洞

一、洞　门

（一）洞门的作用

隧道两端洞口处应设置洞门。洞门的作用有以下几方面：

（1）减少洞口土石方开挖量。洞口段范围内的路堑是依照地质条件以一定的边坡坡率开挖的，当隧道埋深较大时，开挖量就很大。设置隧道洞门，起到挡土墙的作用，可以减少土石开挖量。

（2）稳定边坡、仰坡。由于边坡上的岩体不断受到风化，坡面松石极易脱落滚下。边坡太高，难于自身稳定，仰坡上的石块也会沿着坡面向下滚落。有时会堵塞洞口，甚至砸坏线路轨道，对行车造成威胁。建立了洞门就可以减小引线路堑的边坡高度，缩小正面仰坡的坡面长度，从而使边坡及仰坡得以稳定。

（3）引离地表流水。地表流水往往汇集在洞口，如不予以排除，将会漫及线路，危及行车安全，修建洞门，可以把流水引入侧沟，保证了洞口的正常干燥状态。

（4）装饰洞口。洞口是隧道唯一的外露部分，是隧道正面，修建洞门也可以算是一种装饰。在城市附近、风景区的隧道，尤其应当配合当地的环境，予以艺术处理。

（二）洞门的形式

由于隧道洞口所处的地形、地质条件不同，洞门形式也有所不同，主要有如下几种：

1. 环框式洞门

当洞口石质坚硬稳定（Ⅰ~Ⅱ级围岩），且地形陡峻无排水要求时，可仅修建洞口环框，如图 2-2-1 所示，以起到加固洞口和减少洞口雨后滴水的作用。

2. 端墙式（一字式）洞门

端墙式（一字式）洞门是最常见的洞门，如图 2-2-2 所示。它适用于地形开阔、石质较稳定（Ⅱ~Ⅲ级围岩）的地区，由端墙和洞门顶排水沟组成。端墙的作用是抵抗山体纵向推力及支持洞口正面上的仰坡，保持其稳定。洞门顶水沟用来将仰坡流下来的地表水汇集后排走。

图 2-2-1 环框式洞门

图 2-2-2 端墙式洞门

3. 翼墙式（八字式）洞门

当洞口地质较差（Ⅳ级及以上围岩），山体纵向推力较大时，可以在端墙式洞门的单侧或双侧设置翼墙，如图 2-3-3 所示。翼墙在正面起到抵抗山体纵向推力，增加洞门的抗滑及抗倾覆能力的作用；两侧面保护路堑边坡起挡土墙作用；翼墙顶面与仰坡的延长面相一致，其上设置水沟，将洞门顶水沟汇集的地表水引至路堑侧沟内排走。

4. 柱式洞门

当地形较陡（Ⅳ级围岩），仰坡有下滑的可能性，又受地形或地质条件限制，不能设置翼墙时，可在端墙中部设置 2 个（或 4 个）断面较大的柱墩，以增加端墙的稳定性，如图 2-2-4 所示。柱式洞门比较美观，适用于城市附近、风景区或长大隧道的洞口。

图 2-2-3　翼墙式洞门　　　　　　　图 2-2-4　柱式洞门

5. 台阶式洞门

当洞门位于傍山侧坡地区，洞门一侧边仰坡较高时，为了提高靠山侧仰坡起坡点，减少仰坡高度，将端墙顶部改为逐级升高的台阶形式，以适应地形的特点，减少洞门坞工及仰坡开挖数量，也能起到一定的美化作用，如图 2-2-5 所示。

6. 斜交式洞门

当隧道洞口线路与地面等高线斜交时，为了缩短隧道长度，减少挖方数量，可采用平行于等高线与线路呈斜交的洞口（洞门与线路中线的交角不应小于 45°）。一般斜交式洞门与衬砌斜口段应整体灌筑。由于斜交式洞门及衬砌斜口段的受力复杂，施工也不方便，所以只有在十分必要时才采用。

7. 喇叭口式洞门

高速铁路隧道，为减缓高速列车的空气动力学效应，在单线隧道洞口设喇叭口缓冲段，同时兼作隧道洞门，如图 2-2-6 所示。

由于隧道洞口段受力复杂，除了受有横向的垂直及水平荷载外还受有纵向的推力，所以《铁路隧道设计规范》规定：单线铁路隧道洞口应设置不小于 5 m 长的模筑混凝土加强衬砌，双线和多线隧道应适当加长。洞门宜与洞身整体砌筑。

图 2-2-5 台阶式洞门　　　　　　　　　　　图 2-2-6 喇叭式洞门

综上所述，洞门的形式较多，洞门形式的选择应根据洞口的地形、地质条件、隧道长度和所处的位置等而定，特别要注意洞口施工后地形改变的特点。

二、明　洞

以明挖法施工修建的隧道，或在露天修建而有回填土覆盖的衬砌结构，称为明洞。

明洞一般修筑在隧道的进出口处，当遇到地质差且洞顶覆盖层较薄，用暗挖法难以进洞时，或洞口路堑边坡上有落石而危及行车安全时，或铁路、公路、河渠必须在铁路上方通过，且不宜做立交桥或涵渠时，均需要修建明洞。它是隧道洞口或线路上起防护作用的重要建筑物，在铁路线上使用得较多。

明洞的结构类型常因地形、地质和危害程度的不同，有多种形式，采用最多的为拱式明洞和棚式明洞两种。

（一）拱式明洞

拱式明洞由拱圈、边墙和仰拱（或铺底）组成，它的内轮廓与隧道相一致，但结构截面的厚度要比隧道大一些。可分为如下几种：

1. 路堑式对称型

它适用于路堑边坡处于对称或接近对称，边坡岩层基本稳定，仅防止边坡有少量坍塌、落石，或用于隧道洞口岩层破碎，覆盖层较薄而难以用暗挖法修建隧道时，如图 2-2-7 所示。

此种明洞承受对称荷载，拱、墙均为等截面，边墙为直墙式。洞顶做防水层，上面夯填土石后，覆盖防水黏土层，并在其上做纵向水沟，以排除地表流水。

2. 路堑式偏压型

这种明洞适用于两侧边坡高差较大的不对称路堑。它承受不对称荷载，拱圈为等截面，边墙为直墙式，外侧边墙的厚度大于内侧边墙的厚度，如图 2-2-8 所示。

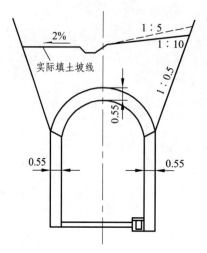
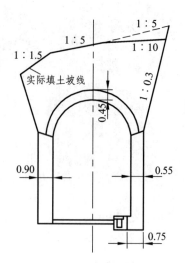

图 2-2-7　路堑式对称型拱形明洞　　　　图 2-2-8　路堑式偏压型拱形明洞

3. 半路堑式偏压型

它适用于地形倾斜，低侧处路堑外侧有较宽敞的地面供回填土石，以增加明洞抵抗侧向压力的能力。此种明洞承受偏压荷载，拱圈等厚，内侧边墙为等厚直墙式，外侧边墙为不等厚斜墙式，如图 2-2-9 所示。

4. 半路堑式单压型

它适用于傍山隧道洞口或傍山线路上半路堑地段。因外侧地形狭小，地面陡峻，无法回填土石以平衡内侧压力。此种明洞荷载不对称，承受偏侧压力，拱圈等截面（有时也可能采用变截面），内侧边墙为等厚直墙，外侧边墙为设有耳墙的不等厚斜墙，如图 2-2-10 所示。另外，要注意处理好外墙基础，以防因外墙下沉而使结构开裂。

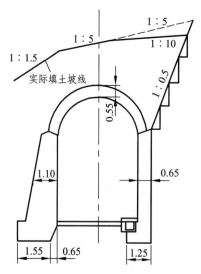
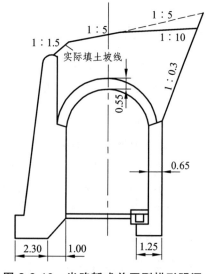

图 2-2-9　半路堑式偏压型拱形明洞（单位：m）　　图 2-2-10　半路堑式单压型拱形明洞

（二）棚式明洞（简称棚洞）

有些傍山隧道，地形的自然横坡比较陡，外侧没有足够的场地设置外墙及基础或确保其稳定，这时可考虑采用另一种建筑物——棚式明洞。

棚式明洞常见的结构形式有盖板式、刚架式和悬臂式三种。

1. 盖板式明洞

由内墙、外墙及钢筋混凝土盖板组成简支结构。其上回填土石，以保护盖板不受山体落石的冲击。这种明洞的内侧应置于基岩或稳定的地基上，一般为重力式墩台结构，厚度较大，以抵抗山体的侧向压力，如图 2-2-11 所示。当基岩层完整，坡面较陡，地面水不大，采用重力式内墙开挖量较大时，可采用钢筋混凝土锚杆式内墙。外墙只承受由盖板传来的垂直压力，厚度较薄，要求的地基承载力较小。外墙也可做成梁式（即中间留有侧洞）以适应地形和节省圬工。

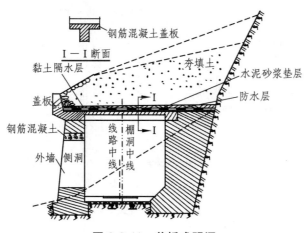

图 2-2-11　盖板式明洞

2. 刚架式明洞

当地形狭窄，山坡陡峻，基岩埋置较深而上部地基稳定性差时，为了使基础置于基岩上且减小基础工程，可采用刚架式外墙，此时称明洞为刚架式明洞（有时也可采用长腿式明洞）。

这种明洞主要由外侧刚架、内侧重力式墩台结构、横顶梁、底横撑及钢筋混凝土盖板组成，如图 2-2-12 所示，并做防水层及回填土石处理。

3. 悬臂式明洞

对稳定而陡峻的山坡，外侧地形难以满足一般棚洞的地基要求，且落石不太严重的情况，可修建悬臂式棚洞，如图 2-2-13 所示。它的内墙为重力式，上端接悬臂式横梁，其上铺以盖板。同时为了保证棚洞的稳定性，要求悬臂必须伸至稳定的基岩内。

图 2-2-12　刚架式明洞

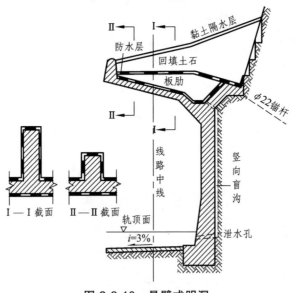

图 2-2-13　悬臂式明洞

第三节　附属建筑物

为了使隧道正常使用，保证行车安全，除上述主体建筑物外，还要修筑一些附属建筑物，包括避车洞、防排水设施、电力及通讯信号的安放设备及运营通风设施等。

一、铁路隧道附属建筑物

（一）避车洞

避车洞分为小避车洞和大避车洞。小避车洞是为了保证隧道内行人和维修人员的安全而设置的；大避车洞是为了存放一些必要的维修材料、工具及轨道小车避让列车而设置的。

1．避车洞净空尺寸及布置原则

（1）避车洞净空尺寸。

小避车洞：宽 2.0 m，深 1.0 m，中心高 2.2 m，如图 2-3-1 所示。

大避车洞：宽 4.0 m，深 2.5 m，中心高 2.8 m，如图 2-3-2 所示。

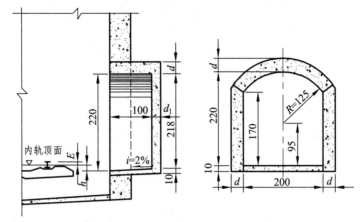

图 2-3-1　小避车洞断面（单位：cm）

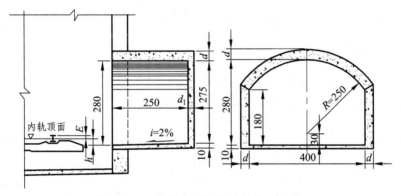

图 2-3-2　大避车洞断面（单位：cm）

（2）避车洞的布置原则。

① 隧道内大、小避车洞应均匀交错设置于两侧边墙内，大避车洞之间设置小避车洞，单线隧道每侧相隔 60 m，双线隧道每侧相隔 30 m 设一小避车洞。碎石道床每侧相隔 300 m，整体道床每侧相隔 420 m 设一大避车洞。单线隧道碎石道床避车洞的布置如图 2-3-3（a）所示，单线隧道整体道床避车洞的布置如图 2-3-3（b）所示。

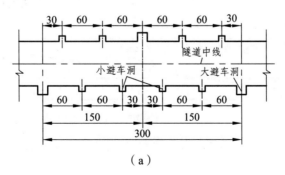

（a）

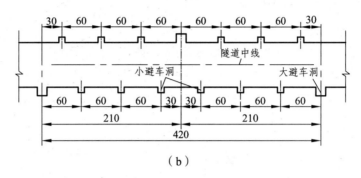

（b）

图 2-3-3　避车洞平面布置（单位：m）

② 隧道长度小于 300 m 时，可不设置大避车洞；长度为 300～400 m 时，可在隧道中部设置一个大避车洞。

③ 洞口接桥或路堑，当桥上无避车平台或路堑侧沟无平台时，应与隧道一并考虑设置大避车洞。

④ 避车洞不得设于衬砌断面变化处或沉降缝、工作缝、伸缩缝处，并要求离开上述接缝净距不应小于 1 m。

⑤ 旅客列车行车速度为 160 km/h 的隧道内，避车洞内应沿洞壁设置高 1.2 m 的钢制扶手。

2. 避车洞底部标高的确定

（1）当避车洞位于直线上且隧道内有人行道时，避车洞底面应与人行道顶面齐平，无人行道时，避车洞的底面应与道砟顶面（或侧沟盖板顶面）齐平；隧道内采用整体道床时，应与道床面齐平。

（2）当避车洞位于曲线上时，因受曲线外轨超高的影响，曲线内侧及外侧的避车洞底面分别降低及抬高一定距离，如图 2-3-4 所示。图中 h_1 及 h_2 可用下式计算：

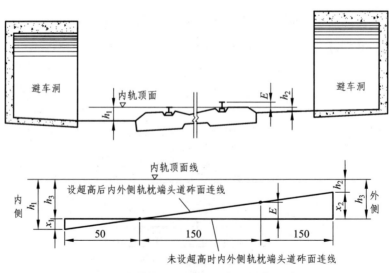

图 2-3-4　曲线隧道内外侧避车洞底面标高（单位：cm）

$$\left.\begin{array}{l} h_1 = h_3 + 0.33E \\ h_2 = h_3 - 1.33E \end{array}\right\} \tag{2-3-1}$$

式中　　h_1——曲线内侧轨枕端头道床面（即避车洞底面）至内轨顶面的距离；

　　　　h_2——曲线外侧轨枕端头道床面（即避车洞底面）至内轨顶面的距离；

　　　　h_3——直线地段（即无超高时）钢轨顶面至轨枕端头道床面或水沟盖板顶面（亦即避车洞底面）的距离，cm；

　　　　E——外轨超高值，cm。

3. 避车洞的衬砌类型

避车洞衬砌类型一般与隧道衬砌类型相适应。

为使避车洞的位置明显，便于人员在光线暗淡的隧道内易于寻找，得以迅速地奔向最近的避车洞且可不跨越线路，在避车洞内以及周边上用石灰浆刷成白色，并在两侧距离为 10 m 处的边墙上各绘一个白色的指向箭头。在运营期间应保证这些标志鲜明醒目。如图 2-3-5 所示。

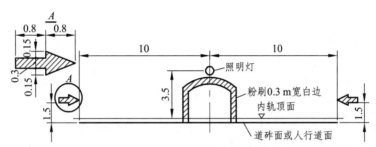

图 2-3-5　避车洞周围标志

（二）防排水设施

隧道防排水一般应采取"防、排、截、堵相结合，因地制宜，综合治理"的原则，达到防水可靠、排水通畅、线路基床底部无积水、经济合理的目的。

1. 隧道内的排水设施

排水是将地下水引入隧道内，再经由洞内水沟排至洞外。绝对堵死地下水是做不到的，如果不给地下水以出路，衬砌背后的地下水位就会逐渐升高，以致给隧道衬砌施加很大压力，故一般要"以排为主"。

主要排水设施有：衬砌内的纵横向排水沟，衬砌上的引水管（暗槽）或泄水孔，衬砌背后的纵横向盲沟和集水钻孔等。

（1）排水沟。

隧道全长在 100 m 及以下（干旱地区 300 m 及以下），且常年干燥，可不设洞内排水沟。除此之外，均应设排水沟。

排水沟有两种形式：

一种是侧式水沟，如图 2-3-6（a）所示。这种形式的水沟设在线路的一侧或两侧，视水量大小而定。有仰拱的隧道宜采用侧沟；单线隧道宜优先设置双侧水沟；当地下水较大或长隧道和采用混凝土宽枕道床或整体道床的隧道，宜设双侧水沟。根据多年的实践证明，隧道底部的水害多是由排水沟的输水能力所限而造成的,目前在设置水沟时应注意多用双侧水沟,以防后患。双侧水沟隔一定距离应设一横向联络沟,以平衡不均匀的水流量。水沟的侧面应设有足够的进水孔。当地下水量小、隧道较短,并铺设碎石道床时,可设置单侧水沟。单侧水沟应设在地下水来源的一侧；地下水来源不明时,曲线隧道水沟可设在曲线内侧,直线隧道水沟可设在任一侧。侧沟常用高式水沟,水沟盖板与道砟面齐平,便于检查、清理及行走。

另一种是中心式水沟,如图 2-3-6（b）所示。隧道采用整体道床时,水沟设在线路中线的下方或设在双线隧道两线路之间。中心水沟常采用低式水沟,盖板顶面与隧道底平齐而被道砟覆埋,不便于清理和维修。

水沟坡度应与线路坡度一致。在隧道中的平坡段和车站内的隧道,排水沟底部应有不小于 1‰的坡度。横向排水沟的坡度不应小于 2‰。

水沟断面视水量的大小而定,应有足够的过水能力。水沟断面一般为：单线不应小于 25 cm（高）× 40 cm（宽）；双线不应小于 30 cm（高）× 40 cm（宽）。

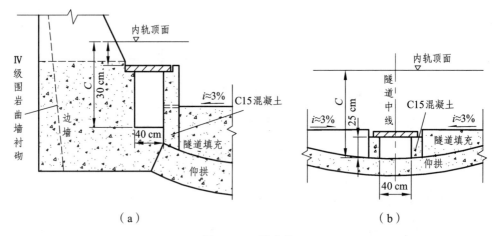

（a）　　　　　　　　　　　　　（b）

图 2-3-6　排水沟

当洞内水质有侵蚀性时,应采取适当措施,防止排水造成环境污染。

在设计隧道的排水设施时应注意,一般不宜使洞口路堑内的地表水流经隧道排走。因此,当隧道出口为上坡时,宜将路堑侧沟做成与线路坡度相反的方向,并不小于 2‰；此外,应在洞门前适当位置沿路基宽设置横向盲沟或挡水坎,以截住路基顶面的雨水,不使其流入隧道内。

（2）盲沟。

盲沟是修建在衬砌背后的一种排水设施,沿出水点开沟,沟中用干砌片石、卵石等回填作为导水层,使地下水在衬砌背后能集中到沟内排入洞内水沟。

盲沟适用于Ⅳ级及以下的围岩,地下水发育地段。盲沟设置的具体位置,宜选在节理发育、渗漏水较多的地方。盲沟之间相隔的距离,可根据地下水多少确定,一般为 4～10 m。盲沟的断面尺寸,应按照地下水量及洞身超挖情况决定,一般厚度不小于 20 cm,宽度为 40～100 cm,盲沟内填干砌片石或卵石。如设置盲沟处超挖小于 20 cm,应补挖,以满足断面尺寸。

为保证盲沟排水效果,可根据工程地质及水文地质情况,在盲沟处向周围地层钻孔,将附近围岩中地下水引向盲沟。

隧道仅拱部地下水较多时，可只做拱部盲沟，如图 2-3-7 所示，用引水槽或水管经边墙泄水孔排至洞内水沟。如仅边墙部分有水，亦可只做竖向盲沟，如图 2-3-8 所示，竖向盲沟亦可根据具体情况设为单侧或双侧。

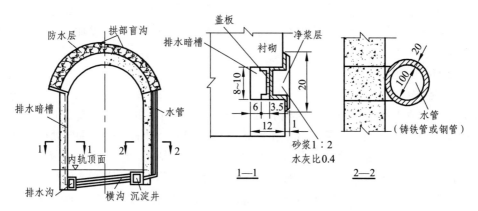

图 2-3-7　拱部盲沟（单位：cm）

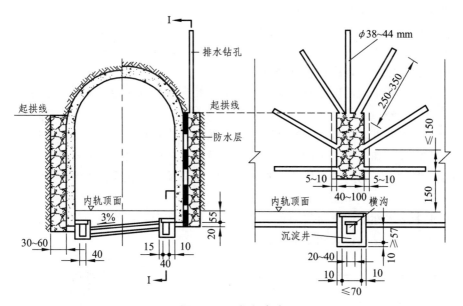

图 2-3-8　竖向盲沟

在Ⅳ级土质围岩及Ⅴ、Ⅵ级围岩中设置盲沟时应加做反滤层以保持围岩稳定。并于边墙汇水孔出水处及洞内水沟适当位置设置沉淀井，便于检查水沟淤积。

盲沟宜在未衬砌前修好。灌注衬砌时，应有防水措施，以防漏水造成砂浆流失，堵塞盲沟。当地下水有侵蚀性时，可在衬砌与盲沟间设置防水层（见盲沟断面图）。

2. 防水（堵）

防水即堵水，是指堵住地下水，不让其从衬砌背后渗入隧道。

（1）压注水泥浆及化学浆液。

注浆是指将以一定组合成分配制而成的浆液压入衬砌背后围岩或衬砌与围岩间的空隙

中，经凝结、硬化后起到防水和加固的作用。常用的浆液材料有水泥浆、水泥砂浆、水泥-水玻璃浆液、化学浆液，以及近年来广泛采用的双快水泥浆液等一些新材料。

（2）防水混凝土。

防水混凝土是指以调整配合比或掺用外加剂的方法增加混凝土的密实性，以提高混凝土自身抗渗性能的一种混凝土。常用的有普通防水混凝土、外加剂防水混凝土、高性能防水混凝土等。

（3）衬砌各类缝隙防水。

① 施工缝的防水。

施工缝是衬砌混凝土间隔灌筑时造成的。对"L"形施工缝、企口式施工缝和混凝土表面刷毛的施工缝，其处理方法是在混凝土灌筑后 4～12 h，用钢丝刷将接缝处的混凝土表面刷毛，或用高压水冲洗接缝处，直至露出表面石子。在新混凝土灌筑前，将接缝处理干净，使之保持湿润，先刷两道水泥浆，再铺设 10 mm 厚水泥砂浆（用原混凝土的配合比，除去粗集料；也可掺加膨胀剂），过 0.5 h 后再灌筑混凝土。对钢板施工缝，其处理方法是，在施工缝处预先埋入 2 mm 厚并涂刷防锈剂的钢板，灌筑新混凝土时按前述施工缝的灌筑方法进行。防水要求高的拱部可使用塑料止水带代替钢板。

② 变形缝（沉降缝、伸缩缝）的防水。

沉降缝是为了防止不均匀沉陷所引起衬砌的开裂而设置的。在地质条件有显著变化处、明洞与隧道衬砌连接处，均应设置沉降缝。

伸缩缝是为了防止因温度变化使混凝土自由伸缩产生裂缝而设置的。由于隧道内温差较小，故除严寒地区外，一般地区在隧道内不设置伸缩缝。

变形缝主要用沥青木板、沥青麻筋、沥青、橡胶带或塑料止水带等几种材料进行防水。常用的是沥青木板，如图 2-3-9 所示。将沥青木板塞在两段衬砌之间，在接缝处的外表面挖一宽 12 cm、深 6 cm 的沟槽，用防水胶油、防水油膏及水泥灰浆等填塞封堵，外表面抹以 M10 水泥砂浆（水灰比为 0.35∶1）。

橡胶止水带防水性能质量可靠，可承受较大的相对变形，但价格较贵，可用于防水要求较严格的重要工程，其构造如图 2-3-10 所示。

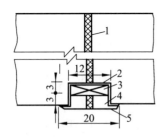

图 2-3-9　沥青木板变形缝（单位：cm）

1—沥青木丝板（沥青木板），厚 2 cm；2—防水胶油；
3—防水油膏；4—净浆层；5—M10 水泥砂浆

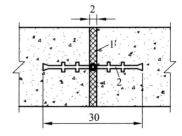

图 2-3-10　塑料（或橡胶）止水带变形缝（单位：cm）

1—沥青木丝板；2—塑料（或橡胶）止水带

（4）外贴式防水层。

外贴式防水层由沥青和油毡间隔铺贴而成，分为特、甲、乙、丙四种。外贴式防水层的防水效果比较好，但需用沥青粘贴，施工困难，工作人员易中毒，故一般用于明洞的防水。

近年来推行一种焦油聚氨酯新型防水材料，此种防水材料价格与甲种防水层相当，施工快而方便，能节省大量劳力，耐久性好，可用于外贴式或内贴式防水层。

（5）内贴式防水层。

内贴式防水层适用于防止衬砌内表面渗漏或施工缝处的渗漏。若施工处理得当，可获得较好的防渗漏效果。

① 喷水泥砂浆防水层。

喷水泥砂浆防水层是在压缩空气的高压作用下，使水泥和砂的混合料在高速喷射下通过水泥枪喷嘴处并与水混合，喷射在已经处理（如凿毛、清洗）的衬砌内表面上，形成坚固且粘贴性较强的砂浆层。由于喷浆是压力成型，故密实性较好，因而有较好的抗渗性，抗压强度及抗拉强度亦较高。喷浆防水层厚度一般为 12～40 mm，应分层喷涂。

喷浆防水层属于刚性防水层，应及时养护并防止开裂，以保证防水效果。

② 五层（四层）抹面防水层。

在衬砌表面用素灰层和砂浆层间隔抹面，其结构如图 2-3-11 所示。

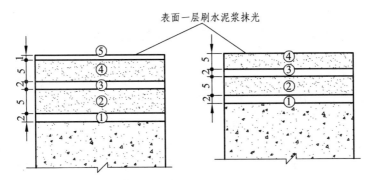

图 2-3-11 抹面防水层结构（单位：cm）

①，③，⑤—素灰层；②，④—砂浆层

抹面前混凝土表面应凿毛清理洗刷干净，渗漏水处宜先用防水剂封堵；每层接缝必须留茬，使其搭接良好，抹后应注意养护，以防干裂。现场常用的防水砂浆抹面有：氯化铁防水砂浆抹面、石膏矾土膨胀水泥抹面、硅酸钠防水剂砂浆抹面等。

③ 阳离子乳化沥青胶乳防水层。

喷涂阳离子乳化沥青胶乳防水技术是近年来发展和使用较广的新技术。阳离子乳化沥青胶乳能喷在潮湿而不滴水的岩面或混凝土表面上，形成薄膜防水层。其施工简便、速度快，防水效果好，耐腐蚀、耐久性好，适应温度 –30～60 ℃，造价较低。

喷阳离子乳化沥青胶乳防水层可广泛应用于砌块式衬砌、喷锚混凝土衬砌和模筑混凝土衬砌。

（6）复合式衬砌中间防水层。

随着新奥法（NATM）的逐步推广和应用，隧道复合式衬砌在工程实践中的使用越来越多，在复合式衬砌中间设防水层，是一种效果良好的防水措施，目前多采用铺设塑料防水板或喷防水材料薄膜，其抗渗性能及抗腐蚀性能均较好。

① 铺设塑料板防水层。

目前使用的塑料防水薄板有聚氯乙烯（PVC）及聚乙烯（PE）两种；厚度为 1.2 ~ 2.0 mm。铺设塑料板时应环向进行，不可绷得太紧，以免灌筑混凝土时将薄板胀破。拱部固定点间距为 0.5 ~ 1.0 m，边墙固定点间距为 1.0 ~ 1.5 m，固定点到塑料板边缘应不少于 5 cm。塑料板环向搭接宽度为 10 cm 左右，焊缝宽不少于 1 cm。在灌筑混凝土衬砌前，必须检查防水层铺设质量，做好记录，发现问题应立即处理。

② 喷防水材料防水层。

喷防水材料防水层是一种新技术、新工艺，施工方便、速度快、造价较低。它对喷混凝土基面及锚杆尾端外露长度无特殊要求，并可克服灌筑混凝土衬砌与喷锚支护之间造成空隙的不利因素，因而适用于复合式衬砌中间防水层。现阶段普遍认为喷涂的防水材料以阳离子乳化沥青胶乳较好。

3. 截 水

截水是指截断地表水和地下水流入隧道的通路。

（1）洞顶天沟

为防止地表水冲刷仰坡，流入隧道，一般应在洞口边仰坡上方设置天沟，但当地表横坡陡于 1 : 0.75 时可不设。

天沟设于边仰坡坡顶以外不小于 5 m 处，黄土地区应不小于 10 m。天沟一般沿等高线向线路一侧或两侧排水。天沟坡度根据地形设置，但应不小于 3‰，以免淤积。当纵坡过陡时，应设计急流槽或跌水连接。一般在地面自然坡度陡于 1 : 1 时，水沟宜做成阶梯式，以减少冲刷。天沟断面应根据流入截水沟的汇水区流量确定。水沟深度宜高出计算水面 20 cm，一般底宽和深度均不小于 60 cm；在干燥少雨地区，深度可减至 40 cm；水沟分水点深度可减至 20 cm。天沟长度应使边仰坡面不受冲刷，下游应将水引至适当地点排泄，避免危害农田和冲刷山体。流量较大时，不宜将水引向路堑排泄，应根据地形将水引至沟谷或涵洞处排泄。在容易渗漏、沉陷和易冲蚀的地层及易溶于水的岩层中设置的天沟，其底部及侧壁必须用 50 号水泥砂浆浆砌片石铺砌。通过裂隙岩层的天沟可采取水泥砂浆抹面、勾缝等防止渗漏的措施。

（2）泄水洞。

泄水洞一般是在地下水特别发达、涌水地段较长且水压较高，用其他防排水措施难以收效时才采用。泄水洞应设在地下水上游一侧，与隧道方向平行或近似平行，使周围的地下水经由泄水洞的过滤孔眼流入泄水洞内排走，以达到拦截排水，防止地下水影响隧道的目的。泄水洞与隧道的间距应根据地质情况、地下水位及需要降低水位的程度等来确定，一般情况下其净距不小于 10 ~ 15 m，如图 2-3-12 所示。

泄水洞断面尺寸除应保证有足够的排水能力外，还应便于施工和检查维修，一般不小于 1.2 m（宽）× 1.8 m（高），泄水洞越长，尺寸应适当加大。泄水洞纵向坡度应满足流水通畅，一般不小于 3‰。泄水洞一般应做衬砌，衬砌上应有足够的泄水孔以引入地下水。围岩中有细小颗粒容易流失时，应在衬砌背后设置反滤层。泄水洞洞口一般应设置洞门及出水口沟渠。

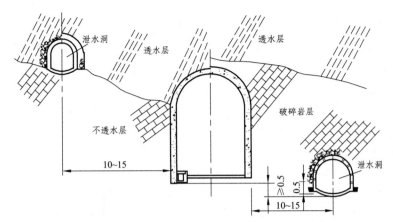

图 2-3-12 拦截地下水疏干地层泄水洞（单位：m）

（三）电力及通信设施

1. 电缆槽

（1）电缆槽的作用。

当铁路通信、信号电缆通过隧道时，为了避免电缆被损坏、腐蚀，以保证通信、信号工作的安全，应在隧道内设置电缆槽。

（2）电缆槽设置要求。

通信、信号电缆可设在同一电缆槽内，也可以分设，但通信、信号电缆必须和电力电缆分槽铺设。如分槽铺设困难时，电力电缆可沿隧道墙壁架设，但应有必要的防护措施。在地形困难区段，自动闭塞电力电缆可与通信电缆同槽铺设，但应将电缆排列位置固定，两电缆间的最小距离不得小于 0.1 m，电力电缆应涂以标志颜色。

电缆在隧道内完成平面或竖向转变过渡时，其弯曲半径不小于 1.2 m，对应折线的转折角不应大于 30°，转折长度不小于 0.6 m。电缆槽应设盖板，盖板顶面应与避车洞底面、水沟盖板顶面或道床顶面齐平。当电缆槽与水沟并行时，宜分设盖板。电缆槽净空尺寸可由有关专业提供，一般当通信、信号电缆合槽设置时，主要干线为 25 cm（宽）×20 cm（高），非主要干线为 20 cm（宽）×20 cm（高）；当通信、信号电缆分槽设置时，其净空尺寸可适当减小。为使电缆槽内不积水，每隔 3～5 m 设流水槽一道。

（3）电缆槽类型。

根据隧道衬砌类型、电缆槽位置与洞内水沟异侧或同侧等情况，分为甲、乙、丙三种类型，见表 2-3-1。其主要尺寸见表 2-3-2。

表 2-3-1　电缆槽类型

类型	甲 式	乙 式	丙 式
适用条件	电缆槽与水沟异侧	电缆槽位于水沟侧墙上	电缆槽靠紧边墙与水沟同侧
配合衬砌类型	直墙式有、无仰拱及扩大基础的衬砌与曲墙式有、无仰拱的衬砌	同甲式	直墙式有扩大基础的衬砌
	参见图 2-3-13	参见图 2-3-14	参见图 2-3-15

表 2-3-2　电缆槽尺寸（cm）

净空尺寸	a	b	c	内轨顶面至水沟底高差 d			
				重型	次重型	中型	轻型
25×20	25	40	23	108	103	98	93
20×20	20	35	13				

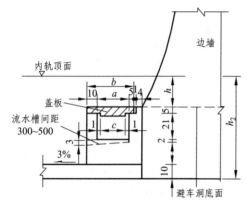

图 2-3-13　甲式电缆槽（单位：cm）

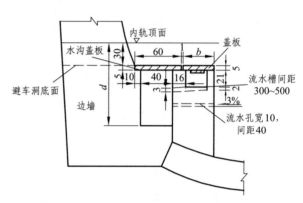

图 2-3-14　乙式电缆槽（单位：cm）

（4）余长电缆槽（余长电缆腔）。

当隧道长度大于 500 m 时，为便于电缆维修，电缆应留余长，并需要在设电缆槽同侧的大避车洞内设余长弧形电缆槽，如图 2-3-16 所示。避车洞原电缆槽仍需照做，并在两槽衔接处预留槽口。隧道长 500～1 000 m 时，可在中部设一处；大于 1 000 m 时，每 500 m 增设一处。为便于电缆维修时使用余长电缆，槽内除电缆位置以外的空间全部用粗砂回填。

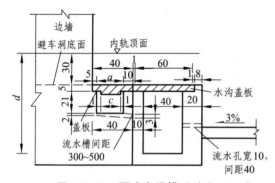

图 2-3-15　丙式电缆槽（单位：cm）

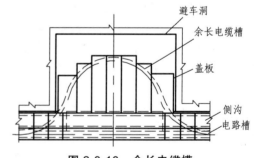

图 2-3-16　余长电缆槽

2. 无人增音站（洞）

根据电讯传输衰耗和通信设计要求，每隔一定距离应设置无人增音站（洞）一处。当无人增音站（洞）位于隧道内时，则应在边墙外增设无人增音站（洞），以便安装无人增音机。

无人增音站（洞）的位置，由通信专业人员根据采用无人增音机的类型确定，但其前后允许移动范围为 100 m。因此选择无人增音站（洞）的具体位置时，应在允许移动范围内，尽量选择在无水和地质条件较好的地段设置；为免使增音机受洞外气温影响，宜设在洞内温差较小的地方。

无人增音站（洞）因与大避车洞轮廓大致相同，一般多设于大避车洞内。洞内应有良好的防水、防腐、保温措施，保证增音机的正常使用。

除此之外，根据具体情况，隧道内有时也设信号继电器箱洞、绝缘梯车洞、无线电通信电台箱洞、无线可调继电器洞、变压器洞等附属设施。

（四）运营通风建筑物

隧道交付使用以后，列车往返通过时经常排出大量有害气体，同时还散发出许多热量，此外，衬砌缝隙也不时渗透出某些天然地下气体和潮湿成分，再加上维修人员在工作时不断呼出二氧化碳，这些因素使得隧道内的空气变得污浊、炽热和潮湿。长时间积聚起来，浓度越来越大，将使人呼吸感到困难，健康受到威胁，工作效率降低，洞内线路也容易被腐蚀。因此，必须设法把隧道内积聚的有害气体和热量等排除出去，把洞外的新鲜空气引进洞来，使洞内空气达到无害的程度，使列车司机、乘客和洞内维修人员能舒适而高效地工作。

1. 纵向式通风

纵向通风是在通风机的作用下，使风流沿着隧道轴线方向流动的通风方式。

（1）洞口风道式通风。

这种通风方式是把通风机设置在隧道洞口端处，通风道与隧道连通。当列车车尾一出洞口，立即开动通风机，将已被活塞风挤到出洞口段内的污浊空气排到洞外。与此同时，洞外新鲜空气由洞口另一端随着风流带进隧道，从而完成一次通风作业。

为防止通风机工作时，新鲜空气从出洞口吸进隧道造成短路，降低通风效果，需在出洞口设置一个用钢或钢木结构组成的框架式帘幕。它用轨道电路与信号系统进行连锁，当列车驶向隧道时，帘幕自动提起，当列车通过后，帘幕自动落下，图 2-3-17 所示，为一座 3 km 隧道采用的洞口风道纵向式通风布置图。

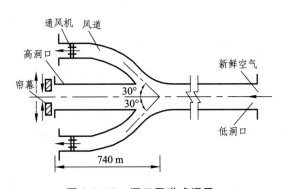

图 2-3-17　洞口风道式通风

（2）喷嘴式通风。

对于列车运行密度大，长度不太长的隧道，可采用环形喷嘴式通风形式，如图 2-3-18 所示。它是在隧道洞口处的衬砌上方设计一个汇集新鲜空气的空气室，室的尽端在衬砌周边上做成环形喷嘴通向洞内。开动通风机，洞外新鲜空气被压送到空气室，当积聚到一定压力时，由喷嘴以高速和极小的交角喷进隧道，形成稳定风流。洞口段可不做帘幕，新鲜空气不会从洞口溢出，反而会由于高速风流引起的负压，带进一些新鲜空气。但这种通风形式结构复杂，施工工艺要求高，维修不方便且能量损失大和效率低。

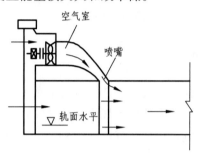

图 2-3-18 喷嘴式通风

（3）竖井、斜井式通风。

长大隧道纵剖面为人字坡时，污浊空气常积聚在坡顶。若在隧道施工中为增加开挖工作面而设置竖井或斜井作为辅助坑道时，可利用这些辅助坑道作为通风道，把通风机置于竖井或斜井处，借助于通风机和竖井的换气作用，以达到通风的目的。图 2-3-19 为竖井通风系统布置。

2. 横向式通风

这种通风方式的特点是：隧道内风流方向与隧道轴线方向成正交，如图 2-3-20 所示。它是隔出隧道部分断面作为沿洞身轴线的通风渠。开动通风机，把新鲜空气先送入隧道底部的压入通风渠，再经出风口沿隧道全长范围内均匀吹入隧道；而污浊空气，则经隧道顶部的吸出风渠吸到洞外。

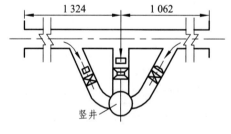

图 2-3-19 竖井式通风

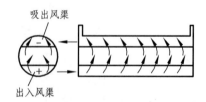

图 2-3-20 横向式通风

横向式通风系统，能将新鲜空气沿隧道全长范围内均匀吹入，而污浊空气就地直接被吸出，通风效果较好，在公路隧道中使用最适宜。

隧道通风所需新鲜空气的风量和风压必须经过计算确定，根据计算确定的风量和风压，再选择合适的通风机。铁路隧道一般用轴流式通风机，其特点为风量较大而风压并不高。

二、公路隧道附属建筑物

（一）内装、顶棚、路面及噪声消减材料

1. 内　装

为了确保行车安全，在公路隧道中必须采取措施使墙面亮度在长期的运营中保持在必要的水平以上，墙面须用适当的材料加以内装处理。内装可以改善隧道内的环境，主要是提高能见度，其次是吸收噪声。

提高墙面的反射率，可以提高照明效果。因此内装材料表面应当是光洁的，颜色应当是明亮的。人眼对波长 555 mm 的黄绿光最为敏感，所以内装材料应当是淡黄和浅绿色。作为背景的墙面，应能衬托出障碍物的轮廓，这就需要使墙面具有良好的反射率。为了减少眩光，希望这种反射是漫反射。

未经内装的混凝土衬砌表面，容易吸附引擎排出的废气中的黏稠油分，可与烟雾、尘埃一起沾在表面上。在隧道内潮湿、漏水的情况下，污染过程很快，能使墙面的反光率降低。

经过内装的墙面，污染仍然是不可避免的。但要求它具有不易污染、容易清洗、耐冲刷、耐酸碱、耐腐蚀、耐高温等特点，表面应该光滑、平整、明亮。内装可以起到美观作用，使隧道漏水不露出墙面；各种管线都能隐藏在内装材料的后面。但是管线的维修应该方便，受到损坏的内装部分，也应当便于更换或维修。内装材料应具有吸收噪声的作用。消除隧道内的噪声是极其困难的课题之一，隧道内噪声源主要来自两方面：通风机产生的噪声和汽车行驶时引擎发出的噪声。

声波在三维空间中传播时，与光波一样可以屏蔽、聚焦和定向。在均匀截面的管道中行进的波，常常是平面波，这种波从波源出发，在无阻碍地进行很长一段距离后，仍近似地为平面波，平面波的衰减很慢。由于管径与铺贴吸声材料的吸声效果呈倒数关系，在大管道中铺贴吸声材料几乎无效，所以内装材料的消声效果很不理想。

通常用于隧道的张贴内装材料有：

（1）块状混凝土材料：表面粗糙，易造成污染且不好清洗，但衬砌表面不需特殊处理。

（2）饰面板、镶板等质地致密材料：不易造成污染，清洗效果好，洗净率高，板背后的渗漏水隐蔽，各种管线容易在板背后隐蔽设置，板背后的空间有利于吸收噪声。

（3）瓷砖镶面材料：表面光滑，最容易洗净，且效果良好；要求衬砌平整，以便镶砌整齐；隧道漏水部位可用排水管道疏导；镶面后面可埋设小管线。但这种材料没有任何吸声作用。

（4）油漆材料：比块状混凝土材料容易清洗，但不及其他两种材料，对衬砌表面要求很高，需要压光、平整；隧道不能有漏水现象，浸湿的油漆损坏很快。这种材料也没有吸声作用。

随着建筑材料工业技术的发展，新材料相继出现，许多新型材料都可以使用。但用于内装的新材料应该具有：耐火性，在高温条件下仍能维持原状，不燃烧、不分解有害成分等；耐蚀性，长期在油垢及有害气体作用下不变质，在洗涤剂等化学物质作用下不被侵蚀；不怕水，大多数隧道都存在漏水问题，在水的浸泡下，在潮湿环境中不变质、不霉烂；材料来源广泛，价格相对便宜，隧道是大型构造物，用材量很大，价格高昂的材料不适于作隧道内装。

2. 顶　棚

顶棚的反射率对提高照明效果有利，经过顶棚的反射光使路面产生二次反射，能增加路面亮度。顶棚用漫反射材料可以避免产生眩光。其颜色的明亮程度直接影响到路面亮度，所以应该是浅色的，但是又应有别于墙面，在色调和饱和度上可以有所不同。

顶棚是背景的一部分，特别是在有坡度处和变坡点附近对识别障碍物和察觉隧道内异常现象颇有帮助。顶棚可以美化隧道，特别是与整齐排列的灯具相互衬托，更可以起到美化的效果，并有明显的诱导作用。

根据实际需要可以把顶棚做成平顶或拱顶。在自然通风或诱导通风时，可以用拱顶。在半横向或横向通风时可以用平顶。顶棚以上可作为通风道和供管理人员使用的通道，因此设计荷载可按（据国外资料）10 MPa 考虑。

3. 路　面

隧道内的路面需具有足够强度和耐久性，作为特殊要求，有以下各点：

路面材料应具有抵御水冲刷和含有化学物质的水侵蚀的能力，路面的坡度应能满足迅速排除清洗用水；因为车辆在隧道内的减速及制动次数较多，横向抗滑要求高，故路面需能保证车体横向稳定；容易修补；路面漫反射率高，颜色明亮，才能获得良好的照明效果，路面作为发现障碍物的背景，比墙面和顶棚有更大的、关键性的作用。

路面材料主要有两种，即混凝土和沥青混凝土。由于混凝土的反射率较沥青混凝土路面高，横向抗滑性好，是过去广泛使用的材料。其最大的缺点是产生裂缝时不容易修补，更换时要停止交通；在高寒地区还要受到防滑链的损害，必须考虑设置磨耗层。沥青路面的反射率较低，为了改善路面亮度，需要在面层加入石英和铝的混合物。有的加入浅色石子和氧化钛做填充料。

路面与车道分隔线等交通标志之间应保证有明显的亮度对比和鲜明的颜色对比。

隧道内的路基应具有足够的承载力，尤其要求在有丰富地下水的条件下也能满足要求，这就要求有良好的排水设施。衬砌背后应设置盲沟和导水管，在车道板下面铺设透水性好的路基材料，必要时设置仰拱。在确定隧道纵坡时保证排水沟排水顺畅，保证路面有 1% ~ 1.5% 的横坡等。

4. 噪声消减及其材料

隧道内的混响时间（噪声源发音瞬间的声能衰减到 $1/10^6$ 时所需时间，即衰减 60 dB 所需时间）为洞外的数千倍，在噪声级相当高的隧道内，震耳欲聋，乱作一团，难以忍受。对于交通量大的重要隧道，往往需要设置应急电话等安全设施，这种隧道噪声至少应当控制在可以用电话与管理所通话的程度。从表 2-3-3 可知，噪声超过 65 dB 时，已经很难利用电话通话，从使用电话的角度看，噪声水平应保持在 60 dB 以下。

噪声水平（SL）与汽车交通量（N）之间的关系可按下式计算：

$$SL = 181gN + 13 （dB）\tag{2-3-2}$$

式中　N——小时交通量，辆/h。

噪声水平也可以从下列表中查得。噪声水平除了受车速与车流组成影响外，交通量、坡度和车辆技术状态的好坏等，都有影响。各种类别车辆可以达到的噪声级见表2-3-4。车速与车流组成不同时，其噪声级可参考表2-3-5。交通量的噪声量修正值见表2-3-6。

表 2-3-3　隧道内噪声水平与状况

噪声水平/[dB（A）]	状　况	噪声水平/[dB（A）]	状　况
40	极安静	55	电话有时困难，2 m可对话，4 m大声讲话
45	安静，10 m距离可以对话	60	电话少许困难，2 m大声讲话
50	电话无困难，4 m距离可对话	65	电话很困难

表 2-3-4　车辆类型可产生的噪声量

车 辆 类 别	噪声级/[dB（A）]	车 辆 类 别	噪声级/[dB（A）]
大载重量柴油机卡车	92～100	摩托车	88～98
汽油机卡车	82～86	无轨电车	76～90
柴油机公共汽车	90～96	轻型汽车	75～85
汽油机公共汽车	80～86	轻便摩托车	84～102

表 2-3-5　车速和车流构成可产生的噪声量

平均车速/（km/h）	车流组成中卡车及公共汽车数量/%								
	100	90	80	70	60	50	40	30	20
30	80.5	79.5	78.5	77.5	76.5	75.5	74.5	73.5	72.5
40	82.0	81.0	80.0	79.0	78.0	77.0	76.0	75.0	74.0
50	83.5	82.5	81.5	80.5	79.5	78.5	77.5	76.5	75.5
60	85.0	84.0	83.0	82.0	81.0	80.0	79.0	78.0	77.0
70	86.5	85.5	84.5	83.5	82.5	81.5	80.5	79.5	78.5
80	88.0	87.0	86.0	85.0	84.0	83.0	82.0	81.0	80.0
90	89.5	88.5	87.5	86.5	85.5	84.5	83.5	82.5	81.5
100	91.0	90.0	89.0	88.0	87.0	86.0	85.0	84.0	83.0
110	92.5	91.5	90.5	89.5	88.5	87.5	86.5	85.5	84.5

表 2-3-6　交通量的噪声量修正

交通量/（辆/h）	100	200	300	500	700	1 000	2 000	3 000	4 000
修正值	-10	-7.5	-5.5	-3.0	-1.5	±0	+1.5	+2.0	+2.5

从以上表中的数据上看，在隧道内可以使用电话的标准是很高的。由于隧道是封闭结构，声能在横向无法扩散，只能沿纵轴经进出洞口向外扩散。在隧道内设置吸声材料时，在横向

只能有限度地吸收一小部分，减少反射的次数。所以，把噪声级减缓至 60[dB（A）]左右，是相当困难的。

目前吸声材料较多，吸声材料兼有内装作用。可以使用的材料有：多孔吸声材料，是应用最广的基本吸声材料，种类很多，如玻璃棉、矿棉、无机纤维材料及其成型板材等。利用吸声结构吸声的有膜共振吸声结构、板共振吸声结构、腔共振吸声结构，穿孔板式共振吸声结构等。吸声材料应当具有内装材料特性，吸声结构应与内装相结合。任何吸声材料和结构形式对沿隧道轴线传播的平面声波作用都不大，这是在隧道中吸声效果差的原因之一。

从图 2-3-21 中两例可知，设置的声板在隧道中起着显著的降噪作用，但其价格较贵，还未得到广泛应用。

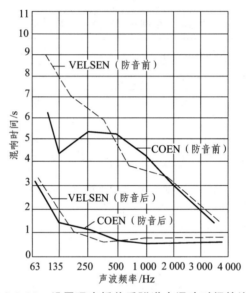

图 2-3-21　设置吸声板前后隧道内混响时间的比较

（二）其他附属设施

公路隧道的其他附属设施包括通风设施、照明设施、安全设施、应急设施以及公用设施。由于这些设施的专业性强，在此不作详细论述，这里仅介绍一些与结构有关的附属设施。

紧急停车带是为故障车辆离开干道进行避让，以免发生交通事故，引起混乱，影响通行能力而专供紧急停车使用的停车位置。尤其在长大隧道中，故障车必须尽快离开干道，否则会引起阻塞，甚至导致交通事故。为使车辆能在发生火灾时避难和退避，还应设置方向转换场。

紧急停车带的间隔，主要根据故障车的可能滑行距离和人力可能推动距离确定。一般很难确定距离的大小，如小车较卡车滑行距离长，人力推动也较省力；下坡较上坡滑行距离长，推动也省力。在隧道内一般取 500 ~ 800 m；汽车专用隧道取 500 m；隧道长度大于 600 m 时即应在中间设置一处；混合交通隧道取 800 m；隧道长度大于 900 m 时即应在中间设置一处。

紧急停车带的有效长度，应满足停放车辆进入所需的长度，一般全挂车可以进入需 20 m，最低值为 15 m，宽度一般为 3 m。隧道内的缓和路段施工复杂，所以通常是将停车带两端各延长 5 m 左右。参见图 2-3-22（以上数据为国外资料，仅供参考）。

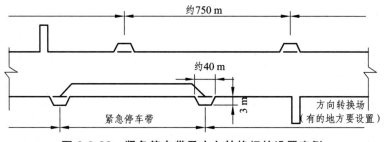

图 2-3-22　紧急停车带及方向转换场的设置实例

第四节　高速铁路隧道空气动力学问题及工程措施

一、列车进入隧道诱发的空气动力学效应

当高速列车进入隧道时，原来占据着空间的空气被排开。空气的黏性以及隧道壁面和列车表面的摩阻作用使得被排开的空气不能像在隧道外那样及时、顺畅地沿列车两侧和上部形成绕流。于是，列车前方的空气受到压缩，列车后方的空气则形成一定的负压。这就产生一个压力波动过程。这种压力波动又以声速传播至隧道口，形成反射波，回传，叠加，产生一系列复杂的空气动力学效应。这种压力波动过程引起一系列与隧道设计和运营密切相关的空气动力学效应，如表 2-4-1 所示。

表 2-4-1　高速铁路隧道空气动力学效应

空气动力学效应		对隧道设计和运营的意义
瞬变压力	车内瞬变压力	旅客舒适度
	车上压力波动最大幅度	旅客和乘务员的健康
	隧道内压力峰值	衬砌和设施的气动荷载
	车内外压差	车辆结构的气动荷载
微气压波		隧道口环境
列车空气阻力	平均阻力	牵引计算
	阻力过程	限坡
空气流动	列车风	隧道中设备的安全
	空气动压	

因此，必须对上述现象和问题进行研究和分析，为高速铁路隧道的设计和运营提供技术决策的依据。

从理论和测试结果知，在短隧道中，微气压波最大值与 v 的 3 次方成正比例，与 r 成反比例。考虑到隧道洞口地形的影响，微气压波可近似用下式求出：

$$p = \frac{Kv^3}{r} \qquad\qquad (2\text{-}4\text{-}1)$$

式中　　K——考虑地形影响的系数；

　　　　p——微气压波最大值（10 Pa）；

　　　　r——微气压波距隧道出口中心的距离，m；

　　　　v——列车入洞速度，km/h。

微气压波的发生实态与很多因素有关，其中主要有：列车速度、列车横断面积、列车长度、列车头部形状、隧道横断面积、隧道长度、隧道内道床的类型等。

高速列车在隧道中运行时的舒适度与列车通过隧道时产生的压力波动有关，这也是高速列车通过隧道时产生的主要效应，而微气压波正是这种压力波向外产生的辐射，因此所有效应及危害的根源在于压力波动，特别是在极短时间内的压力突变（成为瞬变压力）传到人体时，会产生生理上的不适，从而大大降低乘车的舒适度。

从旅客乘车舒适度要求出发，最大瞬变压力临界值控制标准在一般情况下，可取为不大于 3.0 kPa/3 s，即每 3 s 内最大压力变化值在 3 kPa 以内，如表 2-4-2 所示。

表 2-4-2　我国高速铁路隧道舒适度准则建议

铁路类型	隧道长度 （占线路长度的比例）	关系	隧道密集程度/ （座/h）*	瞬变压力/ （kPa/3 s）
A（平原）	单线	< 10%	而且	< 4	2.0
B（平原）	双线	< 10%	而且	< 4	3.0
C（山丘）	单线	> 25%	或者	> 4	0.8
D（山丘）	双线	> 25%	或者	> 4	1.25

注：*为列车每小时通过隧道的数量。

试验和分析研究表明，列车运行速度和阻塞比 β（β = 列车截面积 A_t/隧道净空有效面积 A_v）对洞内瞬变压力变化率影响十分显著。列车车型、列车长度、列车表面摩擦系数、隧道长度、隧道壁面摩擦系数等也会对瞬变压力产生影响。从各国的实践看，隧道横断面的确定主要是采用堵塞比，即采用列车横断面面积与隧道横断面面积的比值来确定。这里的隧道横断面积，通常指轨道面以上的断面积。我国高速铁路隧道阻塞比建议值为 0.1，并确定我国高速铁路隧道内净空面积如表 2-4-3 所示。

表 2-4-3　我国高速铁路隧道内净空面积（m²）

序号	类别标准	单线	双线
1	200 km/h 客专近期客货共线	53.06	83.7
2	200 km/h 客专近期双箱运输	56.2	89.64
3	250 km/h 近期客货共线	58	90.16
4	250 km/h 近期双箱运输	58.08	93.76
5	350 km/h 客运专线	70	100

合理设置辅助坑道（斜井、竖井和横洞）能缓解瞬变压力的波动程度。竖井位置对减压效果影响最大，可以根据压力波叠加情况，计算出竖井距洞口的最佳位置。竖井横断面积也存在最佳值，无故加大面积也起不到好效果。在两个单线隧道之间的隔墙上开设孔洞，也可缓解瞬变压力。

二、隧道口的微气压波和缓冲结构设计

1. 微气压波的传播

高速列车进入隧道，前方的空气受到挤压，这种挤压状态以声速传播至隧道出口，骤然膨胀，产生一个被称为微气压波的次生波。由于微气压波的产生伴有影响环境的爆破噪声，并会对邻近的建筑物产生危害，因此，微气压波的控制与消减瞬变压力一样，成为高速铁路隧道设计中的重要课题。

在以上一系列空气动力学效应中，对隧道设计而言，微气压波问题与瞬变压力一样，是关注的重点，必须通过缓冲结构一类辅助结构物加以消减。研究表明，压缩波在隧道中的传播规律随道床有所差别。在碎石道床隧道中，不但"首波"峰值有较明显的衰减，而且压力变化梯度在传播过程中逐渐变得平缓。而对于板式轨道，当隧道长度增加时，压力梯度反而有一定程度的加大。日本新干线隧道的统计资料表明，碎石道床隧道微压波的最大值随隧道长度的增加而降低（"首波"峰值和梯度均有明显衰减）；相反，板式轨道隧道的微压波最大值随隧道长度的增加反而有所上升，直至隧道长度超过某一限度（6~8 km），其值才随隧道长度的增加而降低（见图 2-4-1）。

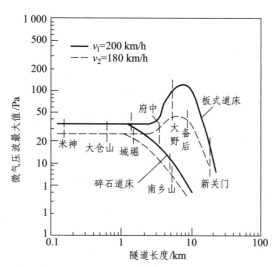

图 2-4-1 微气压波最大值与隧道长度的关系

在压缩波镶嵌传播的过程中，空气的密度和温度随之增加，引起声速的提高。压缩波的后部比前端传播得更快。板式轨道不能像碎石道床那样能有效地消除这种影响，因此，在压缩波传播的过程中，波前梯度会逐渐增加，波形变陡。当入口波梯度较大以及隧道较长时，这种效应会十分显著（见图 2-4-2）。

图 2-4-2 压缩波的传播和微气压波

板式轨道的计算结果均表明,微气压波峰值随隧道长度的增加而增加,与碎石道床的情况很不一样。因此,对设置板式轨道的隧道,在计算微气压波时,必须考虑这种特殊性。

2. 缓冲结构物的设计

在隧道入口设置净空断面积大于隧道有效净空面积的缓冲结构物(如棚洞),是消减微压波的主要措施。可以通过数值计算和模型试验来探讨缓冲结构的合理参数和形式。

是否需要设置缓冲结构物,可根据洞口微压波峰值的大小来确定。缓冲结构物设置基准如表 2-4-4 所示。

表 2-4-4 缓冲结构物设置基准

条 件		微压波峰值 p_{max}		
		日 本	DB	京沪暂规
洞口有建筑物	建筑物无特殊环境要求	建筑物处 $p_{max} < 20$ Pa	最近住宅处 $p_{max} < 20$ Pa	建筑物处 $p_{max} < 20$ Pa
	建筑物有特殊环境要求	按要求		按要求
洞口无建筑物 (或住宅距洞口大于 50 m)		距洞口 20 m 处 $p_{max} < 50$ Pa	距洞口 50 m 处 $p_{max} < 20$ Pa	建筑物有特殊环境要求 距洞口 20 m 处 $p_{max} < 50$ Pa
				建筑物无特殊环境要求 不设

列车从无边界的空间骤然进入被隧道轮廓所限定的有限空间,致使前方空气受到挤压是产生微气压波的根本原因。设置净空断面积大于隧道净空断面积的缓冲棚,可以缓解列车运行空间条件骤变的程度,从而起到消减微气压波的作用。

缓冲结构的形式按断面变化的规律可分为两类:断面渐变的喇叭形以及断面突变的阶梯形。从理论上说,断面渐变的喇叭形缓冲结构应该具有较好的效果。然而,三维数值分析和模型试验表明,与阶梯形缓冲结构相比,喇叭形缓冲结构的优越性并不明显。三维数值分析的结果还表明,不同形状的缓冲结构对缓解微压波的效果差别不显著;在缓冲结构上开口能显著改善或缓解微压波的作用。图 2-4-3 所示为 $\beta = 0.2$ 时不同形状缓冲结构的模拟试验效果。从图中可知,当 $L_h = 2d$ 时,喇叭形缓冲结构的减压效果与圆柱形(阶梯形)相差无几;当 $L_h = d$ 时,喇叭形的不如圆柱形的。因此,缓冲结构的形状对减压效果的影响不大。

当列车进入带阶梯式缓冲结构的隧道时,会经历周围空间状况的两次骤变,相应地会产生两个压力波峰值。日本模型试验表明,当缓冲结构断面 $A_h = 1.55A_t$(隧道净空有效面积)时,两峰值相等。因此,对不开口的阶梯式缓冲结构取 $A_h = 1.55A_t$ 为最佳值。三维数值仿真计算也表明 $A_h = 1.6A_t$ 时为最佳;当 $A_h = 1.3A_t$ 时,开窗的缓冲结构即有显著效果。

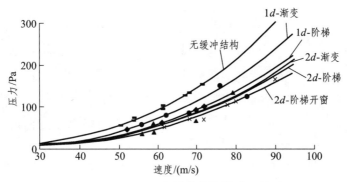

图 2-4-3　不同形式缓冲结构的减压效果

关于缓冲结构的长度 L_h，日本新干线曾采用 $d < L_h < 50\,m$（d 为隧道换算直径）。数值分析认为 $L_h > 2d$ 时，缓解效果不再有进一步改善。而模型试验又出现 $L_h = d$，$2d$，$3d$ 时，减压效果不断改善，这与数值分析结果有差别。

对于我国高速铁路的几种情况，提出缓冲结构的设计长度如表 2-4-5 所示。

表 2-4-5　适用于碎石道床的缓冲结构长度

列车速度 v_0/（km/h）	200		250		300		350	
隧道净空有效面积 A_t/ m²	52	80	52	80	70	100	70	100
缓冲结构计算长度 L_h/ m	—		2.6	—	7.9	5.3	18	15
缓冲结构设计长度 L_h/ m	—	—	d	—		d	20	20

注：d 为隧道换算直径。

值得指出的是，表 2-4-5 仅适用于碎石道床的情况。对于板式轨道，要考虑隧道长度增加时对微气压波的激化作用。

关于洞口缓冲结构的具体形式，日本新干线修建较早，洞口采用传统形式，在洞口设置缓冲结构如图 2-4-4、2-4-5 所示，现在看来也不经济。新型缓冲结构可和洞门一起设计。

图 2-4-4　矩形缓冲结构

图 2-4-6 为中国台湾高速铁路上的某座隧道洞口，洞口的扩大口和洞口顶部的两个天窗起到了如缓解空气动力学效应修建缓冲结构的作用，避免了旅客乘坐高速列车经过隧道时诱发的压力波动造成的耳膜不适。

图 2-4-5　拱形缓冲结构

图 2-4-6　台湾高速铁路某隧道洞口

图 2-4-7 和图 2-4-8 分别为韩国和德国的高速铁路隧道洞口，两者的洞口形式相似，都是在正切洞口的基础上加了帽檐，帽檐的形式可以多种多样。

图 2-4-7　韩国高速铁路某隧道洞口

图 2-4-8　德国高速铁路某隧道洞口

由于我国地域辽阔、地形复杂，一种洞口形式不能满足不同的需求，因此需要结合景观和缓解空气动力学效应的要求研究多种洞口建筑形式，以满足我国高速铁路隧道建设的需要。这是摆在隧道工作者面前的工作，也是应大力提倡研究的问题。

复习思考题

1. 铁路隧道的洞身衬砌有哪些类型？各适用于什么情况？
2. 什么是明洞？明洞一般用于什么情况？
3. 如何选择隧道的洞口位置及确定隧道长度？
4. 隧道的附属建筑物有哪些？
5. 避车洞的尺寸是多少？如何布置？
6. 隧道防排水的原则是什么？常见的防排水设施有哪些？
7. 电缆槽设置的要求有哪些？什么情况下需设置余长电缆槽？余长电缆槽有什么作用？
8. 运营隧道为什么要进行通风？通风方式有哪些？

第三章　隧道位置选择及其断面设计

第一节　隧道位置的选择

铁路、公路隧道是山区线路穿越山岭时用来克服高程障碍的一种建筑物，是整条线路的组成部分。同迂回绕线的方法相比，往往可以缩短线路长度、改善线路的平纵断面以及日后的运营条件；但相对路基建筑物而言，造价比较高，施工难度大，施工进度也比较慢。

隧道的位置与线路是互为相关的。在一般情况下，当一段线路的方案比选一旦确定以后，区段上隧道的位置就只能依从于线路的位置大体决定，最多是在上、下、左、右很小幅度内作些少的移动。但是，如果隧道很长，工程规模很大，技术上也有一定困难，属于本区段的重点控制工程，那么这一区段的线路就得依从于隧道所选定的最优位置，然后线路以相应的引线凑到隧道的位置上来。所以，隧道位置的选定与线路的选定是同时考虑的，不可分开。隧道具体位置的选择与区域工程地质条件、水文地质条件、地形地貌条件、工程难易程度、投资的数额、工期的要求，以及现有的施工技术水平和今后运营条件等因素有关。

一、越岭线上隧道位置的选择

当交通路线需要从一个水系过渡到另一个水系时，必须跨越高程很大的分水岭，这段线路称为越岭线。选择越岭隧道的位置时，应在附近较大范围内，对各个垭口进行全面调查，弄清各个垭口的高程和垭口处的地质与水文地质条件，还要对垭口两侧的沟谷地势、山体厚薄、山坡台地的分布情况作出详细的调查。然后，选择哪一个垭口最恰当和把隧道定在哪一个高程上最为适宜。

为此，选择越岭隧道的位置主要以选择垭口和确定隧道高程两大因素为依据。

（一）选择垭口

当线路跨越分水岭时，分水岭的山脊线上总会有高程低处，称为垭口。一般的情况，常常有若干个垭口可以通过，此时就要分析比较，选定最为理想的垭口。

从平面上考虑，当然是与连接两端控制点的航空直线方向越靠近越好，这样线路距离最短。但是天然的地形往往做不到完全符合航空直线，只能是尽可能靠近它，使线路略微短一些。除了考虑平面位置外，还要考虑垭口两端沟谷的分布情况和台地的开敞程度，主沟高程是否相差不大和沟谷是否靠近，以便设计必要的展线。

例如，成昆线乃托至泸沽一段，当中有明显的分水岭把两地隔开。分水岭与乌斯河一侧的高差达 1 600 m，分水岭与泸沽一侧高差也有 620 m。线路要跨越，必须以隧道通过。由于工程较大，需要慎重比选，于是在小相岭纵横几十千米的范围内进行了大面积的测绘及调查，得知这一地区是个横断山脉，小相岭的脊线是明显的分水岭。所有可跨越的垭口都在 2 500 m 高程以上，其中以沙木拉达垭口最低，而其两侧沟谷较长，地势开阔，线路沿沟谷台地有展线的条件。经过技术和经济的比较，最后选定了沙木拉达隧道方案，如图 3-1-1 所示。事实证明，这一方案是比较切合当时具体情况和工期要求的。

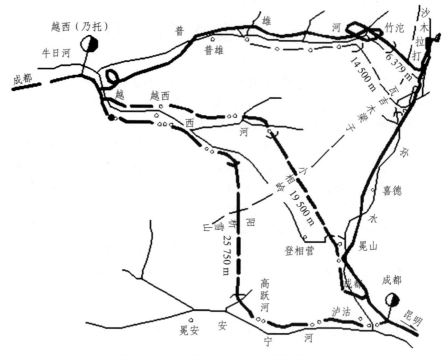

图 3-1-1　成昆线乃托-泸沽段隧道方案

（二）选定高程

分水岭的山体，一般是上部比较陡峭而下部比较平缓。隧道位置定得越高，山体越薄，隧道越短，工程可以小一些，但是，两端的引线却要迂回盘绕以凑必要的高程。这样，就使得线路坡陡弯多，技术条件变差。反之，隧道位置定得越低，隧道将越长，工程规模要大一些，但是，它无需太多的引线，线路顺直平缓，技术条件好，对今后运行有利。在选定隧道高程时，务必全面衡量，从技术和经济两方面，尤其在今后长远运营条件上，做出综合的比较，决定取舍。

二、河谷线上隧道位置的选择

线路沿河傍山时称为河谷线。这种线路平面受到山坡和河谷的制约，高低受到标高和限制坡度的控制，比选方案时，可能移动的幅度不大。但是，虽然摆动的幅度很有限，可与工程的难易、大小都有关系。

河谷地段往往山坡险峻，岩体风化破碎，河道蜿蜒，线路势必随之弯转。走行在凹岸时，更有可能受到河水的冲刷，必须设置防护建筑物，并且常伴随着地质不良现象。设计线路位置时，如果稍偏河流一侧，则线路位置恰恰落在山体的风化表层内，极易引起坍方落石；如果稍偏靠山一侧，形成浅埋，洞顶覆盖太薄，将受到山体的偏侧压力，对施工和结构的受力状态十分不利，有时会导致施工困难和结构的不安全。例如，京广铁路衡阳至广州复线工程大瑶山隧道（1981—1987 年）位于广东省坪石至东昌之间，全长 14.295 km。原既有铁路（1936 年建成通车）顺武水河左岸，依山傍水，蜿蜒曲折，线路平面曲线多、半径小，曲线间夹直线及缓和曲线长度短，既有线路多为半填半挖，填方坡脚侵占武水河道，洪水时期水流淘冲路基坡脚，运能严重不足，成为京广铁路运能卡脖子地段，危及行车安全。挖方边坡陡、堑坡高，雨季多出现滑塌。复线建设中，经过武水两岸双绕、四跨武水两岸双绕、武水两岸单绕等方案的比较，最终选择了武水两岸双绕的线路，建设长 14.295 km 大瑶山隧道方案，如图 3-1-2 所示。线路设计时，位置靠外，隧道洞壁过薄，施工时常发生坍顶露空，山坡变形开裂，给施工带来极大困难，给国家造成不应有的损失。多年实践总结出一条经验，就是"宁里勿外"，意思是在河谷线上，隧道位置以稍向内靠为好。当然，过分内靠，使土石方量增加太多，隧道增长，也是没有必要的。

为了使隧道顶上（洞口段除外）有足够的覆盖岩体，隧道结构不致受到侧压，还能形成自然拱，洞顶以上外侧应有足够的厚度。隧道设计规范针对不同级别围岩和隧道断面大小，对傍山隧道最小覆盖厚度有所规定。各种设计手册也会列举一些经验数据可供参考。当岩层结构面倾向山体一侧时，岩层比较稳定，覆盖厚度可以酌减。当岩层结构面倾向河流一侧时，覆盖厚度易于加大。

三、地质条件对隧道位置的影响

隧道是埋置在岩层内的结构物，它受岩体的包围。周围岩层的地质条件，对隧道结构形式和施工方法都有着决定性的影响。如何避开不良地质的区域，或如何拟订克服不良地质的措施，是选择隧道位置时必须审慎考虑的问题。

在单斜构造的地区，岩层各层面间，有紧密的，也有张开的，有胶结或无胶结的，有充填或无充填的不同情况。不管是哪一种情况，层间接触面比之岩层实体总是较为薄弱的。从力学观点来看，一种岩体的强度常常不是由岩石本身的强度来控制，而是由它的软弱结构面的强度来控制的。

单斜构造的层面大体平行而有同一倾角，当层间的抗剪强度不足时，岩层在外力作用下将会发生层间相对错动。如果隧道的位置恰在层间软弱面上，岩层滑动将使隧道结构受到很大的剪力，以致把结构物损坏。如果隧道恰在层间软弱面处，岩层滑动会使隧道的某一段发生横向推移，而导致断开错位，如图 3-1-3 所示。因此，在单斜构造的地质条件下，必须事先把岩层的构造和倾角大小调查清楚，一定要尽可能避开大型软弱结构面。尽量不要把隧道中线设计成与软弱结构面的走向一致或平行，要正交或有成一定的交角。

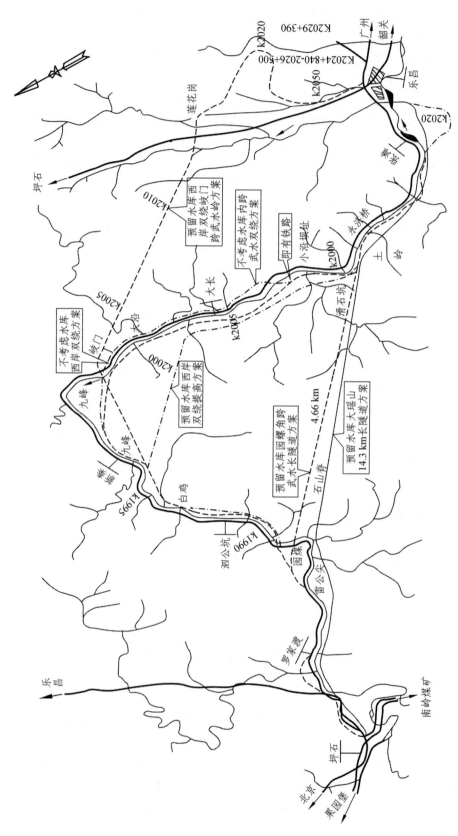

图 3-1-2 衡广复线坪石至乐昌预留水库线路方案示意图

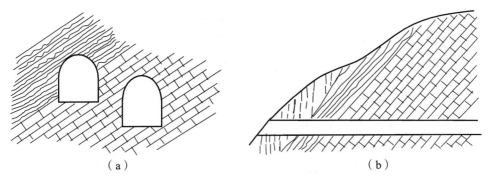

图 3-1-3　洞口位置与地层软弱面的关系

在褶曲构造的地区，岩层一部分向上弯曲翘起成为背斜，另一部分向下弯曲挠成为向斜。背斜的岩层受弯而在下面出现节理、裂隙，切割岩体成为上大下小的楔块，楔块受到两侧邻块的挟制，使得楔块的重量由邻块分担，因而只产生小于原重的压力。与此相反，向斜地层受弯而在下面开裂，切割岩体成为上小下大的楔块，这种楔块在重力作用下，极易脱离母岩而坠落，于是产生较大的压力，也就是给结构物以较大的荷载，而且在施工时，极易发生掉块或坍方，对工程产生不利影响。所以，隧道穿过褶曲构造时，选在背斜中要比在向斜中有利。如果恰在褶曲的两翼，将受到偏侧压力，结构需加强，如图 3-1-4 所示。

图 3-1-4　褶曲构造地层隧道位置选择

在断层构造的地区，断层带中的岩体呈破碎状态，称为断层碎裂体；当严重揉挤时，可成为泥状。断层带的强度很低，而且往往是地下水的通道。施工时，遇到这种地质条件，十分困难。选择隧道位置时，应尽可能避开。不得已时，隧道走向与断层走向隔开足够的安全距离，或隧道走向正交与斜交跨过。施工时，还应做好各种支护及防水措施。

根据地质条件进行隧道位置选择时，最重要的影响因素是不良地质。不良地质是指滑坡、崩塌、岩堆、泥石流、溶洞和含瓦斯地区等。它们各有其特点，也各有其影响。

（1）滑坡地区——山坡地区，由于地下水的活动、河流冲刷坡脚以及人为切坡等原因，山坡土体在重力作用下，沿某一软弱面有整体下滑的趋势，形成滑坡。隧道通过这种地段时，将会受到突然的土体推力，有时会把结构物挤压破坏或是剪切断开。如果对滑坡面的位置已经了解清楚，可以把隧道置于滑坡面以下的稳定岩体中。如果确知滑坡是多年静止了的滑坡或古滑坡，则在不得已时，也可以把隧道置于滑坡体之内，但要上部减载和加强排水。

（2）崩塌地区——山坡陡峻的地段，山体裂隙受风化而崩解，脱离母岩，成块地从斜坡翻滚坠落。它的出现是突然的，冲击力很大，不易防范。选择隧道位置时，最好不要沿这类山坡通过。不得已时，应当尽可能地把隧道于山体之中，穿过稳定的岩层。岩体崩塌的情形不太严重，而洞口又必须落在崩塌地区，则可设置一段明洞来解决。

（3）岩堆地区——岩石经过风化作用，分解和剥离成为大小不一的块体，从山坡上方滚下，或冲刷夹持而堆积在山坡较平缓处或坡脚处，形成无黏结力的堆积体。隧道通过这类地区，开挖时极易发生坍方，给施工带来极大困难。这时，宜把隧道位置放在岩堆以下的稳定岩体之中。

（4）泥石流——山顶积聚的土壤和各种砾石、岩块受到洪水的浸融成为流体，顺山沟或峡谷而下，来势凶猛，破坏力极大。有时可能摧毁铁路路基，甚至掩埋铁路、堵塞隧道。因此，在选择隧道位置时，务必躲开泥石流泛滥区，如躲避不开，也应选在泥石流下切深度以下的基岩中。要查明泥石流洪积扇范围，不可把洞口放在洪积扇范围以内。

（5）溶洞地区——碳酸盐类岩石（如灰岩、白云岩）属可溶类岩石，在水力和水的化学作用下溶蚀而形成各种岩溶现象，溶洞形式是其中之一。溶洞中无水或积水，无填充或填充。选择隧道位置时，应尽可能避开。如无法避开时，应探明溶洞的规模、性质和与隧道的位置关系，采取相应的设计、施工措施。

（6）瓦斯地区——在煤系地层中，蕴藏着如甲烷（CH_4）和二氧化碳（CO_2）的有害气体。隧道开挖时，有害气体逸出。轻者致人窒息，重则引起爆炸，危害甚大。选择隧道位置时，尽量避开。

（7）地下水——地下水多是由地表水的渗透或地下水源补给的。例如岩层裂隙中的裂隙水或溶洞中储藏的岩溶水，它们有时是流动的，有时是静止的，有时还有压力水头。它们的存在，使岩石软化、强度降低，层间夹层软化或稀释，促成了层间的滑动。裂隙中的水在开挖时涌入隧道，使施工困难，给以后养护也带来无休止的危害。选择隧道位置时，最好不从富水区中经过。

第二节　隧道洞口位置的选择

隧道位置选定以后，隧道长度由它的两端洞口位置确定（即隧道长度为其进出口洞门墙外表面与线路内轨顶面标高线交点之间的距离）。

洞口是隧道进出的咽喉，又是隧道施工中的主要通道。洞口位置选择是否合理，将对隧道的施工工期、造价、运营安全等产生重大的影响。所以在隧道线路设计中，洞口位置的选择是一项很重要的工作。

隧道的进出口是隧道建筑物唯一的暴露部分，也是整个隧道的薄弱环节。由于洞口处地质条件差，多为严重风化的堆积体；覆盖层厚度较薄，若地形倾斜又易造成浅埋侧压；还受地表水的冲刷，加上隧道一旦开挖，山体受扰动等原因，容易造成山体失稳，产生滑动和坍塌。如洞口位置选择不当，可能招致洞口坍方而无法进洞，或病害整治工程量过大，甚至遗留后患。对此，在以往的隧道工程中有过不少教训。

根据我国多年实践经验，总结出"早进晚出"的原则。即在确定隧道洞口位置时，为了确保施工、运营的安全，宁可早一点进洞，晚一点出洞，这样做，虽然隧道修长了一些，却较安全可靠。当然，并不意味着进洞越早越好，出洞越晚越好，而是应当从安全等多方面比较确定。

理想的洞口位置应选择地质条件良好，地势开阔，施工方便，技术、经济合理之处。在选择隧道洞口位置时应注意以下几个原则：

（1）洞口不宜设在垭口沟谷的中心或沟底低洼处（如图 3-2-1 中的 a 线），在一般情况下，垭口沟谷在地质构造上是最薄弱的环节，常会遇到断层带、古坍方、冲积土等不良地质。此外，地表流水都汇集在沟底，再加上洞口路堑开挖，破坏了山体原有的平衡，更容易引起坍方，甚至不能进洞。所以，洞口最好选在沟谷一侧（如图 3-2-1 中的 b 线）。

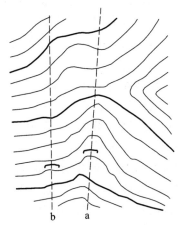

图 3-2-1　沟底附近洞口平面位置示意图

（2）洞口应避开不良地质地段，如断层、滑坡、岩堆、岩溶、流砂、泥石流、盐岩、多年冻土、雪崩、冰川等，以及避开地表水汇集处。

（3）当隧道线路通过岩壁陡立，基岩裸露处时，最好不刷动或少刷动原生地表，以保持山体的天然平衡。此时，洞口位置应根据具体情况，采取贴壁进洞（见图 3-2-2）或设置一段明洞（当山坡上有落石、掉块而难以清除时），如图 3-2-3 所示；或修建特殊结构洞门，如悬臂式洞门、钢筋混凝土锚杆洞门、洞门桥台联合结构、悬臂式托盘基础洞门或长腿式洞门等。

图 3-2-2　贴壁进洞时洞口纵断面示意图

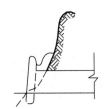

图 3-2-3　陡壁下接常明洞时纵断面示意图

（4）减少洞口路堑段长度，延长隧道，提前进洞。对处于漫坡地形的隧道，其洞口位置变动范围较大，一般应采取延长隧道的办法，以解决路堑弃土及排水困难的问题。

（5）洞口线路宜与等高线正交。使隧道正面进入山体（见图 3-2-4），洞口结构物不致受到偏侧压力。对于傍山隧道，因限于地形，有时无法与等高线正交，只能斜交进洞时，其交角不应太小（不小 45°），并根据具体情况，采取斜交洞门、台阶式正交洞门或修建一段明洞。

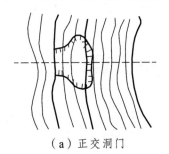

（a）正交洞门

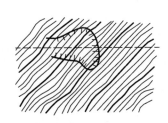

（b）斜交洞门

图 3-2-4　洞门平面示意图

（6）当线路位于有可能被水淹没的河滩或水库回水影响范围以内时，隧道洞口标高应高出洪水位加波浪高度，以防洪水灌入隧道。

（7）为了确保洞口的稳定和安全，边坡及仰坡均不宜开挖过高。过去，从单纯的经济观点出发，把隧道洞口位置选定在隧道与明挖的等价点上，即开挖每米路堑的造价和每延米隧道的造价相等时的"经济洞口"位置上。此时，隧道往往定得偏短，路堑挖得过深，边、仰坡很高。这样，不仅施工时容易发生坍方，行车后边坡也常滚石掉块、失稳，危及行车安全，最后不得不再修建明洞接长隧道。这不但增加了投资，还对施工和运营造成后患，教训十分深刻。例如，宝天段隧道共 123 座，修建明洞接长隧道的有 59 座，占隧道总数的 48%；天兰段隧道共 43 座，修建明洞接长隧道的有 18 座，占隧道总数的 42%；川黔线隧道共 66 座，修建明洞接长隧道的有 27 座，占隧道总数的 41%。所以，应根据开挖控制高度及坡度（参考表 3-2-1）来确定洞口的位置。

（8）当洞口附近遇有水沟或水渠横跨线路时，可设置拉槽开沟的桥梁或涵洞，排泄水流。

（9）当洞口地势开阔，有利于施工场地布置时，可利用弃渣有计划、有目的地改造洞口场地，以便布置运输便道、材料堆放场、生产设施用地以及生产、生活用房等。另外，在桥隧相连时，应注意防止因弃渣乱堆造成堵塞桥孔或堆坏桥梁墩台建筑物。

总之，隧道洞口位置的选择，应根据地形、地质条件，考虑边坡、仰坡的稳定，结合洞外有关工程及施工难易程度，本着"早进晚出"的指导思想，全面综合地分析确定。

表 3-2-1　隧道洞口边仰坡的允许开挖高度及坡率

围岩分级		边仰坡坡率	边仰坡开挖最大高度 / m	说　明
Ⅰ		≤ 0.3	20	
Ⅱ	硬岩	1：0.3～1：0.5	18～20	1. 边仰坡开挖最大高度，指洞口的垂直等高线的控制断面。 2. 软岩坡面宜加设防护。 3. 本表未考虑地下水对坡面稳定的影响因素。 4. 本表不包括其他特种土类
	软岩	1：0.5～1：0.75	16～18	
Ⅲ	硬岩	1：0.5～1：0.75	16	
	软岩	1：0.75～1：1	14～16	
Ⅳ	硬岩	1：0.75～1：1	12～14	
	软岩	1：1～1：1.25	12	
	土质	1：1～1：1.25	10～12	
Ⅴ		1：1.25～1：1.5	10	
Ⅵ		< 1：1.5	<10	

第三节　隧道平面设计

隧道内线路设计，首先应满足整体线路规定的各种技术指标。隧道内的环境条件比较差，无论是车辆运行还是维修养护，都处于不利的条件下。所以，在设计隧道内线路时，还要附上为适应隧道特点的一些技术要求。

一、铁路隧道平面设计

一般情况下隧道内的线路最好采用直线，但是，受到某些地形的限制或是地质的原因，往往不得不采用曲线时，应采用较大的曲线半径。例如，当线路绕行于山咀时，为了避免直穿隧道太长，或是为了便于开辟辅助性的横洞，有时也会有意识地设置与地形等高线相接近的曲线隧道。

当隧道越岭时，线路常常是沿着垭口的一侧山谷转入山体后，又沿顺垭口另一侧山谷转出。这样可以使隧道较长的中段放在直线上，但两端为了转向都要落在曲线上。如果垭口两侧沟谷地势开阔，则可将曲线放在洞口以外。

有时，隧道已经施工，在开挖前进中发现前方有不良地质，不宜穿过。此时，不得不临时改线绕行，于是出现曲线，而且将有左转与右转两个曲线，才能回到原线上来。

上述情况，在山区的线路中是常遇到的。设计时，应尽可能采用较短的曲线或半径较大的曲线，使其影响小一些。铁路隧道在曲线两端应设缓和曲线时，最好不使洞口恰恰落在缓和曲线上。缓和曲线在平面上半径总在改变，竖向的外轨超高也在变化，这样，在双重变化下，列车行驶不平稳。所以，应尽可能将缓和曲线设在洞外一个适当距离以外，圆曲线的长度也不应短于一节车厢的长度。在一座隧道内最好不设一条以上的曲线。尤其是不宜设置反向曲线或复合曲线。如果列车同时跨在两条曲线上，行驶很不稳当，所以两曲线间应有足够长的夹直线，一般是要求在 3 倍车辆长度以上。

二、公路隧道平面设计

《公路隧道设计规范》（JTG D70/2—2014）规定，应根据地质、地形、路线的走向、通风等因素确定隧道的平面线线形。当设为曲线时，不宜采用设超高的平曲线，并不应采用设加宽的平曲线。隧道不设超高的圆曲线最小半径应符合表 3-3-1 的规定。隧道的停车视距与会车视距应符合表 3-3-2 的规定。

表 3-3-1　不设超高的圆曲线最小半径（m）

路拱	设计速度 /（km/h）						
	120	100	80	60	40	30	20
≤2.0%	5 500	4 000	2 500	1 500	600	350	150
> 2.0%	7 500	5 250	3 350	1 900	800	450	200

表 3-3-2　公路停车视距与会车视距

公路等级	高速公路、一级公路				二、三、四级公路				
设计速度/（km/h）	120	100	80	60	80	60	40	30	20
停车视距/（km/h）	210	160	110	75	110	75	40	30	20
会车视距/（km/h）	—	—	—	—	220	150	80	60	40

公路隧道设计规范规定，高速公路、一级公路的隧道应设计为上、下行分离的独立双洞。分离式独立双洞的最小净距，按对两洞结构彼此不产生有害影响的原则，结合隧道平面线形、围岩地质条件、断面形状和尺寸、施工方法等因素确定，一般情况可按表 3-3-3 取值。

表 3-3-3　分离式独立双洞间最小净距

围岩类别	I	II	III	IV	V	VI
最小净距	1.0B	1.5B	2.0B	2.5B	3.5B	4.0B

注：B 为隧道开挖断面宽度。

分离式双洞有利于运营通风与防灾，也有利于隧道施工。但双洞断面积比单洞断面积大，洞口展线长。在受洞口地形限制，围岩条件较好时，也可以选用大断面的连拱式单洞隧道。目前，在公路隧道出现了数量不少的大断面的连拱隧道形式。

第四节　隧道纵断面设计

隧道内线路纵断面设计就是选定隧道内线路的坡道形式、坡度大小、坡段长度和坡段间的衔接等。

一、铁路隧道纵断面设计

（一）坡道形式

隧道处于岩层之中，除了地质有变化以外，线路走向不受任何限制，不必采用复杂多变的形式。一般可采用单面坡形或人字坡形，如图 3-4-1 所示。

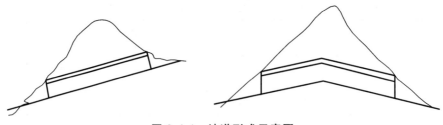

图 3-4-1　坡道形式示意图

单面坡多用于线路的紧坡地段或是展线的地区，这是因为单面坡可以争取高程，拔起或降落一定的高度。单面坡隧道两洞口的高程差较大，由此而产生的气压差和热位差也大，能促进洞内的自然通风。它的缺点是：在施工阶段，对于下坡开挖，洞内的水自然地流向开挖工作面，使开挖工作受到干扰，需要随时抽水外排。此外，运渣时，空车下坡、重车上坡，运输效率低。

人字形坡道多用于长隧道，尤其是越岭隧道。这是因为越岭无需争取高程，而垭口两端都是沟谷地带，同是向下的人字形坡道，正好符合地形条件。人字坡的优点是：施工时水自然流向洞外，排水措施相应地简化，而且重车下坡、空车上坡，运输效率高。它的缺点是：列车通过时排出的有害气体聚集在两坡间的顶峰处，尽管用机械通风，有时也排除不干净，长时间积累，浓度渐渐增大，使司机以及洞内维修人员的健康受到影响。

两种不同的坡形适用于不同的隧道。位于紧坡地段，要争取高程的区段上的隧道；位于越岭隧道两端展线上的隧道；地下水不大的隧道；或是可以单口掘进的短隧道，可以采用单面坡形。对于长大隧道、越岭隧道、地下水丰富而抽水设备不足的隧道，宜采用人字坡形。

（二）坡度大小

铁路隧道对于行车来说，线路的坡度以平坡为最好。但是，天然地形是起伏不定的，为了能适应天然地形的形状以减少工程数量，只好随着地形的变化设置与之相适应的线路坡度。但依据地形设计坡度时，注意应不超过限制坡度。如果平面上有曲线，还需为克服曲线的阻力，再减去一个曲线的当量坡度，即

$$i_允 = i_限 - i_曲 \tag{3-4-1}$$

式中 $i_允$——设计中允许采用的最大坡度，‰；

$i_限$——按照线路等级规定的限制最大坡度，‰；

$i_曲$——曲线阻力折算的坡度当量，‰。

隧道内行车条件要比明线差，对线路最大限制坡度的要求更为严格。因此，隧道内线路的最大允许坡度要在明线最大限制坡度上乘以一个折减系数。考虑坡度折减有以下原因：

（1）列车车轮与钢轨踏面间的黏着系数降低——机车的牵引能力有时是由车轮与轨面之间的黏着力来控制的。隧道内空气的相对湿度较露天处大，因而钢轨踏面上凝成一层薄膜，使轮轨之间的黏着系数降低，于是机车的牵引力也随之降低。因此，隧道内线路的限制坡度应较明线的限制坡度有所减小。

（2）洞内空气阻力增大——列车在隧道内行驶，其作用犹如一个活塞，洞内空气将像活塞那样给前进的列车以空气阻力，使列车的牵引力减小。所以，隧道内的限制坡度要比明线的限制坡度小。

由于上述原因，隧道内线路的限制坡度要在明线限制坡度上乘以一个小于1的折减系数。按现行铁路隧道设计规范，除隧道长度小于400 m时，上述影响不太显著，坡度可以不折减以外，其他凡长度大于400 m的隧道都要考虑坡度的折减。折减的计算如下：

$$i_允 = mi_限 - i_曲 \tag{3-4-2}$$

其中，m 为隧道内线路的坡度折减系数，它与隧道的长度有关。当隧道内有曲线时，注意要先进行隧道内线路坡度的折减，然后再扣除曲线折减，如上式所列。

《铁路隧道设计规范》（TB 10003—2016）中规定了隧道内线路坡度折减系数 m 的经验数值，列于表 3-4-1 可参照使用。

表 3-4-1　各种牵引种类的隧道内线路最大坡度系数 m

隧道长度 / m	电力牵引	内燃牵引
401～1 000	0.95	0.90
1 001～4 000	0.90	0.80
＞4 000	0.85	0.75

另外，隧道内的线路不但应按上述方式予以折减，洞口外一段距离内，也要考虑相应的折减。因为列车的机车一旦进入隧道，空气阻力就增加，黏着系数也开始减少，所以在上坡进洞前半个远期货物列车长度范围内，也要按洞内一样予以折减。至于列车出洞，机车已达明线，就不存在折减的问题了。如图 3-4-2 所示。

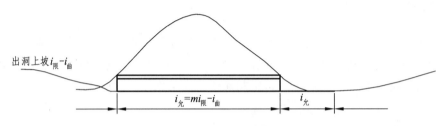

图 3-4-2　隧道坡度折减示意图

除了最大坡度的限制以外，还要限制最小坡度。因为隧道内的水全靠排水沟向外流出。《铁路隧道设计规范》（TB 10003—2016）中规定，隧道内线路不得设置平坡，最小的允许坡度应不小于 3‰。

（三）坡段长度

铁路隧道内线路的坡形单一，但不宜把坡段定得太长，尤其是单坡隧道，坡度已用到了最大限度。如果是一路上大坡，列车就必须用尽机车的全部潜在能力，持续奋进，这样，会越爬越慢，以至有停车的可能或出现车轮打滑的情况，容易发生事故。在下坡时，由于坡段太长，制动时间过久，机车闸瓦摩擦发热，将使燃油失效，以致刹不住车，发生溜车事故。所以，在限坡地段，坡段不宜太长。如果隧道很长，又不想变动坡度，为了不使机车爬长坡，可以设缓坡段，使机车有一个缓和的时间。

此外，顺坡设排水沟时，如果坡段太长，水沟就难以布置。不是流量太大，就是沟槽太深，有时为此需要设置许多抽水、扬水设施，分级分段排水。这也给今后的运营和维修增加了工作量。所以，隧道内线路的坡段不宜太长。

与此相反，隧道内的线路坡段不宜太短。因为，坡段太短就意味着变坡点多而密集，列车行驶就不平稳，司机要随时调整操作。列车过变坡点时，受力情况也随之变化，车辆间会发生相互的冲撞，车钩产生附加的应力。如果坡段过短，一列车在行驶中，同时跨越两个变坡点，车体、车钩同时受到不利的影响，有时会因此发生事故。实践证明，坡段长度最好不小于列车的长度。考虑到长远的发展，坡段长度最好不小于远期到发线的长度。

（四）坡段连接

对于铁路隧道来说，为了行车平顺，两个相邻坡段坡度的代数差值不宜太大，否则会引起车辆之间仰俯不一，车钩受到扭力，容易发生断钩。因此，在设计坡度时，坡间的代数差要有一定的限制。从安全的观点出发，两坡段间的代数差值Δi不应大于重车方向的限坡值i。《铁路隧道设计规范》（TB 10003—2016）规定，旅客列车设计行车速度小于160 km/h的铁路段，相邻坡段的坡度差大于3‰时，应以圆曲线形竖曲线连接，竖曲线的半径应采用10 000 m。旅客列车设计行车速度为160 km/h的铁路段，相邻坡段的坡度差大于1‰时，应以圆曲线形竖曲线连接，竖曲线的半径应采用15 000 m，竖曲线不宜与平面圆曲线重叠设置；困难条件下，竖曲线可与半径不小于2 500 m的圆曲线重叠设置；特殊困难条件下，经技术经济比较，竖曲线可与半径小于1 600 m的圆曲线重叠设置。

隧道内线路坡度不但要考虑上述因素，还要检算列车在相应坡段上的行车速度，因为列车上坡需要有一定的速度才能将动能转为势能。如果列车开始上坡时还有足够的前进能力，行至中途机车的效能有所降低，就会逐渐衰减以至趋近于不能前进而出现打滑、停车以致倒退等危险情况。即使能勉强爬上，缓缓而过，洞内行车时间过长，产生出的污浊空气会使机车乘务人员以及旅客感到非常不舒服，甚至酿成窒息、晕倒等事故。

二、公路隧道纵断面设计

公路隧道的坡道形式也分为单面坡和人字坡。公路隧道纵坡坡度以不妨碍排水的缓坡为宜，在变坡点应放入足够的竖曲线。隧道纵坡过大，不论是在汽车的行驶还是在施工及养护管理上都不利。公路隧道控制坡度的主要因素是通风问题，汽车排出的有害物质随着坡度的增大而急剧增多，一般把纵坡保持在2%以下比较好，超过2%时有害物质的排出量迅速增加；纵坡大于3%是不可取的。不存在通风问题的隧道，可以按普通公路设置纵坡。对于单向通行的隧道，设计成下坡的隧道，因为两端洞口高差是决定自然通风效果的重要因素之一，所以坡度和断面都应适当加大。

从施工中和竣工后的排水需要考虑，隧道内不应采用平坡。在施工时，为了使隧道涌水和施工用水能在坑道内的施工排水侧沟中流出，需要0.3%的坡度。如果预计涌水量相当大，则需采用0.5%的坡度。竣工后的排水，包括涌水、漏水、清洗隧道用水、消防用水等，如果能满足施工排水的需要，其最小坡度不宜小于0.2%。在高寒地区，为了减少冬季排水沟产生冻害，适当加大纵坡，使水流动能增加，对排水有利。采用"人"字坡从两个洞口开挖隧道时，施工涌水容易排出；采用单坡从两个洞口开挖隧道时，处于高位的洞口，涌水不能自然向外流出，设计时应综合考虑这些问题。陡坡隧道且涌水量又大时，应考虑减缓坡度。

第五节　隧道横断面设计

在地层中修成的隧道，需要有足够的净空以满足运营安全的要求。不同用途的隧道，净空大小也不一样。目前，隧道断面大小的划分采用国际隧道协会建议的标准，如表3-5-1所示。

表 3-5-1　国际隧道协会建议的隧道断面划分标准

断面划分	净空断面积 / m²
超小断面	< 3.0
小断面	3.0 ~ 10.0
中等断面	10.0 ~ 50.0
大断面	50.0 ~ 100.0
超大断面	> 100.0

一、铁路隧道横断面设计

（一）直线隧道净空

隧道净空是指隧道衬砌的内轮廓线所包围的空间。铁路隧道净空是根据"隧道建筑限界"确定的，而"隧道建筑限界"是根据"基本建筑限界"制定的，"基本建筑限界"又是根据"机车车辆限界"制定的。

"限界"是一种规定的轮廓线，这种轮廓线以内的空间是保证列车安全运行所必需的。"建筑限界"是建筑物不得侵入的一种限界。

1. 机车车辆限界

它是指机车车辆最外轮廓的限界尺寸。要求所有在线路上行驶的机车车辆停在平坡直线上时，车体所有部分都必须容纳在此限界范围内而不得超越。

我国对全国铁路线上正在运行的各种型号的机车和车辆，均作了全面的调查和统计，把所需要保证的横断面规定为"机车车辆限界"，以满足各种型号的机车和车辆在横断面尺寸上的最大需要。同时，还考虑了在列车装载货物的不同情况，令全国列车的装载货物，包括规定所允许的最大超载货物，装载后都不允许超过车辆限界。

2. 基本建筑限界

它是指线路上各种建筑物和设备均不得侵入的轮廓线。它的用途是保证机车车辆的安全运行以及建筑物和设备不受损害。

3. 隧道建筑限界

（1）常速铁路隧道建筑限界。

它是指包围"基本建筑限界"外部的轮廓线。即要比"基本建筑限界"大一些，留出少许空间，用于安装通讯信号、照明、电力等设备。

对于速度 120 km/h 新建和改建的内燃机车牵引的单线和双线铁路隧道，采用"隧限—1A"和"隧限—1B"，如图 3-5-1 所示。新建和改建的电力机车牵引的单线和双线铁路隧道，采用"隧限—2A"和"隧限—2B"，如图 3-5-2 所示。

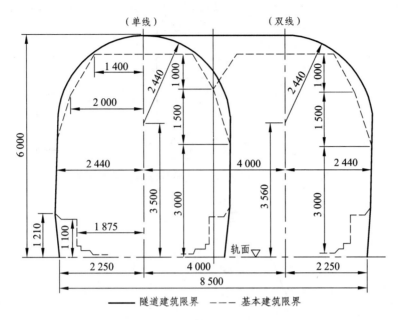

图 3-5-1　内燃机车牵引的单线、双线隧道限界（单位：mm）

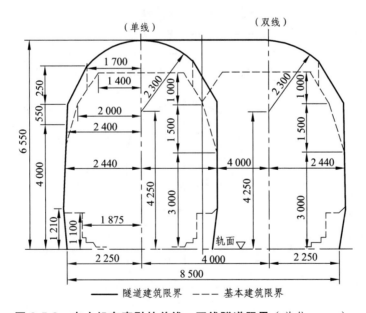

图 3-5-2　电力机车牵引的单线、双线隧道限界（单位：mm）

（2）高速铁路隧道建筑限界。

我国高速铁路隧道建筑限界分为 200 km/h 客货共线、200 km/h 及以上客运专线、200 km/h 客货共线双层集装箱运输三种，如图 3-5-3 ~ 图 3-5-5 所示。

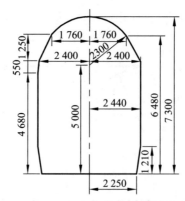

图 3-5-3   200 km/h 客货共线铁路隧道建筑限界

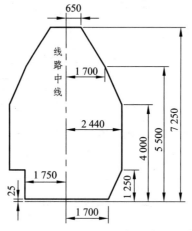

图 3-5-4   200 km/h 及以上客运专线铁路隧道建筑限界

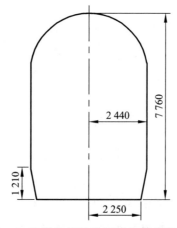

图 3-5-5   200 km/h 客货共线铁路双层集装箱运输隧道建筑限界

4. 直线隧道净空

（1）普速铁路隧道净空。

"直线隧道净空"要比"隧道建筑限界"稍大一些，除了满足限界要求外，考虑了避让等安全空间、救援通道及技术作业空间，还考虑了在不同的围岩压力作用下，衬砌结构的合理受力形状（拱部采用三心圆，边墙采用直墙式或曲墙式）以及施工方便等因素。图 3-5-6 及图 3-5-7 为时速 120 km 单线及双线电力牵引铁路隧道衬砌内轮廓。

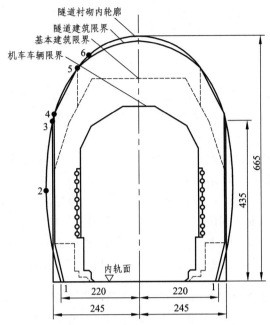

图 3-5-6　单线电力牵引铁路隧道衬砌建筑限界及内轮廓（单位：cm）

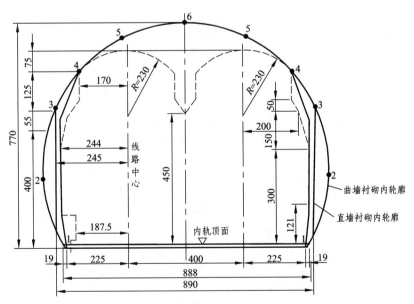

图 3-5-7　双线电力牵引铁路隧道衬砌建筑限界及内轮廓（单位：cm）

（2）高速铁路隧道净空。

高速铁路隧道与普速铁路隧道最大的区别就是当列车以高速通过隧道时，产生的空气动力学效应对行车、旅客舒适度、列车相关性能和洞口环境的不利影响十分明显，因此隧道断面的确定必须考虑如何缓解和消减旅客列车进入隧道时诱发的空气动力学效应的影响。隧道断面设计时主要应考虑下列因素：

① 隧道建筑限界；

② 轨道数量和线间距；

③ 缓解空气动力学效应所需的空间；

④ 需预留的空间，如安全空间、避难与救援空间、养护维修及工程技术作业空间、其他使用要求所需的空间；

⑤ 设备安装空间等。

我国统一制定了 200 km/h、250 km/h、350 km/h 不同行车速度条件下的隧道衬砌内轮廓。200 km/h 铁路隧道衬砌内轮廓，有客货共线铁路单、双线隧道衬砌内轮廓和客货共线铁路兼双层集装箱运输的单、双线隧道衬砌内轮廓两类。

客货共线铁路单线隧道衬砌内轮廓如图 3-5-8 所示，双线隧道衬砌内轮廓如图 3-5-9 所示。客货共线铁路兼顾双层集装箱运输的隧道衬砌内轮廓如图 3-5-10 和图 3-5-11 所示。250 km/h 隧道衬砌内轮廓如图 3-5-12 和图 3-5-13 所示。350 km/h 单线隧道衬砌内轮廓净空有效面积达到 70 m²，救援通道及技术作业空间的布置相当自由，隧道两侧均可设置宽为 1.5 m 的救援通道，双线隧道衬砌内轮廓如图 3-5-14 所示。采用隧道掘进机（或盾构）施工的隧道一般采用圆形断面，如广深港客运专线狮子洋隧道采用盾构法施工，隧道建筑限界及内轮廓如图 3-5-15 所示。

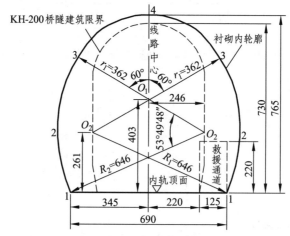

图 3-5-8　200 km/h 客货共线铁路单线隧道建筑限界及内轮廓（单位：cm）

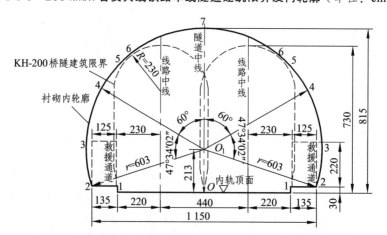

图 3-5-9　200 km/h 客货共线铁路双线隧道建筑限界及内轮廓（单位：cm）

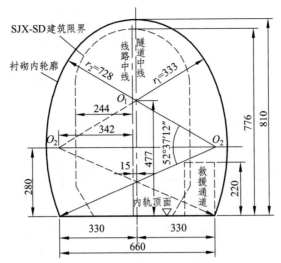

图 3-5-10　200 km/h 客货共线铁路兼顾双箱运输的单线隧道建筑限界及内轮廓（单位：cm）

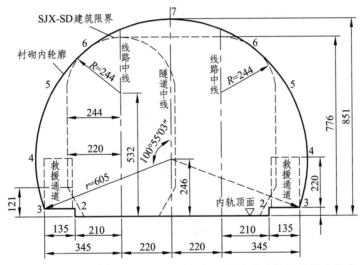

图 3-5-11　200 km/h 客货共线铁路兼顾双箱运输的双线隧道建筑限界及内轮廓（单位：cm）

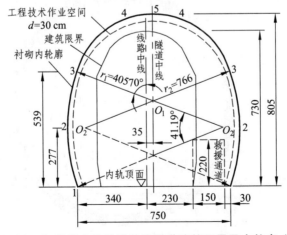

图 3-5-12　250 km/h 客运专线铁路单线隧道建筑限界及内轮廓（单位：cm）

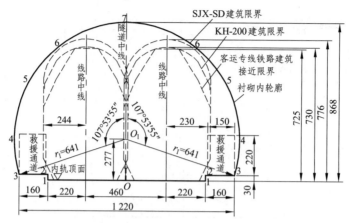

图 3-5-13　250 km/h 客运专线铁路双线隧道建筑限界及内轮廓（单位：cm）

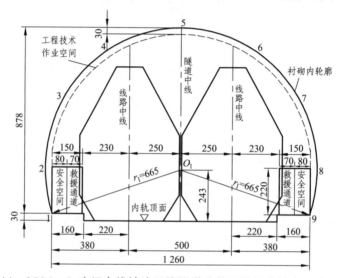

图 3-5-14　350 km/h 客运专线铁路双线隧道建筑限界及内轮廓（单位：cm）

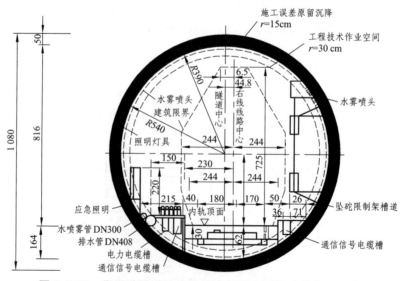

图 3-5-15　狮子洋隧道建筑限界及衬砌内轮廓（单位：cm）

（二）曲线隧道净空加宽

1. 加宽原因

（1）车辆通过曲线时，转向架中心点沿线路中线运行，而车辆本身却不能随线路弯曲，仍保持矩形形状，故其两端向曲线外侧偏移（$d_外$），中间向曲线内侧偏移（$d_{内1}$），如图 3-5-16 所示。

（2）由于曲线外轨超高，车辆向曲线内侧倾斜，使车辆限界上的控制点在水平方向上向内移动了一个距离 $d_{内2}$，如图 3-5-17 所示。据此，曲线隧道净空的加宽值为

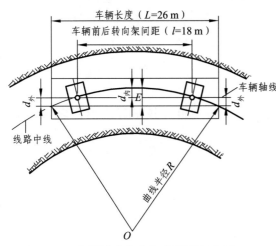

图 3-5-16 曲线隧道净空加宽平面示意图

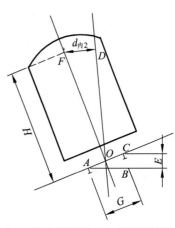

图 3-5-17 曲线隧道净空加宽断面示意图

内侧加宽 $W_1 = d_{内1} + d_{内2}$

外侧加宽 $W_2 = d_外$

总加宽 $W = W_1 + W_2 = d_{内1} + d_{内2} + d_外$

2. 加宽值的计算

（1）单线曲线隧道加宽值的计算。

① 车辆中间部分向曲线内侧的偏移：

$$d_{内1} = \frac{l^2}{8R} \tag{3-5-1}$$

式中 l——车辆转向架中心距，取 18 m；

       R——曲线半径，m。

$$d_{内1} = \frac{18^2}{8R} \times 100 = \frac{4\,050}{R} \text{（cm）} \tag{3-5-2}$$

② 车辆两端向曲线外侧的偏移：

$$d_外 = \frac{L^2 - l^2}{8R} \tag{3-5-3}$$

式中　L——标准车辆长度，我国为 26 m。

$$d_外 = \frac{L^2 - l^2}{8R} = \frac{26^2 - 18^2}{8R} \times 100 = \frac{4\ 400}{R} \quad （cm） \tag{3-5-4}$$

③ 外轨超高使车体向曲线内侧倾移：

$$d_{内2} = \frac{H}{150} E \quad （cm） \tag{3-5-5}$$

式中　H——隧道限界控制点自轨面起的高度，cm；

　　　E——曲线外轨超高值，其最大值不超过 15 cm，并按 0.5 cm 取整，且

$$E = 0.76 \frac{V_{max}^2}{R} \quad （cm） \tag{3-5-6}$$

其中　V_{max}——铁路最高行车速度，km/h。

在我国铁路隧道标准设计中，$d_{内2}$ 系将相应的隧道建筑限界绕内侧轨顶中心转动 $\arctan \dfrac{E}{150}$ 角求得，对于电气化铁路和非电气化铁路，亦可分别近似取 $d_{内2} = 2.8E$（cm）或 $d_{内2} = 2.7E$（cm）。

隧道内侧加宽值为

$$W_1 = d_{内1} + d_{内2} = \frac{4\ 050}{R} + \frac{H}{150} E \quad （cm） \tag{3-5-7}$$

隧道外侧加宽值为

$$W_2 = d_外 = \frac{4\ 400}{R} \quad （cm） \tag{3-5-8}$$

隧道总加宽值为

$$W = W_1 + W_2 = \frac{4\ 050}{R} + \frac{H}{150} E + \frac{4\ 400}{R} \quad （cm）$$

或

$$W = \frac{8\ 450}{R} + \frac{H}{150} E \quad （cm） \tag{3-5-9}$$

（2）双线曲线隧道加宽值的计算。

双线曲线隧道的内侧加宽值 W_1 及外侧加宽值 W_2 与单线曲线隧道加宽值的计算相同。双线曲线隧道，除了两侧需要加宽以外，两线的中心线间距也要由规定的直线间距 4 m 加大一个水平距离。这是因为当两线列车交会时，外线车辆中部向内偏移而内线车辆两端向外偏移，使行车安全空间被压缩，如图 3-5-18（a）所示，所以，两线间的线间距必须也随之加大，才能保证行车的安全；此外，如果外线的超高值大于内线的超高值，则两线上行驶的车辆顶部互相靠近，也减小了行车安全空间，如图 3-5-18（b）所示，因而两线的距离必需再加大。内外侧线路中线间的加宽值 W_3 按下面情况计算。

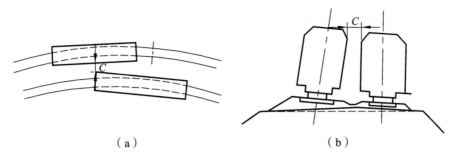

（a）   （b）

图 3-5-18　列车在曲线地段运行情况

① 当外侧线路的外轨超高大于内侧线路的外轨超高时：

$$W_3 = \frac{8\,450}{R} + \frac{360}{150} \times \frac{E}{2} \text{（cm）} \tag{3-5-10}$$

② 其他情况时（内侧线路超高大于外侧线路超高和内外侧线路超高一致）：

$$W_3 = \frac{8\,450}{R} \text{（cm）} \tag{3-5-11}$$

双线隧道总加宽值为

$$W = W_1 + W_2 + W_3 \tag{3-5-12}$$

3. 曲线隧道中线与线路中线偏移距离

从以上计算可知，曲线隧道内外侧加宽值不同（内侧加宽大于外侧加宽），断面加宽后，隧道中线应向曲线内侧偏移一个 d 值。

单线隧道如图 3-5-19 所示，偏移值为

$$d = \frac{1}{2}(W_1 - W_2) \text{（cm）} \tag{3-5-13}$$

双线隧道如图 3-5-20 所示，内侧线路中线至隧道中线的距离：

$$d_1 = 200 - \frac{1}{2}(W_1 - W_2 - W_3) \text{（cm）} \tag{3-5-14}$$

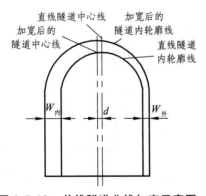

图 3-5-19　单线隧道曲线加宽示意图

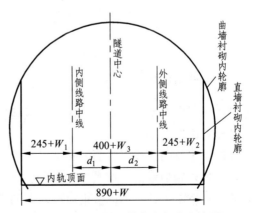

图 3-5-20　双线隧道曲线加宽示意图

外侧线路中线至隧道中线的距离：

$$d_2 = 200 + \frac{1}{2}(W_1 - W_2 + W_3) \quad (\text{cm})\tag{3-5-15}$$

4. 高速铁路曲线隧道净空加宽

高速铁路的曲线半径均较大，隧道设计时考虑了空气动力学效应和预留安全空间，已将净空断面做了扩大处理，且加宽值大于列车通过曲线隧道所需的安全限值，故位于曲线上的隧道，原则上不考虑曲线净空加宽。

（三）曲线隧道与直线隧道衬砌的衔接方法

根据《铁路隧道设计规范》规定：位于曲线地段的隧道，断面加宽除圆曲线部分按上述计算值加宽外，缓和曲线部分可分两段加宽，即自圆曲线至缓和曲线中点，并向直线方向延长 13 m，采用圆曲线加宽断面（按 W 值加宽）；其余缓和曲线，并自直缓分界点向直线段延长 22 m，其加宽值取圆曲线加宽值的一半（即按 W/2 加宽），如图 3-5-21 所示。

上述分别延长 22 m 和 13 m 的理由是：当列车由直线段进入曲线段，车辆前面的转向架进到缓和曲线起点后，由于缓和曲线段外轨设有超高，故车辆开始向内侧倾斜，车辆的后端点亦已偏离线路中心，所以从车辆的前转向架到车辆后端点的范围内应按圆曲线加宽值的一半（W/2）加宽，此段长度为两转向架中心距离 18 m 加转向架中心到车辆后端点距离 4 m，共 22 m。当车辆的一半进入缓和曲线中点时，其车辆后端偏离中线值应根据前面的转向架所在曲线的半径及超高值确定。此时，前面转向架已接近圆曲线，故车辆后段（按切线支距法原理推算，近似取车长之半 26/2 = 13 m）应按圆曲线加宽值（W）加宽。

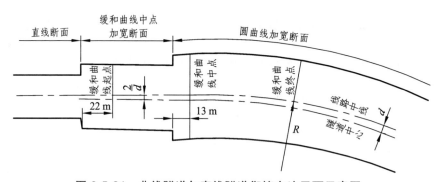

图 3-5-21　曲线隧道与直线隧道衔接方法平面示意图

d—圆曲线地段隧道中线偏移距离；R—圆曲线半径

位于曲线地段车站上的隧道及区间曲线地段的双线隧道，断面加宽值应根据站场及线路具体情况计算确定。

当隧道位于反向曲线上且其间夹直线长度小于 44 m 时，重叠部分按两端不同的曲线半径分别计算内外侧加宽值，取其中较大者。

隧道衬砌施工中，对不同宽度衬砌断面的衔接，可采用在衬砌断面变化点错成直角台阶的错台法及自加宽断面终点向不加宽断面延伸 1 m 范围内逐渐过渡的顺坡法。

二、公路隧道横断面设计

公路隧道横断面设计需满足公路隧道净空的要求，公路隧道净空包括公路建筑限界［见图 3-5-22（a）］、通风及其他所需的断面积。断面形状和尺寸应根据围岩压力求得最经济值。公路隧道的建筑限界包括车道、路肩、路缘带、人行道等的宽度，以及车道、人行道的净高，见图 3-5-22（b）。公路隧道的净空除包括公路建筑限界以外，还包括通风管道、照明设备、防灾设备、监控设备、运行管理设备等附属设备所需要的空间以及富余量和施工允许误差等，见图 3-5-23。《公路隧道设计规范》（JTG D70/2—2014）规定的建筑限界高度：高速公路、一级公路、二级公路取 5.0 m，三、四级公路取 4.5 m。各级公路隧道建筑限界基本宽度应按表 3-5-2 执行。

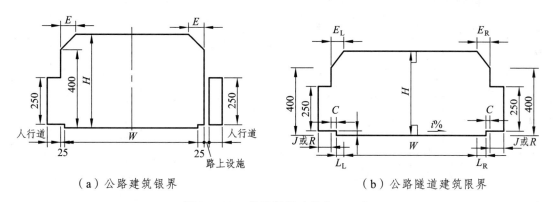

（a）公路建筑银界 （b）公路隧道建筑限界

图 3-5-22 公路限界（单位：cm）

H—建筑限界高度；W—行车道宽度；L_L—左侧向宽度；L_R—右侧向宽度；C—余宽；J—检修道宽度；
R—人行道宽度；h—检修道或人行道的高度；E_L—建筑限界左顶角宽度；$E_L = L_L$；
E_R—建筑限界右顶角宽度（当 $L_R \leqslant 1$ m 时，$E_R = L_R$；$L_R > 1$ m 时，$E_R = 1$ m）

"隧道行车限界"指为了保证行车安全，在一定宽度、高度的空间范围内任何物件不得侵入的限界。隧道中的照明灯具、通风设备（如射流风机）、交通信号灯、运行管理专用设施如电视摄像机等都应安装在限界以外。

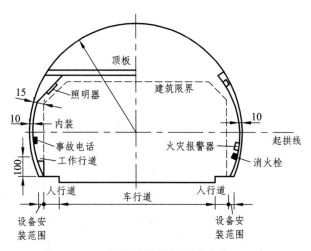

图 3-5-23 公路隧道横断面（单位：cm）

表 3-5-2　公路隧道建筑界限横断面组成最小宽度（单位：m）

公路等级	设计速度/（km/h）	车道宽度	侧向宽度 L		余宽 C	人行道 R	检修道 J		隧道建筑限界净宽		
			左侧 L_L	右侧 L_R			左侧	右侧	设检修道	设人行道	不设检修道、人行道
高速公路	120	3.75×2	0.75	1.25			0.75	0.75	11.00		
	100	3.75×2	0.50	1.00			0.75	0.75	10.50		
一级公路	80	3.75×2	0.50	0.75			0.75	0.75	10.25		
	60	3.75×2	0.50	0.75			0.75	0.75	9.75		
二级公路	80	3.75×2	0.75	0.75		1.00				11.00	
	60	3.50×2	0.50	0.50		1.00				10.00	
三级公路	40	3.50×2	0.25	0.25		0.75				9.00	
	30	3.25×2	0.25	0.25	0.25						7.50
四级公路	20	3.00×2	0.25	0.25	0.25						7.00

注：① 三车道隧道除增加车道数外，其他宽度同表；增加车道的宽度不得小于 3.5 m。
　　② 连拱隧道的左侧可不设检修道或人行道，但应设 50 cm（120 km/h 与 100 km/h 时）或 25 cm（80 km/h 与 60 km/h 时）的余宽。
　　③ 设计速度为 120 km/h 时，两侧检修道宽度均不宜小于 1.0 m；设计速度为 100 km/h 时，右侧检修道宽度不宜小于 1.0 m。

　　各级公路行车道的宽度，均按"限界"的规定设置，隧道内的车道宽度原则上应与前后道路一致，一般应避免产生"瓶颈"，并在车道两侧设置足够富余量。隧道墙壁往往给驾驶员以危险感，唯恐与之冲撞，行驶的车辆多向左侧偏离，无形中减少了车道的有效宽度，从而导致隧道中交通容量的降低，这种现象称为墙效应。因此，在道路隧道中，应在车道两侧留有足够的侧向净宽，以消除或减小墙效应的不良影响。

　　公路隧道中的基本组成部分是专供车辆通行使用的车行隧道。在每个车行隧道中，原则上规定采用对向交通的最小单位为 2 车道；如果交通量超过对向 2 车道的容量，则应设置两条各为单向交通的 2 车道，即合计 4 车道的隧道。从交通安全上考虑，不应设置对向交通的 3 车道隧道。大于 4 车道时，原则上隧道也应修成两条以上的 2 车道。隧道前后公路若为 6 车道，有修成三条 2 车道隧道的先例（如纽约的林肯隧道和汉堡的易北河隧道等），但这对交通有很大不便。这种情况下，如有可能，应修成两条单向 3 车道隧道。

　　单车道隧道，为保证错车和安全运输，为长隧道时，应设错车道（最好能供汽车调头）；为短隧道，在进口能观察到出口引道时，洞内可不设错车道，但应在洞口外两端设错车道。

　　超过 2 km 的长隧道，各国都在 150～750 m 的间隔上设加宽带，PIARC 隧道委员会推荐设宽 2.5 m，长 25 m 以上的加宽带。超过 10 km 的特长隧道，还应设置可供大型车辆使用的 U 形回车场。交通量大的城市隧道，考虑到故障车的停车，路面宽度最小推荐为 8～8.5 m。

　　一般公路隧道，特别是 1 km 以下的隧道，都考虑自行车和行人的通过。但是隧道附近有迂回道路时，为安全起见，自行车和行人不应通过隧道。一条自行车道的宽度为 1.0 m，自行车道数应根据交通量确定。人行道的宽度为 0.75 m 或 1 m，大于 1 m 时按 0.5 的倍数增加。在城市道路隧道中，在行人和自行车非常多的情况下，因修很宽的人行道而加大隧道断面，需要的通风设备也相应增大，这时人和自行车与车辆分开，修建小断面的人行隧道。人行隧道与车行隧道分开，对安全也极有利，发生火灾时可以作为避难、救护伤员使用，平时亦可兼作管理人员用的通道。需通行自行车时，应另设自行车道，自行车不应混杂在行人中穿行。在山岭地区修建长大隧道时，专为行人需要加大通风设施及其功率是不经济的，应另寻其他途径解决行人问题。人行道、自行车道或自行车人行道与车行道在同一隧道中时，为保证安全，应使其比车行道高出 25 cm。为了彻底解决安全问题，或者对汽车速度严加管制，或者把人行道等与车行道用护栏隔开或者把设在路肩上的人行道等置于 1 m 以上的台阶上并加设护栏，如图 3-5-24 所示。

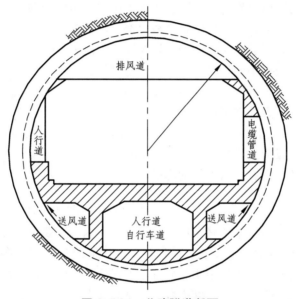

图 3-5-24　公路隧道断面

车行道的净高，通常由汽车载货限制高度和富余量决定。另外，由于隧道内的路面全部更换很困难，一般应估计到将来可能进行罩面，其厚度通常按 20 cm 预留。还应估计冬季积雪等可能减少净高。对不能满足净高要求的路段，应设标志牌，标明该处净高，并指明迂回道路。人行道、自行车道及自行车人行道的净高为 2.5 m。隧道的内轮廓线在施工中不可避免地要产生凸凹不平，一般还应考虑 5 cm 的误差。

隧道的净空断面受通风方式影响很大。自然通风的隧道，断面应适当大些。假如采用射流通风机进行纵向通风，应考虑射流通风机本身的直径、悬吊架的高度和富余量，总计约为 1.5 m 的高度。长大隧道的通风管道断面积、通风区段的长度、通风竖井或斜井的长度和数量、设备费和长期运营费等应综合通盘考虑。重要的长大隧道，防灾设备（如火灾传感器、监视电视摄像机等）也要占有空间。维修时往往是在不进行交通管制的条件下工作，还有管理人员的通道，根据实际需要可能设置在隧道的一侧或两侧等，都要根据隧道实际具体确定。

三、衬砌断面的初步拟定

隧道的净空限界确定以后，就可以据此进行隧道衬砌断面的初步拟定。

初步拟定结构形状和尺寸可采取经验类比的方法。拟定衬砌结构尺寸，需考虑两个方面因素：一是选定净空形状，也就是选定结构的内轮廓；二是选定截面的厚度。

1. 内轮廓

衬砌的内轮廓必须符合前述的隧道建筑净空限界。结构的任何部位都不应侵入限界以内，同时又应尽量减小隧道的断面积，使土石开挖量和圬工砌筑量最少。因此，内轮廓线总是紧贴着限界的，但又不能随着限界曲折，而是平顺圆滑，使结构受力合理。

2. 结构轴线

以混凝土为材料的隧道衬砌是一种以受压为主结构，结构的轴线应尽可能地符合荷载作用下的压力线。若是两线重合，结构的各个截面都只承受单纯的压力而无拉力，这样最为理想，但事实上很难做到。一般总是使结构的轴线接近于压力线，使大部分区域上主要承受压力，而部分区域断面承受很小的拉力，从而充分地利用混凝土材料的性能。

从理论和实践得出，当衬砌承受径向分布的静水压力时，结构轴线以圆形最合适。当衬砌主要承受竖向荷载和不大的水平荷载时，结构轴线上部宜采用圆弧形或尖拱形，下部可以做成直线形（即直墙式）。当衬砌在承受竖向荷载的同时，又承受较大的水平荷载时，衬砌结构的轴线上部宜采用圆弧形或平拱形，下部可采用凸向外方的圆弧形（即曲墙式）。如果还有底鼓压力，则结构底部还宜有凸向下方的仰拱。

3. 截面厚度

衬砌各截面的厚度是结构轴线确定以后的重点设计内容，要求设计的截面厚度具有足够的强度。关于衬砌结构的设计计算方法，在后面章节中将予以详述。从施工角度出发，截面的厚度不应太薄，否则将使施工操作困难且质量不易保证。《铁路隧道设计规范》（TB 10003—2016）中，规定了衬砌各部分最小厚度的数值（见表3-5-3），可供参考。

表 3-5-3 圬工截面最小厚度（cm）

建筑材料种类	隧道和明洞衬砌			洞门端墙翼墙和洞门挡土墙
	拱圈	边墙	仰拱	
混凝土	20	20	20	30
片石混凝土	—	50	50	50
浆砌粗料石或混凝土块	30	30	—	30
浆砌块石	—	30	—	30
浆砌片石	—	50	—	50

《铁路隧道设计规范》（TB 10003—2016）规定，承载的隧道建筑物各部分结构的截面最小厚度不应小于表中所列的数值，以满足构造上的要求。

第六节 高速铁路隧道单双洞方案选择

高速铁路均设计为双线，隧道工程设计需作设一座双线隧道（单洞双线）和设两座单线隧道（双洞单线）的比较。

在单洞双线和双洞单线方案比较中，采用一座双线隧道的横断面积要比两座单线隧道横断面积总和小，经济性较好。这是日本新干线隧道采用一座双线隧道方案的主要原因。在欧洲，当隧道长度大于 20 km 时，考虑防灾救援等因素，一般采用两座单线隧道方案，其线间距一般为 30 ~ 50 m，按 250 ~ 400 m 距离设置横通道用作救援通道。

一般地说，在满足空气动力学要求的前提下，双线断面要比单线断面更有利一些。两座单线隧道断面积总和要比一座双线隧道断面积大。法国的比较结果是：在列车速度为 300 km/h 的情况下，两座单线隧道的总断面积为 140 m^2，一座双线隧道的断面积为 100 m^2；在列车速度为 250 km/h 的情况下，相应的断面积分别为 100 m^2 和 72 m^2。

在特长隧道方案设计中，选择两座单线隧道方案还是一座双线隧道方案，应从地质条件、建设工期、施工难度和方法、运营通风、防灾救援和人员疏散、工程投资等多方面综合考虑；对高速铁路隧道，还要考虑列车在隧道内运行的空气动力学效应。

采用单洞双线方案和采用双洞单线隧道方案各有其优缺点。对高速铁路隧道而言，采用单洞双线隧道方案，阻塞比较小，在满足洞内会车最不利的前提下，可有效地提高乘车舒适度；而采用双洞单线隧道方案十分有利于防灾救援，当一座隧道出现重大事故时，另一座可正常运营，且可利用其进行救援和旅客的疏散。

从地质条件看，在软弱破碎围岩地段，考虑施工难度和风险，宜选用跨度较小的双洞单线隧道方案，当地质条件好时，可选用单洞双线隧道方案。从施工方法看，当采用 TBM 或盾构施工时，考虑施工风险，采用直径较小的双洞单线隧道方案较为稳妥，施工风险相对较小。从运营通风看，双洞单线隧道方案可以充分利用列车活塞风改善隧道内的环境条件，而单洞双线隧道方案利用活塞风效果较差。就工程投资而言，双洞单线隧道方案通常较单洞双线隧道方案造价高 20% ~ 40%，特别在硬岩地段，单洞双线隧道方案具有明显的价格优势。故在确定隧道方案时，应结合线路的隧道分布和隧道两端引线等相关工程的具体情况，综合考虑。

单洞双线隧道方案和双洞单线隧道方案的大致比较列于表 3-6-1。

表 3-6-1 单洞双线和双洞单线隧道方案比较

比较项目	单洞双线隧道方案	双洞单线隧道方案
施工难度及风险	断面大，在软弱围岩中发生坍塌的机会较多，容易发生变形，风险较大	断面较小，发生坍塌、变形的机会相对较少，风险较小
运营通风	难以利用活塞风	可以充分利用活塞风
防灾救援	当隧道内发生火灾时，消防灭火与救援难度大，线路将中断运营	当一座隧道内发生火灾时，可通过另一座隧道帮助灭火，并利用横通道紧急疏散人员，仅中断一条线路运营
空气动力学影响	相对小	相对大
环境影响	相对小	相对大
工程投资	较低	洞双线方案多 20% ~ 40%

我国高速铁路隧道设计时是选择"单洞双线隧道方案"还是选择"双洞单线隧道方案"，通常可遵循下列原则：

（1）当隧道长度小于 10 km 时，一般采用单洞双线方案，可利用施工时的辅助坑道作为防灾救援和人员疏散的紧急出口，如郑西客运专线函谷关隧道（长 7 851 m）、秦东隧道（长 7 684 m）等。

（2）当隧道长度为 10~20 km 时，应结合隧道两端引线、车站布点等相关工程情况进行系统的经济技术比选，也可结合防灾救援及养护维修考虑，采用双线隧道加贯通平导的方案进行比较。如霞浦隧道（长 13 099 m）采用双线隧道加贯通平导的设计方案，贯通平导对养护维修非常方便；武广客运专线大瑶山隧道群之大瑶山一号隧道（长 10 081 m）为全线最长的山岭隧道，主要考虑隧道群及两端引线相关工程情况并结合空气动力学因素的影响，也设计为双线隧道，断面净空有效面积为 100 m^2。

（3）当隧道长度大于 20 km 时，从防灾救援方面考虑，一般采用双洞单线隧道方案，如已竣工通车的兰武二线乌鞘岭隧道（长 20 050 m）和在建的石太客运专线太行山隧道（长 27 839 m）等。

复习思考题

1. 简述隧道位置选择的影响因素和选择原则。
2. 简述铁路隧道和公路隧道在断面设计上的要求。
3. 隧道衬砌断面初步拟订的考虑因素？
4. 隧道选线方案比选考虑的主要因素有哪些？
5. 什么叫铁路隧道净空？它是怎么确定的？
6. 曲线隧道净空为什么需要加宽？如何加宽？加宽后隧道中线与线路中线有什么关系？曲线地段隧道不同加宽断面如何过渡和衔接？

第四章　山岭隧道常规施工方法

第一节　概　述

一、隧道设计施工的两大理论

20 世纪以来，人类对地下空间的需求越来越多，因而对地下工程的研究有了突飞猛进的发展。在大量的地下工程实践中，人们普遍认识到，隧道及地下洞室工程的核心问题是开挖和支护两个关键工序，即如何开挖，才能更有利于洞室的稳定和便于支护；若需支护，又如何支护才能更有效地保证洞室稳定和便于开挖。这是隧道及地下洞室工程中两个相互促进又相互制约的问题。其他工作都可以视为辅助手段，是为核心问题的解决和处理服务的。

在隧道及地下洞室工程中，围绕以上核心问题的实践和研究，在不同的时期，人们提出了不同的理论并逐步建立了不同的理论体系，每一种理论体系都包含和解决（或正在研究解决）了从工程认识（概念）、力学原理、工程措施到施工方法（工艺）等一系列工程问题。

其中一种理论是 20 世纪 20 年代提出的传统的"松弛荷载理论"。其核心内容是：稳定的岩体有自稳能力，不产生荷载；不稳定的岩体则可能产生坍塌，需要用支护结构予以支承。这样，作用在支护结构上的荷载就是围岩在一定范围内由于松弛并可能塌落的岩体重力。这是一种传统的理论，其代表性的人物有泰沙基（K. Terzaghi）和普氏（МЛромобъяконоб）等。它类似于地面工程考虑问题的思路，至今仍被广泛地应用着。

另一种理论是 20 世纪 50 年代提出的现代支护理论，或称为"岩承理论"。其核心内容是：围岩稳定显然是岩体自身有承载自稳能力；不稳定围岩丧失稳定是有一个过程的，如果在这个过程中提供必要的帮助或限制，则围岩仍然能够进入稳定状态。这种理论体系的代表性人物有腊布希维兹（K. V. Rabcewicz）、米勒-菲切尔（Miller-Fecher）、芬纳-塔罗勃（Fenner-Talobre）和卡斯特奈（H. Kastener）等。这是一种比较现代的理论，它已经脱离了地面工程考虑问题的思路，而更接近于地下工程实际，近半个世纪以来已被广泛接受和推广应用，并且表现出了广阔的发展前景。

由上可以看出，前一种理论更注重结果和对结果的处理；而后一种理论则更注重过程和对过程的控制，即对围岩自承载能力的充分利用。由于有此区别，因而两种理论体系在原理和方法上各自表现出不同的特点，这两大理论体系特点的比较说明如表 4-1-1 所示。

表 4-1-1　两大理论体系特点的比较说明

比较项目		松弛荷载理论	岩承理论
认识		围岩虽然有一定的承载能力，但极有可能因松弛的发展而致失稳，因而对支护结构产生荷载作用，即视围岩为荷载的来源	围岩虽然可能产生松弛破坏而致失稳，但在松弛的过程中围岩仍有一定的承载能力，对其承载能力不仅要有效利用，而且应当保护和增强，即视围岩为承载的主体，具有三位一体特性※
力学原理		土力学中，视围岩为散粒体，计算其对支撑结构产生的荷载大小和分布； 结构力学中，视支撑和衬砌为承载结构，检算其内力并使之合理； 建立的是"荷载-结构"力学体系以最不利荷载组合作为结构设计荷载	岩体力学中，视围岩为应力岩体，分析计算应力-应变状态及变化过程，并视支护为应力岩体的边界条件，起控制围岩的应力-应变作用，检验作用的效果并使之优化； 建立的是"围岩-支护"力学体系以实际的应力-应变状态作为支护的设计状态
工程措施	支护	考虑到隧道开挖后，围岩很可能松弛坍塌，故分部开挖后及时用刚度较大的构件进行临时支撑； 待隧道开挖成形后逐步将临时支撑撤换下来，而用整体式厚衬砌作为永久性支护	需要时，用锚杆和喷射混凝土等柔性构件组合起来进行初期支护，以控制围岩松弛变形的过程，维护和增强围岩的自承能力； 初期支护作为承载结构的一部分，与二次衬砌（也包括围岩）共同构成复合式承载结构体系
	开挖	隧道开挖常采用分部开挖，以便于构件支撑的施作；钻爆法或中小型机械掘进	隧道开挖常采用大断面开挖，以减少对围岩的扰动；钻爆法或大中型机械掘进
	优缺点	构件临时支撑直观，容易理解，工艺较简单，易于操作； 围岩松散破碎甚至有水时，满铺背材也能奏效； 拆除临时支撑既麻烦，又不安全，不能拆除时，既浪费，又使衬砌受力条件不好	锚喷初期支护按需设置，适应性强，工艺较复杂，对围岩的动态量测要求较高； 围岩松散破碎甚至有水时，需采用辅助工法（如注浆）来支持才能继续施工； 初期支护无需拆除，施工较安全，支护结构受力状态较好
理论要点		1. 开挖隧道后，围岩产生松弛是必然的，但产生坍塌却是偶然的，故应准确判断各级围岩产生坍塌的可能性大小； 2. 即使围岩不产生坍塌，但松弛同样会给支护结构施加荷载，故应准确确定荷载的大小、分布； 3. 为保证围岩稳定，应根据荷载的大小和分布，设计临时支撑和永久衬砌作为承载结构，并使结构受力合理； 4. 尽管承载结构是按最不利组合荷载来设计的，但施工时应尽量避免松弛的发展和坍塌的产生	1. 围岩是主要承载部分，故在施工中尽可能地保护围岩，减少扰动； 2. 初期支护和永久衬砌仅对围岩起约束作用，它应既允许围岩产生有限变形，以发挥其承载能力，又阻止围岩变形过度而产生失稳，故初期支护宜采用薄壁柔性结构； 3. 围岩的应力-应变动态预示着它是否能进入稳定状态，因此以量测作为手段掌握围岩动态进行施工监控和修改设计，以便适时提供适当支护，并先柔后刚，按需提供； 4. 整体失稳通常是由局部破坏发展所致，故支护结构应尽早封闭，全面约束围岩，尤其是围岩破碎软弱时，应及时修仰拱，使支护和围岩共同构成一个封闭的承载环

注：※围岩的三位一体特性是指围岩既是产生围岩压力的原因，又是承受这个压力的承载结构，且是构成这个结构的天然材料。

　　应当注意的是，隧道工程都是在应力岩体中开挖地下空间，而山岭隧道施工方法一般采用矿山法和隧道掘进机法。我们在选择施工方法时，并不介意采用什么理论和方法，而应当根据具体工程的各方面条件综合考虑，选择最经济、最合理的设计和施工方案，甚至是多种方法的综合应用，这是一个受多种因素影响的动态的择优过程。

二、山岭隧道的常规施工方法

山岭隧道的常规施工方法又称为矿山法，因最早应用于采矿坑道而得名。在矿山法中，多数情况下都需要采用钻眼爆破进行开挖，故又称为钻爆法。从隧道工程的发展趋势来看，钻爆法仍将是今后山岭隧道最常用的开挖方法。

在矿山法施工中，坑道开挖后的支护方法，目前大致可以分为钢木构件支撑和锚杆喷射混凝土支护两类。作为施工方法，人们习惯上将采用钻爆开挖加钢木构件支撑的施工方法称为"传统矿山法"，而将采用钻爆开挖加锚喷支护的施工方法称为"新奥法"。

前述"松弛荷载理论"就是在传统矿山法的基础上提出来的，而"岩承理论"则是在新奥法的基础上提出来的。

（一）传统矿山法

传统的矿山法（Traditional Mine Method）是人们在长期的施工实践中发展起来的。它是以木或钢构件作为临时支撑，待隧道开挖成形后，逐步将临时支撑撤换下来，取而代之以整体式厚衬砌作为永久性支护的施工方法。

木构件支撑由于其耐久性差和对坑道形状的适应性差，支撑撤换工作既麻烦又不安全，且对围岩有所扰动，因此，目前已很少采用。

钢构件支撑具有较好的耐久性和对坑道形状的适应性等优点，施工中可以不予撤换，也更为安全。日本隧道界将以钢构件作为临时支撑的矿山法称为"背板法"。

钢木构件支撑类似于地上的"荷载-结构"力学体系。它作为一种维持坑道稳定的措施，是很直观和奏效的，也容易被施工人员理解和掌握。因此这种方法常被应用于不便采用锚喷支护的隧道中或处理坍方等。由于衬砌的设计工作状态与实际工作状态不一致，以及临时支撑存在的一些缺陷等，在一定程度上限制了它的发展和应用。

（二）新奥法

新奥法即奥地利隧道施工新方法（New Austrian Tunnelling Method，NATM），是奥地利学者腊布希维兹首先提出的。它是以喷射混凝土和锚杆作为主要支护手段，通过量测围岩的变形，及时指导设计和施工，充分发挥围岩自承能力的施工方法。它是在锚喷支护技术的基础上总结和提出的。

锚喷支护技术与传统的钢木构件支撑技术相比，不仅仅是手段上的不同，更重要的是工程概念的不同，是人们对隧道及地下工程问题的进一步认识和理解。由于锚喷支护技术的应用和发展，促使隧道及地下洞室工程理论步入到现代理论的新领域，也使隧道及地下洞室工程的设计和施工更符合地下工程实际，即设计理论-施工方法-结构（体系）工作状态（结果）的一致。因此，新奥法作为一种施工方法，已在世界范围内得到了广泛的应用。

传统矿山法与新奥法均为山岭隧道的常规施工方法，二者具有本质的区别，见表4-1-2。

表 4-1-2　传统矿山法与新奥法的区别

不同点方面		传统矿山法	新奥法
支护	临时支护	木支撑为主、钢支撑	喷锚支护
	永久支护	单层模筑混凝土衬砌	复合式衬砌
	闭合支护	不强调	强调
控制爆破		可采用	必须采用
监控量测		无	必须采用
施工方法		分块较多	分块较少
基于理论		松弛荷载理论	岩承理论

第二节　新奥法的基本内容和要求

一、新奥法的基本内容

新奥法是由奥地利学者腊布希维兹在喷锚支护的基础上提出的，于1954—1955年首次应用于奥地利的普鲁茨-伊姆斯特电站的压力输水隧道工程中。后经其他国家隧道工作者的理论研究和工程实践，于1963年在奥地利召开的第八次国际土力学会议上正式命名为新奥法，并取得了专利权。

新奥法与传统矿山法相比最根本的区别在于，传统方法把围岩看作荷载的来源，其围岩压力全部由支护结构承担；围岩被视为松散结构，无自承能力。而新奥法恰恰相反，它把支护结构和围岩本身看作一个整体，二者共同作用达到稳定洞室的目的，而且大部分围岩压力是由围岩体本身承担的，支护结构只承担了少部分的围岩压力。

我国从20世纪70年代开始引进新奥法，到80年代才开始大量应用于工程实践中。在新线建设的大量隧道设计、施工中都运用了新奥法，因而积累了许多在各种条件下应用新奥法修建隧道的成功经验。如在埋深仅为跨度之半的南岭隧道、衡广复线上的大瑶山隧道、大秦线上的军都山隧道、兰武复线上的乌鞘岭隧道、石太客运专线上的太行山隧道等都成功采用了新奥法。

事实证明，在隧道的设计和施工中采用新奥法，可以节省大量木材，改善施工条件，降低工程造价，同时，也为大型机械化施工提供了条件。若采用严格、有效的施工监测和管理措施，可使支护系统既经济合理，又安全可靠。

新奥法是完全不同于传统矿山法的一种新施工理念，它摒弃了应用厚壁混凝土结构支护松动围岩的理论。其基本内容可归结为如下几点：

（1）钻爆开挖时宜采用对围岩扰动较小的控制爆破，尽可能采用大断面少分部的开挖方法，减少对围岩的扰动，以免破坏岩体的稳定；

（2）隧道的开挖应尽量利用围岩的自承能力，充分发挥围岩的自身支护作用；

（3）根据围岩级别，采用不同的初期支护，及时施作密贴于围岩的柔性支护（如钢拱架、喷射混凝土和锚杆等），以控制围岩的变形和松弛；

（4）在围岩软弱破碎地段，使初期支护断面及早闭合，从而增加支护结构的刚度，有效地发挥支护体系的作用，保证隧道的稳定性；

（5）二次衬砌原则上是在围岩和初期支护变形基本稳定的条件下修建，使围岩和支护结构形成一个整体，从而提高支护体系的安全度；

（6）尽量使开挖后的隧道断面周边轮廓圆顺，避免棱角突变处应力集中；

（7）在施工中对围岩和支护结构进行合理的监控量测，以便能够合理安排施工程序，修正不合理的设计和施工方法。

总之，新奥法不能单纯理解为隧道施工的某一种方法，它是把隧道的设计与施工合为一体，以弹塑性理论的成果进行支护结构的设计，并以现场量测的手段修正设计、指导施工的一种新理念。这一新理念集中体现在支护结构种类、支护结构构筑时机、围岩压力、围岩变形四者的关系上，自始至终贯穿于不断变更的设计、施工的过程中。

二、新奥法的基本要求

新奥法在我国应用的最大特点就是应用了复合式衬砌。新奥法施工基本要求是：

（1）岩体是隧道结构体系中的主要承载单元，在施工中必须充分保护岩体，尽量减少对它的扰动，避免过度破坏岩体的强度。为此，施工中尽量采用大断面、少分部的开挖方法，开挖应当采用光面爆破、预裂爆破或机械掘进。

（2）为了充分发挥岩体的承载能力，应允许并控制岩体的变形。一方面允许变形，使围岩中能形成承载环；另一方面又必须限制它，使岩体不致过度松弛而大大降低甚至丧失承载能力。在施工中应采用能与围岩密贴、及时砌筑又能随时加强的柔性支护结构，如锚喷支护等。这样，就能通过调整支护结构的强度、刚度及其参加工作的时间（包括闭合时间）来控制岩体的变形。

（3）为了改善支护结构的受力性能，施工中初期支护应尽快闭合，而成为封闭的筒形结构。另外，隧道断面形状应尽可能圆顺，以避免拐角处的应力集中。

（4）通过施工中对围岩和支护的动态观察、量测，合理安排施工程序、进行设计变更及日常的施工管理，做到既经济合理，又安全可靠。

（5）为了敷设防水层，或为了承受由于锚杆锈蚀，围岩性质恶化、流变、膨胀所引起的后续荷载，可采用复合式衬砌结构形式。

（6）二次衬砌原则上是在围岩与初期支护变形基本稳定的条件下修筑的，围岩和支护结构形成一个整体，因而提高了支护体系的安全度。

根据上述基本要求，新奥法可以理解为：根据弹塑性理论，以岩石力学为基础提出支护结构的支护参数，开挖时尽量减少对围岩的扰动，开挖后及时采用柔性支护，以便限制围岩变形、积极发挥围岩自承能力，依靠现场量测来指导隧道的设计和施工。这一施工理念的提出，使隧道设计理论和施工工艺发生了根本性的变革，为许多隧道工作者所接受。

第三节　新奥法的基本原理

一、隧道开挖前后的应力状态

隧道是修建在具有原始应力的岩体中的。隧道开挖前，岩体处于初始状态，也叫一次应力状态。此时，围岩之间处于相对平衡状态。隧道开挖后，原有约束被解除，平衡被打破，为达到新的平衡，围岩内的应力会发生重新分布，此时围岩处于二次应力状态。

初始应力由自重应力与构造应力组成。构造应力比较复杂，只能通过量测加以分析。因此在理论分析中，只按静水压力的分布形式来考虑围岩的自重应力。这样，初始应力为

$$P_0 = \gamma \cdot H \qquad\qquad\qquad (4\text{-}3\text{-}1)$$

式中　γ——围岩重度；

　　　H——隧道埋深。

隧道开挖后，围岩的应力及位移按照围岩的强度不同有两种情况：一是围岩强度较开挖后的围岩应力高，隧道开挖后围岩仍为弹性状态，隧道可能由于爆破影响而有少许松弛，但仍为稳定状态；二是开挖后的围岩应力超过围岩强度，隧道围岩的一部分处于塑性以至松弛状态，隧道将产生塑性滑移、松弛或破坏。以一个弹簧为例来理解隧道开挖后应力状态即新奥法原理，如图 4-3-1 所示。

（a）开挖前　　　　　　　　（b）开挖后

图 4-3-1　隧道开挖前后洞缘一点的应力状态

（1）隧道边缘某一点 A 在开挖前具有原始应力（自重应力和构造应力），处于平衡状态。如同一根刚度为 K 的弹簧，在 P_0 作用下处于压缩平衡状态。

（2）隧道开挖后，A 点在临空面失去约束，原始应力状态要调整，如果围岩的强度足够大，那么经过应力调整，隧道可处于稳定状态（不需支护）。然而大多数的地质情况是较差的，即隧道经过应力调整后，如不支护，就会产生收敛变形，甚至失稳（塌方），所以必须提供支护力 P_E，才能防止塌方失稳。等同于弹簧产生了变形 u 后，在 P_E 作用又处于平衡状态。

（3）由力学平衡方程可知，弹簧在 P_0 作用时处于平衡状态；弹簧在发生变形 u 后，在 P_E 的作用下又处于平衡状态。则有

$$P_0 = P_E + Ku \qquad\qquad (4\text{-}3\text{-}2)$$

讨论：

（1）当 $u = 0$ 时，$P_0 = P_E$，即隧道开挖后不允许围岩发生变形，需要采用刚性支护，不经济。

（2）当 $u \uparrow$ 时，$P_E \downarrow$；当 $u \downarrow$ 时，$P_E \uparrow$。即围岩发生一定量的变形，可释放一定的荷载（卸荷作用），所以要允许围岩产生一定的变形，以充分发挥围岩的自承能力，这是一种经济的支护措施，围岩的自稳能力为 $P = P_0 - P_E = Ku$。

（3）当 $u = u_{\max}$ 时，隧道会发生塌方，产生松弛荷载，不安全。

结论：

（1）围岩是受隧道开挖影响的那一部分岩（土）体，围岩具有三位一体的特性，即：产生荷载、承载结构、建筑材料；

（2）隧道是修筑在应力岩体中的，具有特殊的建筑环境，不能等同于地面建筑；

（3）隧道结构体系 = 围岩 + 支护体系。

二、新奥法的基本原理

根据前面对隧道开挖前后应力状态分析，新奥法的基本原理可表述为以下五点：

（一）围岩岩体是隧道承载的主要部分

由于坑道开挖后，在其周围的岩体内会形成塑性区，使围岩压力通过塑性区后，其值很小，故支护结构提供的支护阻力只承担一部分的围岩压力，大部分的围岩压力由围岩本身承担。

新奥法与传统矿山法观念的根本不同之处是认为：在隧道中起支护作用的主要是围岩，隧道是围岩与支护的整体结构物，而不是把围岩视作荷载。

围岩本身承担的压力并不是直接施加在围岩上的，而是围岩在形成塑性区的过程中产生了一定的位移而消化、释放了。因此，在施工时，要做到最大限度地保护围岩原有的强度，有效地利用其自承能力。

（二）用较小的支护阻力设计支护结构

如图 4-3-2 所示，开挖后围岩初期变形小，需要的支护阻力大；随着变形的增大，需要的支护阻力则逐渐减小。但变形超过一定数值后，如图中的 A 点，则进入松动范围，需要的支护阻力反而要逐渐增加才能使隧道稳定。这样，A 点要求的支护阻力即为最小支护力 $P_{i\min}$。但是在实际工作中，要控制为正好在 A 点实施有效支护是很难的，为了不让围岩产生松动，就必须在变形达到 A 点之前进行支护。因此，确切地说，新奥法是采用较小的支护阻力设计支护结构的。

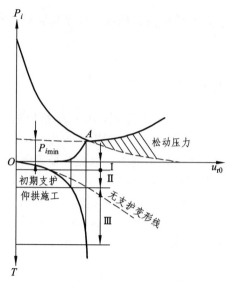

图 4-3-2　支护关系示意图

（三）采用薄层柔性支护，控制围岩的初始变形

隧道开挖后围岩即开始变形，这时施作一层柔性初期支护，允许围岩发生微小的变形，以便在坑道周围形成塑性区，同时也能控制围岩变形，防止围岩松动。

在埋深小、围岩稳定性差的情况下，少许的隧道壁面位移就会使围岩产生有害松动，大大降低围岩的原有强度，从而导致隧道围岩坍塌。因此新奥法强调隧道开挖后，应尽快在围岩壁面施作初期支护，且要尽可能早地封闭，最大限度地防止围岩松弛，控制围岩的初期变形。这里控制围岩初期变形的另一层含义是，控制围岩初期变形的速度，使围岩的变形不致过快，从而导致隧道失稳。这里需要强调的是，要把围岩的变形控制在许可的范围内。

（四）通过控制薄层柔性的支护施作时间，适应围岩的特性

由前述可知，支护结构作用的时间太早，则围岩壁面变形小，需要的支护阻力会很大；而支护结构作用时间过迟，壁面位移过大，又将产生有害松动，需要的支护阻力也变大。采用薄层柔性支护，由于其柔性较大，其内部产生的弯矩很小，本身可以变形，这样与其周围紧密接触的岩体形成一个整体的受力结构。

因此支护结构的支护时间必须选择恰当，过早或过迟都不利，但这一时间又不易掌握。理想的支护结构是指既能起到控制围岩变形的作用，又允许围岩在一定范围内变形，而在变形达到所需的支护阻力最小时起支护作用。刚性的支护结构一经设置，其支护的全部作用将很快显示，它不允许围岩变形，因而支护阻力会很大，以新奥法的观点看，这是很大的浪费。而薄层柔性支护设置以后，既控制了围岩变形，又因其柔性而能允许围岩产生一定量的变形，可以使其支护作用十分接近于最小支护阻力允许的变形值。另外，薄层柔性的支护，例如喷射混凝土还能与坑道围岩紧密接触，不留空隙，形成全面牢固的接触，可与围岩结合成为一个整体。

此外，隧道在力学上被看做厚壁圆筒，因而要使支护结构及时闭合。在施工时，一定要及时施作仰拱。

（五）采用监控量测来检验设计并指导施工

地下工程的地质情况是千变万化的，设计和假定往往与实际不符，施工中通过量测修改设计方案是新奥法的重要特点。量测工作在新奥法施工过程中自始至终都要进行，一旦发现围岩有不稳定状态，就应及时采取有效措施进行加固，并根据加固后的情况修改下一阶段的设计方案，同时还应按修改后的设计方案，对邻接的已支护地段做适当的补充加固。只有这样才能使设计更合理，使施工方法、施工工艺更完善。这种由设计到施工，再把施工中的量测信息反馈到设计中去的动态过程，就组成了新奥法的完整体系。

第四节　新奥法施工的基本方法

新奥法与传统矿山法的施工方法不同，根据其基本原则，在开挖时必须达到成型好、对围岩扰动最小的要求，对开挖暴露面应及时进行喷锚支护，施工全过程应在监控量测下进行，并及时反馈信息，以修正设计和施工。

一、新奥法施工程序与原则

（一）新奥法施工程序

新奥法施工程序主要包括：开挖、初期支护、构筑防水层、二次模筑混凝土衬砌四部分，如图 4-4-1 所示。

1. 开　挖

为了充分利用围岩的自承能力，尽量采用较大的断面进行开挖，地质条件较差时可采用台阶式开挖或分块分部开挖。爆破宜采用光面爆破或预裂爆破。

开挖时，一次开挖的长度应根据围岩条件和开挖方式确定。围岩条件好时，长度可大些；条件差时，长度可小些。同样条件下，采用分台阶开挖时长度可大一些，而采用全断面开挖时长度就要小一些。

2. 初期支护

初期支护包括下列各道工序：一次喷射混凝土，打锚杆，设置钢筋网，必要时架设钢支撑，二次喷射混凝土等。一次喷射混凝土的厚度为 3～5 cm，二次喷射混凝土达到设计厚度即可。当喷射混凝土层厚度较大时，可采用多次喷射，每次喷 5～8 cm。初期支护所用的钢筋网、钢支撑等均应埋在喷混凝土层内。

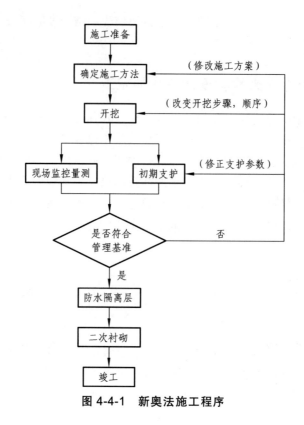

图 4-4-1　新奥法施工程序

3.构筑防水层

在初期支护完成后，邻近施作二次衬砌前构筑防水层。防水层设置在初期支护和二次衬砌之间，其形式和材料根据设计而定。防水层中的水可通过集水管排出。

4.二次模筑混凝土衬砌

当围岩与初期支护变形收敛后，用模筑混凝土构筑二次衬砌。

（二）新奥法施工基本原则

根据新奥法施工要求，结合我国隧道采用新奥法施工经验，新奥法施工的基本原则概括为"少扰动、早喷锚、勤量测、紧封闭"。

"少扰动"是指在隧道开挖时，必须严格控制，尽量减少对围岩的扰动次数、扰动强度、扰动持续时间和扰动范围，以使开挖出的坑道符合成型的要求，因此，能采用机械开挖的就不用钻爆法开挖。采用钻爆法开挖时，必须先作钻爆设计，严格控制爆破，尽量采用大断面少分部开挖。

"早喷锚"是指对开挖暴露面应及时地进行地质描述和及时施作喷锚支护，经初期支护加固，使围岩变形得到有效控制而不致变形过度而坍塌失稳，以达到围岩变形适度而充分发挥围岩的自承能力。

"勤量测"是在隧道施工全过程中，应对围岩周边位移进行现场监控量测，并及时反馈修正设计参数，指导施工或改变施工方法。以规范的量测方法和量测数据及信息反馈，进行预测和评价围岩与支护的稳定状态，及时对隧道的施工方法（包括开挖方法、支护形式，特殊的辅助施工方法）、断面开挖的步骤及顺序、初期支护设计参数等进行合理的调整，以确保施工安全、隧道稳定，以及支护衬砌结构的质量和工程造价的合理性。

"紧封闭"是指对易风化的自稳性较差的软弱围岩地段，应使开挖断面及早闭合。对开挖断面及早施作封闭式支护（如喷射混凝土、锚喷混凝土等）防护措施，以避免围岩因暴露时间过长而产生风化导致强度及稳定性降低，使支护与围岩进入良好的共同工作状态。

二、新奥法施工的基本方法

隧道施工就是要在地层中按照设计要求的尺寸挖出土石，进行必要的支护，尽可能保持坑道围岩的稳定，形成稳定的洞室。

开挖与支护，是隧道施工的两大作业。因此研究隧道施工方法主要是研究隧道的开挖与支护的施工程序及方法。

隧道施工方法的选择，主要取决于隧道的地质条件、隧道长度与工期要求，同时应结合机具设备情况、材料供应情况以及施工技术水平等因素综合考虑。隧道施工方法，按开挖隧道的横断面分部情形，可分为全断面法、台阶法、分部开挖法等。

（一）全断面开挖法

全断面一次开挖法就是按照隧道设计轮廓一次爆破开挖成型，然后修筑衬砌的施工方法，如图 4-4-2 所示。

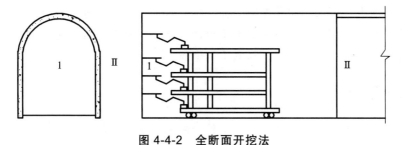

图 4-4-2　全断面开挖法

Ⅰ—开挖；Ⅱ—支护

1. 施工顺序

（1）用钻孔台车钻眼，然后装药连线；

（2）退出钻孔台车，引爆炸药，开挖出整个隧道的断面轮廓；

（3）排除危石，安装拱部锚杆（必要时）和喷射第一层混凝土；

（4）装渣、运渣；

（5）安装边墙锚杆（必要时）和喷射第一层混凝土；

（6）拱、墙喷射第二层混凝土（必要时）；

（7）按上述工序开始下一轮循环作业；

（8）灌筑隧道底部混凝土，待围岩和初期支护基本稳定后施作二次模筑混凝土衬砌。

2.适用条件

（1）全断面开挖法适用于Ⅰ～Ⅲ级整体性好的围岩。用于Ⅳ级围岩时，围岩应具备从全断面开挖后到支护前这一时间内，保持自身稳定的条件。

（2）有大型施工机械。

（3）隧道长度或施工区段长度不宜太短，根据经验一般不应小于1km；否则，采用大型机械化施工经济性较差。

采用全断面一次开挖法，必须注意机械设备的配套，以充分发挥机械设备的效率。隧道机械化施工有三条主要作业线：

（1）开挖作业线——钻孔台车、装药台车、装载机配合自卸汽车（无轨运输时）、装渣机配合矿车及电瓶车或内燃机车（有轨运输时）。

（2）喷锚作业线——混凝土喷射机、混凝土喷射机械手、喷锚作业平台、进料运输设备及锚杆注浆设备。

（3）模筑混凝土衬砌作业线——混凝土拌和站、混凝土输送车及输送泵、施作防水层作业平台、衬砌钢模台车。

在机械设备选型时应遵循：生产性、可靠性、经济性、维修性、环保性、耐用性、灵活性及配套性等八个原则。

3.施工特点

（1）工序少，便于施工组织和管理；

（2）开挖一次成型，对围岩扰动小，有利于围岩稳定；

（3）开挖断面大，可采用深孔爆破以提高爆破效果，加快掘进速度；

（4）作业空间大，有利于采用大型施工机械设备，实现综合机械化施工，从而提高劳动生产率，减轻施工人员的劳动强度，降低工程造价。

（二）台阶开挖法

台阶开挖法是指正台阶二步开挖法，它是全断面一次开挖法的变化方法。这种方法对地质的适应性较强，也可以说是全地质型方法。目前我国约70%的隧道开挖采用此法，且多用于围岩能在短期内处于稳定的地层中。

台阶开挖法根据台阶长度不同，可划分为长台阶法、短台阶法和超短台阶法三种，如图4-4-3所示。在施工中选用何种台阶，应根据下面两个条件来确定：

一是初期支护形成闭合断面的时间要求，围岩稳定性越差，要求闭合时间越短；

二是上部断面施工所采用的开挖、支护、出渣等机械设备所需空间大小的要求。

在软弱围岩中以前一条件为主并兼顾后者，以确保施工安全。在较好围岩中主要考虑如何更好地发挥机械设备的效率，保证施工中的经济效益，为此只考虑后一条件。

在采用台阶开挖法隧道施工中，开挖下部断面时应注意以下事项：

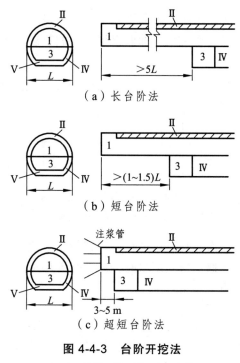

（a）长台阶法

（b）短台阶法

（c）超短台阶法

图 4-4-3　台阶开挖法

1，3—开挖；Ⅱ，Ⅳ，Ⅴ—支护

（1）下部断面开挖时，应注意上部的稳定。若围岩稳定性较好，则可以分段顺序开挖；若围岩稳定性较差，则应缩短下部掘进循环进尺；若围岩稳定性更差，则可以左右错开，或先拉中槽后挖边帮。

（2）下部边墙开挖后必须立即施作初期支护。

（3）施工量测应及时跟上，当发现围岩的位移速率增大时，应立即闭合仰拱以增加结构的刚度。

（4）要解决好上、下半断面作业的相互干扰的问题。尤其是短台阶开挖法的干扰较大，要做好作业组织。对于长度较短的隧道，可将上半断面贯通后，再进行下半断面的施工。

（三）分部开挖法

1. 环形开挖留核心土法

这种方法一般将开挖断面分成环形拱部、上部核心及下部台阶三部分，如图 4-4-4 所示。它根据地质好坏，将环形拱部断面分成一块或几块开挖。环形开挖进尺一般为 0.5～1.0 m，不宜过长。此法的施工程序为：用人工或单臂掘进机开挖环形拱部；架立钢支撑挂钢丝网，喷射混凝土；在拱部初期支护保护下，用挖掘机或单臂掘进机开挖核心土和下部台阶；随即接长边墙钢支撑挂网喷射混凝土，并进行封底；根据围岩和初期支护变形情况或施工安排，施作二次模筑混凝土衬砌。

由于拱部开挖高度较小及地层比较松软，锚杆易失效，所以施工中一般不设置锚杆。环形开挖留核心土法，因上部留有核心土以支挡开挖工作面，且施工时能迅速及时地施作拱部初期支护，所以开挖工作面稳定性好。核心土和下部台阶开挖都是在拱部初期支护保护下进行的，施工比较安全。它一般在土质及软弱围岩中使用较多，曾在大秦线军都山隧道黄土段及断层带地段、北京地铁等工程中采用，都取得了良好的效果。

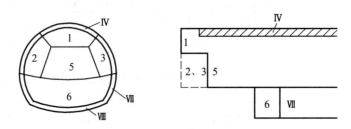

图 4-4-4　环形开挖留核心土法

1，2，3，5，6—开挖；Ⅳ，Ⅶ，Ⅷ—支护

这种方法的主要优点是：拱部长度可加长，能减少上下台阶施工干扰，施工机械化程度较高，能加快施工进度。但当遇到松软围岩时，应结合地层加固措施，对开挖作业面及开挖前方地层予以加固，以确保施工安全。

2. 侧壁导坑开挖法

此法根据侧壁导坑开挖的个数，分为单侧壁导坑开挖法及双侧壁导坑开挖法两种。

（1）单侧壁导坑开挖法。

这种方法一般将断面分成三个部分，即侧壁导坑 1、上台阶 3、下台阶 5，如图 4-4-5 所示。

侧壁导坑尺寸应本着充分利用台阶的支承作用，并考虑机械设备和施工条件而定。其宽度不宜超过 0.5 倍洞宽，高度以到起拱线为宜。这样，右侧导坑可采用二步正台阶开挖，不需要设置工作平台，人工架立钢拱架也较方便。对侧壁导坑与台阶之间的距离，以不发生施工干扰为宜。在短隧道中可先挖通侧壁导坑，然后开挖上、下台阶。台阶长度视围岩情况可参照短台阶法或超短台阶法确定。

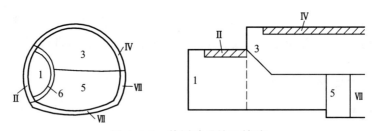

图 4-4-5　单侧壁导坑开挖法

1，3，5，6—开挖；Ⅱ，Ⅳ，Ⅶ，Ⅷ—支护

单侧壁导坑开挖法的施工顺序如下：

① 开挖侧壁导坑，施作初期支护并尽快封闭；

② 开挖上台阶，施作拱部初期支护，使其一侧支承在导坑的初期支护上，另一侧支承在下台阶上；

③ 开挖下台阶，施作边墙初期支护并尽快施作底部初期支护，使整个断面闭合以提高结构刚度；

④ 拆除侧壁导坑临空部分的初期支护；

⑤ 施作二次模筑混凝土衬砌。

单侧壁导坑法将整个断面分成数块，每块开挖宽度小，封闭型的侧壁导坑初期支护承载能力大。此法适用于断面跨度大、地表沉陷难以控制的软弱松散围岩中的浅埋隧道。它曾在埋深与洞跨之比为 0.67 的北京地铁复兴门折返线中应用并获得成功。

（2）双侧壁导坑开挖法。

这种方法将整个断面分成四个部分：左右侧壁导坑 1、上台阶 3、下台阶 5，如图 4-4-6 所示。侧壁导坑高度以到起拱线为宜，宽度不宜超过洞内断面最大跨度的 1/3。左右侧导坑前后错开的距离，应根据开挖一侧导坑所引起的围岩应力重分布不影响另一侧已成导坑为原则，一般为 10～15 m。上、下台阶之间的距离，应视围岩情况参照短台阶法或超短台阶法确定。

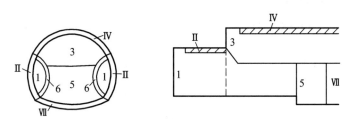

图 4-4-6　双侧壁导坑开挖法

1，3，5，6—开挖；Ⅱ，Ⅳ，Ⅶ—支护

双侧壁导坑开挖法适用于断面跨度较大，地表沉陷要求严格，围岩条件较差的浅埋隧道。根据现场实测表明，双侧壁导坑开挖法引起的地表沉陷仅为短台阶法的1/2。此法施工安全，但施工速度慢，因为有两个导坑而成本较高。它曾在衡广复线上的香炉坑隧道、大秦线上的西坪隧道以及北京地铁西单车站等工程中应用，效果较好。

3. 中隔壁开挖法

中隔壁开挖法是分部开挖施工方法的常用工法，根据开挖顺序和支护方式不同，通常分为中隔壁开挖方法（CD 开挖法）和交叉中隔壁开挖方法（CRD 开挖法）两种。

（1）中隔壁开挖方法（CD 开挖法）。

这种方法是将断面从中间隔开，分成四个部分，上半断面左右分成 1、4，下半断面左右分成 2、5，如图 4-4-7 所示。断面每块开挖和支护后形成闭合单元，有利于围岩稳定，减小净空变位及地表沉陷。各分块纵向间隔距离视围岩变形情况，参照短台阶法或超短台阶法确定。

中隔壁法适用于断面跨度大、地表沉陷量要求较小的软弱围岩中的浅埋隧道。日本在修建城市地铁及三线高速公路隧道时成功地采用了此法。

（2）交叉中隔壁开挖方法（CRD 开挖法）。

这种方法是在软弱围岩大跨隧道中，先开挖隧道的一侧的一或二部分，施作部分中隔壁墙，再开挖隧道另一侧的一或二部分，然后再开挖最先施工一侧的最后部分，并延长中隔壁墙，最后开挖剩余部分的施工方法。

断面的各分块，每块开挖和支护后形成闭合单元，有利于围岩稳定，减少净空变位及地表沉陷。各分块纵向间隔距离视围岩变形情况确定。最先采用 CRD 开挖法的工程是日本东叶高速线习志野台隧道和北习志野台隧道。

4. 中洞开挖法

在连拱隧道或半线隧道的喇叭口地段，先开挖两洞之间的立柱（或中墙）部分，完成立柱（或中墙）混凝土浇筑后，再进行左、右两洞开挖的施工，如图 4-4-8 所示。

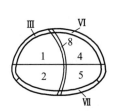

图 4-4-7　中隔壁开挖法

1，2，4，5，8—开挖；
Ⅲ，Ⅵ，Ⅶ—支护

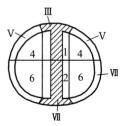

图 4-4-8　中洞开挖法

1，2，4，6—开挖；
Ⅲ，Ⅴ，Ⅶ，Ⅷ—支护

第五节　增加隧道工作面的方法

对于较长隧道的施工，因受工期或其他因素控制，常常要利用辅助坑道增加隧道工作面，将隧道分割成几段同时施工，实现"长隧短打"，确保隧道的修建任务得以如期或尽可能快地完成。隧道施工辅助坑道有横洞、平行导坑（简称"平导"）、斜井及竖井等几种。

辅助坑道的作用除增加作业面外，还为改善施工环境，减少施工干扰，合理布置施工中的各种管线提供了有利条件。隧道施工时是否需要采用辅助坑道及采用何种辅助坑道，主要应根据隧道所在位置的具体条件、隧道长度及工期要求等因素全面考虑确定。

一、横　洞

当隧道长度大于 500 m 时，如受工期控制，经过研究比较后，可以优先选用横洞。横洞一般用于傍山沿河，侧向覆盖层较薄的隧道，如图 4-5-1 所示。此外，洞口处严重坍方或有大量土石方，或洞口位于悬崖陡壁下难以施工时，亦可开辟横洞以进正洞施工。

横洞位置宜选在地质和地形条件较好的地方。横洞的长度不超过隧道长度的 1/10 ~ 1/7。横洞在与隧道连接处的底面标高应与隧道开挖底部标高相同。为便于排水及出渣运输，横洞洞身应有向洞外不小于 3‰ 的下坡，如图 4-5-1（a）所示。

横洞中心线与隧道中心线平面交角一般为 90°，困难时不小于 40°，如图 4-5-1（b）所示。横洞与正洞的连接形式有单联和双联，如表 4-5-1 所示，且用圆曲线过渡。

横洞的断面有单车道断面、双车道断面及部分双车道断面三种。部分双车道断面应在横洞中适当位置设置错车道（长度为 1.5 倍列车长度）。

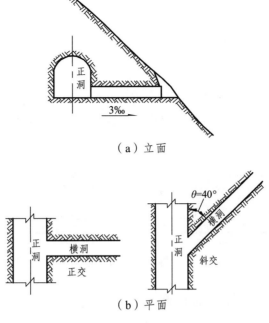

（a）立面

$\theta=40°$

（b）平面

图 4-5-1　横洞布置示意图

表 4-5-1　横洞与正洞的连接形式

连接形式		图　式	备　注	连接形式		图　式	备　注
单联式	正交	横洞 R 正洞	横洞与隧道的平面交角为 40°～90° R 不小于 7 倍的机车车辆轴距	双联式	正交	横洞 R 正洞	R 不小于 7 倍机车车辆轴距 L 为 15～25 m
	斜交	横洞 R α 正洞			斜交	横洞 R 正洞 L	

　　一般较短的横洞，且负担隧道施工长度不大时用单车道断面；较长的且要负担相当长的隧道施工的横洞，可以用双车道断面或部分双车道断面，其横断面的设计方法与梯形或弧形导坑相同。

　　横洞施工时应注意及早进洞，做好洞口工程，并应根据地质条件及今后的利用情况做局部或全部衬砌。横洞具有施工简单、不需特殊的机具设备、造价低等优点。

二、平行导坑

　　隧道长度在 4 000 m 以上，又不便采用其他辅助坑道或有大量的地下水、瓦斯时，宜选用平行导坑。平行导坑的位置设在正线隧道的一侧，平行于隧道中线，并按一定间距设斜向横通道，作为与正线隧道相连的通道，如图 4-5-2 所示。

（一）平行导坑的作用

（1）为正线隧道施工起超前地质勘探的作用。

（2）有利于施工通风排水。

（3）作为施工安全通道。

（4）作为施工管路的铺设坑道。

（5）可作为第二线隧道的导坑，以提高第二线隧道施工效率。

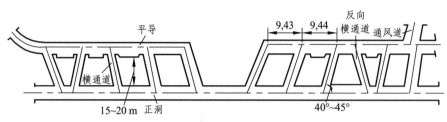

图 4-5-2　平行导坑的平面布置（单位：m）

（二）平行导坑及横通道的布置

1. 平行导坑的平面、立面及断面设置

（1）平行导坑设在隧道的一侧。如无第二线隧道施工计划，应把平行导坑设在地下水来源的一侧，以便利用平行导坑截住地下水。

（2）平行导坑的中线一般均与隧道中线平行，但在两端可根据隧道中线是否为曲线、洞口土石方数量及弃渣场地等因素综合考虑，以折线或切线方向布置。

（3）平行导坑与隧道间的净距，应根据地质条件或铁路第二线设计而定，一般为 15～20 m。

（4）平行导坑是否全部贯通，应根据具体情况而定。如没有第二线计划，地下水又不多，则可以留下中间一段不贯通。如有第二线计划或地下水量大时，则以贯通为宜。

（5）平行导坑的纵向坡度，应与隧道纵坡一致，其底部标高应低于相应里程的正洞隧底标高 0.2～0.6 m，以利排水和重车运输。

（6）平行导坑的横断面一般均做成单车道断面，以节省造价，并尽量采用喷锚支护。并在其中相隔适当距离设置双车道断面的错车道，其长度一般为列车长度的 1.5 倍。

2. 横通道的布置

（1）横通道的方向一般与正洞斜交，角度约为 40°，不宜过小或过大；横通道的间距可结合隧道避车洞位置一并考虑，一般为 120～180 m，在接近洞口 500～700 m 地段，横通道的间距可适当加大。

（2）可每隔 600～800 m 或更长距离设置反向横通道。

（3）横通道一般为单车道断面。

（4）横通道宜避免通过断层、围岩破碎等地质不良地段。

（5）横通道的纵坡，均应由正洞向平行导坑方向为下坡，纵坡坡度以 10‰～15‰ 为宜，但不得小于 3‰。

（三）平行导坑的施工

（1）平行导坑的开挖、装渣及运输方法与正线下导坑相同，应配备较强的设备及专业工班快速掘进。平行导坑与横通道的交叉口，应在平行导坑掘进时一次挖成并架设支撑。

（2）平行导坑应采用喷射混凝土或锚杆喷射混凝土作为临时或永久支护。

（3）平行导坑应根据设计要求、使用期限以及地质情况等因素，确定其是否作永久衬砌。

三、斜　井

当隧道较长而埋深不大，地质条件较好，或隧道穿过地段的地表有低洼地形可利用时，可优先选用斜井。斜井由井口、井身、井底车场组成，其剖面如图4-5-3所示。

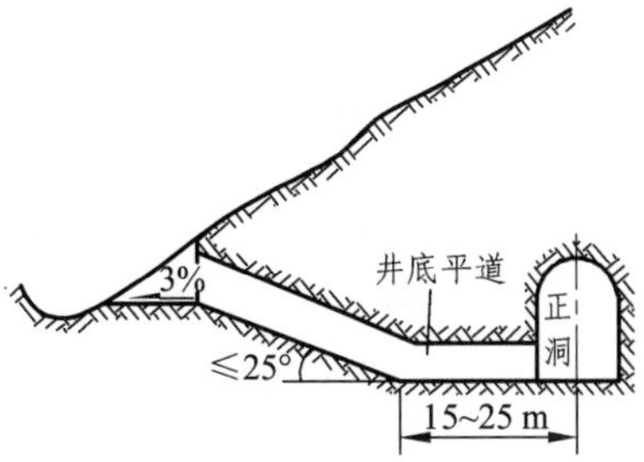

图 4-5-3　斜井的立面布置

（一）斜井的布置要求

斜井倾角一般不宜大于25°，井身内不应设变坡段。井底与隧道相连接的地段，采用平坡，平坡长为12～25 m，平坡与斜井斜坡以竖曲线相连，其长度根据连接形式、调车作业、车组尺寸等条件选定。井底标高与隧道的底部开挖标高相同。井口外的场地，应能满足调车作业、材料堆放及设置有关机械设备的要求，并应有向井口外不小于3%的泄水坡度。

（二）斜井的横断面尺寸

斜井横断面尺寸应根据设备尺寸、车辆尺寸、管线路安装、人行道及安全间隙而定。一般采用弧形或直边墙上加弧形的形状。

斜井井身断面可用单道、三轨双道及双道三种断面。一般用单道或三轨双道，在斜井中部错车地段应加设双道或四轨双道错车线断面；斜井中必须设置宽度不小于 0.7 m 的人行道（台阶式）。

（三）斜井与正洞的平面连接

根据斜井的长度及运输量的大小，斜井井身与正洞相连接的地段，可设计成单联或双联式。

1. 单联式连接

单联式连接又分正交与斜交两种，如图 4-5-4 所示。但斜井与正洞中线连接处的平面交角应为 40°～45°。

采用这种方式，施工比较简单，但在井底车场地段调车作业拥挤，易造成堵塞和发生安全事故，故只宜于在短斜井及运输量不大的情况下使用。

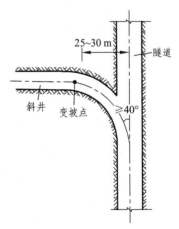

图 4-5-4　单联式斜井

2. 双联式连接

双联式连接如图 4-5-5 所示，亦分正交与斜交两种。双联式的井底变坡点与隧道正洞中线的间距一般可采用 25～30 m。双通道与正洞的平面交角为 40°～45°。连接曲线半径为 7～10 倍的车辆轴距。

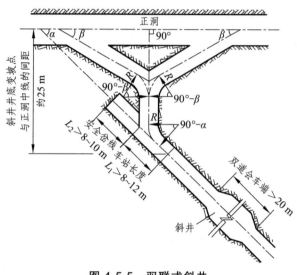

图 4-5-5　双联式斜井

（四）斜井的施工

1. 斜井井身的开挖

斜井的开挖，与一般隧道导坑的开挖工作相同。必须注意的是，炮眼的方向应严格控制为与斜井的倾角相同，以确保斜井的掘进方向精确。

2. 斜井井身的支护

当采用构件支撑时，要注意支撑立柱应向斜井下倾斜 β 角（$\beta \leqslant \alpha /2$，$\alpha$ 为斜井倾角），但不超过 9°，支撑间距为 1 m，井底与隧道连接处三岔口的支撑及井身分岔口的支撑也应适当加密。一般情况下斜井采用喷混凝土锚杆或喷射混凝土及复合式衬砌三种支护形式。

四、竖　井

隧道施工遇有较浅的埋深时可采用简易竖井（井深小于 40 m），但随着隧道施工技术的发展，一些长大隧道的修建中往往采用较长、较深的斜井及竖井，如大瑶山隧道施工中采用了三座斜井、一座竖井、两条平导的施工方案，最长的斜井深达 814 m，最深的竖井 440 m。

（一）竖井位置设置

竖井应选在埋深较浅处或沟谷的两侧，并要避免受洪水的影响，同时竖井宜选在隧道一侧 15~20 m 处，如图 4-5-6（a）所示。竖井在隧道一侧时，对正洞的施工没影响，施工安全，但通风效果不好。竖井选在正洞顶上时，虽然运输方便，通风效果好，造价低，但施工时对正洞有影响，不安全，故较少采用，如图 4-5-6（b）所示。

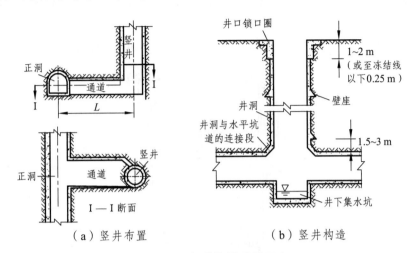

图 4-5-6　竖井位置设置示意

（二）竖井的横断面

竖井的横断面可采用圆形或矩形。圆形井筒受力条件好，能承受较大的围岩侧压力，可留作隧道的永久通风道，但开挖、支撑及衬砌比较困难，圆形竖井直径为 4.5~6.0 m。矩形井筒施工较方便，但受力条件差。简易竖井一般多采用矩形断面，横断面参考尺寸为 2.5 m×3.5 m。

竖井横断面应根据斗车的尺寸（每侧加 0.2~0.3 m 的安全距离）、通道尺寸（供施工人员上下用）、通风管、压缩空气管路、排水设备等来确定。

（三）竖井的提升运输设备

（1）装渣装料设备。竖井的装渣装料设备一般选用可翻转的吊桶或罐笼。

（2）提升用的钢丝绳。根据钢丝绳的荷重（重车全部重量、连接设备及钢丝绳重量之和），按照表 4-5-2 的安全系数来选用钢丝绳。

表 4-5-2　钢丝绳的安全系数

用途或部件	仅提升石渣材料	提升人员	连接设备
安全系数	6.5	9	10

（3）罐道。为方便吊桶或简易罐笼导向，都要设置钢丝绳或钢、木等罐道。

（4）井架。井架的高度应由车辆尺寸、提升高度及提升速度而定，井架下应作浆砌片石或混凝土基础，与井口锁口圈一次施工成整体。

（5）卷扬机。选择适当的卷扬机，提升速度不大于 0.5 m/s。

（四）竖井的施工

竖井井身的施工特点是边向下垂直开挖边支护。竖井的掘进采用钻眼爆破的方法，以人力装渣。一般开挖 2 m 即进行支护，可采用构件支撑或混凝土（喷射混凝土）护壁，竖井的井口地段均宜用混凝土锁口圈予以加固，以保安全。

近几年来，在竖井的开挖中可以考虑采用机械设备，如图 4-5-7 所示。

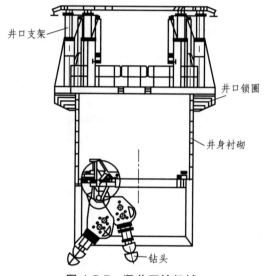

图 4-5-7　竖井开挖机械

（五）竖井施工中应注意的问题

（1）竖井人员上下应利用楼梯，不宜乘坐斗车或吊桶。

（2）提升设备及连接设备应有足够的安全系数，并应建立严格的规章制度，定期详细检查，防止发生事故。

（3）为了防止提升时主绳扭转及摇摆，应设置导向设备，并经常加以检查。

（4）提升主绳上应设置刹车标志，当此标志一出井口即行刹车，以防止发生过卷；绞车司机房与井口间必须保持良好的通视条件。

（5）井口、井底及绞车房，应设置统一的色灯及响声信号和安装直通电话，以便统一指挥，避免事故发生。

（6）井口周围应有完善的排水沟，井架上及井口附近范围应有防雨设施，以防地表水流入井内。

五、隧道竣工后辅助坑道的处理

隧道建成后，辅助坑道不再利用时，除设计有规定外，宜按下列方法处理：

（1）横洞、平行导坑、斜井的洞口宜用 M5 浆砌片石封闭，无衬砌时封闭长度宜为 3～5 m；有衬砌时封闭长度不宜小于 2 m。竖井的井口宜用钢筋混凝土盖板封闭。

（2）与隧道正洞连接处宜用 M5 浆砌片石封闭，其长度不宜小于 2 m。

（3）横洞、平行导坑的横通道、竖井或斜井的连接通道，在靠近隧道 15～20 m 应进行永久支护或衬砌。

（4）竖井位于隧道顶部时，回填高度不应小于 10 m。

（5）横洞、平行导坑已进行衬砌或喷锚支护的地段以及无衬砌支护但围岩稳定的地段可不作处理，其余地段宜根据地质情况分段作必要的支护。

（6）横洞、平行导坑封闭前应结合排水需要，先做暗沟，并应设置检查通道，竖井、斜井有水时，应将水引入隧道侧沟。

复习思考题

1. 试说明隧道设计、施工两大理论的区别与联系。
2. 什么是新奥法？其基本原理有哪些内容？
3. 新奥法施工程序是怎样的？其基本原则是什么？
4. 新奥法施工基本方法有哪些？各自适用于什么条件？
5. 隧道施工的辅助坑道有哪几种？其适用条件如何？

第五章　山岭隧道常规施工技术

第一节　钻眼爆破基本知识

隧道施工常用的掘进方式有钻眼爆破掘进、掘进机掘进、人工掘进三种。一般山岭隧道最常用的方式是钻眼爆破掘进。

钻眼爆破是用炸药爆破隧道范围内的岩体。它对围岩的扰动破坏较大，有时由于爆破震动致使围岩产生坍塌，故一般只适用于石质隧道。但随着控制爆破技术的发展，爆破法的应用范围也逐渐扩大，如用于软石及硬土的松动爆破。

一、钻眼机具

隧道工程中常使用的凿岩机有风动凿岩机和液压凿岩机，另外还有电动凿岩机和内燃凿岩机（较少使用）。其工作原理都是利用镶嵌在钻头体前端的凿刃反复冲击并转动破碎岩石而成孔。有的可通过调节冲击功大小和转动速度以适应不同硬度的石质，达到最佳成孔效果。

1. 钻头和钻杆

钻头直接连接在钻杆前端（整体式）或套装在钻杆前端（组合式），钻杆尾则套装在凿岩机的机头上，钻头前端则镶入硬质高强耐磨合金钢凿刃。

凿刃起着直接破碎岩石的作用，它的形状、结构、材质、加工工艺是否合理都直接影响凿岩效率和其本身的磨损程度。

凿刃的种类按其形状可分为片状连续刃及柱齿刃（不连续）两类。其中，片状连续刃有一字形、十字形等几种形式；柱齿刃有球齿、锥形齿、楔形齿等几种形式。

一字形片状连续刃钻头的制造和修磨简单，对岩性的适应能力较强，适用于功率较小的风动凿岩机在中硬以下岩石中钻眼，但钻眼速度较慢，且在节理裂隙发育的岩石中容易卡钻。

十字形片状连续刃钻头和柱齿刃钻头的制造和修磨较复杂，适用于功率较大和冲击频率较高的重型风动或液压凿岩在各种岩石中钻眼，尤其在高硬度岩石中或节理裂隙发育的岩石中钻眼效果良好，速度也快。

常用钻头直径有 38 mm、40 mm、42 mm、45 mm、48 mm 等，用于钻中空孔眼的钻头直径可达 102 mm，甚至更大。钻头和钻杆均有射水孔，压力水即通过此孔清洗岩粉。钻头构造见图 5-1-1。

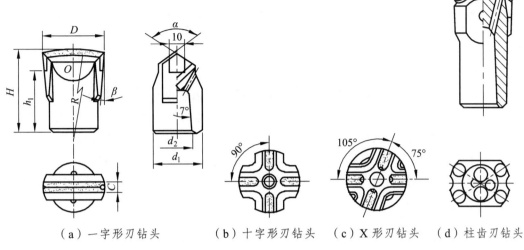

（a）一字形刃钻头　　（b）十字形刃钻头　　（c）X 形刃钻头　　（d）柱齿刃钻头

图 5-1-1　钻头形式

影响钻眼速度的因素有：冲击频率、冲击功、钻头形式、钻孔直径、钻孔深度及岩石质量等。另外钻头与钻杆、钻杆与机头的套装紧密程度和钻杆的质量、粗细则影响冲击功的传递。若套装不紧密、钻杆轴线与机头轴线重合不好或钻杆硬度小，钻杆较粗，都会损耗冲击功而降低钻眼速度。

2．风动凿岩机

风动凿岩机俗称风钻，它以压缩空气为驱动力。它具有结构简单、制造维修简便、操作方便、使用安全的优点，见图 5-1-2。但压缩空气的供应设备比较复杂，机械效率低，能耗大，噪声大。

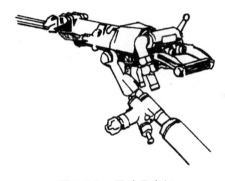

图 5-1-2　风动凿岩机

3．液压凿岩机

液压凿岩机是以电力带动高压油泵，通过改变油路，使活塞往复运动，实现冲击作用的。其工作原理见图 5-1-3。

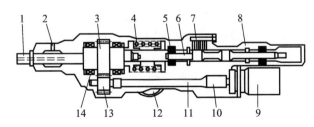

图 5-1-3　液压凿岩机工作原理

1—杆尾；2—旁侧供水口；3—转杆齿轮套；4—缓冲弹簧；5—密封；6—冲击活塞；
7—油压流量调节器；8—流量调节螺钉；9—油马达；10—花键联结套；
11—传动轴门；12—蓄能器；13—驱动齿轮；14—滚动轴承

液压凿岩机与风动凿岩机比较，具有以下主要特点：

（1）动力消耗少，能量利用率高。液压凿岩机动力消耗仅为风动凿岩机的 1/3 ~ 1/2；能量利用率，液压的可达 30% ~ 40%，风动的仅有 15%。

（2）凿岩速度快。液压凿岩机比风动凿岩机的凿岩速度快 50% ~ 150%。在花岗岩中纯钻进速度可达 170 ~ 200 cm/min。

（3）液压凿岩机的液压系统设计配套合理，能自动调节冲击频率、扭矩、转速和推力等参数，适应不同性质的岩石，以提高凿岩功效，且润滑条件好，各主要零件使用寿命较长。

（4）环境保护较好。液压钻的噪声比风钻降低 10 ~ 15 dB；液压钻也没有像风钻那样的排气，工作面没有雾气，空气较清晰。目前液压钻已广泛应用于隧道工程中。

（5）液压凿岩机构造复杂、造价较高、重量大、附属装置较多，多安装在台车上使用。

4. 凿岩台车

将多台凿岩机安装在一个专门的移动设备上，实现多机同时作业，集中控制，称为凿岩台车。

凿岩台车按其走行方式可分为轨道走行式、轮胎走行式及履带走行式；按其结构形式可分为实腹式、门架式两种。图 5-1-4 是工程中应用较多的实腹结构轮胎走行的全液压凿岩台车。

实腹式凿岩台车通常为轮胎走行，可以安装 1 ~ 4 台凿岩机及一支工作平台臂。其立定工作范围可以达到宽 10 ~ 15 m、高 7 ~ 12 m，可分别适用于不同断面的隧道中。但实腹式凿岩台车占用坑道空间较大，需与出渣运输车辆交会避让，占用循环时间，尤其是在隧道断面不大时，机械避让占用的非工作时间就更长。故实腹式凿岩台车多应用于断面较大的隧道中。

门架式凿岩台车的腹部可以通行出渣运输车辆，可以大量减少机械避让时间。门架式凿岩台车通常为轨道走行，安装 2 ~ 3 台凿岩机。门架式凿岩台车多用于中等断面（20 ~ 80 m²）的隧道开挖，开挖断面过小或过大则多不采用。

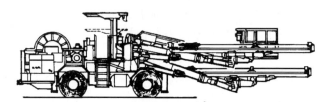

图 5-1-4　凿岩台车（实腹、轮行）

若按其控制的自动化程度来分，凿岩车可以分为人工控制、电脑控制、电脑导向三种。人工控制是由人工控制操纵杆来实现钻机的定位、定向和钻进的，钻眼位置由工程师标出，钻眼方向则由操作手按经验目测确定；电脑控制凿岩台车的所有动作都在电脑的控制下进行，必要时可由操作手进行干预；电脑导向凿岩台车不仅具有电脑控制功能，而且可以在隧道定位（导向）激光束的帮助下进行自动定位和定向，因此能进一步缩短钻眼作业时间，提高钻眼精度、减少超欠挖量。

二、爆破作用

炸药的爆炸反应是极为迅速的，爆速可达 2 000 ~ 8 000 m/s。一旦激起爆炸，则能在瞬间产生大量的高温高压爆炸气体，1 kg 炸药的含热量为 2 090 ~ 6 270 kJ，爆温可达 2 000 ~ 4 000 ℃，爆压可达数千兆帕，在极短的时间内能释放出大量能量而对周围介质产生巨大的破坏作用。

爆炸生成的高压气体以突然冲击的方式作用在其周围的介质上，产生强大的冲击波（动压力）。这种冲击波以同心圆的形式按辐射状向四周介质传播，冲击波是破坏周围介质的主要因素。另外，爆炸生成的气体（作用在周围介质上的膨胀力或称静压力）也是对介质产生破坏作用的重要因素。

冲击波和膨胀力在介质中呈辐射状传播，传播速度随着远离药包中心而逐渐减弱，故周围介质受破坏的程度也随着远离药包而逐渐减小。药包破坏区域可划分为三个不同破坏程度的区域和一个震动区域，如图 5-1-5 所示。

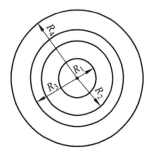

图 5-1-5 药包的破坏作用

R_1—压缩粉碎圈半径；R_2—抛掷圈半径；
R_3—破裂圈半径；R_4—振动圈半径

在爆破工程中，压缩粉碎、抛掷、破裂各圈的综合有实际应用的意义，其总名称叫破裂圈。破裂圈的半径叫作爆破作用半径。药包爆破作用半径的大小与药包的重量和炸药的威力成正比。当药包在介质深处爆炸，其爆破作用半径不能达到临空面时，这种药包的作用叫作内部作用。当药包在介质中爆炸，其爆破作用半径达到或超过临空面的距离时，岩层将在药包和临空面之间被炸成一个漏斗形凹槽，这个凹槽叫作爆破漏斗。岩层的临空面越多，则在各临空面上都有可能形成爆破漏斗，故爆破效果也越好。爆破漏斗如图 5-1-6 所示，图中 W 为药包中心至临空面的最短距离，叫最小抵抗线；r 为爆破漏斗半径；R 为破坏作用半径。

爆破漏斗半径 r 与最小抵抗线 W 之比值称为爆破作用指数 n（$n = r/W$），其大小代表药包的爆破能力。当 $n = 1$ 时，称为标准抛掷爆破；$n > 1$ 时，称为加强抛掷爆破；$0.75 < n < 1$ 时，称为减弱抛掷爆破；$n \approx 0.75$ 时，称为松动爆破；$n < 0.75$ 时，称为压缩爆破，此时只在药包附近破碎一小部分岩石形成空洞，而不能使临空面的岩石产生破坏。在隧道工程中常采用松动爆破或减弱抛掷爆破。

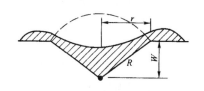

图 5-1-6 爆破漏斗

临空面的多少决定了爆破效果的好坏，对于相同的介质条件和施工技术条件，相同的炸药和药包用药量，临空面少，爆破出来的介质也少，临空面多，爆破出来的介质也多。所以，爆破要充分利用自然地形的临空面，或人为地多创造一些临空面，就可以提高爆破效果。图 5-1-7 可以说明临空面多少对爆破效果的影响，R 代表爆破破坏半径。如果是一个临空面，只能炸出一个爆破漏斗。两个临空面则可能炸出两个爆破漏斗；三个临空面，可能炸出三个爆破漏斗；如果是爆破一块孤石，药包又放在孤石内部中央，则有六个面临空，可能炸出六个漏斗，爆破效果是具有一个临空面的六倍。

 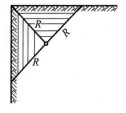 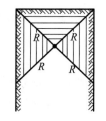

（a）一个临空面爆破　　　　（b）两个临空面爆破　　　　（c）三个临空面爆破

图 5-1-7　临空面爆破效果图

为了提高地下工程爆破效果，也应尽可能创造新的临空面，隧道开挖一般从两端独头掘进，只有一个临空面。因此，首先用掏槽眼拉出一槽腔，创造一个新的临空面；然后严格掌握放炮顺序，使前一炮爆炸后，能为下一炮开辟新的临空面。否则，就不能得到预期的效果。

三、炸药的基本概念和特性

（一）炸药的基本概念

1. 炸药爆炸的三要素

工程用炸药爆炸属于化学爆炸。化学爆炸的三要素为：放热、高速、生成大量的气体。放热反应是化学爆炸反应得以自动高速进行的首要条件，也是炸药爆炸能对外界做功的基础。炸药爆炸具有极高的速度，1 kg 炸药爆炸反应完成仅需 $10^{-6} \sim 10^{-5}$ s，释放出的热量高度密集，所以具有猛烈的爆炸作用。在爆炸瞬间有大量的气体产物生成，这种储存有极大压缩能的气体，能迅速膨胀而将炸药的潜能转变为爆炸机械能。因此，气体产物是炸药爆炸做功的直接媒介。

2. 工程炸药的要求

炸药的质量和性能对于工程爆破的效果和安全有着极大的影响。因此，工程炸药应满足如下要求：

（1）爆炸性能良好，具有足够的爆炸威力；

（2）具有适中的敏感度，既能保证顺利、方便地起爆，又能保证制造、运输、加工和使用时的安全；

（3）接近于零氧平衡，爆炸后有毒气体生成量少；

（4）物理化学性能较稳定，保证在一定的储存期内不变质失效；

（5）原料来源丰富，制造加工简单，成本低。

（二）炸药的特性

1. 炸药的敏感度

不同的炸药在同一外能作用下，有的很容易爆炸，有的较难爆炸，还有的甚至完全不爆炸。炸药对外能作用起爆的难易程度就称为该炸药的敏感度，简称为感度。某种炸药起爆时所需的外能小，则这种炸药的感度高；反之，某炸药起爆所需的外能大，则这种炸药的感度低。同一种炸药对于不同的外能，感度是不一样的。在实际工作中，必须综合炸药对各种外能作用所表现的感度，全面评价炸药的敏感度。

（1）爆燃点：在标准的容器——伍德合金浴锅中，质量为 0.05 g 炸药在 5 min 内受热而发生燃烧或爆炸反应时的最低温度。爆燃点低，则表示炸药易受热起爆。

（2）发火性：有些炸药虽然对温度的作用反应迟钝，但对火焰却非常敏感。如黑火药、导火线一接触就很容易燃烧或引起爆炸。

（3）对机械作用的敏感度：用于表示炸药对于撞击和摩擦的敏感度。几种炸药撞击和摩擦的敏感度见表 5-1-1。

（4）起爆敏感度：不同的炸药所需的起爆能是不同的。但是同一种炸药，装药密度的大小不同也会使起爆敏感度发生变化。比如硝铵炸药装药密度过大时，就会出现钝感，甚至发生拒爆。其次炸药的颗粒越小，起爆的敏感度也就越高。

表 5-1-1　几种炸药的撞击感度和摩擦感度

感　　度	炸　药					
	2 号岩石铵梯炸药	3 号高威力岩石铵梯炸药	4 号高威力岩石铵梯炸药	煤矿 1 号岩石铵梯炸药	煤矿 2 号岩石铵梯炸药	铵松蜡炸药
撞击感度 / %	32～40	4～8	12	48～56	32～40	0～4
摩擦感度 / %	16～20	32～40	24～32	28	24～36	4～16

2. 炸药的威力

炸药的威力通常用爆力和猛度表示。

（1）爆力：爆破一定量的介质体积的能力叫做爆力。炸药的爆力是表示炸药爆炸做功的一个指标，它表示炸药爆炸时所产生的冲击波和爆轰气体作用于介质内部，并对介质产生压缩、破坏和抛移的做功能力。炸药的爆力越大，破坏岩石的能量就越多。爆力的大小取决于炸药的爆热、爆温和爆炸生成气体的体积。炸药的爆热、爆温越高，生成的气体体积就越大，则爆力就越大。

爆力通常用铅铸扩孔法测定，即以铅铸爆破前后所扩大的体积（mL）表示该炸药在受试密度下的爆力。几种炸药的爆力值见表 5-1-2。

表 5-1-2　几种炸药的爆力值

炸药名称	梯恩梯	黑索金	太安	苦味酸	雷汞	叠氮化铅	二硝基重氮酚	2 号煤矿炸药	2 号岩石炸药	小直径浆状炸药	乳化炸药
爆力值/ mL	285	490	500	335	110	110	230	250	320	326～356	280～304

（2）猛度：爆炸瞬间爆轰波和爆炸产物直接对与之接触的固体介质局部产生破碎的能力。猛度的大小主要取决于爆速，爆速越高，猛度越大，岩石的破坏程度越大。

猛度通常用铅柱压缩法测定，即以铅柱压缩前后的高度差（mm）表示该炸药在受试密度下的猛度。几种炸药的猛度值见表 5-1-3。

表 5-1-3　几种炸药的猛度值

炸药名称	梯恩梯	梯恩梯	2 号煤矿炸药	2 号露天炸药	2 号岩石炸药	铵沥蜡炸药	EL 系列乳化炸药	RJ 系列乳化炸药	小直径浆状炸药
密度/（g/mL）	1.0	1.2	0.9～1.0	0.9～1.0	0.9～1.0	0.9～1.0	0.9～1.1	1.1～1.2	1.2～1.25
铅柱压缩值/mm	16～17	18.7	10～12	8～11	12～14	8～9	16～19	15～19	15.2～16.6

3. 炸药爆炸的稳定性

爆炸稳定性是指炸药经起爆后，能否连续、完全爆炸的能力。它主要受炸药的化学性质、爆轰感度以及装药密度、药包大小（或药卷直径）、起爆能力等因素的影响。

（1）临界直径。

工程爆破采用柱状装药时，常用药卷的"临界直径"来表示炸药的爆炸稳定性。"临界直径"是在柱状装药时被动药卷能发生殉爆的最小直径。临界直径越小，则其爆炸稳定性越好。如铵梯炸药的稳定性较好，其临界直径为 15 mm。浆状炸药的爆炸稳定性较差，其临界直径为 100 mm；但加入敏化剂后其临界直径降为 32 mm，也能稳定爆炸。

（2）最佳密度。

工程用的混合炸药，在一定密度范围内，装药密度越大，则爆速越大，爆炸越稳定。炸药爆炸稳定，且爆速最大时的装药密度称为"最佳密度"。如硝铵类炸药的最佳密度为 0.9～1.19 g/cm^3，乳化炸药一般为 1.05～1.30 g/cm^3。但随后爆速又随着密度的增加而下降，直至某一密度时，爆炸不稳定，甚至拒爆，这时炸药的密度称为"临界密度"。

（3）管道效应。

工程爆破中，常采用钻孔柱状药卷装药，若药卷直径较钻孔直径小，则在药卷与孔壁之间有一个径向空气间隙。药卷起爆后，爆轰波使间隙中的空气产生强烈的空气冲击波，这股空气冲击波速度比爆轰波速度更高，它在爆轰波未达到之前，即将未爆的炸药压缩，当炸药被压缩到临界密度以上时，就会导致爆速下降，甚至断爆，这种现象称为管道效应。

4. 炸药的氧平衡

在炸药爆炸的化学反应中，如氧被全部用尽而无剩余，则称为零氧平衡。如有多余的氧，则称为正氧平衡；如氧含量不足，则称为负氧平衡。零氧平衡的炸药在爆炸效果（爆炸生成热量最高）和安全方面（不产生有毒气体）都是较好的，故在配制炸药时，必须接近零氧平衡或具有微量的正氧平衡。尤其是洞内爆破，应把预防工人炮烟中毒放在重要地位。

（三）隧道爆破常用炸药

工程用炸药一般以某种或几种单质炸药为主要成分，另加一些外加剂混合而成。目前在隧道爆破施工中使用最广泛的是硝铵类炸药。硝铵类炸药品种很多，其主要成分是硝酸铵，占 60%以上，其次是梯恩梯或硝酸钠（钾），占 10%～15%。一般手持凿岩机钻眼，浅眼爆破，在无水的情况下，选用标准型的 2 号岩石硝铵炸药。进口的液压凿岩机钻眼，因孔径大一些，宜选用大直径药卷，以消除管道效应。在隧道内遇有水的情况下，可选用防水型的炸药，以防炸药遇水失效而拒爆。隧道内遇到坚硬岩石时，最好选用猛度大的乳胶炸药、硝酸甘油炸药，以破碎岩体和取得较高的炮眼利用率。

周边光面爆破一定要采用小直径的低爆速、低猛度、高爆力的专用炸药，以取得优质的爆破效果。隧道爆破常用炸药见表 5-1-4。

表 5-1-4　隧道内常用炸药的规格性能

序号	炸药名称	药卷规格			药卷性质							适用范围	备注
		直径/mm	长度/mm	质量/kg	密度/(g/cm³)	爆速/(m/s)	猛度/mm	爆力/mL	殉爆距离/cm	有害气体/(L/kg)	保存期/月		
1	2 号岩石硝铵炸药（标准型）	35	165	150	0.95	3 050	12	320	7	< 43	6	适用于一般岩石隧道，孔径 40 mm 以下的炮眼爆破；大孔径的光爆	属常用的标准药卷
2	2 号岩石小药卷	22	270	105	0.84	2 200		320	3	< 43	6	适用于一般岩石隧道的周边光爆	曾在大瑶山隧道使用
3	1 号抗水岩石硝铵（大直径）炸药	42	500	450	0.95	3 850	14	320	12	< 45	6	适用于一般有水岩石隧道，孔径 42 mm 的深孔炮眼爆破	专为大瑶山隧道爆破研制的
4	1 号抗水岩石硝铵（小直径）炸药	25	165	80	0.96	2 400	12	320	6	< 45	6	适用于一般有水岩石隧道的周边光面爆破	曾在大瑶山隧道使用
5	RJ-2 乳胶炸药（大直径）	40	330	490	1.20	4 100	13 ~ 16	340	13	< 42	6	适用于坚硬岩石隧道，孔径 48 mm 的深炮眼爆破；且适用于有水隧道	乳胶状抗水炸药
6	RJ-2 乳胶炸药（标准型）	32	200	190	1.20	3 600	12	340	9	< 42	6	适用于一般有水岩石隧道，孔径 40 mm 以下的炮眼爆破；大孔径光爆	属新型乳胶抗水炸药，也是一般炮眼法爆破的标准型的炸药
7	粉状硝酸甘油炸药（标准型）	32	200	170	1.10	4 200	16	380 ~ 410	15	< 40	8	适用于有一定涌水量的隧道竖井、斜井掘进爆破	有毒，避免皮肤直接接触，机械感度较高，注意安全
8	粉状硝酸甘油炸药（2 号光爆）	22	500	152	1.10	2 300 ~ 2 700	13.7	410	10	< 40	8	适用于岩石隧道的周边光面爆破	专为光面爆破研制的光爆炸药

序号	炸药名称	药卷规格			药卷性质							适用范围	备注
		直径/mm	长度/mm	质量/kg	密度/(g/cm³)	爆速/(m/s)	猛度/mm	爆力/mL	殉爆距离/cm	有害气体/(L/kg)	保存期/月		
9	SHJ-K型水胶炸药	35	400	650	1.05 ~ 1.30	3 200 ~ 3 500		340	3 ~ 5			适用于岩石隧道，孔径48 mm的深炮眼爆破，属防水型炸药	
10	EJ-102乳化炸药（标准型）	32	200	170	1.15 ~ 1.35	4 000	15 ~ 19	88 ~ 143	10 ~ 12	22 ~ 29		适用于一般有水岩石隧道的炮眼爆破	属新型抗水型炸药
11	EJ-102乳化炸药（小直径）	20	500	190	1.15 ~ 1.35	4 000	15 ~ 19	88 ~ 143	2	22 ~ 29		适用于一般有水岩石隧道的周边光面爆破	属新型抗水型炸药

四、爆破器材及起爆方法

起爆方法根据所用器材不同，可分为火雷管起爆法、电雷管起爆法、塑料导爆管起爆法以及混合起爆法。常用的起爆器材有：火雷管、导火索、电雷管、导爆索、塑料导爆管等。不同的爆破方法所用的起爆器材也不同。

现在我国铁路隧道施工中正逐渐以导爆管法代替火雷管及电雷管起爆法，因为它经济、安全、使用方便。还有一种导爆索起爆法，由于它价格昂贵又只能同时起爆，所以只在必须的条件下才使用，因此在这里不作介绍。

（一）火雷管起爆法

火雷管起爆法主要用火源（点火材料）点燃导火索，用导火索来传导火焰，使之直接喷射于火雷管的正起爆药上而使火雷管起爆，使炸药发生爆炸。

1. 火雷管

火雷管的构造如图 5-1-8 所示，由管壳、正起爆药、副起爆药、加强帽四部分组成。正起爆药多用二硝基重氮酚、雷汞、叠氮化铅等；副起爆药多用黑索金、特屈儿或太安等；管壳材料分为金属（铝、铁或铜）、纸、塑料几种；加强帽用铜、铝、铁等金属材料冲压而成。

工业雷管按起爆药量的多少分为十个等

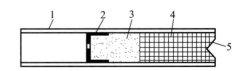

图 5-1-8 火雷管的构造示意图

1—管壳；2—加强帽；3—正起爆药；
4—副起爆药；5—聚能穴

级。号数越大起爆药量越多，则起爆能力越强。隧道爆破中常用的是 8 号和 6 号雷管。其他雷管的号数亦同此划分。

火雷管成本较低，使用比较简单灵活，不受杂散电流的影响，应用广泛。火雷管全部是即发雷管，受撞击、摩擦和火花等作用时会引起爆炸，应正确选购、运输、保管及使用。

2. 导火索

导火索是用来传递火焰给火雷管，并使火雷管在火焰作用下爆炸的传爆材料。

导火索的燃烧速度取决于索芯黑色火药的成分和配合比，一般在 110~130 s/m，缓燃导火索则为 180~210 s/m 或 240~350 s/m。导火索具有一定的防潮耐水能力，在 1 m 深常温静水中浸泡 2 h 后，其燃烧速度和燃烧性能不变。普通导火索不能在有瓦斯或有矿尘爆炸危险的场所使用。

（二）电雷管起爆法

电雷管起爆法是利用电能引起电雷管的爆炸，然后再起爆工业炸药的起爆方法。它所需要的爆破器材有起爆电源、导线、电雷管。

电雷管是在火雷管中加设电发火装置而成，通电后，因灼热点燃雷管实现起爆。

电雷管分即发电雷管和迟发电雷管两种，如图 5-1-9、5-1-10 所示。迟发电雷管仅在引火装置后加有一层缓燃剂，分为秒迟发电雷管和毫秒迟发电雷管。关于电雷管性能参数，可在有关资料或说明书中查得，这里不再介绍。

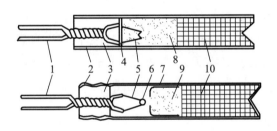

（a）直插式　（b）引火头式

图 5-1-9　即发电雷管

1—脚线；2—管壳；3—密封塞；4—纸垫；5—桥丝；6—引火头；
7—加强帽；8—DDNP；9—正起爆药；10—副起爆药

在有杂散电流条件下，采用抗杂散电流电雷管。目前，电雷管起爆系统在隧道工程施工中已较少采用。

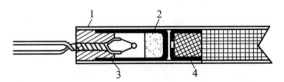

图 5-1-10　迟发电雷管

1—塑料塞；2—延期药；3—延期内管；4—加强帽

（三）导爆管起爆法

导爆管起爆是一种非电起爆系统，是 20 世纪 70 年代出现的一种新的起爆方法。我国于 1978 年研制成功并应用于生产。该法具有抗杂电、操作简单、使用安全可靠、成本较低以及能节省大量棉纱等优点，目前应用非常广泛。

1. 起爆系统的组成

塑料导爆管非电起爆系统包括击发元件、传爆元件、起爆元件、连接元件等，如图 5-1-11 所示。

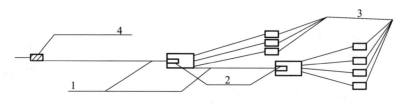

图 5-1-11　塑料导爆管非电起爆系统

1—传爆元件（导爆管）；2—连接元件（内有传爆雷管）；3—起爆元件（多用非电毫秒延期雷管）；
4—击发元件（多用起爆雷管，击发枪和火帽，击发笔）

2. 塑料导爆管

（1）塑料导爆管的构造。

塑料导爆管的构造如图 5-1-12 所示。塑料导爆管是内壁涂有混合炸药粉末的空心塑料软管。管壁材料为高压聚乙烯，外径（2.95±0.15）mm，内径（1.4±0.10）mm。所涂的混合炸药的药量为 14~16 mg/m，成分是 91% 的奥克托金、9% 的铝粉，外加微量的工艺附加物，一般为石墨粉。

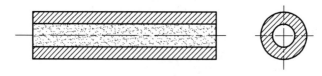

图 5-1-12　塑料导爆管结构

（2）塑料导爆管作用原理。

当击发元件（起爆枪、雷管或导爆索）对着导爆管腔激发时，将击起冲击波，在冲击波沿导爆管的传播过程中，导爆管内壁上涂有的炸药受冲击波作用发生化学反应，由于管壁内的炸药量很少，不能形成爆轰，其化学反应释放出的能量与冲击波传播过程中的能量损失相平衡，从而使冲击波能以一恒定的速度沿导爆管稳定传播。

（3）塑料导爆管的主要性能。

① 激发感度：塑料导爆管可以用一切能产生冲击波的起爆器材激发。

② 传爆速度：塑料导爆管的爆速为（1 950±50）m/s，最低为 1 580 m/s。

③ 传爆性能：导爆管传爆性能良好。一根数米至 6 km 的导爆管，中间不要中继雷管接力，或者一根导爆管内有不超过 15 cm 长的断药时，都可正常传爆。

④ 抗火性能：火焰不能激发导爆管，用火焰点燃单根或成卷的塑料导爆管时，它只能和塑料一样缓慢地燃烧。

⑤ 抗冲击性能：塑料导爆管受一般机械冲击波作用时不会被激发。如 200 m 长、药量超过正常药量 1～5 倍的成卷导爆管，用 12 磅大锤猛砸直至破碎时，不发生爆炸现象。用 54 式手枪在 10～15 m 远处射击导爆管，导爆管也不被激发。

⑥ 抗水性能：导爆管与金属雷管组合后具有很好的抗水性，在水下 80 m 深处放置 48 h，仍能正常起爆。如果对雷管防护好，可在水下 135 m 深处起爆炸药。

⑦ 抗电性能：塑料导爆管能耐 30 kV 以下的直流电。15 cm 长的导爆管两端插入相距 10 cm 的两个电极，两极加 30 kV 直流电，1 min 内导爆管不被起爆，也不被击穿。

⑧ 破坏性能：塑料导爆管传爆时，管壁完整无损，对周围环境没有破坏、污染作用，人手握着无不适之感。偶尔因药量不均使管壁破洞时，也不致伤害人体。

⑨ 其他性能：国产塑料导爆管具有一定的强度，在 50～70 N 拉力作用下，导爆管不会变细，传爆性能不变；塑料导爆管可作为非危险品运输。

（4）塑料导爆管非电起爆系统微差起爆方法。

塑料导爆管非电起爆系统微差起爆方法分为孔内延期微差起爆法和孔外延期微差起爆法两种。

① 孔内延期法：对装入炮孔炸药内的组合起爆雷管配用毫秒延期火雷管，而对在孔外传爆网路中的各组合传爆雷管配用瞬发火雷管。

② 孔外延期法：对装入炮孔炸药内的组合起爆雷管全部用瞬发火雷管或低段毫秒雷管，而对在孔外传爆网路中的各组合传爆雷管配用毫秒延期火雷管（可用同段号雷管或不同段号的雷管）。

3. 迟发非电雷管

迟发非电雷管须与塑料导爆管配合使用，其构造见图 5-1-13。国产迟发非电雷管的延期时间分为毫秒、半秒、秒迟发三个系列，见表 5-1-5。

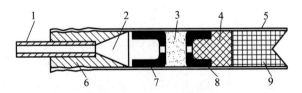

图 5-1-13 迟发非电雷管

1—塑料导爆管；2—消爆空腔；3—延期药；4—正起爆药；
5—金属管壳；6—塑料连接套；7—空信帽；
8—加强帽；9—副起爆药

表 5-1-5 迟发非电雷管的段别及延期时间

毫秒迟发雷管（第二系列）				半秒迟发雷管		秒迟发雷管	
段别	延期时间 / ms	段别	延期时间 / ms	段别	延期时间 / s	段别	延期时间 / s
1	≥ 13	11	460 ± 40	1	≤ 0.13	1	≤ 1.0
2	25 ± 10	12	550 ± 45	2	0.5 ± 0.15	2	2.0 ± 0.5
3	50 ± 10	13	650 ± 50	3	1.0 ± 0.15	3	4.0 ± 0.6
4	$75 \pm^{15}_{10}$	14	760 ± 55	4	1.5 ± 0.20	4	6.0 ± 0.8
5	110 ± 15	15	880 ± 60	5	2.0 ± 0.20	5	8.0 ± 0.9
6	150 ± 20	16	1 020 ± 70	6	2.5 ± 0.20	6	10.0 ± 1.0
7	$200 \pm^{20}_{25}$	17	1 200 ± 90	7	3.0 ± 0.20	7	$14.0 \pm^{2.0}_{1.0}$
8	250 ± 25	18	1 400 ± 100	8	3.5 ± 0.20	8	19.0 ± 2.0
9	310 ± 30	19	1 700 ± 130	9	3.8 ~ 4.5	9	25.0 ± 2.5
10	380 ± 35	20	2 000 ± 150	10	4.6 ~ 5.3	10	32.0 ± 3.0

五、装药结构

隧道爆破钻眼的孔径，一般要求比药卷直径大 3 ~ 6 mm。在装药前必须检查炮眼是否达到设计深度，并将孔内泥污杂物吹洗干净，然后进行装药，所有装药的炮眼均应堵塞炮泥，周边眼的堵塞长度不小于 20 cm。通常把普通药卷和带雷管的药卷在炮眼中的布置位置称为装药结构。在隧道爆破中，常用的炮眼装药结构有以下两种：

（一）连续装药（柱状装药）

这种装药方式就是把药卷一个紧接一个地装入炮眼，直至把该炮眼需用药量装完。如药柱过长，炮眼中的炸药起爆后，爆速会逐渐衰减，甚至中断爆轰，这种情况下可在药柱中部加用一小段导爆索。隧道一般均采用此种装药方式。

连续装药的起爆药卷放置位置，应保证最大限度地利用炸药能，一般采用反向起爆法，即将起爆药卷装在炮眼底部第 2 个药卷位置，这样既可保证不破坏眼底岩石，又因雷管集中穴朝外，爆轰波由里向外，可取得较好效果，如图 5-1-14 所示。

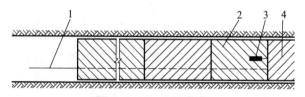

图 5-1-14 连续装药

1—导爆管；2—起爆药；3—雷管；4—底药

（二）间隔装药（分段装药）

光面爆破的周边眼如无专用的小直径药卷时，可采用此种装药方式。间隔装药是在炮眼底部第 2 个药卷位置先装一个起爆药卷，然后间隔一定距离装半个药卷，再隔一定距离再装半个药卷直到预计药量装填完毕。其装药形式如图 5-1-15 所示。

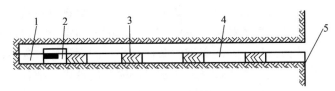

图 5-1-15　间隔装药

1—底药；2—起爆药；3—木棍；4—药卷；5—电雷管脚线或导爆管

药卷间隔一定距离，用导爆索起爆，不受炸药殉爆距离限制【一个药包爆炸（主动药包）后，能引起与它不相接触的邻近药包爆炸（被动药包），这种现象称为被动药包的"殉爆"。当主动、被动药包采用同性质炸药的等直径药卷时，则用被动药包能发生殉爆的最大距离来表示被动药包的殉爆能力，称为"殉爆距离"】；用电雷管或导爆管起爆时，每个药卷的间隔距离应不超过炸药殉爆距离的 80%。为正确掌握装药间距，可事先将药卷按间距用细绳捆扎在一根竹片上，导爆索、导爆管或电雷管的脚线亦附着竹片一起引至炮眼外。如因药柱过长，亦可采用连续装药的办法，在药卷中间加设与药卷同直径的木棍，并在药柱中部加用一段导爆索。这种装药方式的优点是：炸药在炮眼内分布较均匀，能改善爆落岩石的块度和提高炮眼利用率。

六、控制爆破技术

在隧道爆破施工中，首要的要求是开挖轮廓与尺寸准确，对围岩扰动小。所以，周边眼的爆破效果反映了整个隧道钻爆成洞的质量。实践表明，采用普通爆破方法不仅对围岩扰动大，而且难以爆出理想的开挖轮廓，故需采用控制爆破方法进行爆破。隧道控制爆破包括光面爆破和预裂爆破。

（一）光面爆破

1. 光面爆破的特点与作用

光面爆破是通过正确确定爆破参数和施工方法，在设计断面内的岩体爆破崩落后才爆周边孔，使爆破后的围岩断面轮廓整齐，最大限度地减轻爆破对围岩的扰动和破坏，尽可能地保持原岩的完整性和稳定性的爆破技术。其主要标准为：开挖轮廓成形规则，岩面平整；围岩壁上保存有 50% 以上的半面炮眼痕迹，无明显的爆破裂缝；超欠挖符合规定要求，围岩壁上无危石等。

光面爆破对围岩扰动小，又尽可能保存了围岩自身原有的承载能力，从而改善了衬砌结构的受力状况；由于围岩壁面平整，减少了应力集中和局部落石现象，增加了施工安全度，减少了超挖和回填量，若与锚喷支护相结合，能节省大量混凝土，降低工程造价，加快施工进度。同时，能为施工创造舒适、安全的条件；光面爆破可减轻振动和保护围岩，所以它是在松软及不均质的地质岩体中较为有效的开挖爆破方法。

2. 光面爆破的主要参数

光面爆破的成功与否主要取决于爆破参数的确定。其主要参数包括：周边眼的间距、光面爆破层的厚度、周边眼密集系数和装药集中度等。影响光面爆破参数选择的因素很多，主要有岩石的爆破性能、炸药品种、一次爆破的断面大小、断面形状、凿岩设备等，其中影响最大的是地质条件。光面爆破参数的选择，通常采取简单的计算并结合工程类比加以确定，在初步确定后，一般都要在现场的爆破实践中加以修正。

（1）周边炮眼间距 E。

在不耦合装药的前提下，光面爆破应满足炮孔内静压力 F 小于爆破岩石的极限抗压强度，而大于岩石的极限抗拉强度的条件，如图 5-1-16 所示。即

$$\sigma_t \cdot E \cdot L \leqslant F \leqslant \sigma_c \cdot d \cdot L$$

$$E \leqslant \frac{\sigma_c}{\sigma_t} \cdot d = K_i \cdot d \qquad\qquad (5\text{-}1\text{-}1)$$

式中　　σ_t——岩石的极限抗拉强度，MPa；

　　　　σ_c——岩石的极限抗压强度，MPa；

　　　　F——炮孔内炸药爆炸静压力合力，N；

　　　　d——炮眼直径，cm；

　　　　L——炮眼深度，cm；

　　　　K_i——孔距系数，$K_i = \sigma_c / \sigma_t$。

从式（5-1-1）中可以看出，周边炮眼间距与岩石的抗拉、抗压强度以及炮眼直径有关。一般取 $K_i = 10 \sim 18$，即 $E = (10 \sim 18)d$；当炮眼直径为 32 ~ 40 mm 时，$E = 320 \sim 700$ mm。一般情况下，软质或完整的岩石 E 宜取大值，隧道跨度小、坚硬和节理裂隙发育的岩石 E 宜取小值，装药量也需相应减少。还可以在两个炮眼间增加导向空眼，导向眼到装药眼间的距离一般控制在 400 mm 以内。此外，还应注意炸药的品种对 E 值也有影响。

（2）光面层厚度及炮眼密集系数。

所谓光面层，就是周边眼与最外层辅助眼之间的一圈岩石层。其厚度就是周边眼的最小抵抗线 W（见图 5-1-16）。周边眼的间距 E 与光面层厚度 W 有着密切关系，通常以周边眼的密集系数 K（$K = E/W$）表示，其大小对光面爆破效果有较大影响。必须使应力波在两相邻炮眼间的传播距离小于应力波至临空面的传播距离，即 $E < W$。实践表明，$K = 0.8$ 较为适宜，光面层厚度 W 一般取 50 ~ 80 cm。

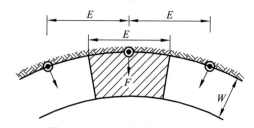

图 5-1-16　光面爆破参数示意

（3）装药量。

周边眼的装药量通常以线装药密度表示。恰当的装药量应是既具有破岩所需的能量，又

不造成围岩的过度破坏。施工中应根据孔距、光面层厚度、石质及炸药种类等综合考虑确定装药量。在光面层单独爆落时，周边眼的线装药密度一般为 0.15～0.25 kg/m，全断面一次起爆时，为减少残眼，装药密度需适当增加，一般可达 0.30～0.35 kg/m。

3. 光面爆破的技术措施

影响光面爆破效果的因素主要有：炸药的性能、爆破参数、地质条件、钻眼精度、爆破技术本身。因此，实施光面爆破必须采取以下几项措施：

（1）准确的画线布眼，保持平行钻眼，正确的装药结构和准确的起爆顺序。

（2）使用低爆速、低猛度、低密度、传爆性能好、爆炸威力大的炸药。

（3）采用不耦合装药结构。光面爆破的不耦合系数最好大于 2，但药卷直径不应小于该炸药的临界直径，以保证稳定传爆。当采用间隔装药时，相邻炮眼所用的药卷位置应错开，以充分利用炸药效能。

（4）严格掌握与周边眼相邻的内圈炮眼的爆破效果，为周边眼爆破创造临空面。周边眼应尽量做到同时起爆。

（5）严格控制装药集中度，必要时可采取间隔装药结构。为克服眼底岩石的夹制作用，通常在眼底需加强装药。

表 5-1-6 给出了光面爆破参数一般参考值和国内部分隧道光面爆破设计参数（此表适用于炮眼深度 1.0～3.5 m，炮眼直径 40～50 mm，药卷直径 20～25 mm）。

表 5-1-6　光面爆破参数的一般参考值

装药集中度 /（kg/m）	岩石类别	炮眼间距 E / cm	抵抗线 W / cm	密集系数 $K = E/W$
0.30～0.35	硬岩	55～70	60～80	0.7～1.0
0.20～0.30	中硬岩	45～65	60～80	0.7～1.0
0.07～0.12	软岩	35～50	40～60	0.5～0.8

（二）预裂爆破

预裂爆破是由于首先起爆周边眼，在其他炮眼未爆破之前先沿着开挖轮廓线预裂爆破出一条用以反射爆破地震应力波的裂缝而得名。预裂爆破的目的同光面爆破，只是在炮眼的爆破顺序上，光面爆破是先引爆掏槽眼，再引爆辅助眼，最后引爆周边眼，而预裂爆破则是首先引爆周边眼，使沿周边眼的连心线炸出平顺的预裂面。由于预裂面的存在，对后爆的掏槽眼、辅助眼的爆轰波能起反射和缓冲作用，可以减轻爆轰波对围岩的破坏影响，保持岩体的完整性，使爆破后的开挖面整齐规则。

由于成洞过程和破岩条件不同，在减轻对围岩的扰动程度上，预裂爆破较光面爆破的效果更好。所以，预裂爆破很适用稳定性较差而又要求控制开挖轮廓的软弱围岩；但预裂爆破的周边眼距和最小抵抗线都要比光面爆破小，相应地要增加炮眼数量，钻眼工作量增大。

理想的预裂效果应保证在炮眼连线上产生贯通裂缝，形成光滑的岩壁。但预裂爆破受到只有一个临空面条件的制约，因此，其爆破技术较光面爆破更为复杂。影响预裂爆破效果的因素很多，如钻孔直径、孔距、装药量、岩石的物理力学性质、地质构造、炸药品种、装药结构及施工因素等，而这些因素又是相互影响的。目前，确定预裂爆破主要参数的方法有理论计算法、经验公式计算法和经验类比法三种。就目前的状况来说，对预裂爆破的理论研究还很欠缺，设计计算方法也很不完善，多半须通过经验类比初步确定爆破参数，再由现场试验调整，才能获得满意的结果。表5-1-7给出了隧道预裂爆破的参考数值，可供选用。

表 5-1-7　预裂爆破参数

岩石类别	炮眼间距 E/cm	至内排崩落眼间距/cm	装药集中度/（kg/m）
硬岩	40~50	40	0.30~0.40
中硬岩	40~45	40	0.2~0.25
软岩	35~40	35	0.07~0.12

第二节　钻爆设计及其施工技术

岩石隧道开挖前，应根据工程地质条件、开挖断面、开挖程序和方法、循环进尺以及使用的钻眼机具和材料等做好钻爆设计，以正确指导钻爆施工，达到预期的爆破效果。

隧道开挖爆破是单临空面的岩石爆破，其关键技术是掏槽，其次是周边光面爆破。隧道爆破的原则是：先做出设计，在掌子面上布置炮眼，而后根据设计的炮眼深度及方向钻眼，然后根据设计装药量及起爆顺序将炸药及不同段别的雷管装入炮眼，待做好安全防护工作后连接导爆网线并起爆。

钻爆工作的要求是：钻爆时必须根据围岩状况和开挖方法，合理布置炮眼位置；正确掌握钻眼技术，熟悉爆破方法，做到钻眼速度快、爆破效果好；开挖断面符合设计尺寸，做到不欠挖，少超挖；爆破后的石渣块度大小均匀，能集中抛向预定地点，以利装渣；炮眼深度及炸药用量力求经济合理；安全有保障；爆破单位体积的岩石所耗工时、机具设备的费用及爆破材料的数量为最小。因此衡量钻眼爆破工作效果好坏的标准除施工速度外，还反映在质量上、安全上及经济效益上。

一、炮眼的种类和作用

隧道开挖面上的炮眼，按照它们在爆破中所起的不同作用分为：

（1）掏槽眼：装药量最多，布置在开挖面中下部的炮眼。其作用是先在开挖面上炸出一个槽腔，为以后爆破的炮眼创造新的临空面。

（2）辅助眼：布置在掏槽眼和周边眼之间的炮眼。其作用是进一步扩大开挖槽腔，为周边眼创造临空面。

（3）周边眼：沿坑道周边轮廓线布置的炮眼。其作用是炸出较平整的开挖断面轮廓。

二、掏槽的形式

隧道开挖时，只有一个临空面，为给其他炮眼创造新的临空面，必须先在开挖面上炸出一个槽口，这个过程就叫做掏槽，这个槽口范围内的炮眼就叫做掏槽炮眼。

隧道爆破开挖成败的关键是掏槽技术。掏槽的成功与否直接影响爆破效果，掏槽的深度直接影响隧道掘进的循环进尺。而掏槽的成功与否，又与地质条件、炸药种类及装药量、起爆顺序等有关。

（一）斜眼掏槽

斜眼掏槽的特点是掏槽眼与开挖断面斜交，它的种类很多，如锥形掏槽、爬眼掏槽、各种楔形掏槽、单斜式掏槽等。隧道爆破中常用的是垂直楔形掏槽和锥形掏槽。

1. 单向掏槽

由数个炮眼向同一方向倾斜组成。炮眼的布置形式有爬眼掏槽、侧向掏槽、插眼掏槽，如图 5-2-1 所示。

（a）爬眼掏槽　　　　　　（b）侧向掏槽　　　　　　（c）插眼掏槽

图 5-2-1　单向掏槽

2. 锥形掏槽

这种炮眼呈角锥形布置，各掏槽眼以相等或近似相等的角度向工作面中心轴线倾斜，眼底趋于集中，但互相并不贯通，爆破后形成锥形槽。根据掏槽炮眼数目的不同，分为三角锥、四角锥、五角锥等。锥形掏槽有关参数见表 5-2-1。其中，四角锥形掏槽如图 5-2-2 所示，它常用于受岩层层理、节理、裂隙影响较大的围岩。

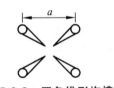

图 5-2-2　四角锥形掏槽

锥形掏槽具有操作简单、精度要求较直眼掏槽低、能按岩层的实际情况选择掏槽方式与掏槽角度、易把岩石抛出、掏槽眼的数量少且炸药耗量低等优点；但是，炮眼深度易受开挖断面尺寸的限制，不易提高循环进尺，也不便于多台凿岩机同时作业。

表 5-2-1　锥形掏槽爆破参数

围岩级别	掏槽眼与掌子面的夹角 α	a/cm	炮眼数量/个
Ⅱ级及以下	70°	100	3
Ⅳ级	68°	90	4
Ⅳ级	65°	80	5
Ⅵ级	60°	70	6

3. 楔形掏槽

楔形掏槽由数对（一般为 2 ~ 4 对）对称相向倾斜的炮眼组成。爆破后形成楔形槽子。楔形掏槽爆力比较集中，爆破效果较好，掏出的槽口体积较大，可以适应各种不同坚固程度的岩层。楔形掏槽根据岩层层理不同，可分成水平楔形掏槽和垂直楔形掏槽两类。垂直楔形掏槽各对炮眼的倾斜角度及炮眼的距离见表 5-2-2。

表 5-2-2　垂直楔形掏槽炮眼布置

围岩级别	炮眼对数	同一平面上一对炮眼眼底的距离 /cm	上下排炮眼间距 /cm	掏槽眼与掌子面的夹角 α	围岩级别	炮眼对数	同一平面上一对炮眼眼底的距离 /cm	上下排炮眼间距 /m	掏槽眼与掌子面的夹角 α
I	3 ~ 4	20	30 ~ 50	55° ~ 70°	III	2 ~ 3	30	60 ~ 70	75° ~ 80°
II	3	25	50 ~ 60	70° ~ 75°	IV 级以下	2	30	70 ~ 80	75° ~ 80°

斜眼掏槽的主要缺点是掏槽的深度受到开挖面宽度和岩层硬度的限制，不易提高每一循环的进尺。因为石质越硬，炮眼倾角越小（即炮眼坡度越平缓），在一定的开挖断面宽度（如 4 m）内，选用钢钎的长度受到了限制，过长就会碰到导坑侧壁。其次，钻凿时的倾斜角度也难以掌握。

（二）直眼掏槽

直眼掏槽以空眼作为增加的临空面，利用炸药爆炸的能量将槽内岩石破碎，并借助爆破产生气体的余能将已破碎的岩石从槽腔内抛出。直眼掏槽由若干个垂直于开挖面的炮眼所组成，掏槽深度不受围岩软硬和开挖断面大小的限制，可以实现多台钻机同时作业、深眼爆破和钻眼机械化，从而为提高掘进速度提供了有利条件。直眼掏槽凿岩作业较方便，不需随循环进尺的改变而变化掏槽形式，仅需改变炮眼的深度，且石渣的抛掷距离也可缩短，工程实际中广受欢迎。但直眼掏槽的炮眼数目和单位用药量较多，对眼距、装药量等有严格要求，往往由于设计或施工不当，使槽内的岩石不易抛出或重新固结而降低炮眼利用率。

1. 直眼掏槽形式

直眼掏槽形式很多，过去常用的有龟裂掏槽、五眼梅花掏槽和螺旋掏槽。近年来，由于重型凿岩机械的使用，尤其是能钻大于 100 mm 直径炮孔的液压钻机投入施工以后，直眼掏槽的布置形式有了新发展，目前常用的形式主要有柱状掏槽和螺旋形掏槽两种。

（1）柱状掏槽（见图 5-2-3）。

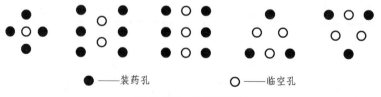

● ——装药孔　　　○ ——临空孔

图 5-2-3　柱状掏槽

它是充分利用大直径空眼作为临空孔和岩石破碎后的膨胀空间，使爆破后能形成柱状槽口的掏槽爆破。作为临空孔的空眼数目，视炮眼深度而定。一般当孔眼深度小于 3.0 m 时，采用 1 个；当孔眼深度为 3.0~3.5 m 时，采用双临空孔；当孔眼深度为 3.5~5.15 m 时，采用 3 个。试验表明：第一个起爆装药孔离开临空孔的距离应不大于 1.5 倍的临空孔直径。

（2）螺旋形掏槽。

螺旋形掏槽由柱状掏槽发展而来，其特点是中心眼为空眼，邻近空眼的各装药眼至空眼之间的距离逐渐加大，其连线呈螺旋形，如图 5-2-4 所示。装药眼与空眼之间的距离分别为 $a=(1.0~1.5)D$，$b=(1.2~2.5)D$，$c=(3.0~4.0)D$，$d=(4.0~5.0)D$。D 为空眼直径，一般不小于 100 mm，也可用 $\phi60~70$ mm 的钻头钻成"8"字形双空。爆破按图中 1、2、3、4 由近及远顺序起爆，以充分利用自由面，扩大掏槽效果。

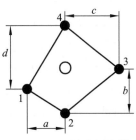

图 5-2-4　螺旋形掏槽

2. 直眼掏槽的特点

直眼掏槽的优点：直眼掏槽在各种硬度的岩层中都可以使用，一般用于中硬岩层或坚硬岩层；炮眼深度不受开挖断面宽度和高度的限制，适宜钻凿较深的炮眼而提高每循环的进尺；炮眼容易控制，钻眼时干扰少，便于多台凿岩机同时作业，提高凿眼效率；容易控制眼底深度，使眼底在同一垂直面上；炮眼利用率高，可达 90%~100%；石渣抛掷距离较近，不易打坏支护及机具设备等。直眼掏槽的缺点：炮眼数目较多，需用炸药数量也较多；钻眼要求精确。

将直眼掏槽与斜眼掏槽特点进行对比分析，对比结果见表 5-2-3。

表 5-2-3　直眼掏槽与斜眼掏槽的对比

序号	直眼掏槽	斜眼掏槽
1	大小断面均可，小断面更优越	大断面较适用
2	韧性岩层不适用	对各种地质条件均适用
3	一次爆破深度可以较大	受隧道宽度限制，不宜太深（<5 m）
4	技术要求高，钻眼深度影响大	相对来说技术要求低
5	炸药用量较多	炸药用量相对较少
6	需用雷管段数多	需用雷管段数少
7	钻眼时钻机相互干扰小	钻眼时钻机相互干扰大
8	渣堆较集中	抛渣远，易打坏设备

（三）混合掏槽

混合掏槽是指两种以上的掏槽方式的混合使用，一般在岩石特别坚硬或隧道开挖断面较大时使用。

1. 复式掏槽

严格地说，复式掏槽也属于斜眼掏槽，它是在浅眼楔形掏槽的基础上发展起来的。在大断面隧道掘进中，为加大掏槽深度，可采用两层、三层或四层楔形掏槽眼，每对掏槽眼呈完全对称或近似对称，深度由浅到深，与工作面的夹角由小到大。复式掏槽也叫多重楔形掏槽或 V 形掏槽。复式掏槽的爆破角（掏槽眼与工作面的夹角）与掏槽眼深度的相互关系，应使从每个眼底所作的垂线恰好落在开挖断面两壁与开挖面相交的临空面上；最深掏槽眼眼底的垂线也必须落在隧道内，即与已爆出的工作面相交；在每一掏槽眼眼底所作的垂线必须与隧道壁面相交。复式掏槽根据开挖断面的大小及进尺常分为两级复式掏槽和三级复式掏槽，如图 5-2-5 所示。复式掏槽在一般情况下，上、下排距为 50～90 cm，硬岩取小值，软岩取大值。在硬岩中爆破时，最好使用高威力炸药，一般布置上、下两排即可；岩石十分坚硬时，可用三排或四排。炮眼深度小于 2.5 m 时，一般用两级复式掏槽。

2. 升级掏槽

升级掏槽系采用逐级加深的炮眼布置，按掘进方向平行钻孔，把全部掏槽深度分阶段达到爆破的目的，如图 5-2-6 所示。升级掏槽将常用掏槽方法在爆破技术上的优点和直眼掏槽在钻眼技术上的优点结合起来，因此，其适应能力强，可对各种不同的条件和岩石状况采用不同的方法加以处理，掘进深度可以根据炮眼的级数来确定。实践表明，用这种方法进行爆破是很有成效的。

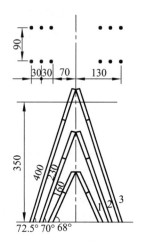

图 5-2-5　三级复式楔形掏槽（单位：cm）

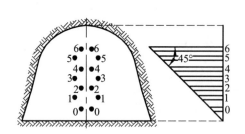

图 5-2-6　升级掏槽

3. 分段掏槽

为克服深眼爆破中装药底部仅产生挤压破碎作用和弱抛掷，可将掏槽炮眼分次起爆，这样有利于槽腔形成，提高掏槽腔的有效深度，便于机械化作业。图 5-2-7 为南昆线米花岭隧道采用的直眼二次掏槽的示意图，炮眼利用率在 90% 以上。实践表明，对于直眼分段掏槽，循环进尺可达隧道开挖宽度的 76%，炮眼利用率可在 95% 以上。

除此之外，其他混合掏槽还有角锥与直眼、楔形与直眼（见图 5-2-8）等形式组合。这些混合掏槽形式一般用在比较坚硬的岩石中。

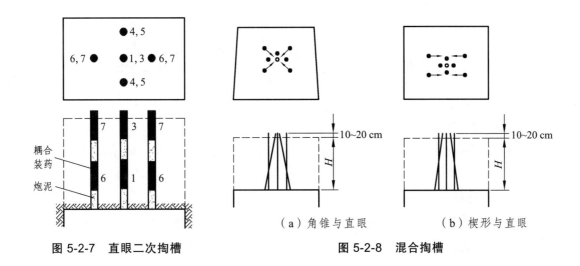

图 5-2-7　直眼二次掏槽

图 5-2-8　混合掏槽

（a）角锥与直眼　　　　　　　（b）楔形与直眼

三、炮眼布置原则和方式

隧道内布置炮眼时，必须保证获得良好的爆破效果，并考虑钻眼的效率。在开挖面上除出现土石互层、围岩类别不同、节理异常等特殊情况外，应按实际需要布置炮眼。炮眼一般按下述原则布置：

（一）炮眼布置原则

（1）将计算出的炮眼数目均匀或大致均匀地分布到开挖面上。

（2）先布置掏槽眼，其次是周边眼，最后是辅助眼。掏槽眼一般应布置在开挖面中央偏下部位，其深度应比其他眼深 10～20 cm。为爆出平整的开挖面，除掏槽眼和底部炮眼外，所有掘进眼眼底应落在同一平面上，底部炮眼深度一般与掏槽眼相同。

（3）周边眼应严格沿设计开挖轮廓线布置，布置应尽量均匀，断面拐角处应布置炮眼。为满足机械钻眼需要和减少超欠挖，周边眼设计位置应考虑 0.03～0.05 的外插斜率，周边眼中的帮眼和顶眼的底部在坚硬岩层中应超出导坑边界 10 cm 左右，在中硬岩层中应到达导坑的边界，在软岩中应在导坑边界以内 10 cm；底眼不论在何种情况下均应超出边界 10 cm。

（4）当炮眼的深度超过 2.5 m 时，靠近周边眼的内圈辅助眼应与周边眼有相同的倾角。

（5）辅助眼与其他炮眼之间的距离应由最小抵抗线来确定，其深度同周边眼，辅助眼在整个断面上均匀排列。药卷抵抗线 W 为炮眼间距的 60%～80%。当采用 2 号岩石铵梯炸药时，W 值一般取 0.6～0.8 m。

（6）当岩层层理明显时，炮眼方向应尽量垂直于层理面。如节理发育，炮眼应尽量避开节理，以防卡钻和影响爆破效果。

（二）炮眼布置方式

1. 直线形布眼

将炮眼按垂直方向或水平方向围绕掏槽开口呈直线形逐层排列，如图 5-2-9（a）、（b）所示。这种布眼方式，形式简单且易掌握，同排炮眼的最小抵抗线一致，间距一致，前排眼为后排眼创造临空面，爆破效果较好。

2. 多边形布眼

这种布眼是围绕着掏槽部位由里向外将炮眼逐层布置成正方形、长方形、多边形等，如图 5-2-9（c）所示。

3. 弧形布眼

顺着拱部轮廓线逐圈布置炮眼，如图 5-2-9（d）所示。此外，还可将开挖面上部布置成弧形，下部布置成直线形，以构成混合型布置。

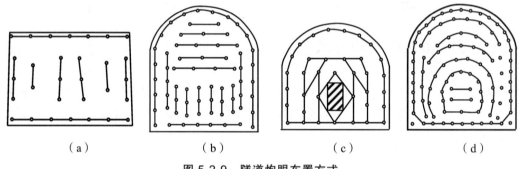

（a） （b） （c） （d）

图 5-2-9　隧道炮眼布置方式

4. 圆形布孔

当开挖面为圆形时，炮孔围绕断面中心逐层布置成圆形。这种布孔方式多用在圆形隧道、泄水洞以及圆形竖井的开挖中。

四、钻爆参数设计

1. 炮眼数目

导坑炮眼数目确定得恰当与否，直接影响爆破效果。炮眼过少，将导致断面不平整、欠挖或石渣块度过大等现象；炮眼过多，会增加钻眼工作量，浪费人力和爆破器材。

炮眼数目应根据岩石的强度和地质构造、断面尺寸、炸药性质、炮眼直径、长度及装填结构等因素综合考虑确定。

通常情况下，根据炮眼布置方案，首先选定掏槽形式及掏槽眼数，再布置周边眼，最后按断面大小在周边眼与掏槽眼之间匀称地布置辅助眼。

（1）炮眼数目计算：

$$N = \frac{qS}{a\gamma} \tag{5-2-1}$$

式中　N——炮眼数量，不包括未装药的空眼数；

　　　q——单位炸药消耗量，一般取 $q = 1.1 \sim 2.9 \text{ kg/m}^3$，见表 5-2-4；

　　　S——开挖断面积，m^2；

　　　α——装药系数，即装药长度与炮眼全长的比值，采用光面爆破参考表 5-2-5，采用非光面爆破参考表 5-2-6；

　　　γ——每米药卷的炸药质量（kg/m），2 号岩石铵梯炸药的每米质量见表 5-2-7。

表 5-2-4　爆破 1 m^3 岩石所需的炸药量（单位：kg/m^3）

开挖部位和开挖面积		岩石及围岩级别			
		特坚石 I	坚石 II ~ III	次坚石 III ~ IV	软石 V
导坑	4 ~ 6 m^2	2.1 ~ 2.9	1.7 ~ 2.3	1.4 ~ 1.8	1.1 ~ 1.5
	7 ~ 9 m^2	2.0 ~ 2.5	1.6 ~ 2.0	1.25 ~ 1.6	1.1 ~ 1.3
	10 ~ 12 m^2	1.7 ~ 2.25	1.35 ~ 1.8	1.1 ~ 1.5	0.9 ~ 1.2
扩大炮眼		1.10	0.85	0.7	0.6
周边炮眼		0.90	0.75	0.65	0.55
底部炮眼		1.4	1.2	1.1	1.0
半断面（多台阶）	拱部	1.0 ~ 1.1			
	底部	0.5 ~ 0.6			
全断面		1.4 ~ 1.6			

表 5-2-5　光面爆破炮眼装填系数 α

炮眼名称	围岩级别			
	IV ~ V	III ~ IV	II ~ III	I
掏槽眼	0.50 ~ 0.55	0.55 ~ 0.60	0.60 ~ 0.70	0.70 ~ 0.80
辅助眼	0.40 ~ 0.45	0.45 ~ 0.55	0.55 ~ 0.60	0.60 ~ 0.70
周边眼	0.40 ~ 0.45	0.45 ~ 0.50	0.50 ~ 0.60	0.60 ~ 0.75

表 5-2-6　非光面爆破炮眼装填系数 α

药卷直径 / mm	32	35	38	40	44
装填系数 α	0.70 ~ 0.80	0.60 ~ 0.70	0.50 ~ 0.60	0.45 ~ 0.50	0.40 ~ 0.45

表 5-2-7　每米药卷长度的质量

药卷直径/ mm	32	35	38	40	44	45	50
每米药卷长度质量/（kg/m）	0.78	0.96	1.10	1.25	1.52	1.59	1.90

（2）炮眼数目经验取值。

炮眼数量常用的经验数值可参考表 5-2-8。

表 5-2-8　炮眼数量参考值

围岩级别	开挖面积				
	4～6	7～9	10～12	13～15	40～43
软岩（Ⅵ、Ⅴ）	10～13	15～15	17～19	20～24	
次坚岩（Ⅲ、Ⅵ）	11～16	16～20	18～25	23～30	
坚岩（Ⅱ、Ⅲ）	12～18	17～24	21～30	27～35	75～90
特坚岩（Ⅰ）	18～25	28～33	37～42	38～43	80～100

2. 炮眼直径

炮眼直径对凿岩生产率、炮眼数目、单位耗药量和洞壁的平整程度均有影响。加大炮眼直径以及相应装药量可使炸药能量相对集中，爆炸效果得以改善。但炮眼直径过大将导致凿岩速度显著下降，并影响岩石破碎质量、洞壁平整程度和围岩稳定性。因此，必须根据岩性、凿岩设备和工具、炸药性能等综合分析，合理选用孔径。一般隧道的炮眼直径为 $\phi 32 \sim 50$ mm，药卷与眼壁之间的间隙一般为炮眼直径的 10%～15%。

3. 炮眼深度

炮眼深度是指炮眼底至开挖面的垂直距离。合适的炮眼深度有助于提高掘进速度和炮眼利用率。随着凿岩、装渣运输设备的改进，目前普遍存在加长炮眼深度以减少作业循环次数的趋势。

炮眼利用率：炮眼已爆炸部分长度与炮眼实际长度的比值，其值可用下式计算：

$$\eta = \frac{L - l_0}{L} \times 100\% \tag{5-2-2}$$

式中　L——炮眼长度，m；

　　　l_0——炮眼未爆炸部分的长度，m。

炮眼利用率 η 与开挖断面、掏槽形式、岩石的物理力学性质、钻机类型、临空面的数量以及掘进工人的技术水平和作业循环等有关，一般为 80%～90%。

确定炮眼深度时，可用下述公式计算后综合考虑选定：

（1）采用楔形掏槽时，炮眼深度受开挖面大小的影响，炮眼过深，周边岩石的夹制作用较大，故炮眼深度不宜过大。每一循环炮眼深度按导坑断面尺寸决定：

$$l = (0.5 \sim 0.7)B \text{（m）} \tag{5-2-3}$$

式中　B——导坑断面宽度，m；

　　　0.5，0.7——系数，与围岩条件有关，一般围岩条件好时，采用较小值。

（2）每一掘进循环的进尺数及实际的炮眼利用率来确定炮眼深度，可按下式计算：

$$l = \frac{导坑月掘进计划数}{月施工天数 \times 每日循环数 \times 炮眼利用率} \text{（m）} \tag{5-2-4}$$

（3）按每一掘进循环中钻眼所占的时间决定：

$$l = \frac{m \cdot v \cdot t}{N} \text{（m）} \tag{5-2-5}$$

式中 m ——钻机数量；

v ——钻眼速度，m/h；

t ——每一掘进循环中钻眼所占的时间，h；

N ——炮眼数目。

所确定的炮眼深度还应与装渣运输能力相适应，使每个作业班能完成整数个循环，而且使掘进每米坑道消耗的时间最少，炮眼利用率最高。目前较多采用的炮眼深度为：浅孔 1.2 ~ 1.8 m；中深孔 2.5 ~ 3.5 m；深孔 3.5 ~ 5.15 m。

4. 装药量的计算与分配

炮眼装药量的多少是影响爆破效果的重要因素。药量不足，会出现炸不开，炮眼利用率低和石渣块度过大；装药量过多，则会破坏围岩稳定，损坏支撑和机械设备，使抛渣过散，对装渣不利，且增加了洞内有害气体，相应地增加了排烟时间和供风量等。合理的药量应根据所使用的炸药的性能和质量、地质条件、开挖断面尺寸、临空面数目、炮眼直径和深度及爆破的质量要求来确定。目前多采取先用体积公式计算出一个循环的总用药量，然后按各种类型炮眼的爆破特性进行分配，再在爆破实践中加以检验和修正，直到取得良好的爆破效果的方法。计算总用药量 Q 的公式为

$$Q = qV \tag{5-2-6}$$

式中 Q ——一个爆破循环的总用药量，kg；

q ——爆破每立方米岩石所需炸药的消耗量（kg/m^3），见表 5-2-4；

V ——每循环进尺所爆落的岩石总体积（m^3），其值为 $V = l_0 S$；

其中 l_0 ——计划循环进尺，m；

S ——开挖面积，m^2。

总的炸药量应分配到各个炮孔中去。由于各炮眼的作用及受到岩石夹制情况不同，装药数量亦不同，通常按装药系数 a 进行分配，a 值可参考表 5-2-5 取值。

5. 起爆方法和起爆顺序

当前，我国隧道爆破起爆一般采用导爆管起爆法。为了达到预期的爆破效果，除合理布置炮眼及适量装药外，还应根据各种炮眼所起的作用来确定炮眼的起爆顺序。光面爆破起爆顺序是：掏槽眼—辅助眼—周边眼—底板眼；预裂爆破起爆顺序是：周边眼—掏槽眼—辅助眼—底板眼。

【例 5-2-1】 某直墙式单线铁路隧道，石质为石灰岩，无地下水，属Ⅲ级围岩，采用下导坑法超前开挖法。下导坑开挖断面为矩形，其尺寸宽 4.2 m，高 3.0 m，导坑月掘进计划为 130 m，每月施工 28 天，采用四班四循环作业，炮眼利用率为 0.9，采用标准硝铵炸药，试进行下导坑开挖断面钻爆设计。

【解】

（1）根据隧道的地质情况决定采用垂直楔形掏槽。

（2）计算导坑炮眼数目 N。

开挖断面面积为 $S = 4.2 \times 3.0 = 12.6\ m^2$，按 $S = 12.6 \approx 13\ m^2$，围岩级别Ⅲ，查表 5-2-4 得 $q = 1.4\ kg/m^3$。根据工程实际经验和表 5-2-6 得 $a = 0.8$，按药卷直径 $\phi 32$ 查表 5-2-7 得 $\gamma = 0.78\ kg/m$。

$$N = \frac{qS}{a\gamma} = \frac{1.4 \times 12.6}{0.8 \times 0.78} = 28 \ (\text{个})$$

（3）根据采用的垂直楔形掏槽及Ⅲ级围岩，由隧道施工手册或查表 5-2-2，取掏槽炮眼与开挖面（掌子面）间的夹角 $\alpha = 75°$，上下两对炮眼间的距离为 60 cm，同一平面上两炮眼眼底间的距离为 30 cm，掏槽炮眼 6 个（3 对）。

（4）计算每一循环炮眼深度：

$$l = \frac{130}{28 \times 4 \times 0.9} = 1.30 \ (\text{m})$$

每一循环进尺为

$$l_0 = 1.30 \times 0.9 = 1.17 \ (\text{m})$$

掏槽眼及底眼深度：

$$l_{掏、底} = 1.30 + 0.10 = 1.40 \ (\text{m})$$

辅助眼、帮眼、顶眼深度：

$$l_{辅、帮、顶} = 1.30 \ (\text{m})$$

（5）计算各种炮眼的长度 L。

掏槽炮眼长度：

$$L_{掏} = \frac{l_{掏}}{\sin \alpha} = \frac{1.40}{\sin 75°} = 1.45 \ (\text{m})$$

同一平面上两掏槽炮眼眼口间的距离（见图 5-2-10）：

$$B = 2c + b = 2 \times 1.45 \times \cos 75° + 0.3 = 1.05 \ (\text{m})$$

因辅助炮眼垂直于开挖面，故 $L_{辅} = l_{辅} = 1.30\,\text{m}$，为了钻眼方便，根据围岩情况，各周边眼眼口均距开挖轮廓线 5 cm，其眼底均超出开挖轮廓线 10 cm，则帮眼和顶眼长度（见图 5-2-11）为

$$L_{帮、顶} = \sqrt{1.30^2 + \left(0.05 + 0.10\right)^2} = 1.31 \ (\text{m})$$

底眼长度（见图 5-2-12）为

$$L_{低} = \sqrt{1.40^2 + \left(0.05 + 0.10\right)^2} = 1.41 \ (\text{m})$$

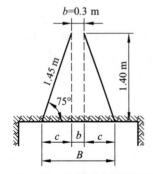

图 5-2-10　掏槽炮眼眼口间距

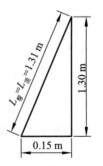

图 5-2-11　帮眼、顶眼长度

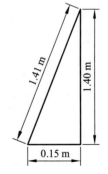

图 5-2-12　底眼长度

（6）导坑炮眼布置如图 5-2-13 所示。

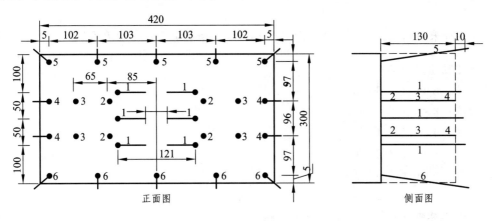

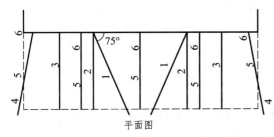

图 5-2-13　炮眼布置（单位：cm）

（7）每一循环装药量 Q 的计算及炮眼装药量的分配。

根据炸药供应及围岩情况，使用 2 号岩石硝铵炸药，其药卷直径为 32 mm，长度为 200 mm，每卷药卷重 0.15 kg。每一循环爆破的岩石体积为

$$V = Sl_0 = 12.6 \times 1.17 = 14.7 \ (\text{m}^3)$$

故

$$Q = qV = 1.4 \times 14.7 = 20.6 \ (\text{kg})$$

将每一循环装药量 Q 折合成药卷数为

$$\frac{20.6}{0.15} = 138 \ (\text{卷})$$

因为计算时采用 $\alpha = 0.8$，现设各种炮眼的装填系数：掏槽眼为 0.9，辅助眼为 0.8，帮、顶眼为 0.7，底眼为 0.9，检算 α 的取值是否恰当，令

$$6 \times 0.9 + 8 \times 0.8 + 9 \times 0.7 + 5 \times 0.9 = (6+8+9+5)\alpha$$

$$\alpha = 0.8$$

与计算时的取值相同，故按上列装填系数进行分配是可以的。

每个掏槽眼装药量 $= \dfrac{1.17 \times 0.9 \times 0.78}{0.15} = 5.5 \ (\text{卷})$，采用 6 卷

每个辅助眼装药量 $= \dfrac{1.17 \times 0.8 \times 0.78}{0.15} = 4.9 \ (\text{卷})$，采用 4.5 卷

$$每个帮、顶眼装药量 = \frac{1.17 \times 0.7 \times 0.78}{0.15} = 4.3（卷），采用 4 卷$$

$$每个底眼装药量 = \frac{1.17 \times 0.9 \times 0.78}{0.15} = 5.5（卷），采用 6 卷$$

各种炮眼用药量为

掏槽眼：6×6 卷 = 36 卷

辅助眼：8×4.5 卷 = 36 卷

帮　眼：4×4 卷 = 16 卷

顶　眼：5×4 卷 = 20 卷

底　眼：5×6 卷 = 30 卷

合　计：　　　　138 卷

（8）根据爆破器材情况，采用导爆管起爆法。

起爆顺序按炮眼布置图的图标顺序起爆，计分 6 段，采用非电毫秒雷管 DH-1 型，考虑爆区长度 150 m，首段掏槽眼 6 个选用第 5 段位的毫秒雷管，辅助眼 4 个选用第 6 段位的毫秒雷管、4 个选用第 7 段位的毫秒雷管，帮眼 4 个选用第 8 段位的毫秒雷管，顶眼 5 个选用第 9 段位的毫秒雷管，底眼 5 个选用第 10 段位的毫秒雷管。网路采用并联形式，以能连接 4 根导爆管的塑料连接元件进行连接，内装 6 号普通雷管传爆，每个炮眼的起爆药卷，按起爆顺序用非电毫秒雷管插入导爆管，以连续装药结构将起爆药卷倒置于炮眼底，引出导爆管（长度 5 m，不计入爆区长）。将导坑 28 个炮眼以 4 个炮眼用塑料联结元件并联为一小组，可以联结为 7 个小组。用联结元件将 7 个小组并联为 2 个组（1 组 3 根导爆管、1 组 4 根导爆管），每小组导爆管长 5 m。最后用联结元件将 2 组并联为 1 根导爆管引至爆区安全地带，其导爆管计长 140 m，终端用 8 号普通雷管起爆，其传爆方式如图 5-2-14 所示。每一循环所用爆破器材数量见表 5-2-9。

表 5-2-9　每一循环所用爆破器材数量

爆破器材	规　格	单位	数量	说　明
非电毫秒雷管	DH-1 型 5 段	个	6	
非电毫秒雷管	DH-1 型 6 段	个	4	
非电毫秒雷管	DH-1 型 7 段	个	4	
非电毫秒雷管	DH-1 型 8 段	个	4	
非电毫秒雷管	DH-1 型 9 段	个	5	
非电毫秒雷管	DH-1 型 10 段	个	5	
连接元件		个	10	每个元件内已附一个 6 号普通雷管
8 号普通雷管		个	1	
导爆管		m	325	$28 \times 5 +（3 + 4）\times 5 + 2 \times 5 + 140 = 325$ m
炸　药	2 号岩石铵梯，$\phi 32$ mm	卷	138	共 20.7 kg

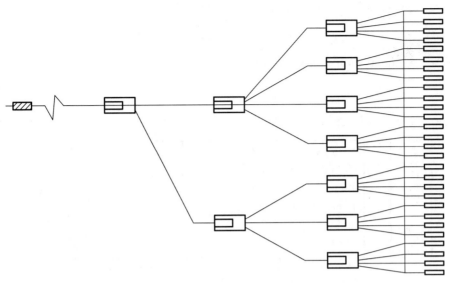

图 5-2-14　传爆方式

【例 5-2-2】　某海底隧道的服务隧道处于花岗岩底层，无地下水，属Ⅱ级围岩，隧道为马蹄形断面，断面积 26 m²，月掘进计划为 180 m，每月施工 28 d，采用三班三循环作业，炮眼利用率为 0.9，采用 2 号岩石铵梯炸药，药卷直径 ϕ32 mm。试进行钻爆设计。

【解】

（1）根据隧道的地质情况和断面大小决定采用三级复式掏槽。

（2）计算开挖面上炮眼数 N。

根据开挖面积 $S = 26$ m²，围岩级别Ⅱ级，查表 5-2-4 得单位耗药量 $q = 1.4$ kg/m³，根据工程实际经验和表 5-2-6 得 $\alpha = 0.55$，按药卷直径 ϕ32 查表 5-2-7 得 $\gamma = 0.78$。

$$N = \frac{qS}{\alpha\gamma} = \frac{1.4 \times 26}{0.55 \times 0.78} \approx 84 \ （个）$$

（3）根据采用的垂直楔形掏槽及Ⅱ级围岩由表 5-2-2 中查得：最外层掏槽炮眼与开挖面间的夹角 $a = 70°$，向内依次 65°、58°，上、下两排掏槽眼间的距离 $a = 50$ cm，同一平面上两炮眼眼底的距离 $b = 25$ cm。

（4）计算每一循环炮眼深度：

$$l = \frac{180}{28 \times 3 \times 0.9} = 2.38 \ （m）$$

实施施工中取 $l = 2.50$ m，每一循环进尺为 $l_0 = 2.50 \times 0.9 = 2.25$ m，故掏槽眼及底眼深度 $l_{掏、底} = 2.50 + 0.10 = 2.60$ m，辅助眼、帮眼、顶眼深度 $l_{辅、帮、顶} = 2.50$ m。

（5）计算各种炮眼的长度 L。

最长掏槽炮眼长度：

$$L_{掏} = \frac{l_{掏}}{\sin\alpha} = \frac{2.60}{\sin 70°} = \frac{2.60}{0.94} = 2.76 \approx 2.80 \ （m）$$

向里依次是 1.56 m、0.58 m，最外层掏槽炮眼眼口的距离为

$$B = 2c + b = 2 \times 2.80 \times \cos 70° + 0.25 = 2.17 \quad (\text{m})$$

向内依次为 1.57 m、0.97 m（见图 5-2-15）。

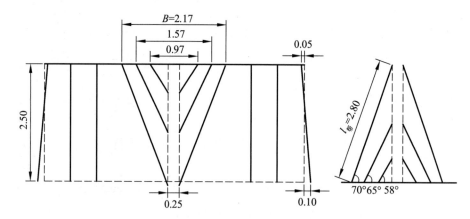

图 5-2-15 炮眼长度示意图（单位：m）

辅助炮眼长度：因辅助炮眼垂直于开挖面，故 $L_{辅} = 2.50$ m。

周边炮眼长度：为钻眼方便，根据围岩情况，各周边眼眼口均距开挖轮廓线 5 cm，其眼底超出开挖轮廓线 10 cm。

帮眼和顶眼长度为

$$L_{帮、顶} = \sqrt{2.50^2 + (0.05 + 0.10)^2} = 2.50 \quad (\text{m})$$

底眼长度为

$$L_{底} = \sqrt{2.60^2 + (0.05 + 0.10)^2} = 2.60 \quad (\text{m})$$

（6）开挖断面炮眼布置，见图 5-2-16。

（7）每一循环装药量 Q 的计算及炮眼装药量的分配

根据炸药供应及围岩情况，使用 2 号岩石铵梯炸药，其药卷直径为 32 mm，长度为 200 mm，每卷药卷为 0.15 kg。

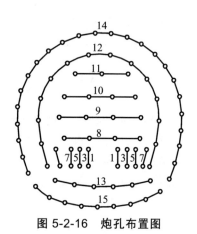

图 5-2-16 炮孔布置图

$$V = 26 \times 2.25 = 58.5 \quad (\text{m}^3)$$

$$Q = qV = 1.4 \times 58.5 = 81.9 \quad (\text{kg})$$

故各个炮眼的装药量（折合卷数）分配如下：$\dfrac{81.9}{0.15} = 546$ 卷。

因为前面采用 $\alpha = 0.55$，根据表 5-2-6 确定各种炮眼的装药系数：掏槽眼为 0.60，辅助眼为 0.55，帮、顶位 0.50，底眼为 0.60，则

$$12 \times 0.60 + 39 \times 0.55 + 24 \times 0.50 + 9 \times 0.60 = (12 + 39 + 9)\alpha$$

计算得 $a = 0.548$，与预先假设值 0.55 较为接近，故可按上列装填系数进行分配药卷是可以的。实际每个炮孔装药量如下：

　最外层掏槽眼装药量 $= 0.78 \times 2.25 \times 0.60 = 1.05$ (kg) 折合为 7.1 卷，采用 7 卷

　中间层掏槽眼装药量 $= 0.78 \times 1.56 \times 0.60 = 0.73$ (kg) 折合为 4.9 卷，采用 5 卷

　最内层掏槽眼装药量 $= 0.78 \times 0.58 \times 0.60 = 0.28$ (kg) 折合为 1.8 卷，采用 2 卷

　每个辅助眼装药量 $= 0.78 \times 2.25 \times 0.55 = 0.97$ (kg) 折合为 6.4 卷，采用 7 卷

　每个帮、顶眼装药量 $= 0.78 \times 2.25 \times 0.50 = 0.88$ (kg) 折合为 5.9 卷，采用 6 卷

　每个眼底装药量 $= 0.78 \times 2.25 \times 0.60 = 1.05$ (kg) 折合为 7.1 卷，采用 8 卷

　各种炮眼用药量如下：

　掏槽眼　　　　　　$(4 \times 7 + 4 \times 5 + 4 \times 2)$ 卷 = 56 卷

　辅助眼　　　　　　39×7 卷 = 273 卷

　帮眼和底眼　　　　24×6 卷 = 144 卷

　底眼　　　　　　　9×8 卷 = 72 卷

总共合计 545 卷。与计算值 546 卷较为接近，故认为合理。

（8）根据爆破器材情况，采用毫秒延期电雷管起爆网络。起爆顺序按炮眼布置图的图标顺序起爆，共分 12 段，采用毫秒延期电雷管起爆。雷管段别如图 5-2-16 所示，采用连续装药结构，反向起爆方式。

五、钻爆施工技术

钻爆施工是把钻爆设计付诸实施的重要环节，包括钻孔、装药、堵塞和爆破后可能出现的问题处理等。隧道爆破通常都要求每一循环进尺尽可能大，但在很多情况下，往往会碰到由于过高估计爆破效果而带来的一些困难，因此在施工设计中，不但要了解实际掘进速度的可能性，而且还要研究开挖方法。

（一）钻　眼

目前，隧道开挖爆破中广泛采用的钻孔设备为凿岩机和钻孔台车。为保证达到良好的爆破效果，施钻前应由专门人员根据设计布孔图现场布设，必须标出掏槽眼和周边眼的位置，严格按照炮眼的设计位置、深度、角度和眼径进行钻眼。如出现偏差，由现场施工技术人员确定其取舍，必要时应废弃重钻。

（二）装　药

在炸药装入炮眼前，应将炮眼内的残渣、积水排除干净，并仔细检查炮眼的位置、深度、角度是否满足设计要求，装药时应严格按照设计的炸药量进行装填。隧道爆破中常采用的装药结构有连续装药、间隔装药及不耦合装药等，连续装药结构按照雷管所在位置不同又可分为正向起爆和反向起爆两种形式，如图 5-2-17 所示。

实践表明，反向起爆有利于克服岩石的夹制作用，能提高炮眼利用率，减小岩石破碎块

度，爆破效果较正向起爆为好。但反向起爆较早装入起爆药卷，会影响后续装药质量，在有水的情况下，起爆药卷易受潮拒爆，还易损伤起爆引线，机械化装药时易产生静电早爆。

隧道周边眼一般采用小直径药卷连续装药结构或普通药卷间隔装药结构（见图5-2-17）。当岩石很软时，也可用导爆索装药结构，即用导爆索取代炸药药卷进行装药。眼深小于 2 m时，可采用空气柱装药结构。

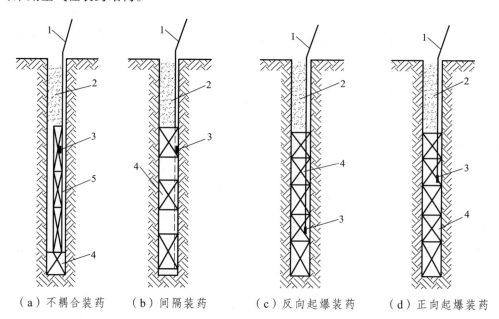

（a）不耦合装药　　（b）间隔装药　　（c）反向起爆装药　　（d）正向起爆装药

图 5-2-17　装药结构

1—引线；2—炮泥；3—雷管；4—药卷；5—小直径药卷

（三）堵塞及起爆网络

隧道内所用的炮眼堵塞材料一般为砂子和黏土混合物，其比例大致为砂子 50% ~ 40%，黏土 50% ~ 60%，堵塞长度视炮眼直径而定。当炮眼直径为 $\phi 25$ mm 和 $\phi 50$ mm 时，堵塞长度分别不能小于 18 cm 和 45 cm。堵塞长度也和最小抵抗线有关，通常不能小于最小抵抗线。堵塞可采用分层捣实法进行。起爆网络是隧道爆破成败的关键，它直接影响爆破效果和爆破质量，起爆网络必须保证每个药卷按设计的起爆顺序和起爆时间起爆。

（四）起爆顺序及时差

（1）除预裂爆破的周边眼是最先起爆外，在一个开挖断面上，是由内向外逐层起爆。这个起爆顺序可以用迟发雷管的不同延期时间（段别）来实现。试验和研究表明，各层炮之间的起爆时差越小，则爆破效果越好。常采用的时差为 40 ~ 200 ms，称为微差爆破。

（2）内圈炮眼先起爆，外圈炮眼后起爆，这个顺序不能颠倒，否则爆破效果大受影响，甚至完全失败。为了保证内外圈先后起爆顺序，实际使用中，常跳段选用毫秒雷管。但应注意，在深孔爆破时，要将掏槽炮与辅助炮之间的时差稍稍加大，以保证掏槽炮在此时差内将石渣抛出槽口，防止槽口淤塞，为后爆辅助炮提供有效的临空面。

（3）同圈眼必须同时起爆，尤其是掏槽眼和周边眼，以保证同圈眼的共同作用效果。

（4）延期时间可以由孔内控制或孔外控制。孔内控制是将迟发雷管装入孔内的药卷中来实现微差爆破。这是常用的方法，但装药要求严格，一旦出现差错就会影响爆破效果。孔外控制是将迟发雷管装在孔外，在孔内药卷中装入即发雷管，实现微差爆破。这样便于装药后进行系统检查（段数）。但先爆雷管可能会炸断其他管线，造成瞎炮，影响爆破效果。由于毫秒雷管段数较多和延期时间精度提高，现多采用孔内控制微差爆破，而较少采用孔外控制。此外，若一次爆破孔眼数量较多，雷管段数不够用时，可采用孔内、孔外混合及串联、并联混合网络。

（五）盲炮问题

放炮时，炮眼内炸药未发生爆炸的现象称为盲炮，俗称瞎炮。炸药、雷管或其他火工品不能被引爆的现象称为拒爆。

1. 盲炮产生的原因

（1）火雷管拒爆产生盲炮。

火雷管导火索药芯过细或断药、加强帽堵塞，导火索和火雷管在运输、储存或使用中受潮变质，火雷管与导火索连接不好，造成雷管瞎火；装药充填时不慎，使导火索受损或与雷管拉脱或点炮时漏点、响炮顺序不当等产生盲炮。

（2）电力起爆产生盲炮。

电雷管的桥丝与脚线焊接不好，引火头与桥丝脱离，延期导火索未引燃起爆药等；雷管受潮或同一网路中采用不同厂家、不同批号和不同结构性能的雷管，或者网路电阻配置不平衡，雷管电阻差太大，致使电流不平衡，每个雷管获得的电能有较大的差别，获得足够起爆电能的雷管首先起爆而炸断电路，造成其他雷管不能起爆；电爆网路短路、断路、漏接、接地或连接错误；起爆电源起爆能力不足，通过雷管的电流小于准爆电流；在水孔中，特别是溶有铵梯类炸药的水中，线路接头绝缘不良造成电流分流或短路。

（3）导爆索起爆产生盲炮。

导爆索因质量问题或受潮变质，起爆能力不足；导爆索药芯掺入油类物质；导爆索连接时搭接长度不够，传爆方向接反，连成锐角，或敷设中使导爆索受损；延期起爆时，先爆的药爆炸断起爆网路。

（4）导爆管起爆系统拒爆产生盲炮。

导爆管内药中有杂质，断药长度较大（断药 15 cm 以上）；导爆管与传爆管或毫秒雷管连接处卡口不严，异物（如水、泥沙、岩屑）进入导爆管；导爆管管壁破裂、管径拉细；导爆管过分打结、对折；采用雷管或导爆索起爆导爆管时捆扎不牢，四通连接件内有水，防护覆盖的网路被破坏，或雷管聚能穴朝着导爆管的传爆方向，以及导爆管横跨传爆管等；延期起爆时首段爆破产生的振动飞石使延期传爆的部分网路损坏。

2. 盲炮的预防措施

（1）爆破器材要妥善保管，严格检查，禁止使用技术性能不符合要求的爆破器材。

（2）同一串联支路上使用的电雷管，其电阻差不应大于 $0.8\ \Omega$，重要工程不超过 $0.3\ \Omega$。

（3）不同燃速的导火索应分批使用。

（4）提高爆破设计质量。设计内容包括炮孔布置、起爆方式、延期时间、网路敷设、起爆电流、网路检查等。对于重要爆破，必要时须进行网路模拟试验。

（5）改善爆破操作技术，保证施工质量。火雷管起爆要保证导火索与雷管紧密连接，雷管与药包不能脱离；电力起爆要防止漏接、错接和折断脚线，网路接地电阻不得小于 100 000 Ω，并要经常检查开关和线路接头是否处于良好状态。

（6）在有水的工作面或水下爆破时，应采取可靠的防水措施，避免爆破器材受潮。

3. 盲炮的处理

（1）浅眼爆破盲炮处理。

① 经检查确认炮孔的起爆线路完好时，可重新起爆。

② 打平行眼装药爆破时，平行眼距盲炮孔口不得小于 0.3 m。为确定平行眼的方向，允许从盲炮口取出长度小于 20 cm 的填塞物。

③ 用木制、竹制或其他不发生火星的材料制成的工具，轻轻地将炮眼内大部分填塞物掏出，用聚能药包诱爆。

④ 在安全距离外用远距离操纵的风水管吹出盲炮填塞物及炸药，但必须采取措施回收雷管。

⑤ 盲炮应在当班处理。当班不能处理或未处理完，应将盲炮情况（盲炮数量、炮眼方向、装药数量和起爆药包位置、处理方法和处理意见）在现场交接清楚，由下一班继续处理。

（2）深孔爆破盲炮处理。

① 爆破网路未受破坏且最小抵抗线无变化者，可重新连线起爆；最小抵抗线有变化者，应验算安全距离，加大警戒范围后连线起爆。

② 在距盲炮口不小于 10 倍炮孔直径处另打平行孔装药起爆。爆破参数由爆破工作负责人确定。

③ 所用炸药为非抗水硝铵类炸药且孔壁完好者，可取出部分填塞物，向孔内灌水使之失效，然后进一步处理。

（六）超欠挖问题

1. 隧道允许超欠挖值

隧道不应欠挖，当围岩完整、石质坚硬时，允许围岩个别突出部分（每 1 m² 不大于 0.1 m²）侵入衬砌。对整体式衬砌，侵入值应小于 1/3，并小于 10 cm；对喷锚衬砌不应大于 5 cm；拱脚和墙脚以上 1 m 范围内严禁欠挖。隧道的允许超欠挖值应符合表 5-2-10 的规定。

表 5-2-10　隧道允许超欠挖值

开挖部位	围岩级别		
	Ⅰ	Ⅱ～Ⅳ	Ⅴ～Ⅵ
拱部	平均 10 cm	平均 15 cm	平均 10 cm
	最大 20 cm	最大 25 cm	最大 15 cm
边墙、仰拱、隧底	平均 10 cm	平均 10 cm	平均 10 cm

2. 超欠挖产生原因

（1）地质条件：岩性（主要包括岩石物理、力学特性等）、岩石结构（主要包括岩石成因演变过程特性，如节理裂隙等）。如果隧道方向垂直于岩层走向，则破裂是整体的，超挖一般较少；但当平行岩层走向时，则超挖较多。如遇软弱围岩或完整性差的地质情况，更易产生超挖。

（2）钻孔设备：大型钻机钻臂外插角构造及设备自动化程度。凿岩台车外插角大和钻孔深必然超挖量大，凿岩设备自动化程度低也会影响凿岩定位及钻进深度，从而产生向外或向上的超挖偏差。

（3）炸药品种及装药结构：炸药与岩石声抗阻不匹配（即炸药猛度过大对炮孔壁产生过量破坏），装药结构（或线装药密度）不合理也常常会造成对炮孔壁底局部或整体超爆破坏。

（4）爆破设计不当：周边眼布置及周边眼间排距设计不当。

（5）施工操作：不放轮廓线、不准确放轮廓线、错误布置轮廓线和钻孔位置；施钻人员技术不精，钻孔定位或钻进角度偏差控制不好，少打眼以及试图争取缩短钻眼时间，擅自减少钻孔深度，采用过多装药量；手持风钻施钻时工作平台高度不够从而使钻孔向上偏斜过大等。

3. 超欠挖预防措施

（1）优化每循环进尺，尽可能将钻孔深度设计在 4 m 以内。

（2）选择与岩石声阻抗相匹配的炸药品种。

（3）利用空孔导向，或在有条件时采用异型钻头钻凿有翼形缺口的炮孔。

（4）利用装药不耦合系数或相应的间隔装药方式。

（5）提高施工人员素质，加强岗位责任制。

（七）爆破质量检验标准

隧道爆破质量直接影响隧道施工的安全、掘进速度以及经济效益。爆破时，围岩的破坏范围过大，将威胁到施工安全；石渣块度过大，将会影响装运速度；眼底不平，炮眼利用率不高，会影响掘进速度；光爆效果不好，超挖过大，则是造成经济效益不好的直接原因。根据长期总结的经验，并考虑到隧道施工的现状，一般采用表 5-2-11 所示的质量检验标准。

表 5-2-11　隧道爆破质量检验标准

岩性	软弱	中硬	硬
围岩扰动深度 /m	1	0.8	0.5
平均线性超挖 /cm	15	15	10
最大线性超挖 /cm	25	25	20
两炮衔接台阶最大尺寸 /cm	15	15	15
局部欠挖 /cm	5	5	5
炮眼残痕率	≥50%	≥70%	≥80%
炮眼利用率	100%	95%	90%
岩　壁	爆后围岩稳定，无剥落现象		
石渣块度	大块一般不宜超过 30 cm，大型装渣机允许 50～60 cm，最大为 100 cm，渣堆集中，最大抛距 20 m，双线隧道深眼爆破时为 30 m		

第三节　装渣运输技术

隧道开挖后，要把开挖的石渣运到洞外，还要把支护材料运进洞内，这种作业叫装渣运输。为了使整个隧道施工有条不紊，对装渣运输，要根据条件和可能尽量选择一些高效率的装渣运输机具，并进行合理组织，妥善安排，加快施工进度。尤其对于装渣作业，它是隧道掘进循环中占用时间最多，又是对其他作业干扰较大的一项作业。因此提高装渣效率，缩短装渣时间，加强运输管理及调度工作，对提高隧道施工进度有着非常巨大的意义。

装渣运输作业按其采用的装渣运输机具和设备的不同可分为三类。

第一类是有轨装渣—有轨运输。即在坑道内靠近工作面一段用轨行式装渣机将石渣装在车辆内，编列成组，再用牵引机车沿着轨道运至洞外卸渣场，如图 5-3-1 所示。它是传统的装渣运输形式，污染小，不受隧道长短、断面大小的限制。但各工种相互间干扰大，机械效率低，掘进速度较慢。此外挖枕木槽延误时间较长，不挖则轨面抬高，装渣机铲车上浮，引起隧底爬高。挖枕木槽，对硬岩难挖，对软岩易超挖，如有整体道床，是不允许超挖的。

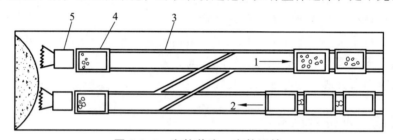

图 5-3-1　有轨装渣—有轨运输

1—重车道；2—空车道；3—轨道；4—斗车；5—装渣机

第二类是无轨装渣—无轨运输。即在隧道施工中不铺设轨道，装渣采用铲斗轮胎式或履带式装岩机械，将石渣装在翻斗汽车内运至洞外卸渣场，如图 5-3-2 所示。此外，还有用皮带运输机将石渣运到洞外的，我国仅在斜井中试用过。

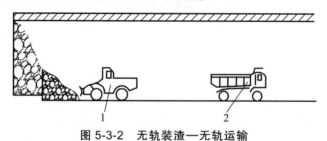

图 5-3-2　无轨装渣—无轨运输

1—装渣机；2—大型自卸汽车

无轨装渣—无轨运输不存在轨道铺设及工作面轨道延伸问题，运输管理及调度工作也较为简单，装运效率高，干扰小。如用内燃装渣机及翻斗汽车装运，排出的废气量大，污染洞内空气，需要很好地解决通风问题。

第三类是无轨装渣—有轨运输。一般是在离工作面 20～30 m 范围内不铺设轨道。装渣机械常用履带式，如斗容量为 1.4 m³ 的 CAF953 型装渣机或 9HK 型立爪装岩机。运输车辆多采用 8 m³ 以上梭式矿车或 4 m³ 以上侧卸斗车。用 10～12 t 电瓶车牵引，沿着洞身轨道运至洞外卸渣场，如图 5-3-3 所示。

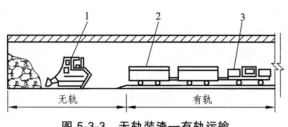

图 5-3-3　无轨装渣—有轨运输
1—装渣机；2—大型斗车；3—电瓶车

无轨装渣—有轨运输实为上述第一、第二类的综合。它综合了第一、二类的优点，克服了各自的缺点。因而此种方法在隧道施工中有发展的趋势。要注意的是，应做到轻、重车各行其道，防止交叉，轨道尽量接近掌子面，以加快装渣速度。

除了上述三种装渣运输方法外，还有采用皮带运输的，皮带长度达 2～3 km。将石渣铲装在皮带运输机上，经由皮带运输到洞外石渣仓，再以重型翻斗车运至指定的卸渣场所。有的甚至采用装运卸联合机，实现装、运、卸联动化、自动化。

一、装渣机械

装渣机械的装载能力应满足作业循环所规定的时间要求，能装载开挖设计中最大岩石块度的需要，最好选用连续型装渣机。

（一）有轨装渣机

有轨装渣机按所用动力分为电动和风动两类,按装渣轨方式分为有翻斗式和耙斗式两种。

1. 翻斗式装渣机

翻斗式装渣机又称铲斗后卸式装渣机（简称装渣机），翻斗式装渣机分为直接装车式和转载装车式两种。

直接装车式装渣机如图 5-3-4 所示。它利用机体前方的铲斗铲起石渣，经机体上方将石渣投入机后的车斗内。它装完一个斗车后，把重车推出，把另一个空车推进，才能继续装渣，是非连续型装岩机械。该机构造简单、操作方便，但装载宽度受限制，需铺设临时轨道。因此，我国已停止生产这种装岩机，但工地上仍有使用。

转载装车式装渣机如图 5-3-5 所示。它本身附有皮带运输机，一次可连续装几个斗车，减少了调车时间，又称为连续型装渣机。

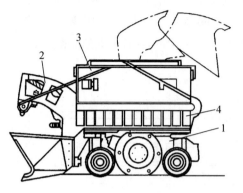
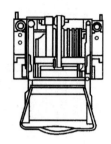

图 5-3-4　翻斗式装渣机

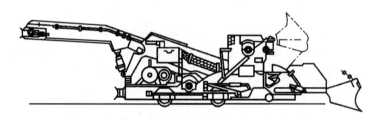

图 5-3-5　转载式装渣机

2. 耙斗式装渣机

耙斗式装渣机简称扒渣机，其机体主要结构如图 5-3-6 所示。它结构简单，制造容易，维修方便，装渣效率高，可将坑道齐头的石渣先行扒出而起到翻渣作用，便于与钻眼工作平行作业，因而使用范围广。

扒渣机在装渣作业时，为了提高效率，应保持一定的作业距离。其长度应按扒渣机距工作面（包括渣堆）的距离、扒渣机长度、一列空车长度（包括机车长）、2 副道岔长度等因素综合确定。

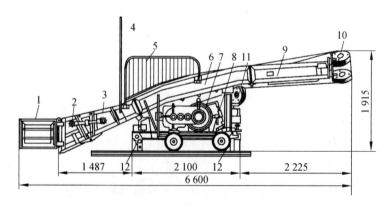

图 5-3-6　扒渣机（单位：mm）

1—挡板；2—簸箕口；3—连接槽；4—保护立杆；5—栏杆；6—中间槽；7—绞车；
8—台车；9—卸料槽；10—导绳轮；11—架绳轮；12—卡轨器

158

（二）无轨装渣机

无轨装渣机一般称装载机，按行走部分分为履带式和轮胎式两种。

1. 蟹爪式装渣机

这种装渣机多采用履带走行，电力驱动。它是一种连续装渣机，其前方倾斜的受料盘上装有一对由曲轴带动的扒渣蟹爪。装渣时，受料盘插入岩堆，同时两个蟹爪交替将岩渣扒入受料盘，并由刮板输送机将岩渣装入机后的运输车内（见图 5-3-7）。

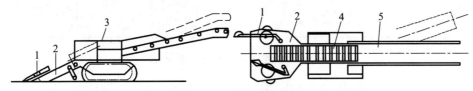

图 5-3-7　蟹爪式装渣机

1—蟹爪；2—受料机；3—机身；4—链板输送机；5—带式输送机

因受蟹爪拨渣限制，岩渣块度较大时，其工作效率降低，故主要用于块度较小的岩渣及土的装渣作业。工作能力一般为 $60 \sim 80 \text{ m}^3/\text{h}$。

2. 立爪式装渣机

这种装渣机多采用轨道走行，也有采用轮胎走行或履带走行的。以采用电力驱动、液压控制得较好。装渣机前方装有一对扒渣立爪，可以将前方或左右两侧的石渣扒入受料盘，其他同蟹爪式装渣机。立爪扒渣的性能较蟹爪式的好，对岩渣的块度大小适应性强，轨道走行时，其工作宽度可达到 3.8 m，工作长度可达到轨端前方 3.0 m，工作能力一般为 $120 \sim 180 \text{ m}^3/\text{h}$。

3. 挖掘式装渣机

这种装渣机是近几年发展起来的较为先进的隧道装渣机。其扒渣机构为自由臂式挖掘反铲，其他同蟹爪式装渣机，并采用电力驱动和全液压控制系统，配备有轨道走行和履带走行两套走行机构。立定时，工作宽度可达 3.5 m，工作长度可达轨道前方 7.11 m，且可以下挖2.8 m 和兼作高 8.34 m 范围内清理工作面及找顶工作，生产能力为 $250 \text{ m}^3/\text{h}$，如图 5-3-8 所示。

图 5-3-8　挖掘式装渣机

4. 铲斗式装渣机

这种装渣机多采用轮胎走行，也有采用履带走行或轨道走行。轮胎走行的铲斗式装渣机多采用铰接车身、燃油发动机驱动和液压控制系统（见图 5-3-9）。

图 5-3-9　轮胎走行铲斗式装渣机

轮胎走行铲斗式装渣机转弯半径小，移动灵活；铲取力强，铲斗容量大，达 0.76 ~ 3.8 m³，工作能力强；可侧卸也可前卸，卸渣准确，但燃油废气污染洞内空气，须配备净化器或加强隧道通风，常用于较大断面的隧道装渣作业。

轨道走行和履带走行的铲斗式装渣机，多采用电力驱动。轨道走行装渣机一般只适用于断面较小的隧道，履带走行的大型电铲则适用于特大断面的隧道。

二、运输机械

（一）牵引机车

采用有轨运输时，要用牵引机车将铲装在斗车内的石渣拖到洞外。因此牵引机车是轨行式隧道内牵引车辆的动力，在同一洞口，应尽可能选配同型号的牵引机车，以便使用、管理和维修。

牵引机车一般分为电瓶车和内燃机车两种，最常用的是电瓶车。内燃机车由于废气净化处理尚不够完善，隧道施工中很少使用。常用的几种电瓶车规格性能见表 5-3-1。

表 5-3-1　电瓶车主要规格性能

型　号	性　能				
	轨距 / mm	牵引力 / kN	速度 /（km/h）	最小回转半径 / m	长×宽×高 / m
8T 两用	750	13 300	5.4	7	4 570×1 346×2 144
CXK-8/600	600	11 600	6	7	4 450×1 053 ×1 410
XKB-7/B₂A	762	11 400	7.5	7	—
EL-8	750	7 200	3.75	8	4 060×1 000×1 400
BL-10-M	762	17 000	8	—	5 230×1 540×1 370
BCRM-12-7620	762	18 000	10	15	5 540×1 450×1 500
VG 12T/256	762	19 300	10	15	5 250×1 450×1 900

1．牵引机车的类型

牵引机车一般分为电瓶车和内燃机车两种，最常用的是电瓶车。内燃机车由于废气净化处理尚不够完善，隧道施工中很少使用。

2．机车牵引计算

隧道内机车牵引计算，一般有三种情况：一是重车上坡起动计算，用机车最大牵引力（F_{max}）计算；二是重车上坡运行计算，用机车的额定牵引力计算；三是重车下坡制动计算，用机车的制动牵引力计算。

（1）列车运行的基本方程：

$$F = F_1 + F_2 \qquad (5\text{-}3\text{-}1)$$

式中　F——机车牵引力，N；

　　　F_1——列车静阻力之和，N；

　　　F_2——惯性力，N。

① 计算列车静阻力 F_1 的计算：

$$F_1 = (P + Q_c) \cdot (w + i + w_r) \qquad (5\text{-}3\text{-}2)$$

式中　P——机车重力，kN；

　　　Q_c——牵引定数，kN；

　　　w——基本阻力系数，一般取 8 N/kN；

　　　i——坡度产生的阻力系数，N/kN；

　　　w_r——弯道产生的阻力系数（N/kN），由于弯道产生的阻力值较小，计算中忽略不计。

关于坡度阻力系数 i，即线路坡度 i（‰），亦即车辆每 kN 重力正好产生 i（N）的阻力，如图 5-3-10 所示。

证明：

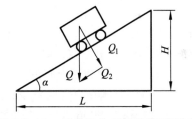

图 5-3-10　坡度阻力系数计算示意图

$$i = \frac{H}{L} \times 1\,000 \ (‰)$$

$$Q_2 = Q \cdot \sin \alpha$$

由于 i 很小，故 α 角很小，则 $\sin \alpha \approx \tan \alpha = \dfrac{H}{L}$，即 $Q_2 = Q \cdot \tan \alpha = Q \cdot \dfrac{H}{L} = Q \cdot i$ ‰，单位坡道阻力为

$$Q_i = \frac{Q_2}{Q} = i ‰ \ (kN/kN) = i \ (N/kN)$$

② 关于惯性阻力 F_2 的计算：惯性阻力等于质量与加速度的乘积，实际应用中还要考虑车辆的惯性系数。

$$F_2 = k \cdot \frac{1\,000(P + Q_c)}{g} \cdot j = 110(P + Q_c) \cdot j \qquad (5\text{-}3\text{-}3)$$

式中　　k——车辆的惯性系数，重车为 1.05，空车为 1.10，取平均 1.075；

g——重力加速度，取 9.8 m/s²；

j——列车行驶加速度（m/s²），$j = \dfrac{v^2}{2L}$；

其中　　v——列车运行速度，m/s；

L——列车运行距离，m。

则列车运行的基本方程为

$$F = F_1 + F_2 = (P + Q_c) \cdot (w + i + 110j) \tag{5-3-4}$$

（2）牵引定数 Q_c 的计算。

① 重车上坡起动计算：重车上坡起动按机车的最大牵引力 F_{max} 计算：

$$F_{max} = 1\,000\psi P_c \tag{5-3-5}$$

式中　　P_c——机车的黏着重力，一般用机车重力 P（单位：kN）计算；

ψ——黏着系数。

启动时，基本阻力按车辆的运行起动阻力 w' 计算，取 $w' = 1.25w$，$F_{max} = (P + Q_c)$ $(w' + i + 110j)$，则

$$Q_c = \frac{F_{max}}{w' + i + 110j} - P \tag{5-3-6}$$

机车所能牵引的车辆数为

$$n = \frac{Q_c}{Q + q} \tag{5-3-7}$$

式中　　Q_c——牵引定数，kN；

Q——车辆载满土石的重量，kN；

q——每辆车自身的重量，kN。

② 按重车上坡道运行计算：重车上坡道运行按机车的额定牵引力 $F_{额}$ 计算，不计加速度，即 $j = 0$，即 $F_{额} = (P + Q_c)(w + i)$，则

$$Q_c = \frac{F_{额}}{w + i} - P \tag{5-3-8}$$

机车所能牵引的车辆数按式（5-3-7）计算。

③ 按重车下坡道制动计算：重车下坡道制动按机车的制动牵引力 $F_{制}$ 计算，制动牵引力为

$$F_{制} = 1\,000 P \psi_{制} \tag{5-3-9}$$

式中　　P——机车重力，kN；

$\psi_{制}$——列车制动黏着系数，一般取 0.17。

注意：基本阻力系数应取负值，即 $1\,000 P \psi_{制} = (P + Q_{制})(-w + i + 110j)$，则

$$Q_{制} = \frac{1\,000P\psi_{制}}{110j - w + i} - P \qquad (5\text{-}3\text{-}10)$$

机车所能牵引的车辆数按式（5-3-7）计算。

3. 出渣斗车数量计算

$$y = \frac{N}{n_1} \qquad (5\text{-}3\text{-}11)$$

式中 n_1——每工班车辆循环次数，即 $n_1 = \dfrac{T}{t}$［其中，T 为每工班净出渣时间（min）；t 为车辆循环一次需要的时间（min）］；

N——每班出渣总车数，即

$$N = \frac{V \cdot K}{m \cdot n_2} \qquad (5\text{-}3\text{-}12)$$

其中 V——开挖实方数量，m^3；

K——土石松散系数，松软土石为 1.1～1.2，坚硬岩石为 1.15～1.6；

m——斗车容积，m^3；

n_2——斗车装满系数，一般取 0.7～0.9。

4. 牵引机车数量计算

$$N_c = \frac{N}{n \cdot m_1} \qquad (5\text{-}3\text{-}13)$$

式中 m_1——每工班机车的循环次数，即

$$m_1 = \frac{T}{T_p} \qquad (5\text{-}3\text{-}14)$$

T_p——机车循环一次需要的时间（min），由调车、编组、运行、会车、卸渣等时间综合求得；

N、n、T 同前。

上述计算出渣斗车和牵引机车数目为实际需用量，施工现场为了保证机械设备正常运转不耽误工期，需要有一定的备用量。其中备用系数为：斗车为需用量的 40%～50%，机车为需用量的 50%～100%。此外，还应考虑进料需要的斗车数。

（二）运输车辆

1. 有轨运输车辆

轨行式运输车辆有斗车和梭式矿车等。

（1）斗车。

国产斗车种类很多，按其断面形状分为 V 形、U 形、箱形及箕斗形等；按其卸渣方法分

为侧倾、前倾及三方向倾等。表 3-7-2 为一般斗车性能。

目前隧道施工中为配合高效率的大铲斗装渣机和减少单个斗车的调车时间，已逐步采用大容量的斗车，如 4.25 m³、6 m³ 乃至 30 m³ 的大斗车。

表 5-3-2　一般斗车性能

型　号	规格性能					
	斗车容量/ m³	载重量/ kN	轨距/ mm	挂钩高度/ mm	自重/ t	长×宽×高/ mm
V　型	0.75	12.00	600	296	0.53	1 871×1 195×1 195
	0.75	18.75	600，760	296	0.64	1 820×980×1 245
	0.75	15.00	600，750，762	320	0.67	1 820×950×1 250
	1.0	16.00	750，762	350	0.62	2 040×1 410×1 315
	1.0	16.00	600	350	0.59	2 040×1 243×1 315
	1.0	16，00	600	377	0.66	1 996×1 393×1 285
	1.5	—	600	—	1.08	2 000×800×1 150
U　型	0.75	18.75	750	—	0.61	1 820×990×1 250
	0.75	12.00	762	355	0.66	1 820×982×1 245
	1.0	16.00	600	300	0.61	
大　型	2.5	62.50	600	604	2.08	3 650×1 250×1 300
	2.5	62.50	762	604	2.07	3 650×1 250×1 300
	4.0	100.00	762	604	3.17	4 200×1 400×1 600
	4.25	65.00	762	—	3.57	2 900×1 500×1 850
AS-60-1	6.0	90.00	762	—	3.47	3 400×1 713×1 650

（2）梭式矿车。

梭式矿车是放在两个转向架上的大斗车，车底设有链板式或刮板式输送带，石渣从前端接入，依靠传送机传递到后端，石渣就可布满整个矿车的底部。输送机的动力有气动和电动两种。单个梭式矿车的容积是 5 ~ 15 m³。这种矿车可单个使用，也可以成列使用，即梭车与梭车之间有可以搭接的部分，前车的卸渣端伸入后车的接渣端的车厢内。前车装满石渣后，连续开动运输机，将石渣从前车转送至后车。它可以正向卸渣，也可以侧向卸渣。梭式矿车由机车牵引，在全断面开挖和分部开挖的隧道施工中均可使用。其特点是结构合理，制造简单，容积较大，操作方便，劳动强度低。图 5-3-11 为 8.5 m³ 底盘回转式梭式矿车，其技术性能见表 5-3-3。

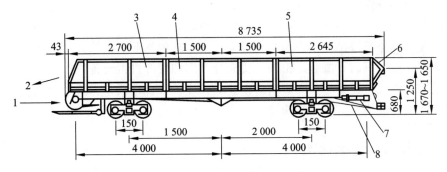

图 5-3-11　底盘回转式梭式矿车（单位：mm）

1—主动链轮；2—卸渣端；3—前车帮；4—中车帮；
5—后车帮；6—装渣端；7—张紧装置；8—后轴支座板

表 5-3-3　8.5 m³ 底盘回转式梭式矿车技术性能

外形尺寸（长×宽×高）		8 735 mm×1 460 mm×1 670 mm
风动马达	功　率	11 kW
	耗风量	最大功率时 14.5～15.5 m³/min
链板走行速度		12.08 m/min
适用最小坑道断面		≥6.4 m²
自　重		76.550 kN
轨　距		762 mm
最小转弯半径		12 m

（3）槽式列车。

槽式列车是由一个接渣车、若干个仅有两侧侧板而没有前后挡板的斗车单元和一个卸渣车串联组成的长槽形列车，在其底板处安装有贯通整个列车的风动链板式输送带，如图 5-3-12 所示。使用时，由装渣机向接渣车内装渣，装满接渣车后，开动链板传送带使石渣在列车内移动一个车位，如此反复装移石渣，即可装满整个列车。卸渣时采取类似的操作，由卸渣车将石渣卸去。

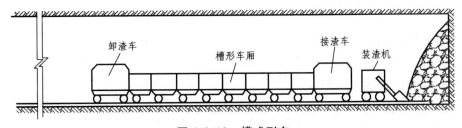

图 5-3-12　槽式列车

2. 无轨运输车辆

在无轨运输施工中，石渣一般用自卸汽车运输。

三、装渣作业

装渣作业是隧道掘进循环中占用时间最多，又与其他作业干扰较大的一项作业。为了迅速、及时地将洞内爆下的石渣装运出去，要充分利用和发挥机械设备的作用和效率，根据渣量选择合适的装渣机，还要尽量缩短装渣作业线长度，并合理调车，减少辅助作业时间，保证作业安全，以实现快装、快运、快卸。

（一）渣量及装渣生产率

1. 开挖渣量计算

装渣数量可按下式确定：

$$Z = K \cdot \Delta \cdot d \cdot s \tag{5-3-15}$$

式中　Z——石渣数量，m^3；

　　　K——土石松胀系数，指开挖后体积增大的系数，见表 5-3-4；

　　　Δ——超挖系数，一般用 1.15～1.25；

　　　d——一个循环的开挖进尺，m；

　　　S——隧道开挖面积，m^2。

表 5-3-4　土石松胀系数

围岩级别	土石名称	松胀系数	围岩级别	土石名称	松胀系数
VI	砂　砾	1.15	IV	石　质	1.60
	黏性土	1.25	III	石　质	1.70
V	砂夹卵石	1.30	II	石　质	1.80
	硬黏土	1.35	I	石　质	1.90

2. 装渣生产率

需要的装渣生产率，按隧道掘进月进度计划要求的平均装渣生产率计算，其计算式为

$$A_b = \frac{K \cdot \Delta \cdot D \cdot S}{720 \cdot R \cdot \lambda} \tag{5-3-16}$$

式中　A_b——需要的装渣生产率，m^3/h；

　　　D——坑道月计划进度，m/30 d；

　　　S——隧道开挖面积，m^2；

　　　R——掘进循环率，$R = \dfrac{\text{计划全月的循环次数}}{\text{本月日历工天应有的循环次数}}$；

　　　λ——装渣占掘进时间的百分比；

　　　720——24 h/d × 30 d；

　　　其他符号含义同式（5-3-15）。

按照公式算出需要的装渣生产率后，在选择装渣机时，应按装渣机的实际生产率略大于需要的装渣生产率来选择。因为装渣机理论生产率系根据装渣机不停顿装渣计算的，而实际施工中装渣机的装渣能力受很多因素影响而有所下降，故装渣机的实际生产率仅为理论生产率的 1/5 ~ 1/3。

（二）有轨装渣作业

如前所述，装渣在每个掘进循环中费时最多，为了加快隧道施工进度，首要的是加快装渣速度。因此，在实际施工中总会设法采取适当措施来提高装渣效率。

1. 临时轨道延伸

隧道开挖工作面随着每个掘进循环不断向前延伸，轨道也需不断延长，当增加的长度不足一个正式轨节时，为了使装岩机靠近工作面齐头进行装渣作业，需采用临时延伸轨道的措施。常用的方法有短轨、爬道及卧轨、扣轨等。

（1）短轨。

短轨类似轨排，但一股为固定轨，一股为活动轨，如图 5-3-13 所示。其长度一般为 1 m、1.5 m、2 m 等。当掘进不足铺设一根长轨时，用不同长度短轨向工作面延伸。若够一根长轨，拆掉临时短轨，铺设整根钢轨，成为正式轨道。在铺设短轨前，应先放好正式轨道的枕木，以便铺设长轨。在铺设短轨时，如正式轨道接头不齐，可冲击活动轨，使其前后移动直至与轨道联结为止。

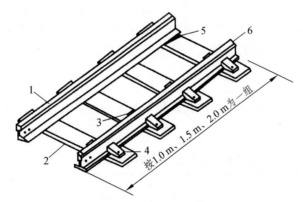

图 5-3-13　短　轨

1—固定轨；2—钢板；3—固定卡；4—活卡；5—焊缝；6—活动轨

（2）爬道。

爬道是由两根 4 ~ 5 m 长的槽钢用钢板焊接成一定轨距的梯子形轨道，如图 5-3-14 所示。在爬道前端应削成尖形，便于插入渣堆。使用时，将爬道先扣套在正式轨道或短轨上的尽头端，用装岩机的铲斗撞顶爬道的后端，使爬道尖端插入渣堆。当爬道延伸完时，可拆除爬道，换铺短轨，然后继续使用爬道向前延伸。爬道不易掉道，推进亦方便，但发生变形时不易校正。

（3）卧轨。

卧轨就是将钢轨侧放，有轨头向内式和轨头向外式两种，都是让装渣机车轮在钢轨侧面上行走。使用时也是用装渣机铲斗将卧轨顶入渣堆。其结构比较简单，铺设方便，在使用时可随时向前推进。轨头向内式卧轨较为常用，如图 5-3-15 所示。但要求卧轨下面和两侧用石渣捣紧，以免装岩机车轮在钢轨底上滚动；对装渣机手操作技术要求亦高，否则容易掉道。

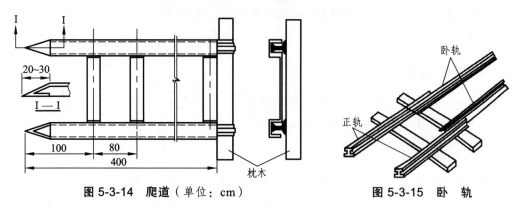

图 5-3-14　爬道（单位：cm）　　　　　　图 5-3-15　卧　轨

（4）扣轨。

扣轨是把钢轨轨头朝下反扣在正式轨道钢轨外侧，轨头紧贴正式钢轨轨腰，在扣轨外侧用轨块顶撑并用道钉固定，两股钢轨之间用短木撑支顶住，以保持轨距。为便于顶进渣堆，可将扣轨前端切割成尖形，使用时只需锤击扣轨尾部，即可将轨道向前延伸。扣轨延伸轨道，一般适用于人工及小型装渣机装渣。

2. 提高装渣操作技术

主要是加强装渣机手的技术培训，即铲斗插入渣堆时，一方面提升铲斗，一方面使装渣机向前疾驶，利用装渣机前进冲力将斗铲满。在操作中，要经常利用间隙时间用铲斗试探渣堆中有无隐藏大石块，如发现有，将大石块清除后，再继续进行。

3. 做好调车作业

随着开挖面向前推进，装渣地段的调车是十分关键的。调车所需时间和调车距离有如表5-3-5 的关系。

表 5-3-5　调车所需时间和调车距离的关系

调车距离/ m	13	20	30	40
调车时间/ s	36	44	49	73

据实测，装满一斗车所需平均时间为 30 ~ 50 s，调车时间普遍大于装车时间。即装渣机停歇时间比工作时间长。而合理的调车方法是与所采用的调车设备和铺设的轨道数量有密切的关系，一般可分为单道及双道两种不同的调车方法。

（1）单道调车法。

一般是在靠近装渣机后，设置便于安装和移动的前方调车设施，随着掘进延伸，在其后一定距离设岔线作为存放空、重车及调车之用。

① 使用平移调车器与错车岔线调车。

随着开挖面的向前推进，平移调车器可以很方便地向前搬动，每安设一次只需两个人，用 20 min。采用折叠式平移调车器及侧向道岔，直接推出空车，当工作面距岔线过长时，则在中间加设调车侧洞，以缩短平移调车器到开挖面的距离（一般在 15～20 m 为宜，最大不应超过 30 m）。平移调车器构造及其布置如图 5-3-16 所示。

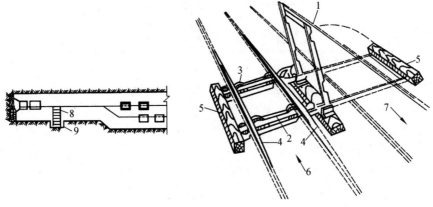

（a）单道错车岔线调车　　　　　　（b）调车器构造

图 5-3-16　平移调车器及错车岔线调车

1—折叠式底架；2—横移车架；3—车轮；4—斜坡；5—挡木；
6—空车线；7—重车线；8—移车器；9—调车洞

② 装渣机后设置浮放双开道岔调车。

使用浮放双开道岔调车，是在浮放道岔上，固定一股道存放空车，另一股道存放重车。每列车的斗车数，除按浮放双开道岔所能容纳的斗车数量外，再增加一辆，这是因为有一辆斗车已在装渣机处装渣。其装渣调车布置如图 5-3-17 所示。

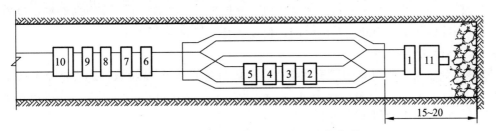

图 5-3-17　单道用浮放双开道岔调车布置

1～9—斗车；10—牵引机车；11—装岩机

（2）双道调车法。

① 双道单机装渣时，使用平移调车器调车，如图 5-3-18 所示；或采用水平移车器调车，如图 5-3-19 所示。

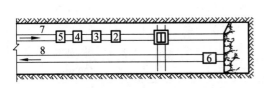

图 5-3-18　双道平移调车器调车

1～5—空斗车；6—装岩机；
7—空车线；8—重车线

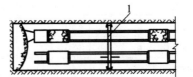

图 5-3-19　双道水平移车器调车

1—水平移车器；2—小钢轨；3—滚轮；
4—导链；5—空车；6—挂钩

169

② 双道双机装渣时，使用浮放菱形道岔调车，如图 5-3-20 所示。

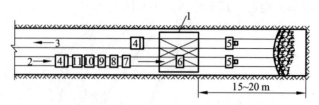

图 5-3-20 双道双机用浮放菱形道岔

1—浮放菱形道岔；2—空车道；3—重车道；
4—机车；5—装岩机；6~11—斗车

③ 全断面一次开挖法调车。

全断面一次开挖法使用门架式液压钻臂凿岩台车时，其轨距为 3.5 m，台车停放处底部净空只允许设单道，需配合对称单道线浮放道岔调换空、重车，如图 5-3-21 所示。

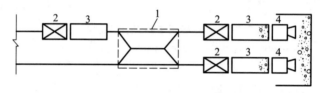

图 5-3-21 单道浮放道岔布置

1—单道浮放道岔；2—机车；3—斗车；4—装岩机

4. 连续装渣

以往广泛使用的轨轮铲斗后卸式装渣机，要做到连续装渣，必须配有转载输送设施，用来减少或消除因调车而中断的装渣时间，使装渣有一定的连续性。

（1）胶带转载机。

胶带转载机是一种特制的胶带运输机，我国自制的 L-6 型转载机的规格技术性能见表 5-3-6。1 号胶带长 7.5，其悬臂梁下可容 1 m³ 斗车 3 台或 0.6 m³ 斗车 4 台，配上 16 m 长的 2 号胶带后，可容纳 1 m³ 斗车共 9 台。

表 5-3-6 L-6 型转载机的规格技术性能

规格尺寸 / mm		技术性能	
行走轮轨距	600	轴功率	4.4 kW
全　长	9 940	胶带速度	1.5 m/s
斜坡段长	4 290	生产率（松方）	80 m³/h
宽　度	1 750	电动机型号	JO₂51-6
轨面以上高度	1 450	电动机功率	5.5 kW
轨面与桁架最大高差	1 450	电动机转速	760 r/min
轨面与卸载皮带最大高差	1 740	主动滚筒直径	400 mm
轨面与卸载皮带最小高差	1 470	悬臂梁下容车数	1 m³ 斗车 3 台
胶带宽	500		0.6 m³ 斗车 4 台
胶带规格（强力型）	500×5×16＋3		

170

当转载机悬臂梁下能容纳 3 辆斗车时，即可实现 7 辆斗车连续装渣，配上 2 号胶带后，就能解决连续装渣，如图 5-3-22 所示。

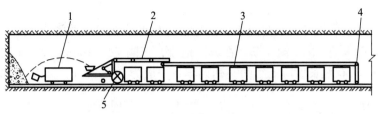

图 5-3-22　胶带转载机连续装渣

1—装岩机；2—1 号皮带；3—2 号皮带；4—2 号皮带马达；5—1 号皮带马达

（2）大型车辆装渣。

大型车辆包括梭式矿车和其他大容积斗车，由于车辆容积大，装同样数量的石渣就可以少用车辆，因而减少了调车次数，基本上可达到连续装渣的要求。

（三）无轨装渣作业

在无轨运输施工中不再铺设轨道，即使是在轨行式隧道施工中，在开挖面附近也可不铺设轨道，采用履带式装渣机或轮胎式装岩机进行无轨装渣。这可以免除开挖面处经常铺拆临时短轨，减少了工序与干扰，无装渣机掉道等，因而可加快装渣速度。其使用条件及优缺点将在无轨运输中叙述。

四、运输作业

运输作业是指运出石渣、运进支护材料等工作。

（一）有轨运输作业

1. 轨道铺设要求

（1）坡度：洞内轨道坡度与隧道设计坡度相同，洞外可不同，但最大不得超过 2%。

（2）平面曲线半径：洞内应不小于机车或车辆轴距的 7 倍，洞外应不小于 10 倍。

（3）线间距：双道的线间距应保持两列车间净距大于 20 cm，在错车线上应大于 40 cm。

（4）道岔标准：不得小于 6 号（辙叉角 α 的余切值为道岔号）。

（5）钢轨类型：宜用不小于 38 kg/m 的钢轨。

（6）道床：可利用不易风化的隧道石渣作为道砟。道床厚度不应小于 15 cm。

（7）轨距及轨缝允许误差：轨距一般为 600 mm 或 750 mm，轨距允许误差为 + 6 mm、−4 mm。曲线地段应按规定加宽和超高，必要时加设轨距拉杆。轨缝不大于 5 mm，相邻轨头高低差应小于 2 mm，左右错开应小于 2 mm，轨缝应位于两枕木之间，连接配件应齐全牢固。

（8）车辆至坑道壁或支撑边缘的净距应不小于 20 cm。单道旁的人行道宽不应小于 70 cm。

2. 洞内轨道布置

洞内轨道布置应根据隧道长度、工期要求及地质条件等合理选择单车道或双车道。

（1）单车道。

单车道多用于地质较差的短隧道中，运输能力较低。在导坑地段，每隔 20～30 m 设置临时错车岔线，以容纳 1～2 辆斗车。在成洞地段，每隔 80～100 m 设错车线（接通原临时错车岔线而成），其有效长度应能容纳一列列车，一般为 25～30 m，如图 5-3-23 所示。

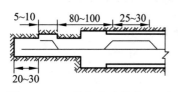

图 5-3-23　单车道（单位：m）

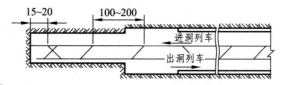

图 5-3-24　双车道（单位：m）

（2）双车道。

轨道运输一般铺设双车道，列车出入各占一股道，互不干扰，调车灵活，车辆周转快，轨道随掘进延伸，一次铺成。

双车道布置如图 5-3-24 所示。每隔 100～200 m 设一渡线，每隔 2～3 条渡线铺设一反向渡线。在施工地段，为了方便施工作业，可在轨道正式渡线布置间，增设临时渡线（即在其间加设一副道岔），以缩短调车时间。

（3）有平行导坑的轨道布置。

平行导坑内轨道一般为单道，每隔 2～3 条横通道设一会让车及列车编组所用的车站，站线有效长度一般为 50～60 m。横通道内一般铺设单道，成洞后可拆除或留作存车线。正洞的施工地段，一般铺设双道，其轨道布置如图 5-3-25 所示。

图 5-3-25　有平行导坑的轨道布置

3. 运输组织

隧道施工工序很多，每个工序之间关系非常密切，因此，加强运输组织工作非常重要。如运输工作组织不好，就会造成混乱，堵塞轨道，积压车辆，使石渣运不出，材料运不进，直接影响各道工序的正常进行。

运输组织工作有两个重要环节：一个是编好列车运行图，以加强运输工作的组织计划性；另一个是要建立健全调度制度，以加强日常的运输管理。

（1）列车运行图。

列车运行图是根据隧道的施工方法、各工序的进度、轨道布置、机车车辆配备及运距等情况，来确定列车数量，以及列车在工作面装车和调车、编组、运行、错车、卸车、列车解体编组等所需的时间。图 5-3-26 表示一座隧道的出渣列车运行图。共有三组出渣列车，洞外设有会让站一个，洞内设有编组站一个，每列车编组重车 10 min，重车在区间运行 20 min，卸渣 10 min，空车返回会让站 5 min，在会让站停留 5 min，运行 10 min，错车 5 min，再运行 5 min，空车解体 5 min，每列车往返一次需 75 min。

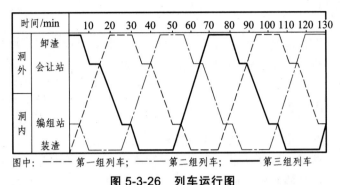

图 5-3-26 列车运行图

注：横坐标表示时间，纵坐标表示距离。斜线表示列车运行，水平线表示停车、装渣、卸渣。

在实际的隧道施工中，运行图中所需要的时间应实测确定，随着隧道施工的不断向前推进和卸渣线的不断向前延伸，运输距离越来越长，因此运行图也要定期修正。

（2）运输调度制度。

运输调度制度，就是要建立健全调度指挥系统，以进行运输工作中的日常指挥和解决出现的问题。如及时调配车辆，及时消除运输障碍，以及运行图被打乱时统一指挥列车运行等。

（二）无轨运输作业

目前隧道施工方法已逐步由分部开挖向大断面发展，使每一掘进循环作业中炸下的石渣量增多，装渣运输工作量加大，但因工序简化，工作面宽敞，因而给使用大型轮胎式装运机械提供了条件。

无轨运输一般用铲斗为 2～5 m^3 的三向倾斜式装载机，将石渣铲装在后卸式矿山型自卸汽车内，运至洞外卸掉。自卸汽车容量一般按装载机斗容量的 3 倍考虑，如斗容量为 2.5～3 m^3 的装载机，则可配用 8～9 m^3 即载重为 15～20 t 的矿山型自卸汽车。

对于短距离（一般在 300 m 以内）的无轨运输，可采用 LHD 型的装运卸机，斗容量为 6～8 m^3。LHD 型装运卸机是用于地下工程的特种机械，装渣后即行驶至洞外卸渣。

无轨运输的主要优点是免除轨道铺设、减少装运设备、简化运输管理组织与调度、减少干扰、使用方便、进度快、效率高。其缺点为：一是无轨运输多为内燃机械，废气中含有一氧化碳及氮氧化合物，对人体有害。必须安装废气净化装置，同时必须配备强大的通风机械，才能使空气中有害成分的含量符合卫生标准要求。二是装载机和自卸汽车多采用轮胎式，轮胎磨损很严重，轮胎耗费占机械维修费比重很大。因此，要注意正确选择轮胎，使装渣生产率和轮胎的使用磨损能力相适应。三是要特别注意洞内排水，否则易破坏隧道底面，并影响运输效率，且会给今后的铁路轨道构造造成很大影响。因此，必须设专人养护道路，发现泥泞时立即用片石、碎石回填。为不使隧道基底受损，需留 30 cm 厚不挖，待整个隧道断面施工完后，再行开挖铺底。无轨运输有其经济距离，一般认为不超过 1 km；若运距较长，则以采用无轨装渣与有轨运输相配合为好。

五、卸渣作业

洞内的石渣运至洞外渣场卸掉称为卸渣。无轨运输中采用自卸翻斗汽车卸渣较为简单，不必叙述，本节主要讲述有轨运输中洞外轨道布置和卸渣作业。

（一）洞外轨道布置

洞外应布置卸渣线、错车线、编组线及各种专用线（运料线）等。

卸渣线应不少于两条，以便使重载列车尽快卸渣回空，避免因等待卸渣而延误时间。

错车线是为解决洞外错车问题而设置的，要求道岔设置合理，并有足够的有效长度，以减少列车运行中的相互干扰。

编组线是供混合列车编组之用的，应选择在适当地点铺设。

砂石场、水泥库、混凝土搅拌台、木料堆放场、木工房、机修房、充电房等均需设置专用线。专用线的布置应力求紧凑，并与运输线路分开，互不干扰。

（二）卸渣作业

卸渣要根据地形特点并考虑弃渣的利用和处理，进行全面的规划，合理安排卸渣。要注意节约用地，不占或少占农田；洞口有桥涵而又必须弃渣时，要事先制定可靠措施，避免对洞口桥墩台造成偏压而使之移位、变形；沿河弃渣时要注意避免堵塞河道。

根据洞口地形，布置较短的卸渣线路，堆渣场地势要低。应尽量避免倒运弃渣，并充分考虑卸渣场地的伸展。对于可利用洞内弃渣作路基及衬砌材料的卸渣场地，还要考虑到取用时的方便性。如洞口附近地势平坦，弃渣困难时，可根据机械设备情况，采用绞车牵引至高台卸渣或远运。

卸渣码头的设置应不少于两个，码头要搭设牢固，并备有挂钩、栏杆、车挡等。卸渣方式可根据不同的地形条件、机具设备及材料情况选择。

1. 延伸轨道侧式卸渣

沿地形等高线或傍山较陡山坡及沟坎铺设卸渣线路，逐段卸渣时，亦可填筑傍山路堤。外侧路肩宜用片石砌成适当高度的陡坎。卸渣轨道可一次铺够，亦可逐段延长。延伸轨道侧式卸渣可使成列车辆同时卸渣，不需拨道，易于保持码头及轨道经常处于良好状态。

2. 横移扩展侧式卸渣

在渣堆上铺设卸渣轨道，随渣堆的扩展拨道使卸渣线位于渣堆边缘，此方法多用于凹地弃渣场。在洞口地形陡窄，需利用弃渣堆作为洞外工作场地时，此法最宜采用。但需经常扒平轨道旁的余渣，且轨道不易保持良好状态。拨道时，对卸渣有干扰。

3. 换装码头卸渣

弃渣需要远运、利用或废弃时，采用换装码头。此种码头多为固定式，其构造视地形条件、卸渣方式及接运车辆等因素而定，有倒装平台、漏斗棚架、立交桥、推土装载机换装场等。对前三种位置的选择，应考虑为造成换装码头处卸渣线与转运线间的高差而需进行的展线及有关洞口的布置。码头设施的构造及数量，应适应掘进速度和出渣量，并留有发展余地。如接通尽头线为闭合线，则扩大汽车调车场，加长或增设平台、棚架、梭槽及漏斗等。推土装载机换装场，应考虑堆渣、装渣及汽车回旋余地，卸渣轨道宜高于集渣场，翻卸侧的路肩宜予砌筑，使线路尽量靠近坎边，以减少清、扒工作。

第四节　辅助施工技术

在选定隧道开挖方法时，一般是先假定开挖面（或称掌子面）和开挖后的坑道能够暂时保持稳定。但事实上这个假定只能是对稳定性较好的围岩才成立，对于软弱破碎围岩则不然。在这种情形中，即使是采取短进尺开挖，开挖面和开完后的坑道也不稳定，来不及进行隧道的锚、钢架及喷射混凝土支护。当地下水丰富时，这种情况就更为严重。在隧道工程修建过程中，隧道坍方的事例并不鲜见，造成了人、财、物的大量浪费。按"围岩控制变形分析工法"的观点，对于不稳定的围岩体系，隧道的辅助施工技术是控制和减少坑道开挖后周边收敛变形、防止坍塌的关键技术。

随着开挖技术、锚喷支护技术、地层改良技术的研究应用和发展，隧道工作者研究出了许多辅助施工技术，从而使得现代隧道工程施工的开挖和支护变得更简捷、及时、有效，也更具有可预防性和安全性。

隧道施工中常用的辅助施工技术有：

$$
\begin{cases}
稳定工作面 \begin{cases} 预留核心土挡护开挖面 \\ 喷射混凝土封闭工作面 \end{cases} \\[2ex]
锚杆超前支护 \\[1ex]
管棚超前支护 \begin{cases} 小导管 \\ 长管棚 \end{cases} \\[2ex]
水平旋喷超前支护 \\
预切槽超前支护 \\
注浆加固围岩和堵水 \begin{cases} 超前小导管注浆 \\ 超前深孔围幕注浆 \end{cases}
\end{cases}
$$

上述辅助施工技术的选用应视围岩地质条件、地下水情况、施工方法、环境要求等具体情况而定，并尽量与常规施工方法相结合，进行充分的技术经济比较，选择一种或几种同时使用。

施工中应经常观测地形、地貌的变化以及地质和地下水的变化情况，制定有关的安全施工细则，预防突然事故的发生。必须坚持预支护（或强支护）、短进尺、弱爆破、快封闭、勤测量的施工原则。

一、锚杆超前支护

（一）构造组成

超前锚杆是沿开挖轮廓线，以一定的外插角，向开挖面前方钻孔安装锚杆，形成对前方围岩的预锚固，在提前形成的围岩锚固圈的保护下进行开挖等作业（见图 5-4-1）。

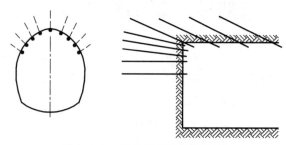

图 5-4-1　超前锚杆预锚固围岩

（二）性能特点及适用条件

锚杆超前支护的柔性较大，整体刚度较小。它主要适用于地下水较少的破碎、软弱围岩的隧道工程中，如裂隙发育的岩体、断层破碎带以及浅埋无显著偏压的隧道。风枪或凿岩机或专用的锚杆台车钻孔、锚固剂或砂浆锚固，其工艺简单、工效高。

（三）设计、施工要点

（1）超前锚杆的长度、环向间距、外插角等参数，应视围岩地质条件、施工断面大小、开挖循环进尺和施工条件而定。一般超前长度为循环进尺的 3～5 倍，宜采用 3～5 m 长，环向间距 0.3～1.0 m；外插角宜用 10°～30°；搭接长度宜为超前长度的 40%～60%，即大致形成双层或双排锚杆。

（2）超前锚杆宜用早强砂浆全黏结式锚杆，锚杆材料可用不小于 $\phi22$ 的螺纹钢筋。

（3）超前锚杆的安装误差，一般要求孔位偏差不超过 10 cm，外插角不超过 1°～2°，锚入长度不小于设计长度的 96%。

（4）开挖时应注意保证前方有一定长度的锚固区，以使超前锚杆的前端有一个稳定的支点。其尾端应尽可能多地与系统锚杆及钢筋网焊连。若掌子面出现滑坍现象，则应及时喷射混凝土封闭开挖面，并尽快打入下一排超前锚杆，然后才能继续开挖。

（5）开挖后应及时喷射混凝土，并尽快封闭环形初期支护。

（6）开挖过程中应密切注意观察锚杆变形及喷射混凝土层的开裂、起鼓等情况，以掌握围岩动态，及时调整开挖及支护参数，如遇地下水时，则可钻孔引排。

二、管棚超前支护

（一）构造组成

管棚是利用钢拱架沿开挖轮廓线以较小的外插角向开挖面前方打入钢管构成的棚架来形成对开挖面前方围岩的预支护（见图 5-4-2）。

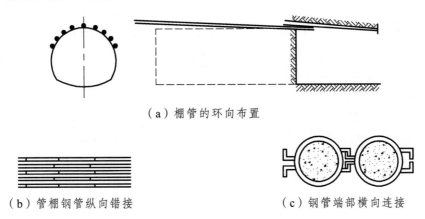

（a）棚管的环向布置

（b）管棚钢管纵向错接

（c）钢管端部横向连接

图 5-4-2　管棚预支护围岩

采用长度小于 10 m、管径 32 ~ 50 mm 的钢管的称为短管棚；采用长度 10 ~ 20 m、管径 50 ~ 89 mm 的钢管的称为中管棚；采用长度为 20 ~ 40 m、管径 89 ~ 159 mm 且较粗的钢管的称为长管棚。

（二）适用条件

管棚因采用钢管或钢插板作纵向预支撑，又采用钢拱架作环向支撑，其整体刚度较大，对围岩变形的限制能力较强，且能提前承受早期围岩压力。因此管棚主要适用于围岩压力来得快、来得大，对围岩变形及地表下沉有较严格要求的软弱、破碎围岩隧道工程中。如土砂质地层、强膨胀性地层、强流变性地层、裂隙发育的岩体、断层破碎带、浅埋有显著偏压等围岩的隧道中。此外，采用插板封闭较为有效；在地下水较多时，可利用钢管注浆堵水和加固围岩。

（三）性能特点

短管棚一次超前量少，基本上与开挖作业交替进行，占用循环时间较多，但钻孔安装或顶入安装较容易。

中管棚一次超前量较大，在钢管的有效超前区段内，可以进行连续开挖几个循环，整体刚度较大，对围岩变形的限制能力较强，且能提前承受早期围岩压力。

长管棚一次超前量大，虽然增加了单次钻孔或打入长钢管的作业时间，但减少了安装钢管的次数，减少了与开挖作业之间的干扰。在长钢管的有效超前区段内，基本上可以进行连续开挖，也更适于采用大中型机械进行大断面开挖。

（四）设计、施工要点

（1）管棚的各项技术参数要视围岩地质条件和施工条件而定。长管棚长度不宜小于 10 m，一般为 10～40 m；管径 70～180 mm，孔径比管径大 20～30 mm，环向间距 0.2～0.8 m；外插角 1°～2°；两组管棚间的纵向搭接长度不小于 1.5 m。

（2）钢拱架常采用工字钢拱架或格栅钢架。钢拱架应安装稳固其垂直度允许误差为 ±2°，中线及高程允许误差为 ±5 cm。

（3）钻孔平面误差不大于 15 cm，角度误差不大于 0.5°，钢管不得侵入开挖轮廓线。

（4）第一节钢管前端要加工成尖锥状，以利导向插入。要打一眼，装一管，由上而下进行。

（5）长钢管应用 4～6 m 的管节逐段接长，打入一节，再连接后一节，连接头应采用厚壁管箍，上满丝扣，丝扣长度不应小于 15 cm；为保证受力的均匀性，钢管接头应纵向错开。

（6）当需增加管棚刚度时，可在安装好的钢管内注入水泥砂浆，一般在第一节管的前段管壁交错钻 10～15 mm 大小的孔若干，以利排气和出浆，或在管内安装出气导管，浆注满后方可停止压注。

（7）钻孔时如出现卡钻或坍孔，应注浆后再钻，有些土质地层则可直接将钢管顶入。

三、小导管注浆超前支护

（一）构造组成

超前小导管注浆是在坑道开挖前，沿坑道周边向前方围岩内打入带孔小导管，并通过小导管向围岩压注起胶结作用的浆液，待浆液硬化后，隧道周围岩体就形成了有一定厚度的加固圈。在此加固圈的保护下即可安全地进行开挖等作业（见图 5-4-3）。若小导管前端焊一个简易钻头，则可钻孔、插管一次完成，称为自进式注浆锚杆。

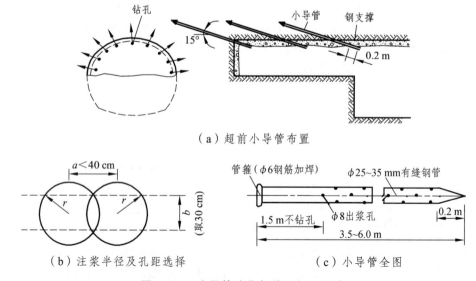

（a）超前小导管布置

（b）注浆半径及孔距选择

（c）小导管全图

图 5-4-3　小导管注浆超前预加固围岩

（二）性能特点及适用条件

浆液被压注到岩体裂隙中并硬化后，不仅将岩块或颗粒胶结为整体起到了加固作用，而且填塞了裂隙，阻隔了地下水向坑道渗流的通道，起到了堵水作用。因此，超前注浆小导管不仅适用于一般软弱破碎围岩，也适用于含水的软弱破碎围岩。

（三）小导管布置和安装

（1）小导管钻孔安装前，应对开挖面及 5 m 范围内的坑道喷射 5～10 cm 厚的混凝土封闭。

（2）小导管一般采用 $\phi32$ mm 的焊接管或 $\phi42$ mm 的无缝钢管制作，长度宜为 3～6 m，前端做成尖锥形，前段管壁上每隔 10～20 cm 交错钻眼，眼孔直径宜为 6～8 mm。

（3）钻孔直径应较管径大 20 mm 以上，环向间距应按地层条件而定，一般采用 20～50 cm；外插角应控制在 10°～30°，一般采用 15°。

（4）极破碎围岩或处理坍方时可采用双排管；地下水丰富的松软层，可采用双排以上的多排管；大断面或注浆效果差时，可采用双排管。

（5）小导管插入后应外露一定长度，以便连接注浆管，并用塑胶泥（40 °Be 水玻璃拌 525 号水泥）将导管周围的孔隙封堵密实。

（四）注浆材料

1. 注浆材料种类及适用条件

（1）在断层破碎带及砂卵石地层（裂隙宽度或颗粒粒径大于 1 mm，渗透系数 $k \geqslant 5 \times 10^{-4}$ m/s）等强渗透性地层中，应采用料源广且价格便宜的注浆材料。一般对于无水的松散地层，宜优先选用单液水泥浆；对于有水的强渗透地层，则宜选用水泥-水玻璃双浆液，以控制注浆范围。

（2）在断层破碎带地层中，当裂隙宽度（或粒径）小于 1 mm，或渗透系数 $k \geqslant 10^{-5}$ m/s 时，注浆材料宜优先选用水玻璃类和木胺类浆液。

（3）细、粉砂层、细小裂隙岩层及断层地段等弱渗透地层中，宜选用渗透性好、低毒及遇水膨胀的化学浆液，如聚氨酯类或超细水泥浆。

（4）对于不透水的黏土层，则宜采用高压劈裂注浆。

2. 注浆材料的配比

注浆材料的配比应根据地层情况和胶凝时间要求，并经过试验而定，一般的：

（1）采用水泥浆液时，水灰比可采用 0.5∶1～1∶1；需缩短凝结时间，则可加入氯盐、三乙醇胺速凝剂。

（2）采用水泥-水玻璃浆液时，水泥浆的水灰比可用 0.5∶1～1∶1；水玻璃浓度为 25～40° Be，水泥浆与水玻璃的体积比宜为 1∶1～1∶0.3。

（五）注浆工艺要求

（1）注浆设备应性能良好，工作压力应满足注浆压力要求，并应进行现场试验运转。

（2）小导管注浆的孔口最高压力应严格控制在允许范围内，以防压裂开挖面，注浆压力一般为 0.5 ~ 1.0 MPa，止浆塞应能经受注浆压力。注浆压力与地层条件及注浆范围要求有关，一般要求单管注浆能扩散到管周 0.5 ~ 1.0 m 的半径范围内。

（3）要控制注浆量，即每根导管内已达到规定注入量时，即可结束；若孔口压力已达到规定压力值，但注入量仍不足，亦应停止注浆。

（4）注浆结束后，应做一定数量的钻孔检查或用声波探测仪检查注浆效果，如未达到要求，应进行补注浆。

（5）注浆后应视浆液种类，等待 4 h（水泥 – 水玻璃浆）~ 8 h（水泥浆）方可开挖，开挖长度应按设计循环进尺的规定，以保留一定长度的止浆墙（亦即超前注浆的最短超前量）。

四、围幕注浆超前支护

上述超前小导管注浆，对围岩加固的范围和止水的效果是有限的，作为软弱破碎围岩隧道施工的一项主要辅助措施，它占用时间和循环次数较多。因此，在不便采取其他施工方法（如盾构法）时，深孔预注浆止水并加固围岩就可以较好地解决这些问题。深孔注浆后即可形成较大范围的筒状封闭加固区，称为围幕注浆。

（一）注浆机理

注浆机理可以分成四种：

1. 渗透注浆

对于破碎岩层、砂卵石石层、中细、粉砂层等有一定渗透性的地层，采用中低压力将浆液压注到地层中的空穴、裂缝、孔隙里、凝固后将岩土或土颗粒胶结为整体，以提高地层的稳定性和强度。

2. 劈裂注浆

对于颗粒更细的黏土质不透水（浆）地层，采用高压浆液强行挤压孔周，在注浆压力的作用下，浆液作用的周围土体被劈裂并形成裂缝，通过土体中形成的浆液脉状固结作用对黏土层起到挤压加固和增加高强夹层加固作用，以提高其强度和稳定性。

3. 压密注浆

压密注浆指用很稠的浆液灌入事先在地基土内钻进的孔中并挤向土体，在注浆处形成浆泡，浆液的扩散对周围的土体产生压缩。浆体完全取代了注浆范围的土体，在注浆邻近区存在大的塑性变形区，离浆泡较远的区域土体发生弹性变形，因而土的密度明显变大。

4. 高压喷灌注浆

通过灌浆管在高压作用下，从管底部的特殊喷嘴中喷射出高速浆液射流，促使土粒在冲击力、离心力及重力作用被切割破碎下，随注浆管的向上抽出与浆液混合形成柱状固结体，以达到加固围岩目的。

（二）适用条件

深孔预注浆一般可超前开挖面 30～50 m，可以形成有相当厚度的和较长区段的筒状加固区，从而使得堵水的效果较好，也使得注浆作业的次数减少。它适用于有压地下水及地下水丰富的地层中，也适用于采用大中型机械化施工的情况，见图 5-4-4（a）。

如果隧道埋深较浅，则注浆作业可在地面进行，见图 5-4-4（b）；对于深埋长大隧道，可利用辅助平行导坑对正洞进行预注浆，这样可以避免与正洞施工的干扰，缩短施工工期，见图 5-4-4（c）。

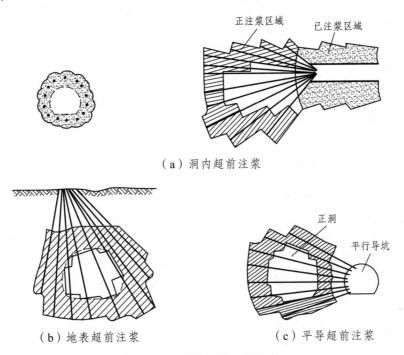

（a）洞内超前注浆

（b）地表超前注浆　　　　　（c）平导超前注浆

图 5-4-4　超前深孔围幕注浆

（三）注浆范围

对围岩进行注浆加固后形成的筒状加固区，需要确定加固区的大致范围，即确定围岩塑性破坏区的大小按岩体力学和弹塑性理论计算出开挖坑道后围岩的压力重分布结果，并确定其塑性破坏区的大小，即得到注浆加固的范围。

（四）注浆数量及注浆材料选择

注浆数量应根据加固区需充填的地层孔隙数量来确定。工程中常用充填率来估算和控制注浆总量。所谓充填率，是指注浆体积占孔隙总体积的比例。注浆总量可按下式计算：

$$Q = n \cdot \alpha \cdot A \qquad (5\text{-}4\text{-}1)$$

式中　Q——注浆总数量，m^3；

　　　A——被加固围岩的体积，m^3；

n——被加固围岩的孔隙率，%；

α——过去实践证实了的充填率，%。

后两项可参见表 5-4-1。

表 5-4-1　孔隙率和注浆充填率

土　质		粗砂	黏土	粉砂	砂					砂　砾		
注浆目的		堵水加固			堵　水			加　固		堵　水		
孔隙率/%	范围值	65～75	50～70	40～60	46～50	40～48	30～40	46～50	40～48	40～60	28～40	22～40
	标准值	70	60	50	48	44	35	48	44	50	34	31
充填率 α / %		约30	约30	约20	约60	约50	约50	约50	约40	约60	约60	约60

为了做好注浆工作，必须事先对被加固围岩进行试验，查清围岩的透水系数、土颗粒组成、孔隙率、饱和度、密度、pH、剪切和抗压强度等。必要时还要做现场注浆和抽水试验。注浆材料的选择参见小导管注浆部分。

（五）钻孔布置及注浆压力

对于浅埋隧道，还可以采用平行布置方式，即注浆钻孔均呈竖直方向并互相平行分布，但每钻一孔即需移动钻机。

钻孔间距要根据地层条件、注浆压力，及钻孔能力等来确定。一般渗透性强的地层，可以采用较低的注浆压力和较大的钻孔间距，钻孔量也少，但平均单孔注浆量大。

渗透式注浆时，注浆压力应大于待注浆底层的静水压力；劈裂式注浆时，注浆压力应大于待注浆底层的水压力与土压之和，并取一定的储备系数，一般为 1.1～1.3。

（六）施工要点

1. 注浆管和孔口套管

深孔注浆采用一次式注浆时，孔内可用注浆管；采用分段式注浆时需用注浆管。注浆管一般采用带孔眼的钢管或塑料管。止浆塞常用的有两种，一种是橡胶式，一种是套管式。安装时，将止浆塞固定在注浆管上的设计位置，一起放入钻孔，然后通过压缩空气或注浆压力使其膨胀而堵塞注浆管与钻孔之间的间隙，此法主要用于深孔注浆。另外，若采用全孔注浆，因浆液流速慢，易造成"死管"问题，尤其是深孔注浆时应特别注意。因此，多采用前进或后退式分段注浆。

2. 钻　孔

钻孔可用冲击式钻机或旋转式钻机，应根据地层条件及成孔效果选择。

3. 注浆顺序

应先上方后下方，或先内圈后外圈，先无水孔后有水孔，先上游（地下水）后下游。应利用止浆阀保持孔内压力直至浆液完全凝固。

4. 结束条件

注浆结束条件应根据注浆压力和单孔注浆量两个指标来判断确定。单孔结束条件为：注浆压力达到设计终压；浆液注入量已达到计算值的 80% 及以上。全段结束条件为：所有注浆孔均已符合单孔结束条件，无漏注。注浆结束后必须对注浆效果进行检查，如未达到设计要求，应进行补孔注浆。

五、水平旋喷超前支护

喷射注浆法，又称旋喷法，分为垂直旋喷注浆和水平旋喷注浆两种，20 世纪 70 年代初期日本首次开发并使用了这种地层加固技术。水平旋喷注浆法是在一般的初期导管注浆的基础上发展起来的，以高压旋喷的方式压注水泥浆，从而在隧道开挖轮廓外形成拱形预衬砌的超前预支护工法。

水平旋喷注浆的施工原理类似于垂直旋喷注浆，只是一个为水平一个为垂直，我国垂直旋喷注浆技术已比较成熟。水平旋喷注浆技术在我国已初步获得应用，如神延铁路的沙哈拉茆隧道和宋家坪隧道。其施工方法为，首先使用旋喷注浆机，沿着隧道掌子面周边的设计位置旋喷注浆形成旋喷柱体，通过固结体的相互咬合形成预支护拱棚。一般，每根旋喷体首先通过水平钻机成孔，钻到设计位置以后，随着钻杆的退出，用水泥浆或水泥-水玻璃双浆液旋喷注入钻成的孔腔，通过高压射流切割腔壁土体，被切割下的土体与浆液搅拌混合、固结形成直径 600 mm 左右的固结体，同时周围地层受到压缩和固结，其土体的物理力学性能得到一定程度的改善。旋喷柱体沿隧道拱部形成环向咬合、纵向搭接的预支护拱棚，在松散不稳定地层隧道中，可有效控制坍塌和地层变形。

水平旋喷注浆桩的应用在我国还不是很广，这是因为旋喷桩抗弯性能不强，施工控制的难度较大，特别是目前我国的水平旋喷钻机性能尚未过关，制约了水平旋喷预支护技术的应用和发展。

它主要适用于黏性土、砂类土、淤泥等地层。水平旋喷柱布置如图 5-4-5 所示，水平旋喷工法的操作程序见表 5-4-2。

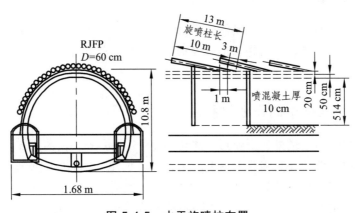

图 5-4-5　水平旋喷柱布置

表 5-4-2　水平旋喷工法的操作程序

步骤	操作程序	示意图
1	钻机定位	
2	按要求深度钻出旋喷孔	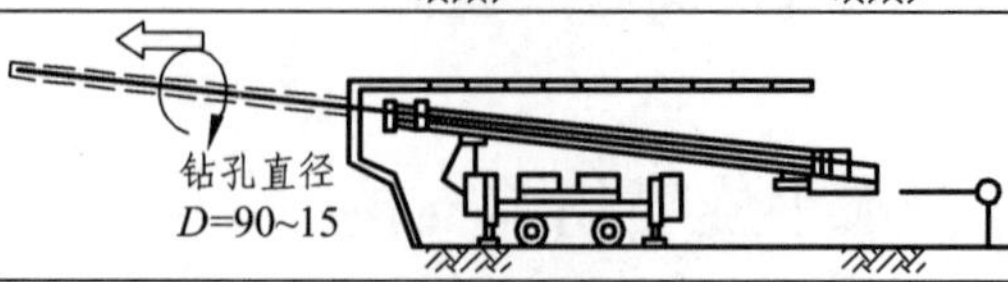 钻孔直径 $D=90\sim15$
3	自孔底喷射浆液，边喷、边转动、边后退，形成固结体	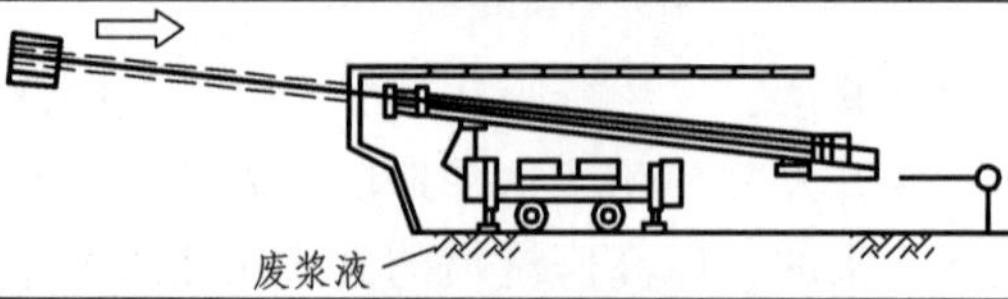 废浆液
4	喷毕，拔出喷头、将木塞塞入孔口，形成浆液外流	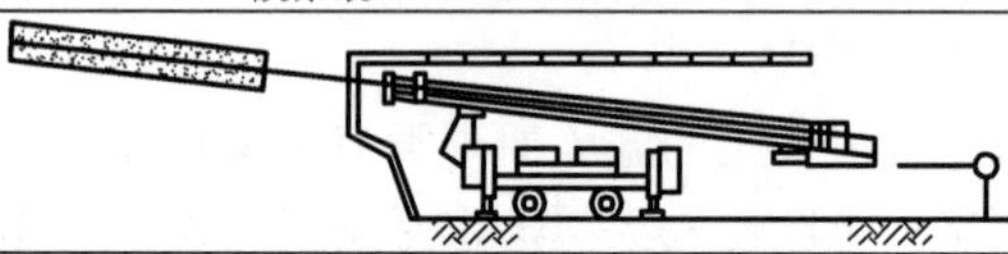
5	视需要可插入芯材（如钢筋或钢管），以提高固结体的抗弯折能力	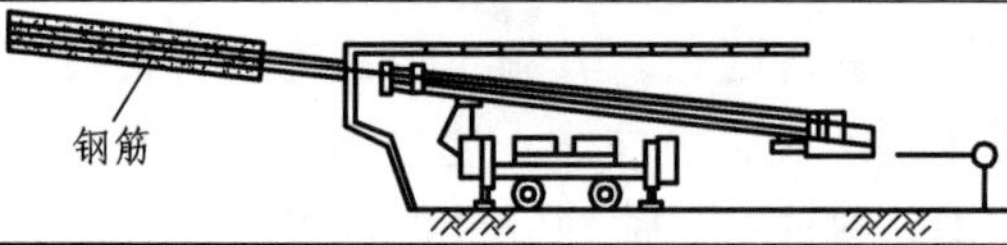 钢筋

六、机械预切槽超前支护

20 世纪 70 年代，机械预切槽法首次运用于法国巴黎快速轨道运动系统的一个车站的建造工程中。采用机械预切槽法时，在硬岩地层中，利用切槽作为爆破震动的隔振层，主要起隔振或减震的目的。机械预切槽法在硬岩地层中应用的最大弱点是推进速度慢，较适合用于市区隧道工程、松散地层和大断面隧道；用于软石或砂质地层时，在切槽内填筑混凝土，形成预支护拱，提高隧道稳定性。

（一）工法原理

在隧道开挖工作面之前，用特制的链式机械切刀沿隧道断面拱背线连续切割出一条厚几厘米至数十厘米深的切槽，随后将切槽所界定的掌子面开挖出来。软岩中预切槽法示意如图 5-4-6 所示。

（二）在软岩地层中的作业过程

（1）用预切槽锯沿隧道外轮廓弧形拱深切一宽 15~30 cm、长约 5 m 的切槽。

（2）在切槽内立即填充高强度喷射混凝土，形成长 3~5 m 的整体连续拱，两次连续拱的搭接长度为 0.5~2.0 m，视围岩的不同而定。

（3）在安全稳定的作业环境下，用挖掘机或臂式掘进机开挖前作业面。自卸汽车或翻斗车可穿行于预切槽机内。

（4）必要时，作业面装以玻璃纤维锚杆，以稳定作业面，随后在作业面上喷混凝土。

（5）紧随其后，安装隧道防水层，进行二次衬砌。

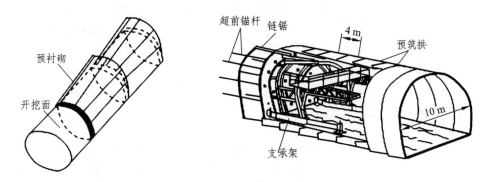

图 5-4-6　预切槽法示意图

（三）机械预切槽法的技术优点

1. 在硬岩地层中采用机械预切槽法的技术优点

（1）几乎完全消除了超挖的情况（钻爆开挖时，由于超挖造成灌注混凝土的体积增加高达 50%～100%）。

（2）由于形成临空面，所钻炮孔的数量稍有减少，使炸药量也相应减少。

（3）由于具有能保持住地层的土工技术特点，所以可减少临时拱顶支护和表面修整作业。

（4）免除了撬顶清危石作业，并且降低了岩石坍落的危险。

（5）拱背回填注浆稍有减少。

2. 在软岩地层中采用预切槽法的技术优点

（1）采用预切槽机械施工，可以有效降低对围岩的扰动，减少了地层的应力释放，有效控制拱顶以及地表沉降。

（2）隧道横向、纵向形成连续的空间拱形结构，在连续拱壳保护下再进行开挖等后续作业，可以有效地保证隧道施工人员及设备的安全。

（3）在拱壳保护下一般采用全断面或台阶法施工，相对于侧壁导坑法等分部开挖法，施工空间满足大型机械化的施工要求，同时减少了临时支护、打设锚杆、架立钢架等作业内容，施工效率和施工进度显著提高。

（4）预切槽和灌注混凝土采用机械同步施工，完全避免了隧道的超挖、欠挖，施工质量易于控制。

（5）预切槽兼具超前支护、施工支护及永久支护的功能，全部或部分替代了超前小导管、锚杆、钢架、喷混凝土等支护措施，工程造价相对较低。

（6）预切槽机械设备体积小巧，易于运输、安装和控制，同时可根据地质情况的变化，与新奥法等方法结合使用，施工灵活性较好。

机械切槽超前支护，在国外已有多次成功应用的实例，取得了较好的经济和社会效益。在国内，硬岩锯式切槽机尚在研制当中。

第五节　初期支护施工技术

一、概　述

（一）初期支护概念

隧道是围岩与支护结构的综合体。隧道开挖破坏了地层的初始应力平衡，产生围岩应力释放和洞室变形，过量变形将导致围岩松动甚至坍塌。在开挖后的洞室周边，施作钢、混凝土等支撑物，向洞室周边提供抗力、控制围岩变形，这种开挖后隧道内的支撑体系，称为隧道支护。为控制围岩应力适量释放和变形，增加结构安全度和方便施工，隧道开挖后立即施作刚度较小并作为永久承载结构一部分的结构层，称为初期支护。

初期支护一般由锚杆、喷射混凝土、钢架、钢筋网等以及他们的组合组成，是现代隧道工程中最常用的支护形式和方法。初期支护施作后即成为永久性承载结构的一部分，与围岩共同构成了永久的隧道结构承载体系。

（二）初期支护特点

钢木构件支撑在模筑整体式衬砌时，通常应予以拆除，即不作为永久承载构件，称为临时支撑。初期支护不同于传统施工方法中采用的钢木构件支撑，无论在施工工艺和作用机理上都有一些特点：

1. 灵活性

初期支护是由喷射混凝土、锚杆、钢筋网、钢架等支护部件进行适当组合的支护形式，它们既可以单独使用，也可以组合使用。其组合形式和支护参数可以根据围岩的稳定状态、施工方法和进度、隧道形状和尺寸等加以选择和调整。它们既可以用于局部加固，也易于实施整体加固；既可一次完成，也可以分次完成，充分体现了"先柔后刚，按需提供"的原则。

2. 及时性

初期支护能在施作后迅速发挥其对围岩的支护作用。这不仅表现在时间上，即喷射混凝土和锚杆都具有早强性能，需要它时，它就能起作用，而且表现在空间上，即喷射混凝土和锚杆可以最大限度地紧跟开挖而施工，甚至可以利用锚杆进行超前支护。虽然构件支撑的最大优点是即时承载，而初期支护同样具有即时维护甚至超前维护的作用，且能容纳必要的支撑构件（如格栅钢架）参与工作。

3. 密贴性

喷射混凝土能与坑道周边的围岩全面、紧密地黏结，因而可以抵抗岩块之间沿节理的剪切和张裂。从整体结构来看，喷射混凝土填补了洞壁的凹穴，使洞壁变得圆顺，从而减少了应力集中。喷射混凝土尚能使锚杆和钢筋网的点约束作用得以分配和改善，使其发挥协同作用，从而增强了支护对围岩的有效约束，体现出"围岩-支护"一体化的力学分析和结构设计思想。

4. 深入性

锚杆能深入围岩体内部一定深度，对围岩起约束作用。这种作用尤其是以适当密度的径向锚杆群（称为系统锚杆）的效果最为明显。系统锚杆在围岩中形成一定厚度的锚固区，锚固区内的岩体强度和整体性得以提高和加强，应力分布状态也得以改善，其承载能力和稳定能力显著增强。此时隧道的稳定性实际上就是指锚固区的承载能力和稳定能力。在围岩中加以锚杆，相当于在混凝土中加入钢筋形成钢筋混凝土，可以称为加筋岩石或加筋土。另外，沿隧道轴线方向有一定外插角的超前锚杆或钢管，同样具有深入岩层内部对围岩起预支护的作用。它们也经常与系统锚杆、喷射混凝土一起发挥协同作用。这对于处理一般的工作面不稳定的问题颇有效果。

5. 柔　性

初期支护属于柔性支护，它可以较便利地调节围岩变形，允许围岩做有限的变形，即允许在围岩塑性区有适度的发展，以发挥围岩的自承能力。前已述及，根据大量工程实践和理论分析表明，对绝大多数的一般松散岩体，在隧道开挖后，适度的变形有利于发挥围岩的自承能力，而过度的变形则会导致坍塌。因此，就要求支护既能允许有限变形，又能限制过度变形且自身不被破坏，初期支护就很好地满足了这一要求。这一方面是因为喷射混凝土工艺上的特点，使得它能与岩体密贴黏结，且能喷得很薄，故呈现柔性（尽管喷混凝土是一种脆性材料），而且这柔性还可以通过分层分次喷射和加钢纤维或钢筋网来进一步发挥。另一方面，锚杆有一定的延性，它可以允许岩体有较大的变形，甚至同被加固岩体一起作整体位移，而仍能继续工作不失效。

6. 封闭性

喷射混凝土能全面、及时地封闭围岩，这种封闭不仅阻止了洞内潮气和水对围岩的侵蚀作用，减少了膨胀性岩体的潮解软化和膨胀，而且能够及时有效地阻止围岩变形，使围岩较早地进入变形收敛状态。

二、锚　杆

（一）锚杆的支护效应

锚杆是用金属或其他高抗拉性能的材料制作的一种杆状构件。锚杆的用途是，使用某些机械装置和黏结介质，通过一定的施工操作，将其安设在地下工程的围岩或其他工程结构体中。

锚杆支护作为一种新的支护手段，在技术、经济方面的优越性和能适应不同地质条件的性质，使其在建筑领域尤其是地下工程中得到广泛应用和迅速发展。

锚杆的支护效应一般有如下几种：

1. 支承围岩

锚杆能限制约束围岩变形，并向围岩施加压力，从而使处于二轴应力状态的洞室内表面附近的围岩保持三轴应力状态，因而能制止围岩强度的恶化，如图 5-5-1 所示。

2. 加固围岩

由于系统锚杆的加固作用，使围岩中，尤其是松动区中的节理裂隙、破裂面得以连接，因而增大了锚固区围岩的强度（即 c、φ 值）；锚杆对加固节理发育的岩体和围岩松动区是十分有效的，有助于裂隙岩体和松动区形成整体，成为"加固带"（见图 5-5-2）。

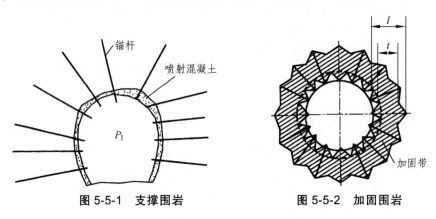

图 5-5-1　支撑围岩　　　　　图 5-5-2　加固围岩

3. "组合梁"作用

对于水平或缓倾斜的层状围岩，用锚杆群把数层岩层连在一起，使层间摩阻力增大。从结构力学的观点来看就是形成"组合梁"（见图 5-5-3）。

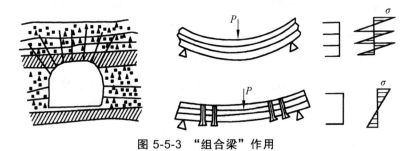

图 5-5-3　"组合梁"作用

4. "悬吊"作用

"悬吊"作用是指为防止个别危岩的掉落或滑落，用锚杆将与其稳定围岩联结起来。这种作用主要表现在加固局部失稳的岩体（见图 5-5-4）。

（二）锚杆的种类

锚杆的种类很多，若按其与被支护体的锚固形式来分，大致可分为以下几种：

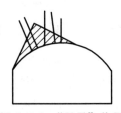

图 5-5-4　"悬吊"作用

1. 端头锚固式锚杆

在隧道工程中，端头锚固式锚杆常用作局部锚杆。端头锚固式锚杆是利用内、外锚头的锚固作用来限制围岩变形松动。端头锚固式锚杆安装容易，工艺简单，安装后即可以起到支护作用，并能对围岩施加预应力；但杆体易腐蚀，锚头易松动，影响长期锚固力，一般用于硬岩地下工程中的临时加固。端头锚固式锚杆分类如下：

$$
端头锚固式
\begin{cases}
机械内锚头锚杆
\begin{cases}
胀壳式锚杆 \\
楔缝式锚杆 \\
楔头式锚杆
\end{cases} \\
\\
黏结式内锚头锚杆
\begin{cases}
水泥砂浆内锚头锚杆 \\
快硬水泥卷内锚头锚杆 \\
树脂内锚头锚杆
\end{cases}
\end{cases}
$$

2. 全长黏结式锚杆

全长黏结式锚杆采用水泥砂浆（或树脂）作为填充黏结料，不仅有助于锚杆的抗剪和抗拉以及防腐蚀作用，而且具有较强的长期锚固能力，有利于约束围岩位移。全长黏结式锚杆安装简便，在无特殊要求的各类地下工程中，可大量用于初期支护和永久支护。隧道工程中，全长黏结式锚杆常用做系统锚杆和超前锚杆。全长黏结式锚杆分类如下：

$$
全长黏结式
\begin{cases}
水泥浆全黏结式锚杆 \\
水泥砂浆全黏结式锚杆(砂浆锚杆) \\
树脂全黏结式锚杆
\end{cases}
$$

3. 摩擦式锚杆

摩擦式锚杆用一种沿纵向开缝（或预变形）的钢管，装入比钢管直径小的钻孔，对孔壁施加摩擦力，从而约束孔周岩体变形。摩擦式锚杆安装容易，安装后立即起作用，能及时控制围岩变形，又能与孔周变形相协调；但其管壁易锈蚀，故一般不适于作永久支护。隧道工程中，常由于端头机械锚固容易失效，或全长黏结不便施工（不能生效），而采用全长摩擦式锚杆。摩擦式锚杆分类如下：

$$
摩擦式
\begin{cases}
楔管式锚杆 \\
缝管式锚杆
\end{cases}
$$

4. 混合式锚固锚杆

混合式锚固锚杆是端头锚固方式与全长黏结锚固方式的结合使用,它既可以施加预应力，又具有全长黏结锚杆的优点；但安装施工较复杂，一般用于大体积、大范围工程结构的加固，如高边坡、大坝、大型地下洞室等。混合式锚固锚杆分类如下：

$$
混合式
\begin{cases}
先张拉后灌浆预应力锚杆 \\
先灌浆后张拉预应力锚杆
\end{cases}
$$

（三）锚杆的构造和设计施工要点

1. 普通水泥砂浆锚杆

（1）构造组成。

普通水泥砂浆锚杆，是以普通水泥砂浆作为黏结剂的全长黏结式锚杆，其构造见图5-5-5。

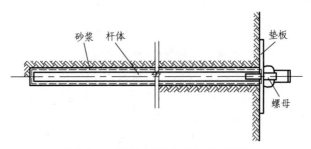

图 5-5-5　普通水泥砂浆全黏结锚杆

（2）设计施工要点。

① 杆体材料宜用 20 MnSi 钢筋，亦可以采用 A3 钢筋；直径 14～22 mm 为宜，长度 2.0～3.5 m，为增加锚固力杆体内端可劈口叉开。

② 水泥一般选用普通硅酸盐水泥，砂子粒径不大于 3 mm，并过筛。

③ 砂浆标号不低于 M10；配合比一般为水泥：砂：水 = 1：（1～1.5）：（0.45～0.50）。

④ 钻孔应符合下列要求。孔径应与杆径配合好。一般孔径比杆径大 15 mm（采用先插杆体后注浆施工的孔径比先注浆后插杆体施工的孔径要大一些），这主要是考虑注浆管和排气管占用空间。孔位允许偏差为 ±（15～50）mm；孔深允许偏差为 ±50 mm。钻孔方向宜适当调整，以尽量与岩层主要结构面垂直。孔钻好后用高压水将孔眼冲洗干净（若是向下钻孔还须用高压风吹净水），并用塞子塞紧孔口，防止石渣掉入。

⑤ 锚杆及黏结剂材料应符合设计要求，锚杆应按设计要求的尺寸截取，并整直、除锈和除油，外端不用垫板的锚杆应先弯制弯头。

⑥ 黏结砂浆应拌和均匀，并调整其和易性，随拌随用；一次拌和的砂浆应在初凝前用完。

⑦ 先注浆后插杆体时，注浆管应先插到钻孔底。开始注浆后，徐徐均匀地将注浆管往外抽出，并始终保持注浆管口埋在砂浆内，以免浆中出现空洞。

⑧ 注浆体积应略多于所需要的体积，将注浆管全部抽出后，应立即迅速插入杆体，可用锤击或通过套筒用风钻冲击，使杆体强行插入钻孔。

⑨ 杆体插入孔内的长度不得小于设计长度的 95%，实际黏结长度亦不应小于设计长度的 95%。注浆是否饱满，可根据孔口是否有砂浆挤出来判断。

⑩ 杆体到位后要用木楔或小石子在孔口卡住，防止杆体滑出。砂浆未达到设计强度的 70%前，不得随意碰撞，一般规定 3 天内不得悬挂重物。

2. 早强水泥砂浆锚杆

早强水泥砂浆锚杆的构造、设计和施工与普通水泥砂浆锚杆基本相同，所不同的是早强水泥砂浆锚杆的黏结剂是由硫铝酸盐早强水泥、砂、TI 型早强剂和水组成。因此，它具有早期强度高、承载快、不增加安装困难等优点，弥补了普通水泥砂浆锚杆早强低，承载慢的不足。尤其是在软弱、破碎、自稳时间短的围岩中显示出其具有一定的优越性。另外，以快硬水泥或树脂作为黏结剂的全长黏结式锚杆也具有以上优点，但费用较高。

3. 早强药包内锚头锚杆

（1）构造组成。

早强药包内锚头锚杆，是以快硬水泥卷或早强砂浆卷或树脂作为内锚固剂的内锚头锚杆。其构造见图 5-5-6。不管采用什么类型的药包，其设计、施工基本一致，下面以快硬水泥卷内锚头锚杆为例进行说明。

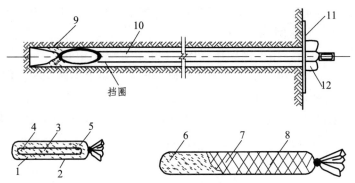

图 5-5-6　早强药包内锚头锚杆

1—不饱和聚酯树脂＋加速剂＋填料；2—纤维纸和塑料袋；3—固化剂＋填料；4—玻璃管；
5—堵头（树脂胶泥封口）；6—快硬水泥；7—湿强度较大的滤纸筒；8—玻璃纤维纱网；
9—树脂锚固剂；10—带麻花头杆体；11—垫板；12—螺母

（2）设计要点。

① 快硬水泥卷有三个主要参数：快硬水泥卷直径 d（mm）；快硬水泥卷长度 L（mm）；快硬水泥卷质量 G（g）。

② 快硬水泥卷直径 d 要与钻眼直径配合好，若使用 $D42$ 钻头，则采可用 $d37$ 直径的水泥卷。

③ 快硬水泥卷长度 L 要根据内锚固段长度 l 和生产制作的要求来确定，其计算公式如下：

$$L = \frac{D^2 - \varphi^2}{d^2} lk \qquad (5\text{-}5\text{-}1)$$

式中　D——钻眼直径，mm；

　　　φ——锚杆直径，mm；

　　　l——内锚固段长度，mm；

　　　k——富余系数，一般 $k = 1.05 \sim 1.10$。

④ 快硬水泥卷质量 G 主要由装填密度 γ 来确定。γ 是控制水灰比的关键，当 $\gamma = 1.45\text{g/cm}^3$ 时，水泥净浆的水灰比控制在 0.34 左右为好。每个快硬水泥卷的 G 值可按下式计算：

$$G = \frac{\pi d^2}{4} L \gamma \qquad (5\text{-}5\text{-}2)$$

（3）施工要点。

① 钻眼要求同前，但孔眼长度应比锚杆长度短 4~5 cm。

② 用 2~3 mm 直径、长 150 mm 的锥子，在快硬水泥卷端头扎两个排气孔。然后将水泥卷竖立放于清洁水中，保持水面高出水泥卷 100 mm。浸水时间以不冒气泡为准，但不得超过水泥初凝时间，必要时要作浸水后的水灰比检查。

③ 将浸好水的水泥卷用锚杆送至眼底，并轻轻捣实。若中途受阻，应及时处理，若处理时间超过水泥终凝时间，则应换装新水泥卷或钻眼作废。

④ 将锚杆外端套上连接套筒（带有六方旋转头的短锚杆；断面打平，对中焊上锚杆螺母），装上搅拌机，然后开动搅拌机，带动锚杆旋转，搅拌水泥浆，并用人力推进锚杆至眼底，再保持 10 s 的搅拌时间（总时间 30~40 s）。

⑤ 轻轻卸下搅拌机头，用木楔楔住杆体，使其位于钻眼中心。自浸水后 20 min，快硬水泥有足够强度时，才能使用扳手卸下连接套筒（可准备多个套筒周转使用）。

采用树脂药包时，还需注意：搅拌时间应根据现场气温确定。20 ℃时，固化时间为 5 min。温度下降 5 ℃，固化时间大致会延长一倍，即 15 ℃时为 10 min，10 ℃时为 20 min。因此，隧道工程在正常温度下，搅拌时间约为 30 s，温度在 10 ℃以下时，搅拌时间可适当延长为 45~60 s。

4. 缝管式摩擦锚杆

（1）构造组成。

缝管式锚杆由前端冠部制成锥体的开缝管杆体、挡环以及垫板组成（见图 5-5-7）。

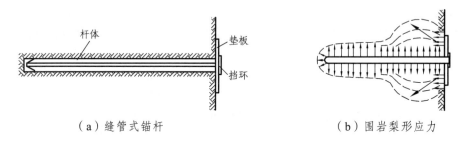

（a）缝管式锚杆 （b）围岩梨形应力

图 5-5-7　缝管式摩擦锚杆

（2）设计施工要点。

① 缝管式锚杆的锚固力与锚杆的材质、构造尺寸、围岩条件、钻孔与锚管直径之差、锚固长度等有直接关系，其中，钻孔与缝管直径之差是设计与施工要严格控制的主要因素。锚固力与孔、管径差的关系是：径差小，锚杆安装推进阻力小，锚固力亦小；径差大，锚杆安装推进阻力大，锚固力也大。

② 可根据需要和机具能力，选择不同直径的钻头和管径，通过现场试验确定最佳径差。另外，施工中还应考虑到因钻头磨损导致孔径缩小等情况。

③ 缝管式锚杆的杆体一般要求材质有较高的弹性极限。

④ 安装时先将锚杆套上垫板，将带有挡环的冲击钎杆插入锚管内（钎杆应在锚管内自由转动），钎杆尾端套入凿岩机或风镐的卡套内，锚头导入钻孔，调正方向，开动凿岩机，即可

将锚杆打入钻孔内，至垫板压紧围岩为止。停机取出钎杆即告完成。2.5 m 长的锚杆，一般 20～60 s 即可安装完毕。

⑤ 若作为永久支护，则应作防锈处理，并灌注有膨胀性的砂浆。

另有一种楔管式锚杆，是楔缝式锚杆与缝管式锚杆结合的一种锚杆，其施工与缝管式锚杆相同。

5. 楔缝式内锚头锚杆

（1）构造组成。

楔缝式内锚头锚杆由杆体、楔块、垫板和螺母组成（见图 5-5-8）。

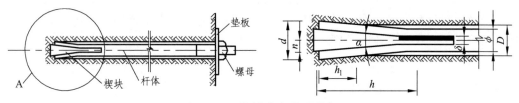

图 5-5-8　楔缝式内锚头锚杆

D—钻孔直径；φ—锚杆杆体直径；δ—锚杆杆体楔缝宽度；b—楔块端头厚度；α—楔块的楔角；h—楔块长度；h_1—楔头两翼嵌入钻孔壁长度；n—楔缝两翼嵌入钻孔壁深度

（2）设计要点。

影响锚固力的主要因素有岩体性质、锚杆有效直径 φ'、楔块端部厚度 b 和楔角 a。

① 在其他条件相同时，围岩越坚硬则锚固力越大；嵌入孔底围岩的深度与长度越大，则锚固力越大；或锚杆有效直径（φ'）越大则锚固力越大。另外，钻孔直径（D）与锚杆直径（φ）的配合情况对锚杆锚固力也有一定影响。

② 在一定的岩体和相同的安装冲击（或锤击）条件下，提高楔缝式锚固力的办法有：加大楔块长度 h；加大楔块端头厚度 b；减小钻孔直径与锚杆直径之差；减小楔缝宽度 δ。

一般而言，对于坚硬岩体，楔角在 8°以上为好。楔缝宽度一般为 3 mm，其他尺寸可根据其对锚固力的影响关系适当选择。

③ 采用楔缝式锚杆，若对锚固力有明确要求，则应根据以上配合和影响关系，先行试验，以检验初选参数的合理性；否则应修改参数，直到满足锚固力的要求为止。

（3）施工要点。

① 楔缝式锚杆的安装是先将楔块插入楔缝，轻敲，使其固定于缝中，然后插入眼底；并以适当的冲击力冲击锚杆尾，至楔块全部楔入楔缝为止。有时为了防止杆尾受冲击发生变形，可以采用套筒保护。

② 一般均要求锚杆具有一定的预应力，此时可采用测力矩扳手或定力矩扳手来拧紧螺母，以控制锚固力。

若要求在楔缝式锚杆的基础上再做灌浆处理，则除按砂浆锚杆灌浆外，楔块预张力应在砂浆初凝前完成，并注意降低砂浆的收缩率。

另外，若只要求作临时支护，则可以改楔缝式锚杆为楔头式锚杆或胀壳式锚杆。楔头式锚杆及胀壳式锚杆均可以回收，但锚头加工制作复杂，故一般在煤矿中应用稍多。

（四）锚杆的布置

锚杆的布置分为局部布置和系统布置。

1. 局部布置

它主要用于裂隙围岩，重点加固不稳定块体，隧道拱顶受拉破坏区为重点加固区域。锚杆局部布置的原则为：

（1）拱腰以上部位锚杆方向应有利于锚杆的受拉；

（2）拱腰以下及边墙部位锚杆宜逆向于不稳定岩块滑动方向。

局部加固的锚杆，必须保证不稳定块体与稳定岩体的有效联结，为此，可由现场测定或采用赤平极射投影和实体比例投影作图法确定不稳定块体的形状、重量和出露位置，据此确定锚杆间距和锚入稳定岩体的长度。锚杆的间距为

$$D \leqslant \frac{d}{2}\sqrt{\frac{\pi R_a A}{KP}} \qquad (5\text{-}5\text{-}3)$$

式中　D——锚杆间距，m；

　　　d——锚杆直径，m；

　　　R_a——锚杆钢筋的设计强度，Pa；

　　　K——安全系数，可取 $K = 1.5 \sim 2.0$；

　　　P——危石或不稳定块体的重力（N），当侧墙存在不稳定块体时，P 值为下滑力减去抗滑力；

　　　A——危石或不稳定块体出露面积，m^2。

锚杆深入稳定岩体的深度为

$$L_m = \frac{dR_a}{4\tau} \qquad (5\text{-}5\text{-}4)$$

式中　L_m——锚入稳定岩体的深度（其值不宜小于杆体直径的 30 ~ 40 倍），m；

　　　τ——砂浆的黏结强度，N/m^2；

　　　R_a、d 含义与前式相同。

2. 系统布置

在破碎和软弱围岩中，一般采用系统布置的锚杆，对围岩起到整体加固作用。对于局部很破碎、软弱围岩部位或可能出现过大变形的部位，应加设长锚杆，如图 5-5-9（a）所示。杆件系统布置的原则：

（1）在隧道横断面上，锚杆宜垂直隧道周边轮廓布置；对水平成层岩层，应尽可能与层面垂直布置或使其与层面呈斜交布置，如图 5-5-9（b）所示。

（2）在岩面上锚杆宜成菱形排列，纵、横间距为 0.6 ~ 1.5 m，其密度为 0.6 ~ 3.6 根/m^2.

（3）为了使系统布置的锚杆形成连续均匀的压缩带，其间距不宜大于锚杆长度的 1/2，在Ⅳ、Ⅴ级围岩中，锚杆间距宜为 0.5 ~ 1.2 m；但当锚杆长度超过 2.5 m 时，若仍按间距不大于 1/2 锚杆长度的规定，则锚杆间的岩块可能因咬合和连锁不良而导致掉块坠落，为此，其间距不宜大于 1.25 m。

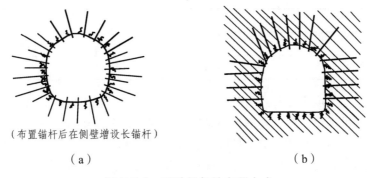

（布置锚杆后在侧壁增设长锚杆）

（a）　　　　　　　　　　　（b）

图 5-5-9　系统锚杆的布置方式

（五）锚杆的长度

锚杆长度、间排距是锚杆工程设计必须确定的主要参数，是锚杆布置的主要问题。一般应首先确定锚杆长度，然后确定间排距。国内外对锚杆长度进行过大量研究，各国、各行业都有选择锚杆长度的规定。

胡克和布朗、美国工程师协会及美国矿山局等提出了用于检验锚杆长度的一般经验准则，认为锚杆最小长度至少为：① 两倍锚杆间距；② 岩体断裂面平均间距所确定的临界潜在不稳定岩块宽度的 3 倍；③ 隧道跨度的一半（跨度小于 6 m）。

我国《铁路隧道喷锚构筑法技术规范》规定：确定锚杆长度时，主要应考虑地质条件。在成块和成层的岩层中，欲获得悬吊或梁的效应，锚杆的长度应大于围岩松弛范围。如果是为了获得拱效应或为了加固、改良围岩时，应使锚杆与围岩组成统一结构，共同作用，此时，锚杆的端头亦可锚固在非稳定岩层中，但锚固应具有足够的抗拔力。为了提高锚杆施工的作业效率，不宜使用太长的锚杆；但锚杆过短又起不到加固或改良围岩的作用。局部锚杆的长度一般应比系统锚杆的长度大。

《铁路隧道喷锚构筑法技术规范》规定：在围岩条件较好的Ⅰ～Ⅲ级岩层中，可以采用喷锚支护，锚杆长度为 1.5～3.0 m；在围岩条件中等和较差的Ⅲ～Ⅵ级岩层中，作为复合衬砌中初期支护的锚杆，净跨 5 m、净高 6 m 的单线隧道锚杆长度为 2.0～3.0 m，净跨 9 m、净高 6 m 的双线隧道锚杆长度为 2.0～3.5 m。

新奥法对锚杆长度的设计，基于支护要促使围岩形成自承拱的思路，锚杆主要是给隧道围岩松动圈内的岩体提供支护力使其形成拱的效应，所以锚杆要穿过松动圈并深入围岩一定深度，而隧道围岩松动范围与岩层条件和隧道跨度有关，所以锚杆长度确定的原则为：① 对于岩质条件较好的硬岩，锚杆长度取 1.0～1.2 m；② 对于岩质条件稍差的中硬岩，锚杆长度取为隧道宽度的 1/4～1/3，通常为 2.0～3.0 m；③ 对于软岩、破碎岩体和土砂质地层，锚杆长度取为隧道宽度的 1/2～2/3，通常为 4.0～6.0 m；④ 对于膨胀性地层，锚杆长度取为隧道宽度的 1/2～2/3，通常为 4.0～6.0 m。

砂浆锚杆长度经验取值见表 5-5-1。

表 5-5-1　砂浆锚杆长度经验数据

位置	国内	国外
拱顶	（0.1～0.5）B	（0.23～0.35）B
边墙	（0.05～0.2）B	（0.1～0.5）B

综上所述，锚杆长度主要与隧道跨度和围岩性质有关，在不同的隧道断面形状和尺寸条件下，不管采用悬吊理论、组合梁理论还是组合拱理论，都需要首先确定锚杆要支护的围岩范围（特别是松动范围）及所需的支护强度，而围岩的松动范围及隧道支护所需的支护强度主要由隧道跨度和围岩性质决定。以上这些锚杆长度的经验数值可以借鉴。

（六）锚杆间距和布置

胡克和布朗、美国工程师协会及美国矿山局等提出用于检验锚杆间距的经验准则为：锚杆最大间距不应超过锚杆长度的一半；隧道跨度的一半（跨度小于 6 m）；岩体中平均断裂面间距所确定的不稳定岩块宽度的 1.5 倍。

我国《铁路隧道喷锚构筑法技术规范》规定，锚杆的间距不宜大于锚杆长度的 1/2，以有利于相邻锚杆共同作用。

新奥法对锚杆布置的设计，从支护应使围岩形成自承拱出发，锚杆间距规定为：硬岩的锚杆间距取 2.0～3.0 m；中硬岩的锚杆间距取 1.5 m；软岩、破碎岩体和土砂质地层的锚杆间距取 0.8～1.0 m；膨胀性地层的锚杆间距取 0.8～1.0 m。

综上所述，每根锚杆都有其影响范围，将各个锚杆相互连接起来才能形成连续的拱结构或梁结构。锚杆的间排距对形成锚固围岩的梁效应、拱效应或加固层效应具有重要作用，锚杆间排距与锚杆长度应有一定比值。

三、喷射混凝土

喷射混凝土是使用混凝土喷射机，按一定的混合程序，将掺有速凝剂的细石混凝土喷射到岩壁表面上，并迅速固结成一层支护结构，从而对围岩起到支护作用。

喷射混凝土可以作为隧道工程的永久性和临时性支护，也可以与各种形式的锚杆、钢纤维、钢拱架、钢筋网等构成组合支护结构。它的灵活性很大，可以根据需要分次追加厚度。因此，除用于地下工程外，还广泛应用于地面工程的边坡防护、加固以及基坑防护、结构补强等。随着喷射混凝土原材料、速凝剂以及其他外加剂、施工工艺、机械的研究和应用，喷射混凝土不管作为新材料还是新的施工工艺，将有广阔的发展前景。

（一）喷混凝土的作用

（1）支撑围岩。

由于喷层能与围岩密贴和粘贴，并施与围岩表面以抗压力和剪力，从而使围岩处于三向受力状态，防止围岩强度恶化。此外，喷层本身的抗冲切能力可阻止不稳定块体的滑塌（见图 5-5-10）。

（2）"卸载"作用。

由于喷层属柔性，能有效控制围岩不出现有害变形的前提下，进行一定程度的变形，从而使围岩"卸载"，同时喷层中的弯曲应力减小，有利于混凝土承载力的发挥（见图5-5-11）。

（3）填平补强围岩。

喷射混凝土可射入围岩张开的裂隙，填充表面凹穴，使裂隙分割的岩层面粘连在一起，保护岩块间的咬合、镶嵌作用，提高其间的黏结力、摩阻力，防止围岩松动，并避免或缓和围岩应力集中（见图5-5-12）。

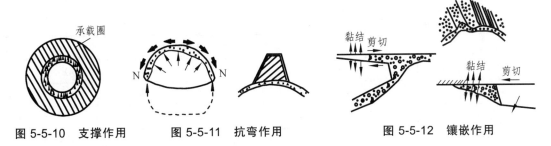

图5-5-10　支撑作用　　　图5-5-11　抗弯作用　　　图5-5-12　镶嵌作用

（4）覆盖围岩表面。

喷层直接粘贴岩面，形成防风化和止水的保护层，并阻止节理裂隙中的充填物流失（见图5-5-13）。

（5）阻止围岩松动。

喷层能紧跟掘进进程并及时进行支护，早期强度较高，因而能及时向围岩提供抗力，阻止围岩松动（见图5-5-14）。

（6）分配外力。

通过喷层把外力传给锚杆、钢拱架等，使支护结构受力均匀分担（见图5-5-15）。

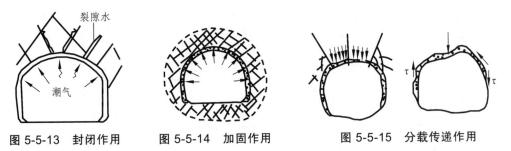

图5-5-13　封闭作用　　　图5-5-14　加固作用　　　图5-5-15　分载传递作用

（二）喷混凝土的特点

（1）喷射混凝土具有强度增长快、黏结力强、密度大、抗渗性好的特点。它能较好地填充岩块间的裂隙的凹穴，增加围岩的整体性，防止自由面的风化和松动，并与围岩共同工作。

（2）与普通模筑混凝土相比，喷射混凝土施工将输送、浇筑、捣固几道工序合而为一，更不需模板，因而施工快速、简捷。

（3）喷射混凝土能及早发挥承载作用。它能在10 min左右终凝，一般2 h后即具有强度，8 h后可达2 MPa，16 h后达5 MPa，1 d后可达7~8 MPa，4 d达到28 d强度的70%左右。

（4）喷射混凝土与模筑混凝土相比，密实性和力学性能稳定性要差。

（三）喷混凝土的力学性能

由于采用喷射法施工，拌和料高速喷到岩面上且反复冲击压密，故喷射混凝土一般具有良好的密实性和较高的抗压强度。喷射混凝土的力学特性直接影响地下工程的加固效果，主要力学特性有强度和变形特性。评价喷射混凝土质量的主要力学性能指标见表 5-5-2、表5-5-3。

表 5-5-2　喷射混凝土的强度指标

强度种类	喷射混凝土强度等级		
	C20	C25	C30
轴心抗压	10	12.5	15
弯曲抗压	11	13.5	16
轴心抗拉	1.0	1.2	1.4

表 5-5-3　喷射混凝土的受压弹性模量 E_c（MPa）

喷射混凝土强度等级	C20	C25	C30
受压弹性模量 E_c	2.1×10^4	2.3×10^4	2.5×10^4

喷射混凝土的黏结强度包括抗拉黏结强度和抗剪黏结强度。前者用于衡量喷射混凝土在受到垂直于界面方向拉应力作用时的黏结能力，后者则反映抵抗平行于界面作用力的能力。

喷射混凝土与岩石的黏结强度，与待喷岩石性质、岩面条件、节理充填物等有密切关系，表 5-5-4 为喷射混凝土与各种岩石的黏结强度。新喷射混凝土与原喷混凝土的黏结强度一般为 0.7 ~ 2.85 MPa，与喷射混凝土界面的抗拉黏结强度为 1.47 ~ 3.49 MPa。喷射混凝土层与岩石之间的黏结力取决于岩石表面的清洁度，所以喷射前应清洗岩石表面。

表 5-5-4　喷射混凝土与各种岩石之间的黏结强度值（MPa）

岩石种类	岩石单轴饱和抗压强度	岩石与水泥结石体之间的黏结强度
硬岩	> 60	1.5 ~ 3.0
中硬岩	30 ~ 60	1.0 ~ 1.5
软岩	5 ~ 30	0.3 ~ 1.0

（四）喷射工艺种类

喷射混凝土的工艺种类有干喷、潮喷、湿喷和混合喷四种，主要区别是各工艺的投料程序不同，尤其是加水和速凝剂的时机不同。

1. 干喷和潮喷

干喷是将集料、水泥和速凝剂按一定的比例干拌均匀，然后装入喷射机，用压缩空气使干集料在软管内呈悬浮状态送到喷枪，再在喷嘴处与高压水混合，以较快的速度喷射到岩面上。

干喷的缺点是产生的粉尘量大，回弹量大，加水是由喷嘴处的阀门控制的，水灰比的控制程度与喷射手操作的熟练程度有关，但使用的机械较简单，机械清洗和故障处理容易。

潮喷是将集料预加少量水，使之呈潮湿状，再加水泥拌和，从而降低上料、拌和和喷射时的粉尘；但大量的水仍是在喷头处加入和喷出的，其喷射工艺流程和使用机械同干喷工艺，见图5-5-16。目前施工现场较多使用的是潮喷工艺。

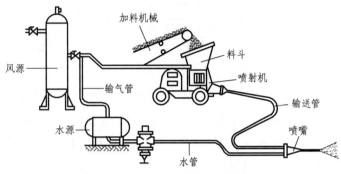

图 5-5-16　干喷、潮喷工艺流程

2. 湿　喷

湿喷是将集料、水泥和水按设计比例拌和均匀，用湿式喷射机压送到喷头处，再在喷头上添加速凝剂后喷出，其工艺流程见图5-5-17。

湿喷混凝土的质量容易控制，喷射过程中的粉尘和回弹量很少，是应当发展应用的喷射工艺；但对喷射机械要求较高，机械清洗和故障处理较麻烦，对于喷层较厚的软岩和渗水隧道，不宜使用湿喷。

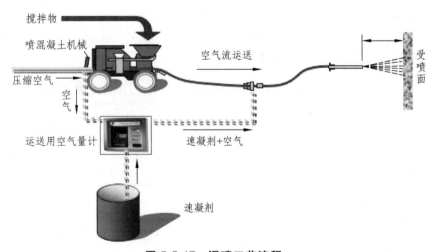

图 5-5-17　湿喷工艺流程

3. 混合喷射

混合喷射又称水泥裹砂造壳喷射法，是将一部分砂加第一次水拌湿，再投入全部水泥强制搅拌造壳；然后加第二次水和减水剂拌和成 SEC 砂浆；将另一部分砂和石、速凝剂强制搅拌均匀；之后分别用砂浆泵和干式喷射机压送到混合管混合后喷出。其工艺流程见图 5-5-18。

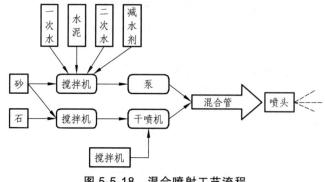

图 5-5-18　混合喷射工艺流程

混合喷射是分次投料搅拌工艺与喷射工艺的结合，关键是水泥裹砂（或砂、石）造壳技术。

混合喷射工艺使用的主要机械设备与干喷工艺基本相同，但混凝土的质量较干喷混凝土质量好，且粉尘和回弹率有大幅度降低；但使用的机械数量较多，工艺较复杂，机械清洗和故障处理很麻烦。因此混合喷射工艺一般只用在喷射混凝土量大和大断面隧道工程中。

另外，由于喷射工艺的不同，喷射混凝土强度不同，干喷和潮喷混凝土强度较低，一般只能达到 C20～C35，而混合喷射和湿喷则可达到 C30～C40。

（五）喷混凝土设计和施工要点

1. 设计要点

（1）为使喷射混凝土有一定的力学性能和耐久性，喷射混凝土设计的最低强度不应低于 15 MPa，一般设计强度为 20 MPa，1 d 龄期抗压强度不应低于 5 MPa。不同强度等级的喷射混凝土的设计强度及弹性模量、容重按国家标准列表 5-5-5。

对 Ⅱ～Ⅲ 级围岩，喷射混凝土与岩面的黏结强度不应低于 0.8 MPa；对 Ⅳ 级围岩，喷射混凝土与岩面的黏结强度不应低于 0.5 MPa。

表 5-5-5　不同强度等级喷射混凝土的设计强度、弹性模量和容量

性能	C15	C20	C25	C30
轴心受压 / MPa	7.5	10.0	12.5	15.0
弯曲抗压 / MPa	8.5	11.0	13.5	16.5
劈裂抗拉 / MPa	0.8	1.1	1.3	1.5
弹性模量 / MPa	1.85×10^4	2.1×10^4	2.3×10^4	2.5×10^4
容重 /（kg/m³）	2 300			

（2）喷射混凝土的设计厚度，若作为防止围岩风化、侵蚀结构，不得小于 30 mm；若作为支护结构，不得小于 50 mm；若围岩含水，不得小于 80 mm；为防止喷射混凝土由于收缩

裂纹而剥落并妨碍喷射混凝土的柔性特点的发挥，以及减少在软弱围岩中产生较大的变形压力，喷射混凝土最厚不宜超过 300 mm。

（3）在Ⅱ、Ⅲ、Ⅳ级围岩中，易出现局部不稳定岩块，喷射混凝土的设计厚度应按下式验算：

$$d \geqslant \frac{k_s G}{0.75 f_{ct} u_r} \tag{5-5-5}$$

式中　d——设计的喷射混凝土厚度，当 $d > 10$ cm 时，仍按 10 cm 计；

　　　f_{ct}——喷射混凝土设计抗拉强度；

　　　u_r——局部不稳定块体出露的周边长度；

　　　G——不稳定岩块重量；

　　　k_s——安全系数，一般取 2.5。

（4）喷射混凝土中含有较多的大小适中、分布均匀、彼此不串通的气泡，故提高了抗渗性。一般，若水灰比不超过 0.55，喷射混凝土抗渗性可以达到 P8。要求有较高的抗渗性时，水灰比最好不超过 0.45 ~ 0.50。

（5）采用水泥裹砂喷射工艺时，除应经试验确定总的水灰比外，还应注意通过试验选择最佳造壳水灰比 W_1/C。有试验表明，对普通中砂，当造壳水灰比 W_1/C 为 0.20 ~ 0.25 时，28 d 强度及其他指标均最高，称为最佳造壳水灰比。造壳水灰比与砂子的细度模数关系很大，砂子越细，其表面需水量越大，则需要较大的造壳水灰比；否则用较小的 W_1/C 值，一般取 0.15 ~ 0.35。最佳造壳水灰比与水泥品种亦有很大关系，一般地，矿渣水泥、火山灰水泥较之硅酸盐（普通硅酸盐）水泥的最佳造壳水灰比大 0.05 以上。

（6）拌制 SEC 砂浆应采用强制式搅拌机，以缩短搅拌时间和改善造壳效果。尤其第二次加水后的搅拌时间不能太长，要严格加以控制。

2．原材料要求

（1）水泥。喷射混凝土所使用的水泥，其性能应符合现行国家标准。为保证喷射混凝土的凝结时间与速凝剂有较好的相容性，应优先采用 425 号以上的普通硅酸盐水泥，其次是矿渣硅酸盐水泥和火山灰质硅酸盐水泥。在有专门使用要求时，采用特种水泥。

（2）砂。为保证喷射混凝土的强度和减少施工操作时的粉尘，以及减少硬化时的收缩裂纹，应采用坚硬而耐久的中粗砂，细度模数一般宜大于 2.5。

（3）碎石或卵石（豆石）。为防止喷射混凝土过程中的堵管和减少回弹量，应采用坚硬耐久的豆石，粒径不宜大于 15 mm，选取细卵石较好。

（4）集料成分和级配。若使用碱性速凝剂，砂、石集料均不得含有活性二氧化硅，以免产生碱集料反应，引起混凝土开裂。为保证喷射混凝土密实和在输送管道中顺畅，砂石集料级配应按国家标准控制在表 5-5-6 的范围之内。

（5）水。为保证喷射混凝土正常凝结、硬化，保证强度和稳定性，饮用水均可用于喷射混凝土；若采用其他水，则不应含有影响水泥正常凝结与硬化的有害物质；不能使用污水以及 pH 小于 4 的酸性水，也不能使用硫酸盐含量（按 SO_4^{2-} 计算）超过水重 1‰ 的水。

（6）外加剂。喷射混凝土使用的外加剂主要是速凝剂，在喷射混凝土中掺入速凝剂的目的是使喷射混凝土速凝，提高混凝土早强以减少回弹，选用时应做与水泥的相容性试验。

表 5-5-6　喷射混凝土集料通过各筛径的累计重量百分比（％）

粒径 / mm	0.15	0.30	0.60	1.20	2.50	5.00	10.00	15.00
优	5～7	10～15	17～22	23～31	35～43	50～60	78～82	100
良	4～8	5～12	13～31	18～41	26～54	40～54	62～90	100

3. 配合比参数

（1）干集料中水泥与砂石重量比，一般为 1∶4.0～1∶4.5，每立方米干集料中，水泥用量约为 400 kg。这种配比能满足喷射混凝土强度要求，回弹也较少。

（2）砂率一般为 45％～55％。实践证明，低于 45％或高于 55％时，均易造成堵管，且回弹大，强度降低，收缩加大。

（3）水灰比一般为 0.40～0.45。水灰比超出此范围，强度降低，回弹增大；采用水泥裹砂喷射工艺时，还应试验选择最佳造壳水灰比。

（4）速凝剂和其他外加剂的掺量，一定要由试验来确定其最佳掺量，并达到各龄期的设计强度要求。

（5）喷射混凝土搅拌时间及搅拌后临时存放时间均应按工艺要求及规范规定进行。

4. 喷射混凝土机械设备

（1）喷射机。喷射机是喷射混凝土的主要设备，国内已有多种鉴定定型产品，各有特点，可以由施工的具体情况选用。选用的标准应以保证喷射混凝土的质量，减少回弹和粉尘，控制施工成本，提高工作效率为前提。

常用的干式喷射机有：双罐式喷射机、转体式喷射机、转盘式喷射机。其工作原理见图 5-5-19。新研制的湿式喷射机有：挤压泵式、转体活塞泵式、螺杆泵式喷射机。这些泵式喷射机均要求混凝土具有较大的流动性（水灰比大于 0.50，砂率大于 70％），其机械构造较为复杂，易损件使用寿命短，机械使用费较高，机械清洗和故障处理较麻烦，目前现场使用尚较少，有待进一步改进推广。

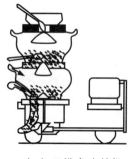  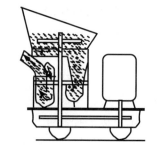

（a）双罐式喷射机　　　（b）转体式喷射机　　　（c）转盘式喷射机

图 5-5-19　干式喷射机

（2）机械手。喷头的移动和喷射方向、距离的控制，可采用人力直接控制或机械手控制。人力直接控制虽然可以近距离随时观察喷射情况，但劳动强度大，粉尘危害健康，因此劳动保护要求工人佩戴防尘面具；对于软弱破碎围岩，需紧跟开挖面及时施喷时，有可能因突发性坍塌危及工人人身安全；对于大断面隧道，还需要搭设临时性工作平台，工序复杂延误工期。所以，人力直接控制一般只用于解决少量的和局部喷敷。机械手控制则可以避免以上缺点，且方便灵活，工作范围大，可覆盖 140 m^2（见图 5-5-20）。

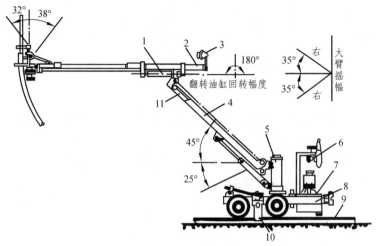

图 5-5-20　喷射机械手

1—翻转油缸；2—伸缩油缸；3—探照灯；4—大臂；5—转筒；6—风水系统；
7—液压系数；8—车架；9—钢轨；10—卡轨器；11—拉杆

5. 喷前检查及准备

（1）喷前应对开挖断面尺寸进行检查，清除松动危面，欠挖超标严重的应予处理。

（2）根据石质情况，用高压风或水清洗受喷面。

（3）受喷岩面有集中渗水时，应作好排水引流处理；无集中水时，应根据岩面潮湿程度，适当调整水灰比。

（4）埋设喷层厚度检查标志，一般是在石缝处钉铁钉，或用快硬水泥安设钢筋头，并记录其外露长度。

（5）检查调试好各机械设备的工作状态。

6. 施喷注意事项

（1）喷射混凝土的拌制宜用强制式搅拌机。干式喷射时，风压为 0.10~0.15 MPa，且水压应稍高于风压；湿式喷射时，风压及水压均较干喷时高。输料管在使用过程中应注意转向，以减小管道磨损。

（2）喷射时应分段（不超过 6 m）、分部（先下后上）、分块（2.0 m×2.0 m），严格按先墙后拱，先下后上的顺序进行，如图 5-5-21（a）所示，以减少混凝土因重力作用而引起的滑动或脱落现象发生。

（3）喷射时可以采用 S 形往返移动前进，也可以采用螺旋形移动前进，如图 5-5-21（b）所示。

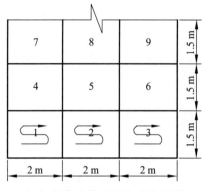

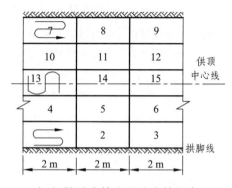

（a）边墙喷射分区及喷射顺序　　　　　　（b）拱圈喷射分区及喷射顺序

图 5-5-21　喷射分区及喷射顺序

（4）喷射时喷嘴要垂直于受喷面，倾斜角不大于 10°，距离 0.8 ~ 1.2 m。

（5）对于岩面，凹陷处应先喷多喷，凸出处应后喷少喷。

（6）喷射时一次喷射厚度不得太薄或太厚，它主要与混凝土的黏结力和受喷部位及回弹情况等有关，一般规定按表 5-5-7 执行。

表 5-5-7　一次喷射厚度（cm）

部位	掺速凝剂	不掺速凝剂
边墙	7 ~ 10	5 ~ 7
拱部	5 ~ 7	3 ~ 5

（7）若设计喷射混凝土较厚，应分层喷射，一般分 2 ~ 3 层喷射；分层喷射的间隔时间不得太短，一般要在初喷混凝土终凝以后再进行复喷；喷射混凝土的终凝时间受水泥品种、施工温度、速凝剂类型及掺量等因素影响。间隔时间较长时，复喷前应将初喷混凝土表面清洗干净，复喷中应将凹陷处进一步找平。

（8）喷射混凝土终凝 1 ~ 2 h 后进行洒水养护，养护时间一般不少于 7 d。

（9）冬季施工时，喷射混凝土作业区的气温不得低于 5 ℃；若气温低于 5 ℃，亦不得洒水；混凝土强度未达到设计强度的 50%时，若气温降低到 5 ℃以下，则应注意采取保温防冻措施。

（10）回弹物料的利用。实测表明，采用干法喷射混凝土时，一般边墙的回弹率为 10% ~ 20%，拱部为 20% ~ 35%，回弹量相当大。除应设法减少回弹外，及时回收的洁净而尚未凝结的回弹物，可以按一定比例掺入混合料中重新搅拌后喷射，但掺量不宜大于 15%，且不宜用于喷射拱部；回弹物的另一处理途径是掺进普通混凝土中，但掺量也应加以控制。

四、钢拱架

无论是采用喷射混凝土还是锚杆，或是在混凝土中加入钢筋网、钢纤维，都主要是利用其柔性和韧性，而对其整体刚度并未过多要求。这对支护不太破碎的围岩使其稳定是可行的。

但当围岩软弱破碎严重、其自稳性差时，开挖后要求早期支护具有较大的刚度，以阻止围岩的过度变形和承受部分松弛荷载，而钢拱架就能满足这一要求。

1. 构造组成

钢拱架可以采用型钢、工字钢、钢管或钢筋制成。以钢筋制作的钢拱架称为格栅钢架，现场采用格栅钢架较多，格栅钢架构造如图 5-5-22 所示。钢架的形式和设计要点见表 5-5-8。

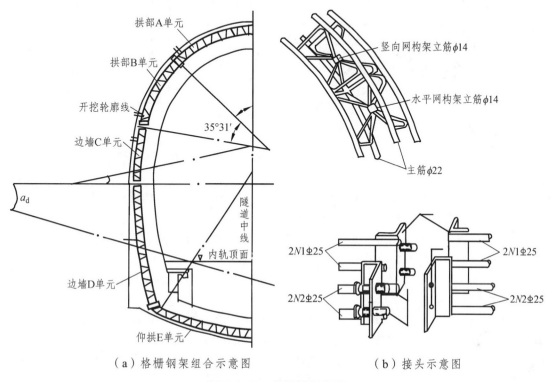

（a）格栅钢架组合示意图　　　　（b）接头示意图

图 5-5-22　格栅拱架构造

表 5-5-8　钢拱架的形式和设计要点

类型		图　示	材　料		说　明
			主　筋	联结筋	
三角形	桁架式		$\phi22$ 20 MnSi 或 A3 钢（Q235）	$\phi12$ 或 $\phi10$ Mn 钢	1. $a=15$ cm, $b=16$ cm, $c=25$ cm; 2. 用于围岩压力小的地方; 3. 联结筋系短根焊接，应保证焊接质量
	蝶式		$\phi22$ 20 MnSi 或 A3 钢（Q235）	$\phi14$ 20 MnSi 或 A3 钢（Q235）	1. $a=b=16$ cm, $c=25$ cm; 2. 主筋 1 与两根主筋 2 的面积应相近; 3. 蝶形件可预加工后再与主筋焊接

类型		图　示	材料		说　明
			主　筋	联结筋	
四边形	桁架式	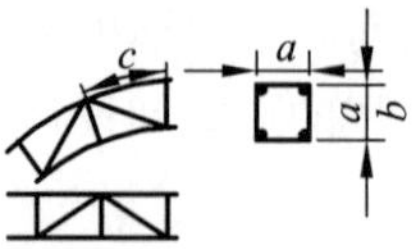	$\phi22$ 20 Mnsi 或 A3 钢（Q235）	$\phi12$ 或 $\phi10$ 20 MnSi 或 A3 钢（Q235）	1. $a = b = 20$ cm，$c = 25$ cm； 2. 缴横方向强度相等； 3. 应保证焊接质量
	辐式	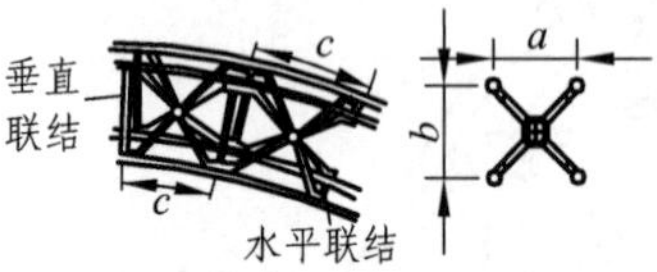 垂直联结 水平联结	$\phi22$ 20 MnSi 或 A3 钢（Q235）	$\phi14$ 20 MnSi 或 A3 钢（Q235）	1. $a = b = 16$ cm，$c = 41$ cm； 2. 抗弯、抗扭惯性矩比三角形大； 3. 根据需要采用重点联结或水平联结

2. 性能特点

（1）钢拱架的整体刚度较大，可以提供较大的早期支护刚度；型钢拱架较格栅钢架能更早承载。

（2）钢拱架可以很好地与锚杆、钢筋网、喷射混凝土相结合，构成联合支护，增强支护的有效性，且受力条件较好。尤以格栅钢架结合最好。

（3）格栅钢架采用钢筋现场加工制作，技术难度和要求并不高。

（4）钢拱架对隧道断面变化的适应性好，安装架设方便。

3. 设计要点

（1）从理论上讲，钢拱架应按其与锚杆、喷射混凝土共同工作状态来设计，即按 $P = KU$（P 为支护阻力；K 为支护刚度；U 为位移）来确定初期支护的最大阻力。但在软弱破碎围岩中，围岩变形与支护阻力之间的极限平衡状态随着支护变形程度而变化，难以确定。另外，软弱破碎围岩早期变形快，有可能造成较大变形和一定范围的松弛荷载，因此，钢拱架的设计可按其单独承受早期松弛荷载来设计。根据设计、施工经验，早期松弛荷载的量值，一般按全部松弛荷载的 10% ~ 40% 来考虑，并用下式表示：

$$q' = \mu q \tag{5-5-6}$$

式中　q'——钢拱承受的早期松弛荷载；

　　　q——围岩松弛荷载，按松弛荷载统计公式计算；

　　　μ——钢拱架的荷载系数，一般取 0.1 ~ 0.4。

（2）拟订钢拱架尺寸后，进行强度、刚度和稳定性检算。常用的钢拱架设计参数见表 5-5-9。

图 5-5-9　常用钢拱架设计参数

围岩级别	荷载系数 μ	钢拱架类型	每榀轴线间距 / m
IV	0.25	三肢格栅钢架	1.0
	0.40	三肢格栅钢架 + 喷射混凝土	
	0.30	工字钢架	
	0.35	工字钢架 + 喷射混凝土	

围岩级别	荷载系数 μ	钢拱架类型	每榀轴线间距 / m
V	0.20	四肢格栅钢架	0.8
	0.60	四肢格栅钢架 + 喷射混凝土	
	0.40	工字钢架	
	0.45	工字钢架 + 喷射混凝土	
VI	0.10	四肢格栅钢架	0.6
	0.15	四肢格栅钢架 + 喷射混凝土	
	0.10	工字钢架	
	0.10	工字钢架 + 喷射混凝土	

（3）钢拱架的截面高度应与喷射混凝土厚度相适应，一般为 16～20 cm，且要有一定保护层。钢拱架通常是在初喷封面混凝土后架设的，初喷混凝土厚度约 4 cm。

（4）为架设方便，每榀钢拱架一般应分为 2～6 节，并保证接头刚度，节数应与断面大小及开挖方法相适应。每榀钢拱架之间应设置不小于 $\phi22$ 的纵向钢筋拉杆。

（5）当围岩变形量较小或只允许围岩有小量变形时，钢拱架可以设计为固定型。当围岩流动性强、变形量大，且允许围岩有较大变形时，宜将钢拱架设计为可伸缩的，其伸缩节点位置宜设置在拱顶节点处。

4. 施工要点

（1）钢拱架应架设在隧道横向竖直平面内，其垂直度允许误差为 ±2°。

（2）钢拱架的拱脚应稳定，一般有垫板、纵向托梁、锁脚锚杆等。

（3）钢拱架的安设应在开挖后的 2 h 内完成。

（4）钢拱架应尽可能多地与锚杆露头及钢筋网焊接，以增强其联合支护效应。

（5）可缩性钢拱架的可缩性节点不宜过早喷射混凝土，待其收缩合合后，再补喷混凝土。

（6）喷射混凝土时，应注意将钢拱架与岩面之间的间隙喷射密实。

（7）喷射混凝土应分层分次喷射完成，初喷混凝土应尽早进行，复喷混凝土应在量测指导下进行，以保证其适时、有效。

五、联合支护

前面分别介绍了锚杆（系统锚杆或局部锚杆）、喷射混凝土、钢拱架（型钢拱架或格栅钢架）等常用的支护方法。在隧道工程中，为适应地质条件和结构条件的变化，常将各种单一支护方法进行恰当组合，共同构成较为合理的、有效的和经济的支护结构体系。但不论何种组合形式，都将其通称为联合支护。

目前在隧道工程中，作为初期支护，使用最多的组合形式是锚杆（主要指系统锚杆）加喷射混凝土（素喷或网喷）。因此，初期支护可以称为锚喷支护，它是一种最基本的组合形式（见图 5-5-23）。

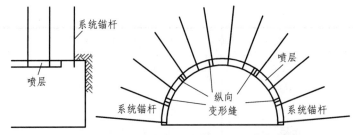

图 5-5-23　系统锚杆加喷射混凝土联合支护

联合支护的施工不仅应满足各部件安设施工的技术要求，还应注意以下事项：

（1）联合支护宜联不宜散，彼此要直接地牢固相连，以充分发挥联合支护效应。

（2）钢筋网及钢拱架要尽可能多地与锚杆头焊连，锚杆要有适量的露头。

（3）钢筋网及钢拱架要被喷射混凝土所包裹、覆盖，即喷射混凝土要将钢筋网和钢拱架包裹密实。

（4）分次施作的联合支护，应尽快将其相连，如超前锚杆与系统锚杆及钢拱架的联结。

（5）分次施作的联合支护，要在量测指导下进行，以做到及时、有效，并作适当调整。

六、施工问题及对策

前面所述初期支护的多种类型及其组合是能够适应绝大多数的围岩地质条件和工程结构条件的，但这种适应在工程实际中并非绝对。之所以这样，是基于下面几个方面的原因：一是在施工、设计过程中，对围岩性质判断不准或情况不明；二是支护类型与实际要求不适应；三是支护的时机和方法不恰当；四是其他的不明原因。由于以上原因的存在，使得在实际施工过程中，经常会出现不良变形甚至松弛坍塌等异常现象。对此，一方面应进行隧道动态信息的反馈分析，对施工方法、支护时机、各支护参数等加以调整；另一方面只能针对一些不能明确原因的现象采取及时有效的处理措施，并加以总结和防范，以利于施工安全和顺利地进行。现将这些问题及对策总结归纳如表 5-5-10 所示，其中 A 项是指进行比较简单的改变就可解决问题的措施，B 项是指包括需要改变支护方法等比较大的变动才能解决问题的措施。

表 5-5-10　施工中的现象及其处理措施

	施中现象	措　施　A	措　施　B
开挖面及其附近	正面变得不稳定	1. 缩短一次掘进长度； 2. 开挖时保留核心土； 3. 向正面喷射混凝土； 4. 用插板或并排钢管打入地层进行预支护	1. 缩小开挖断面； 2. 在正面打锚杆； 3. 采取辅助施工措施对地层进行预加固
	开挖面顶部掉块增大	1. 缩短开挖时间及提前喷射混凝土； 2. 采用插板或并排钢管； 3. 缩一次开挖长度； 4. 开挖面暂时分部施工	1. 加钢支撑； 2. 预加固地层

	施中现象	措　施　A	措　施　B
开挖面及其附近	开挖面出现涌水或者涌水量增	1. 加速混凝土硬化（增加速凝剂等）； 2. 喷射混凝土前做好排水； 3. 加挂网格密的钢筋网； 4. 设排水片	1. 采取排水方法（如排水钻孔、井点降水）； 2. 预加固围岩
	地基承载力不足，下沉增大	1. 注意开挖，不要损害地基围岩； 2. 加厚底脚处喷混凝土，增加支承面积	1. 增加锚杆； 2. 缩短台阶长度，及早闭合支护环； 3. 用喷混凝土作临时底拱； 4. 预加固地层
	产生底鼓	及早喷射底拱混凝土	1. 在底拱处打锚杆； 2. 缩短台阶长度，及早闭合支护环
喷混凝土	喷混凝土层脱离甚至塌落	1. 开挖后尽快喷射混凝土； 2. 加钢筋网； 3. 解除涌水压力； 4. 加厚喷层	打锚杆或增加锚杆
	喷混凝土层中应力增大，产生裂缝和剪切破坏	1. 加钢筋网； 2. 在喷混凝土层中增设纵向伸缩缝	1. 增加锚杆（用比原来长的锚杆）； 2. 加入钢支撑
锚杆	锚杆轴力增大，垫板松弛或锚杆断裂		1. 增强锚杆（加长）； 2. 采用承载力大的锚杆； 3. 为增强锚杆的抗变形能力，在垫锚板间夹入弹簧垫圈等
钢支撑	钢支撑中应力增大，产生屈服	松开接头处螺栓，凿开喷混凝土层，使之可自由伸缩	1. 增强锚杆； 2. 采用可伸缩的钢支撑，在喷混凝土层中设纵向伸缩缝
隧道净空	净空位移量增大，位移速度变快	1. 缩短从开挖到支护的时间； 2. 提前打锚杆； 3. 缩短台阶、底拱一次开挖的长度； 4. 当喷混凝土开裂时，设纵向伸缩缝	1. 增强锚杆； 2. 缩短台阶长度，提前闭合支护环； 3. 在锚杆垫板间夹入弹簧垫圈等； 4. 采用超短台阶法，或在上半断面建造临时底拱

第六节　二次衬砌施工技术

在永久性的隧道及地下工程中常用的衬砌形式有以下三种：整体式模筑混凝土单层衬砌、复合式衬砌及锚喷单层衬砌。本节主要叙述复合式二次衬砌施工技术。

一、二次衬砌施工方法

按照现代支护理论和新奥法施工原则，二次衬砌是在围岩与初期支护基本稳定后施作的，此时隧道已成型，为保证衬砌质量，衬砌施工按先仰拱、后墙拱，即由下到上的顺序连续灌筑。在隧道纵向，则需分段进行，分段长度一般为 9~12 m。

二、二次衬砌模板类型

常用的模板有：整体移动式模板台车、穿越式（分体移动）模板台车、拼装式拱架模板。

1. 整体移动式模板台车

整体移动式模板台车主要由大块曲模板、机械或液压脱模、背附式振捣设备集装成整体，并在轨道上走行。有的还设有自行设备，可缩短立模时间，实现墙拱连续灌筑，加快衬砌施工速度（见图 5-6-1）。

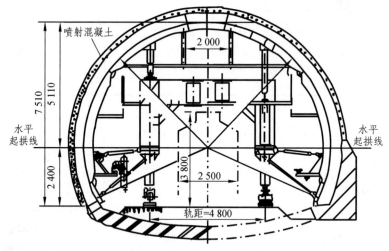

喷射混凝土
2 000
7 510
5 110
水平起拱线
水平起拱线
2 400
3 800
2 500
轨距=4 800

图 5-6-1 整体移动式模板台车

模板台车的长度即一次模筑段长度，应根据施工进度要求、混凝土生产能力和灌筑技术要求以及曲线隧道的曲线半径等条件来确定。

整体移动式模板台车的生产能力大，可配合混凝土输送泵联合作业，是较先进的模板设备，但其尺寸大小比较固定，可调范围较小，影响其适用性，且一次性设备投资较大。我国有些施工单位自制了一些较为简单的模板台车，效果很好。

2. 穿越式分体移动模板台车

这种台车是将走行机构与整体模板分离，因此一套走行机构可以解决几套模板的移动问题，既提高了走行机构的利用率，又可以多段衬砌同时施作。

3. 拼装式拱架模板

拼装式拱架模板的拱架可采用型钢制作或现场用钢筋加工成桁架式拱架。为便于安装和运输，常将整榀拱架分解为 2~4 节，进行现场组装，其组装连接方式有夹板连接和端板连接两种形式。为减少安装和拆卸工作量，可以作成简易移动式拱架，即将几榀拱架连成整体，并安设简易滑移轨道。

拼装式模板多采用厂制定型组合钢模板,其厚度均为 5.5 cm,宽度有 10 cm、15 cm、20 cm、25 cm、30 cm,长度有 90 cm、120 cm、150 cm 等。局部异形及挡头板可采用木板加工制成。

拼装式拱架模板的一次模筑长度,应与围岩地质条件、施工进度要求、混凝土生产能力以及开挖后围岩的动态等情况相适应。一般分段长度为 2~9 m,松软地段最长不超过 6 m。拱架间距应视未凝混凝土荷载大小及隧道断面大小而定,一般可采用 90 cm、120 cm 及 150 cm。

拼装式拱架模板的灵活性大,适应性强,尤其适用于曲线地段。因其安装架设较费时费力,故生产能力较模板台车低。在中小型隧道及分部开挖时,使用较多。传统的施工方法中,因受开挖方法及支护条件的限制,其衬砌施作多采用拼装式拱架模板。

三、二次衬砌施工准备

在灌筑二次衬砌混凝土之前,要做隧道中线与水平测量、检查开挖断面、放线定位、混凝土制备与运输等准备工作。

1. 断面检查

根据隧道中线与水平测量,检查开挖断面是否符合设计要求,初期支护侵限部分按规范要求进行修凿,并做好断面检查记录。

墙脚地基应挖至设计标高,并在灌筑前清除虚渣,排除积水,找平支承面。

2. 放线定位

根据隧道中线和标高及断面设计尺寸,测量确定衬砌立模位置,并放线定位。

采用整体移动式模板台车时,实际是确定轨道的铺设位置。轨道铺设应稳固,其位移和沉降量均应符合施工误差要求。轨道铺设和台车就位后,都应进行位置、尺寸检查。放线定位时,为了保证衬砌不侵入建筑限界,须预留误差量和预留沉落量,并注意曲线加宽。

预留误差量是考虑到存在放线测量误差和拱架模板就位误差,为保证衬砌净空尺寸,一般将衬砌内轮廓尺寸扩大 5 cm。

预留沉落量是考虑到未凝混凝土的荷载作用会使拱架模板变形和下沉;后期围岩压力作用和衬砌自重作用(尤其是先拱后墙法施工时的拱部衬砌)会使衬砌变形和下沉。故须预留沉落量。这部分预留沉落量根据实测数据确定或参照经验确定。

预留误差量和预留沉落量应在拱架模板定位放线时一并考虑确定,并按此架设拱架模板和确定模板架的加工尺寸。

3. 拱架模板整备

使用拼装式拱架模板时,立模前应在洞外样台上将拱架和模板进行试拼,检查其尺寸、形状,不符合要求的予以修整。配齐配件,模板表面要涂抹防锈剂。洞内重复使用时亦应注意检查、修整。拱架模板尺寸应按计算的施工尺寸放样到放样台上,并注意曲线加宽后的衬砌及模板尺寸。

使用整体移动式模板台车时，在洞外组装并调试好各机构的工作状态，检查好各部尺寸，保证进洞后正常投入使用。每次脱模后应予检修。

4. 立　模

根据放线位置，架设安装拱架模板或模板台车就位。安装和就位后，应做好各项检查，包括位置、尺寸、方向、标高、坡度、稳定性等，并注意处理好以下几个问题。

（1）每排拱架应架设在垂直于隧道中线的竖直平面内，不得倾斜；对于曲线隧道，因曲线外弧长、内弧短，则应分段调整拱架方向和模板长度。

（2）拱架应立于稳固的地基上。拱架下端一般应焊接端头板，以增大支承面，减小下沉；当地基较软弱时，应先用碎石垫平，再用短枕木支垫，此垫木不得伸入衬砌混凝土中。

当采用整体移动式模板台车时，其走行轨道应铺设稳定，轨枕间距要适当，道床要振捣密实，必要时可先施作隧道底板，防止过量下沉。

（3）拱架的架设要牢固稳定，保证其不产生过量位移。拱架立好后还应对其稳定性进行检查。固定的方法：横向有过河撑（断面较小时采用）、斜撑（断面较大时采用）、锚杆（锚固于围岩，穿过衬砌、模板、墙架、带木，用螺栓垫板固定拉住墙架）；纵向有带木、拱架间撑木、拉杆及斜撑；拱架与围岩之间的顶撑等。其中锚杆应先行安设，并作抗拔力的施工检算。拱架模板的架设和加强，均应考虑其腹部的通行空间，以保证洞内运输的畅通。

（4）挡头模板应同样安装稳固，挡头板常用木板加工制成，现场拼铺，以便于与岩壁之间的缝隙嵌堵严密；也可以采用气囊式堵头。

（5）设有各种防水卷材、止水带时，应先行安装好，并注意挡头板不得损伤防水材料，以免影响防水效果。

5. 混凝土制备与运输

由于洞内空间狭小，混凝土多在洞外拌制好后，用运输工具运送到工作面再灌筑。其实际待用时间中主要是运输时间，尤其对于长大隧道和运距较远的情况。因此运输工具的选择应注意装卸方便，运输快速，保证拌好的混凝土在运输过程中不发生漏浆、离析泌水以及坍落度损失和初凝等现象。可结合工程情况，选用各种斗车、罐式混凝土运输车、或输送泵等机械设备。

四、二次衬砌施工控制

（1）保证捣固密实，使衬砌具有良好的抗渗防水性能，尤其应处理好施工缝。

（2）整体模筑时，应注意对称灌筑，两侧同时或交替进行，以防止未凝混凝土对拱架模板产生偏压而使衬砌尺寸不合要求。

（3）若因故不能连续灌筑，则应按规定进行接茬处理。衬砌接茬应为半径方向。

（4）边墙基底以上 1 m 范围内的超挖，宜用同级混凝土同时灌筑。其余部分的超、欠挖应按设计要求及有关规定处理。

（5）衬砌的分段施工缝应与设计沉降缝、伸缩缝及设备洞位置统一考虑，合理确定位置。

（6）拱顶衬砌封口方法。当衬砌混凝土灌筑到拱部时，需改为沿隧道纵向进行灌筑，边灌筑边铺封口模板，并进行人工捣固，最后堵头，这种封口称为"活封口"。当两段衬砌相接时，纵向活封口受到限制，此时只能在拱顶中央留出一个 50 cm×50 cm 的缺口，待后进行"死封口"（见图 5-6-2）。采用整体式模板台车配以混凝土输送泵时，可以简化封口。

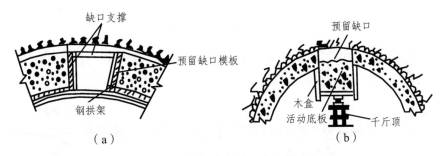

图 5-6-2　拱部衬砌封口（死封口）

（7）多数情况下，隧道施工过程中洞内的湿度能够满足混凝土的养护条件。但在干燥无水的地下条件下，则应注意进行洒水养护。采用普遍硅酸盐水泥拌制的混凝土，其养护时间一般不少于 7 d；掺有外加剂或有抗渗要求的混凝土，一般不少于 14 d。养护用水的温度应与环境温度基本相同。

（8）二次衬砌的拆模时间，应根据混凝土强度增长情况来确定。一般应在混凝土达到施工规范要求强度时，方可拆模。有承载要求时，应根据具体受力条件来确定。

（9）在灌筑衬砌混凝土时，虽然要求将超挖部分回填，但由于操作方法方面的原因，其中有些部位并不可能回填得很密实。这种情况在拱顶背后一定范围内较为明显。因此，要求在衬砌混凝土达到设计强度后，对这些部位进行压浆处理，以使衬砌与围岩密贴（全面紧密接触），达到限制围岩后期变形，改善衬砌受力工作状态的目的。

五、仰拱整体施工技术

为保证隧道衬砌工程质量，高速铁路隧道施工中要求仰拱必须分段一次整体施作。因此，为使开挖仰拱底及浇筑混凝土时出渣、进料等运输工序能平行作业，需要采用仰拱栈桥施工。

MIB 系列隧道仰拱栈桥解决了隧道仰拱施工过程中运输与施工相互干扰的问题，降低了劳动强度，提高了劳动生产率。

1. MIB 系列隧道仰拱栈桥纵移施工工序

第一步：栈桥安装就绪，允许各种车辆通过，准备桥下仰拱作业（见图 5-6-3）。

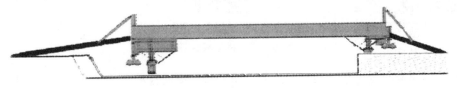

图 5-6-3　栈桥安装到位

第二步：桥下仰拱作业，各种车辆正常通过，桥上、桥下互不干扰（见图5-6-4）。

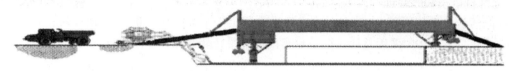

图5-6-4 仰拱混凝土施工

第三步：仰拱施工结束，坡桥在液压油缸作业下升起，离开地面，同时行走轮下降，行走轮接地后油缸继续伸长，行走轮逐渐将整个栈桥撑起（见图5-6-5）。

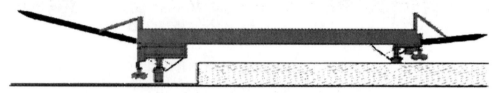

图5-6-5 栈桥准备移位

第四步：启动行走电机，行走轮旋转，带动栈桥向前移动（见图5-6-6）。

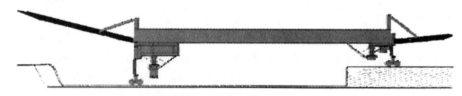

图5-6-6 栈桥纵向移位

第五步：栈桥行走到位后，行走轮支撑油缸收缩，待栈桥完全由栈桥桥墩支撑时停止，此时放下坡桥，完成栈桥准备工作。

2. MIB系列隧道仰拱栈桥横移施工工序

第一步：拔下行走轮定位销，水平旋转行走轮车架90°。坡桥升起，离开地面，同时行走轮下降触地，将整个栈桥撑起（见图5-6-7）。

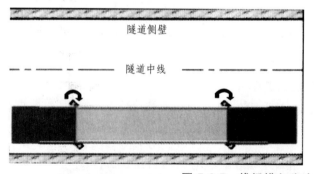
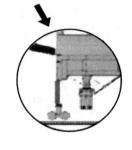

图5-6-7 栈桥横向移动

第二步：启动行走电机，行走轮旋转，带动栈桥横向移动，移动到位后，行走轮收起。栈桥桥墩支撑，完成栈桥准备工作（见图5-6-8）。

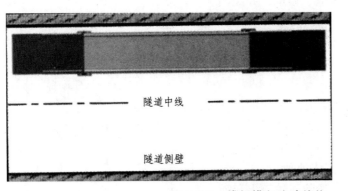

图 5-6-8　栈桥横向移动就位

第七节　防水层施工技术

在隧道工程中，通常会遇到地下水，根据围岩状况及渗漏水情况，进行结构设计时均需考虑设置相应的衬砌防水结构。尤其对于隧道洞口段，为充分保证安全，不管有无渗漏水发生都要设置防水结构。隧道结构防水可采取浇筑抗渗混凝土与铺设防水层相结合的办法实现。

抗渗混凝土是采取在混凝土中掺加高效减水剂降低水胶比以及掺入矿物掺和料，来提高混凝土的密实性达到防水抗渗效果。防水层一般采用外贴式防水层；对复合式衬砌，设置夹层防水层。防水材料常用合成树脂聚合物与土工布制作的防水薄膜和防水板。防水板分橡胶防水板、塑料防水板，隧道施工多采用塑料防水板，所以本节主要介绍复合式衬砌防水层铺设技术。

一、防水板常规施工技术

隧道开挖后围岩如有淋水，应先采用注浆措施将大的淋水或集中出水点封堵，然后在围岩表面设排水管或排水板竖向盲沟将局部渗水引排。初期支护如有淋水，在初期支护与二次衬砌之间设竖向排水，竖向排水在拱脚处用硬聚氯乙烯排水管穿过二次衬砌排入侧沟中。在初期支护与二次衬砌之间铺设土工布、防水板，衬砌变形缝、施工缝处采用中埋式橡胶止水带或其他止水措施，见图 5-7-1。

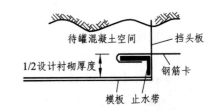

图 5-7-1　中埋式橡胶止水带安装位置

（一）基面处理

铺设防水板前，必须对初期支护的表面情况进行检查，并采取有效措施进行处理。要求初期支护表面平整，无空鼓、裂缝、松酥，并用喷混凝土（或砂浆）对基面进行找平处理，见图 5-7-2。

（1）喷射混凝土基面的表面应平整，两凸出体的高度与间距之比，拱部不大于 1/8，其他部位不大于 1/6。

（2）拱墙部分自拱顶向两侧将基面外露的钢筋头、铁丝、锚杆、排水管等尖锐物切除锤平，并用砂浆抹成圆曲面。

（3）欠挖超过 5 cm 的部分需作处理。

（4）仰拱部分用风镐修凿，清除回填渣土和喷射混凝土回弹料。

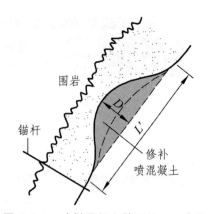

图 5-7-2　喷射混凝土基面处理示意图

（5）隧道断面变化或突然转弯时，阴角应抹成半径大于 10 cm 的圆弧，阳角处应抹成半径大于 5 cm 的圆弧。

（6）检查各种预埋件是否完好。

（7）喷射混凝土强度要求达到设计强度。

（二）缓冲垫层的铺设

常用缓冲材料有土工布和聚乙烯泡沫塑料。铺设过程如下：

（1）将垫衬横向中线同隧道中线对齐。

（2）由拱顶向两端边墙铺设。

（3）采用与防水板同材质的 ϕ80 mm 专用塑料垫圈压在衬垫上，使用射钉或胀管螺丝锚固。

（4）衬垫缝搭接宽度不小于 5 cm。

（5）锚固点应垂直基面并不得超出垫圈平面，锚固点呈梅花形布置。锚固点间距，拱部为 0.5~0.7 m，边墙为 1.0~1.2 m，凹凸处应适当增加锚固点。

（三）防水板铺设

防水板铺设多采用无钉（暗钉）铺设法。无钉铺设法是先在喷混凝土基面上用明钉铺设法固定缓冲层，然后将防水板热焊或黏合在缓冲层垫圈上，使防水板无穿透钉孔，如图 5-7-3 所示。防水板铺设的要点如下：

（1）防水板需环向铺设，相邻两幅接缝错开，结构转角处错开不小于规定值。

（2）防水板短长边的搭接均以搭接线为准。防水板搭接处采用双焊缝焊接，焊缝宽度不小于 10 mm，且均匀连续，不得有假焊、漏焊、焊焦、焊穿等现象。

（3）防水板铺设应自上而下进行，铺设时根据基面平整度的不同，应留出足够的富余，防止浇筑混凝土衬砌时因防水板绷得太紧而拉坏防水材料或使衬砌背后形成空洞。

（4）在检查焊接质量和修补质量时，严禁在温度较高的情况下进行，更不能用手撕。

（5）防水板铺设可采用自制台车进行。

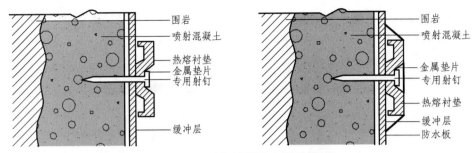

图 5-7-3 无钉铺设防水板示意图

（四）防水板搭接

防水板通常采用自动爬行热合机双焊缝焊接和热熔焊接，如图 5-7-4 所示。防水板焊接在热融垫片表面焊接前将防水板铺设平整、舒展，并将焊接部位的灰尘、油污、水滴擦拭干净，焊缝接头处不得有气泡、褶皱及空隙，而且接头处要牢固，强度不得小于同一种材料；焊接防水板时，要严格掌控焊接速度或焊接时间，防止过焊或焊穿防水材料；防水板之间搭接宽度为 10 cm，双焊缝的每条缝宽 1 cm，两条焊缝间留 1.5 cm 宽的空腔作充气检查用。焊缝处不允许有焊漏、假焊，凡烤焦、焊穿处必须用同种材料片焊贴覆盖。防水板搭接要求成鱼鳞状，以利排水，见图 5-7-5。

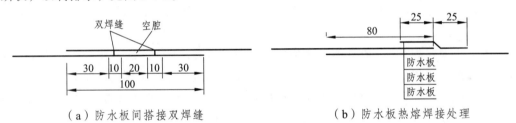

（a）防水板间搭接双焊缝 　　　（b）防水板热熔焊接处理

图 5-7-4 防水板焊接方式示意图

（五）质量检验

1. 防水板外观质量检测

在洞外检查防水板及土工布的颜色、厚度、合格证是否符合要求。用手将已固定好的防水板上托或挤压，检查其是否与喷混凝土密贴，检查防水板有无破损、断裂、小孔，吊挂点是否牢固，搭接宽度是否符合设计，焊缝表面是否平整光滑，有无波形断面。

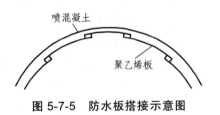

图 5-7-5 防水板搭接示意图

防水板安装后至混凝土浇筑前这段时间的施工非常容易损伤防水卷材，从而影响整体的防水效果。如果防水卷材两面的颜色是对比色，裂痕或损伤会明显地表现出卷材内层较深的颜色，这样可直接看出安装好的卷材的整体质量，对破损处可通过焊接同材质的材料进行修补。

2. 防水板焊接质量检测

防水板铺设应均匀连续，焊缝宽度不小于 20 mm，搭接宽度不小于 100 mm，焊缝应平顺、无褶皱、均匀连续，无假焊、漏焊、焊过、焊穿或夹层等现象。防水板焊缝质量检查如图 5-7-6 所示。

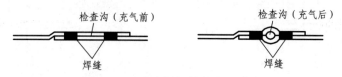

图 5-7-6　防水板焊缝检查示意图

（1）压缩空气检查：防水板接缝用热合机进行焊接，接缝为双焊缝。检查方法：5 号注射针与压力表相接，用打气筒充气，当压力达到表 5-7-1 所列数值时停止充气，保持该压力 15 min，压力下降量在 10% 以内，说明合格。

表 5-7-1　防水板焊接检查压缩空气压力标准

防水板厚度 / mm	1.0	1.5	2.0	2.5	3.0
气压 / MPa	0.15	0.18	0.30	0.35	0.42

（2）压缩空气枪检测法：压缩空气经枪管以一定速率从喷嘴射出，垂直冲击防渗膜搭接焊缝的边缘，同时喷嘴以一定速度沿焊接缝移动，当喷嘴经过漏焊部位时，高速气流会经未焊接缝隙钻入防渗膜防渗层下面，通过声音的变化或防渗膜的鼓起现象可以判断漏焊缝隙的位置。

（3）负压检查：主要用在防水板破损处的密封性检查。检查方法：在修补处涂抹能发泡的检查液（如肥皂水），并安装真空钟形罩，用真空泵形成一定的负压，如果不产生气泡说明没有漏气。原则上，对所有修补点都应进行检查。表 5-7-2 为防水板检查时的负压值标准。

表 5-7-2　防水板检查时的负压值标准

防水板厚度 / mm	1.0	2.0	3.0	4.0	5.0
气压 / MPa	0.08	0.22	0.38	0.45	0.58

（4）焊缝拉伸强度、抗剥离强度检查：拉伸强度不低于母材强度的 70%；抗剥离强度，根据试验建议值 ≥ 0.7 MPa。

（5）防水板破损修补：检查出防水板上有破坏之处时，必须立即做出明显标记，以便毫不遗漏地把破损处修补好，补后一般用真空检查法检验修补质量。补丁不得过小，离破坏孔边缘 ≥ 7 cm。补丁要剪成圆角，不得有正方形、长方形、三角形等的尖角。

（六）混凝土施工时防水板保护

（1）底板防水层可使用细石混凝土保护。

（2）衬砌结构钢筋绑扎时不得划伤或戳穿防水板，钢筋头采用塑料帽保护。焊接钢筋时，用非燃物（如石棉板）隔离。

（3）浇筑混凝土时，振动棒不得接触防水层。

二、防水板整体铺挂技术

注浆粘贴防水板无损整体铺挂技术可以从根本上解决防水板施工质量不足的问题。注浆粘贴防水板与常规的防水板紧贴初期支护不同，让防水板紧贴二次衬砌的外侧。

采用复合式衬砌并在衬砌间夹防水层是隧道建设中一项重大技术进步：在初支与二衬之间设置防水隔离层并用水泥砂浆找平后，可减少初支对二衬的约束。由于铺设的防水隔离层光滑平整，可确保初支与二衬之间不传递切向力，对防止二衬开裂有很大的作用。

1. 防水板及其背后充填浆液

由于防水板要保证与二次衬砌混凝土面密贴，这就要求防水板必须具有足够的柔性。

防水板和喷混凝土之间充填浆液是盾构隧道衬砌背后的充填材料经过改良而成。在洞内设置注浆设备，要求最大压送长度达数百米，压送高度达几十米。从洞外分别制备 A 液和 B 液，在压注地点前混合，于左右侧墙上部、肩部和拱顶处设压注管，从下向上依次压注。此外，每段（约 10 m）灌注浆液施工时，要控制灌注速度，使灌注速度与浆液固化速度相匹配。日本的灌注速度在 1.5 m^3/h 左右，由于初期支护喷射混凝土表面粗糙、形状差异很大，每段的灌注量为 5 ~ 10 m^3。充填浆液材料的配合比见表 5-7-3。

表 5-7-3　填充材料的配合比

A 液				B 液
固化材	助剂	稳定剂	水	速凝剂
400 kg	30 kg	5 L	854 L	144 L

2. 防水板铺设台架及设备

此技术所用防水板台车为加强的铺挂台车，台架上装有液压设备，模板可自由伸缩，此外还有两个专用滚轴，将每一幅防水板从两端向中间卷起，防水板铺设台架构造见图 5-7-7。灌注充填初期支护和防水板间空隙采用大流量低压注浆泵，铺挂台车上预安装可伸缩的注浆导管，边注浆边缓慢抽拔导管。

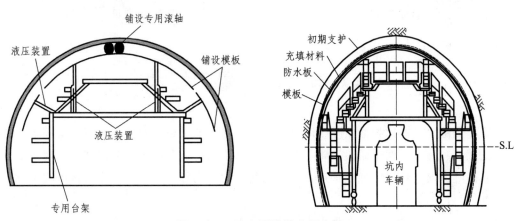

图 5-7-7　防水板铺设专用台架

3. 防水板铺设方法

（1）在铺设防水板前，对初期支护表面进行严格检查；外露钢筋及锚杆部分要齐根切掉，防止扎破防水板。

（2）根据铺设台架的长度，将幅面较窄的防水板下料，然后将其平铺在地面上拼焊成便于运输、安装和铺设的大幅面防水板。

（3）将每一幅防水板置于台架顶部模板外侧，然后转动滚轴将防水板沿模板向隧道两侧铺开，防水板悬挂于台车两侧。

（4）调节液压设备将模板升到预定位置，随后将台架模板两端头封堵，注意不能漏浆。

（5）向搭接好的防水板背后注浆直至注满为止，待水泥砂浆终凝后，拆除模板，将防水板搭接处用专用焊缝机焊接好。

4. 技术特点

（1）采用水泥砂浆填充喷射混凝土表面凹陷处，既确保了防水板与喷射混凝土密贴，又确保了二衬与初支的密贴，可改善结构的受力，避免防水板被撕裂。

（2）由于采用水泥砂浆将防水板粘贴于喷射混凝土表面，无需吊带或焊接挂铺，既节省了工序，又保证了防水板均匀受力，可提高耐久性。

（3）成卷的防水板幅宽和长度可根据实际需要向厂家预定，由于防水板采用环向整幅铺设，既节省了材料，又减少了防水板的横向接缝，保证了防水板的整体性，可极大地提高其防水能力。

5. 关键技术

注浆粘贴防水板无损整体铺挂技术是真正意义上的机械化防水板铺挂技术，但要达到理想效果，必须解决以下关键技术：

（1）铺挂台车制作。

防水板铺挂台车要能保证对防水板进行有效支撑，保证压注浆液时防水板不悬垂，同时要保证浆液不渗漏。

（2）浆液技术指标。

注浆所用浆液要保证合理的黏稠度和凝结时间，使浆液不太稀也不太稠。太稀，容易渗漏，且凝结后收缩形成空隙；太稠，则不容易保证充满空隙且流动困难。

第八节　监控量测技术

量测是对围岩动态监控的重要手段，是新奥法施工的重要组成部分。新奥法的量测工作可分为施工前和施工中两个阶段。施工前的量测是指通过地质调查、取样试验、现场实验等手段，取得隧道通过地段的地质构造及围岩的物理力学指标。施工中量测是新奥法量测工作中的重点，其目的如下：

（1）通过量测，掌握围岩在施工中的动态，控制围岩的变形。

（2）了解支护结构的效果，及时采取措施，做到安全施工。

（3）在对量测数据进行分析处理与必要的计算后，进行下一阶段的施工预测，并对原设计和施工的合理性进行评估和信息反馈，以确保施工安全和隧道结构稳定。

（4）将已有工程的量测结果应用到其他类似的工程中，作为今后设计和施工的依据。

一、量测项目分类

量测项目分为必测项目和选测项目。

（一）必测项目——A 类量测

必测项目有：洞内状态观察、拱顶下沉量测、净空变形量测。此三项对各级围岩均属必测项目。对于覆盖层较薄的土砂围岩，地表下沉量测也是必测项目。

（二）选测项目——B 类量测

选测项目主要包括围岩内变位、锚杆轴向力、喷混凝土层内的应力及围岩压力等。此类量测难度较大，除有特殊量测要求外，一般不进行。

本节主要讲述隧道必测项目的内容、方法和数据处理等相关知识，为工程技术和科研人员提供参考。

二、洞内状态观察

此项工作主要是以肉眼对开挖地段和支护地段进行观察，并做好记录，依此来直接判断围岩、隧道的稳定性和支护结构参数的合理性。观察中，如发现异常现象，要详细记录其时间、地点，并采取相应的措施，确保施工安全。

（一）未支护地段的观察内容

（1）围岩级别及分布状态，节理裂隙发育程度和方向性，裂隙内填充物的性质和状态等。

（2）隧道掌子面的稳定状态，顶部有无剥落现象等。

（3）是否有涌水，水量大小、位置、压力等。

（二）已支护地段的观察内容

（1）有无锚杆被拉断或垫板陷入围岩内部的现象。

（2）喷混凝土是否产生裂隙或剥离，要特别注意喷混凝土是否发生剪切破坏。

（3）钢拱架有无被压屈现象。

（4）是否有底鼓现象。

（5）锚杆注浆质量和喷混凝土施工质量是否达到施工规定的要求。

三、地面下沉量测

位于软弱破碎的Ⅵ～Ⅴ级围岩中的隧道，特别是其覆盖层较薄时，在隧道开挖后，围岩的应力、位移等变化在很大程度上反映到地表沉陷上。因此，根据地表沉陷量测结果（扰动范围、最大沉陷量和地表沉陷倾斜程度），可以判断围岩的稳定性，以便采取相应的措施。

量测方法是在地表测试范围内埋设沉陷量测点，用精密水准仪和精密水准尺定时定点进行水准测量，测出沉陷量。

地表沉陷纵向量测区长度见图 5-8-1，量测断面纵向间距见表 5-8-1。测点在横断面上的布置为中间密两侧疏，地表下沉量测范围及地中沉降量测布置如图 5-8-2 所示。

表 5-8-1　量测断面纵向间距

隧道埋深 H / m	量测断面纵向间距 / m
$H > 2B$	20～50
$B < H < 2B$	10～20
$H < B$	5～10

注：表中 B（以 m 计）为隧道开挖跨度。

以上量测项目为新奥法量测技术中最为重要的量测内容，除此之外，还有围岩内部位移、内部应力、喷混凝土层内的应力等量测，这些项目的量测方法复杂，除特殊需要外，一般不进行。

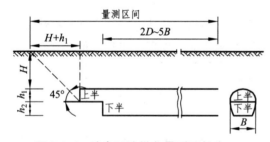

图 5-8-1　地表沉陷纵向量测区长度

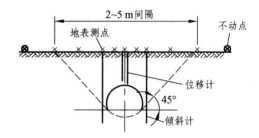

图 5-8-2　地表下沉量测范围及地中沉降量测

四、拱顶下沉量测

拱顶下沉量测即测出拱顶的绝对下沉量。

（一）测量仪器及测点布置

拱顶下沉量测可用精密水准测量仪配合拱顶位移计（普通钢卷尺）进行。

当隧道埋深较浅时，可在洞外布点，即由地表垂直钻孔，埋设位移计布设测点；当隧道埋深较深时，则在隧道开挖后的洞内拱顶布点。原则上测点应设在拱顶的中心点上，如因风管妨碍测量工作时，也可将测点设于拱顶中心点之外。

（二）量测点间距

拱顶下沉量与净空变形量测原则上设置在同一断面上进行，其量测的间距一般为：Ⅱ级围岩 150 m，Ⅲ级围岩 100 m，Ⅳ级围岩 50 m，Ⅴ～Ⅵ级围岩 20 m。洞口附近及施工初期的测点间距应适当缩短，一般为 10～20 m。

（三）量测频率（见表5-8-2）

表 5-8-2　拱顶下沉与净空变形量测频率

开挖后天数 / d	距开挖面距离 / m	量测频率 /（次/d）
0～5	（0～1）D	1～2
6～15	（1～3）D	1
16～30	（3～5）D	1/2
>31	>5D	1/7

注：D 为隧道开挖宽度。

（四）量测方法

与周边位移设在同一个断面，在拱顶固定一倒三角环的测柱，测试时将水准仪安放在标准高程点和拱顶测点之间，铟钢尺底端抵在标准高程点上，并将铟钢尺调整到水平位置，如图 5-8-3 所示。

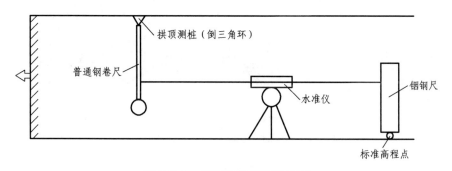

图 5-8-3　拱顶下沉量测示意图

首次量测时，通过水准仪后视铟钢尺记下读数 h_1'，再前视普通钢卷尺记下读数 h_2'；再次量测时，通过水准仪后视铟钢尺记下读数 h_1''，再前视普通钢卷尺记下读数 h_2''。则该两次相隔时间内，拱顶下沉量为

$$\Delta H = (h_1' + h_2') - (h_1'' + h_2'')$$

（5-8-1）

（五）数据整理

根据量测资料绘制曲线有：下沉量随时间变化曲线；下沉速度随时间变化曲线；下沉量与开挖面距离关系曲线。

五、净空变形量测

净空变形量测即测出隧道周边相对方向两个固定点连线上的相对位移值。它是判断围岩动态最直观和最重要的量测信息。

（一）量测仪器

净空变形一般采用隧道净空变化测定计（也称收敛计）进行量测。目前国内使用的收敛计种类很多，但大致可分为三类，即 SWJ-81 型重锤式（见图 5-8-4）、SLJ-80 型和 QJ-81 型弹簧式（见图 5-8-5 及图 5-8-6）和应力环式（见图 5-8-7）。

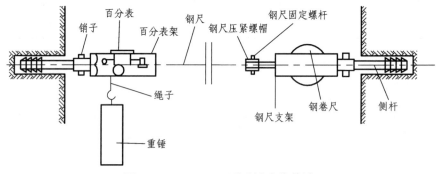

图 5-8-4　SWJ-81 型重锤式收敛计

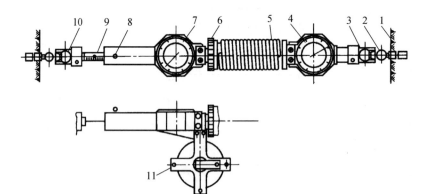

图 5-8-5　SLJ-80 型弹簧式收敛计

1—壁面埋腿；2—球形测点；3—本体球铰；4—张紧力指示百分表；
5—张紧弹簧；6—调距螺母；7—距离指示百分表；
8—钢带尺限位装置；9—带孔钢带尺；
10—尺头球铰；11—钢带尺尺架

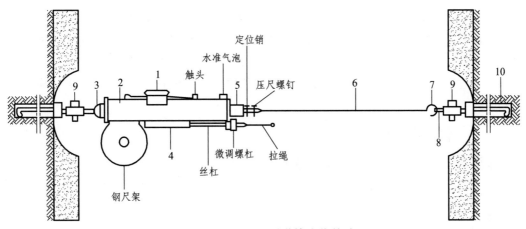

图 5-8-6　QJ-81 型弹簧式收敛计

1—百分表；2—收敛计架；3—钢球；4—弹簧秤；5—内滑管；6—带孔钢尺；
7—连接挂钩；8—羊眼螺栓；9—连接销；10—预埋件

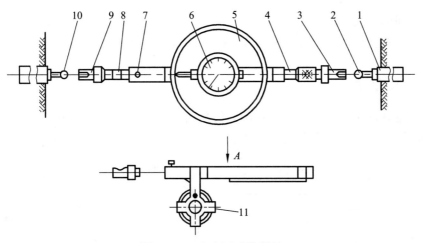

图 5-8-7　应力环式收敛计

1—埋腿；2—测点；3—球铰接头；4—螺旋测微器；5—钢环测力计；6—百分表；
7—定位按钮；8—钢带尺；9—球铰接头；10—测点；11—尺架

（二）量测断面间距和量测频率

同拱顶下沉量测。

（三）量测方法

用收敛计量测净空变化的原理是，采用一根在重锤（或弹簧）作用下被拉紧的有孔（孔间距一般为 25 mm）带状钢尺（或铟钢丝）作为传递位移的媒介，通过百分表（或测微器）测读隧道周边两测点间的相对位移变化值，从而计算出两测点连线（基线）方向上的相对位移值。现以 SWJ-81 型重锤式收敛计（见图 5-8-4）为例，说明其施测方法：

（1）先在隧道周边围岩表面凿一孔径为 40～50 mm、深为 200 mm 的孔，在孔内填塞水泥砂浆后插入测杆作为今后量测的基准点，设置时应尽量使两测杆轴线在连线方向上。

（2）将百分表架和钢尺分别用销子连接到两测杆端头上，安装好收敛计。

（3）挂上重锤记下百分表读数，然后将重锤提起，重复测试3次，取其平均值作为初始观测值 R_0。

（4）经过一定时间后，重复上述步骤测其观测值，并取其平均值 R_t，则这段时间内隧道的收敛值为

$$u_t = R_t - R_0 \qquad (5\text{-}8\text{-}2)$$

当温度变化大时，必须对百分表读数进行温度修正，即

$$R = R' + \alpha L(t_0 - t) \qquad (5\text{-}8\text{-}3)$$

式中　R——修正后百分表读数；

　　　R'——修正前百分表读数；

　　　t_0——初始读数时的温度；

　　　t——再次读数时的温度；

　　　L——量测基线长度；

　　　α——钢尺或铟钢丝的线膨胀系数，可取 $\alpha = 1.2 \times 10^{-5}$（或按钢尺出厂说明书取用）。

（四）测线布置

净空变形量测的测线布置，应根据围岩情况拟订，即围岩越好，测线越少；施工分部越多，测线越多。一般视围岩条件可选1条、2条或3条，最多选6条基线，如图5-8-8所示。

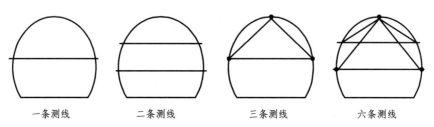

一条测线　　　　二条测线　　　　三条测线　　　　六条测线

图5-8-8　净空变形量测测线布置

（五）数据分析和处理

1. 绘制量测数据曲线

根据量测数据绘制曲线有：① 位移量随时间变化曲线；② 位移速度随时间变化曲线；③ 位移量与开挖面距离关系曲线。

2. 绝对位移的换算

目前，我国一般采用隧道净空变化值（收敛值）作为信息反馈值。收敛值是指隧道周边两测点连线方向上的相对位移值，所以必须把它换算成两测点的绝对位移值（见图5-8-9），换算方法如下：

$$(u_i - u_j)\cos\theta_{ij} + (v_i - v_j)\sin\theta_{ij} = C_{ij} \qquad (5\text{-}8\text{-}4)$$

式中　u_i，u_j——i、j两测点绝对位移的水平分量；

　　　　v_i，v_j——i、j两测点绝对位移的垂直分量；

　　　　θ_{ij}——i、j两点连线与水平方向夹角，按逆时针
方向为正；

　　　　C_{ij}——基线ij方向的收敛值。

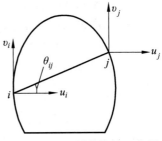

图 5-8-9　两测点位移示意图

当隧道拱顶点及两侧边墙中点（或墙角附近）布置
成闭合的三角形收敛量测基线时，如图 5-8-10 所示。可
根据上述原理写出如下方程式：

$$\left.\begin{array}{l}(u_1 - u_2)\cos\theta_{12} + (v_1 - v_2)\sin\theta_{12} = C_{12} \\ (u_1 - u_3)\cos\theta_{13} + (v_1 - v_3)\sin\theta_{13} = C_{13} \\ (u_2 - u_3)\cos\theta_{23} + (v_2 - v_3)\sin\theta_{23} = C_{23}\end{array}\right\} \quad （5\text{-}8\text{-}5）$$

未知数的总数 = 测点数 $n \times 2 = 3 \times 2 = 6$，而方程数 = 基线数 $m = 3$。为了求解上述方程，
必须引入 3 个已知数。令 $u_3 = v_1 = v_2 = 0$，又因 $\theta_{12} = 0$，所以 $\sin\theta_{12} = 0$，$\cos\theta_{12} = 1$，则

$$\begin{cases}u_1 - u_2 = C_{12} \\ u_1\cos\theta_{13} - v_3\sin\theta_{13} = C_{13} \\ u_2\cos\theta_{23} - v_3\sin\theta_{23} = C_{23}\end{cases}$$

用克莱姆法则解得

$$u_1 = (C_{13}\sin\theta_{23} - C_{23}\sin\theta_{13} - C_{12}\sin\theta_{13}\cos\theta_{23})\frac{1}{\sin(\theta_{23} - \theta_{13})}$$

$$u_2 = (C_{13}\sin\theta_{23} - C_{23}\sin\theta_{13} - C_{12}\cos\theta_{13}\sin\theta_{23})\frac{1}{\sin(\theta_{23} - \theta_{13})}$$

$$v_3 = (C_{13}\cos\theta_{23} - C_{23}\cos\theta_{13} - C_{12}\cos\theta_{13}\cos\theta_{23})\frac{1}{\sin(\theta_{23} - \theta_{13})}$$

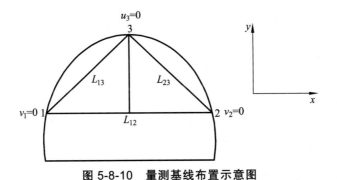

图 5-8-10　量测基线布置示意图

3. 回归分析

由于量测误差所造成的离散性，按实测数据所绘制的位移随时间变化的散点图为上下波
动的，因此，需要对量测数据进行回归分析，从中找出时间 t 与位移 u 两个变量之间的函数
关系，据此可求出位移的极值。

工程中采用的回归函数有一元线性回归函数和一元非线性回归函数。而隧道工程中一般采用后者，但前者为后者的基础。

（1）一元线性回归函数：一元线性回归函数有两种表达式：一种为回归直线不通过坐标原点；另一种为回归直线通过原点。

回归直线不通过坐标原点：

$$u = a + bt \tag{5-8-6}$$

回归直线通过坐标原点：

$$u = bt \tag{5-8-7}$$

a、b 称为回归系数，其值一旦确定，则回归函数也就确定了。a、b 值可用最小二乘法求得，即观测值的改正数的平方和为最小，则

$$\sum (u_{观} - u_{回})^2 = \min$$

$$\sum (u_i - a - bt_i)^2 = \min$$

对回归系数 a、b 进行偏微分，得

$$\begin{cases} \dfrac{\partial \sum (u_i - a - bt_i)^2}{\partial a} = 0 \\ \dfrac{\partial \sum (u_i - a - bt_i)^2}{\partial b} = 0 \end{cases}$$

解得

$$\begin{cases} a = \bar{u} - b\bar{t} \\ b = \dfrac{\sum (u_i - \bar{u})(t_i - \bar{t})}{\sum (t_i - \bar{t})^2} \end{cases} \tag{5-8-8}$$

回归精度：

$$s = \sqrt{\frac{1}{n-1} \sum_{i=1}^{n} (u_i - a - bt_i)^2} \tag{5-8-9}$$

式中，$\bar{u} = \dfrac{1}{n} \sum_{i=1}^{n} u_i$；$\bar{t} = \dfrac{1}{n} \sum_{i=1}^{n} t_i$；$n$ 为量测次数。

同理，对于回归函数 $u = bt$ 有

$$\frac{d \sum (u_i - bt_i)^2}{db} = 0$$

解得

228

$$b = \frac{\sum\limits_{i=1}^{n} u_i t_i}{\sum t_i^2} \qquad (5\text{-}8\text{-}10)$$

回归精度：

$$s = \sqrt{\frac{1}{n-1} \sum_{i=1}^{n} (u_i - b t_i)^2} \qquad (5\text{-}8\text{-}11)$$

（2）一元非线性回归函数：目前，隧道工程中常用一元非线性回归函数，主要有：一是对数函数 $u = a\ln(1+t)$ 或 $u = a\ln\left(1+\dfrac{t}{b}\right)$；二是指数函数：$u = a\mathrm{e}^{-\frac{b}{t}}$ 或 $u = a(1-\mathrm{e}^{-bt})$。求解回归系数 a，b 值的方法有：

① 化成直线型的变量代换法：将一元非线性回归函数作适当的变量后，对新的变量作线性回归，然后再还原到原来的变量。例如对数函数 $u = a\ln(1+t)$ 进行变量代换，设 $t' = \ln(1+t)$，则 $u = at'$，$a = \dfrac{\sum u_i t_i'}{\sum t_i'^2}$，当求出 a 后，对数函数即可确定。

② 两倍时差法：若已知两个指数函数为 $u_1 = a(1-\mathrm{e}^{-bt_1})$，$u_2 = a(1-\mathrm{e}^{-bt_2})$，当量测时间 $t_2 = 2t_1$ 时，则可采用两倍时差法求解回归系数 a、b 值。

$$\frac{u_1}{u_2} = \frac{a(1-\mathrm{e}^{-bt_1})}{a(1-\mathrm{e}^{-bt_2})} = \frac{1-\mathrm{e}^{-bt_1}}{1-\mathrm{e}^{-2bt_1}} = \frac{1}{1+\mathrm{e}^{-bt_1}}$$

解得

$$a = \frac{u_1^2}{2u_1 - u_2} \qquad (5\text{-}8\text{-}12)$$

$$b = \frac{1}{t_1} \ln \frac{u_1}{u_2 - u_1} \qquad (5\text{-}8\text{-}13)$$

【例 5-8-1】 某隧道拱顶下沉量测数据如表 5-8-3 所列，现采用回归函数为 $u = a(1-\mathrm{e}^{-bt})$，求回归系数 a，b 值。

表 5-8-3 拱顶下沉量测值

量测时间	第 1 天	第 3 天	第 5 天	第 12 天	第 27 天
拱顶下沉量 / mm	0	12	13	14	15
量测间隔时间 / d	0	2	4	11	26

【解】 取 $u_1 = 12$ mm，$u_2 = 13$ mm，$t_1 = 2$ d，$t_2 = 4$ d

$$a = \frac{u_1^2}{2u_1 - u_2} = \frac{12^2}{2 \times 12 - 13} = 13.090\ 9$$

$$b = \frac{1}{t_1}\ln\frac{u_1}{u_2 - u_1} = \frac{1}{2}\ln\frac{12}{13-12} = 1.2425$$

如果量测时间 $t_2 \neq 2t_1$，则先用拉格朗日插值法求解 $t = 2t_1$ 时，位移量测值：

$$u = L_1(t)u_1 + L_2(t)u_2 + \cdots + L_i(t)u_i + \cdots + L_n(t)u_n \tag{5-8-14}$$

其中

$$L_i(t) = \frac{(t-t_1)\cdots(t-t_{i-1})(t-t_{i+1})\cdots(t-t_n)}{(t_i-t_1)\cdots(t_i-t_{i-1})(t_i-t_{i+1})\cdots(t_i-t_n)}$$

【例 5-8-2】 某隧道坑道周边径向位移量测数据如表 5-8-4 所示，利用二倍时差法求解回归函数 $u = a(1-e^{-bt})$。

表 5-8-4 周边径向位移量测数据

量测时间	第 1 天	第 6 天	第 12 天	第 16 天	第 22 天
周边径向位移 / mm	0	6.37	8.25	8.52	8.92
量测间隔时间 / d	0	5	11	15	21

【解】 取 $t_1 = 5, u_1 = 6.37$；$t_2 = 11, u_2 = 8.25$；$t_3 = 15, u_3 = 8.52$；$t_4 = 21, u_4 = 8.92$，则

$$u = \frac{(t-t_2)(t-t_3)(t-t_4)}{(t_1-t_2)(t_1-t_3)(t_1-t_4)}u_1 + \frac{(t-t_1)(t-t_3)(t-t_4)}{(t_2-t_1)(t_2-t_3)(t_2-t_4)}u_2 +$$
$$\frac{(t-t_1)(t-t_2)(t-t_4)}{(t_3-t_1)(t_3-t_2)(t_3-t_4)}u_3 + \frac{(t-t_1)(t-t_2)(t-t_3)}{(t_4-t_1)(t_4-t_2)(t_4-t_3)}u_4$$

取 $t = t_2' = 2t_1 = 2\times5 = 10\,\text{d}$，代入上式计算得

$$u = u_2' = 8.0979\,\text{mm}$$

故

$$a = \frac{u_1^2}{2u_1 - u_2'} = \frac{6.37^2}{2\times6.37 - 8.0979} = 8.741$$

$$b = \frac{1}{t_1}\ln\frac{u_1}{u_2' - u_1} = \frac{1}{5}\ln\frac{6.37}{8.0979 - 6.37} = 0.261$$

回归函数为

$$u = 8.741(1 - e^{-0.261t})$$

（六）量测控制标准

1. 允许水平相对收敛值

净空变形量测的允许水平相对收敛值，按收敛值与测点间距比值列于表 5-8-5 中。国外量测结果，总变形量一般为 20～40 mm，大多数不超过 100 mm。日本区分变形量大小的限界是单线隧道为 25 mm，双线隧道为 50 mm。

表 5-8-5　允许水平相对收敛值（%）

围岩级别	埋　深 / m		
	< 50	50 ~ 300	301 ~ 500
Ⅲ	0.10 ~ 0.30	0.20 ~ 0.50	0.40 ~ 1.20
Ⅳ	0.15 ~ 0.50	0.40 ~ 1.20	0.80 ~ 2.00
Ⅴ	0.20 ~ 0.80	0.60 ~ 1.60	1.00 ~ 3.00

注：① 水平相对收敛值系指实测收敛值与两点间距离之比；
　　② 硬质围岩的隧道取表中较小值，软质围岩的隧道取表中较大值；
　　③ 本表所列数值可在施工过程中通过实测和资料积累作适当修正；
　　④ 拱顶下沉允许值一般按本表数值的 0.5 ~ 1.0 倍采用。

2. 位移速度

位移速度一般按每天变形量计算。开挖面的最大位移速度（开挖瞬间为最大值）不应超过最大允许变位量的 1/5 ~ 1/4，开挖约一周后必须下降到 1/20 以下。断面开挖后的 1 ~ 2 d，允许有限的位移加速，以后位移速度必须减小。

3. 收敛标准

位移速度明显减缓；拱脚处水平收敛小于 0.1 ~ 0.2 mm/d，拱顶下沉小于 0.07 ~ 0.15 mm/d，已产生位移值达允许变形量的 80% ~ 90% 及以上。

复习思考题

1. 隧道开挖爆破的炮眼分为哪几种？各起什么作用？如何布置？起爆顺序如何确定？

2. 什么是光面爆破？什么是预裂爆破？各有什么特点？

3. 装渣运输有哪几种方式？各有什么特点？

4. 锚杆的支护作用主要表现在哪些方面？

5. 喷射混凝土有哪些优点？还存在哪些问题？

6. 防水隔离层铺设有哪些技术要求？

7. 新奥法施工中量测的目的和内容有哪些？

第六章　浅埋隧道施工方法

浅埋隧道是一种特定条件下的隧道工程，其施工不仅受覆盖层地质因素的制约，而且还受地面环境的影响。浅埋隧道有整座隧道浅埋和隧道部分地段浅埋两种情况。常用的施工方法有明挖法、地下连续墙法、盖挖法、浅埋暗挖法及盾构法等。

明挖法是指挖开地面，由上向下开挖土石方至设计标高后，自基底由下向上顺作施工，完成隧道主体结构，最后回填基坑或恢复地面的施工方法。盖挖法是由地面向下开挖至一定深度后，将顶部封闭，其余的下部的工程在封闭的顶盖下进行施工，主体结构可以顺作，也可逆作。浅埋暗挖法则是在特定条件下，不挖开地面，全部在地下进行开挖和修筑衬砌结构的隧道施工方法。隧道工程采用盾构法在软弱地质条件下进行暗挖法施工已很普遍，当然也可适用于浅埋隧道的施工。本章重点介绍明挖法、盖挖法与浅埋暗挖法施工的要点。

第一节　明挖法施工

明挖法施工的隧道（有时称为明洞），其主体结构施工与地面上工程相似，故不再叙述。本节仅对常见的基坑开挖与支护方法作介绍。

一、放坡开挖

隧道埋深较浅，施工对周围环境影响较小，基坑开挖仅仅依靠适当坡率的边坡即可保持土体稳定时，可采用放坡开挖。此法虽然开挖方量大，但机械化程度高，施工速度快，质量也易得到保证，受地下水影响的工程，可采用井点降水的方法，以便提高边坡的稳定性及改善基坑内的施工环境。

放坡开挖是明挖法施工的首选方案。

二、悬臂支护开挖法

基坑悬臂支护开挖法是将基坑围护结构插入基坑底部以下，然后直接开挖基坑内土体如图 6-1-1 所示。结构处于悬臂状态，靠其本身刚度和插入开挖面下的深度来平衡土压力，开挖到设计标高后，再进行主体结构施工。由于基坑内无支撑，便于基础开挖和主体结构施工的机械化，也易保证工程质量。其缺点是围护结构较复杂，增加了造价及施工难度，此法有时也用在有支撑开挖基坑的上部。围护结构常由木桩、钢桩、挖孔桩、灌注桩、钢筋混凝土预制桩或连续墙等组成。为加强围护结构的强度与刚度，减少其变形与位移，常采用下列工程措施：

（1）围护结构设计成刚度较大的截面形式。

（2）围护结构顶部设圈梁等，以改善其整体受力状况，提高整体刚度。

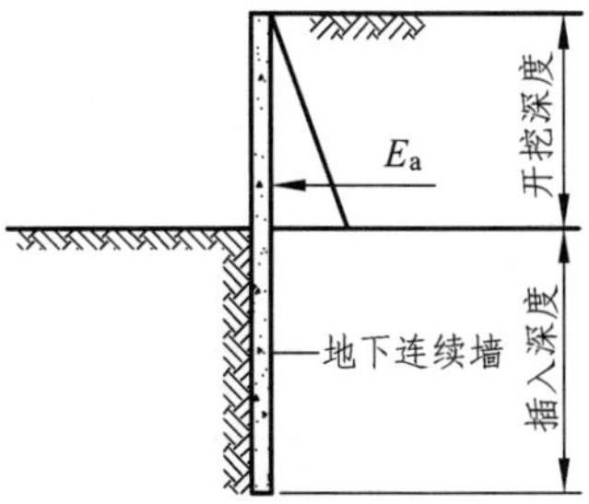

图 6-1-1　悬臂支护开挖

（3）基坑外一定范围内挖去表层覆盖土，以减小侧压力。

（4）基坑外进行井点降水，采用压密注浆、旋喷桩、搅拌桩或粉喷桩等方法加固土体，以减小侧压力。

（5）基坑内用井点降水和加固土体方法，使坑底土体固结，增加土体抗力。

（6）基坑内设置护脚，即预留一定高度和宽度的原状土台，以减小开挖时围护结构暴露高度。待基坑中间部分土体挖至设计标高，将中间底板灌完后，用跳槽方法开挖护脚土台，逐块浇灌这部分底板。

以上各种措施也可联合采用。

当基坑深度较大，开挖时除采用围护结构外，还常采用支撑加强围护结构以抵抗较大的侧压力。支撑的设置应考虑施工工艺的要求，支撑的强度、刚度、间距、层数及层位等应根据力学分析计算确定。施工中应经常检查支撑状态。必要时对其应力进行监控。支撑分为水平支撑、斜支撑。另外，也可采用锚杆加固围护结构。

（一）水平支撑

水平支撑常用的形式有横撑和角撑，基坑拐角或断面变化处用角撑，其他一般用横撑，如图 6-1-2 所示。除环形围护结构采用环梁支撑外，一般采用受轴向压力的直线形支撑。支撑可用木材、钢筋混凝土构件、钢管、型钢及型钢组合构件等。使用钢管、型钢及型钢组合构件作为支撑时，拆装方便，占据空间较小，回收率高，还可以做成工具式支撑，故在实际工程中应用较多。

围护结构施工完毕，一般情况下可开挖至第一道支撑所需的标高，及时安装支撑并施加预应力。再采用挖槽法，先开挖支撑设计位置处土体，（保留其两侧土体）挖至第二道支撑标高时，安装第二道支撑并施加预应力，然后由上向下开挖土体至适当高度，继续用挖槽法安装下道支撑。

重复以上方法，最后开挖至基底标高，再依次浇筑底板—下层侧墙—中板—上层侧墙—顶板。按要求的时序拆除支撑，完成结构体系转换。

采用水平支撑的优点是：墙体水平位移小，安全可靠，开挖深度不受限制；但要求围护结构的平面形状比较规则，以矩形为最佳。开挖基坑宽度较大时，支撑应加设中间支柱来保持其稳定性。中间支柱应在开挖前按设计位置做好。

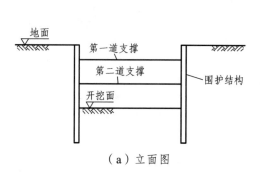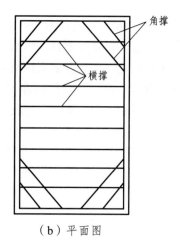

（a）立面图 （b）平面图

图 6-1-2 水平支撑开挖支护简图

（二）斜支撑

当基坑横向宽度较大或形状不规则，不便使用水平支撑时，可采用斜支撑，如图 6-1-3 所示。

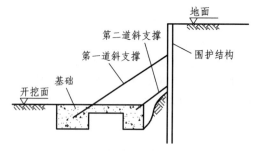

图 6-1-3 斜支撑立面图

斜支撑的施工常采用中心挖槽法开挖基坑内土体至斜支撑基础底部标高，浇筑基础，及时安装支撑，使支撑一端支承在围护结构上，另一端支承在已浇筑的基础上，并施加预应力，然后开挖其余土体。设有两道或多道斜支撑时，先安装外侧的长支撑，后安装内侧的支撑，并把所有斜支撑基础连为整体，形成结构底板。最后依次浇筑下层侧墙—中板—上层侧墙—顶板，并按要求的时序拆除支撑，完成结构体系的转换。

采用斜支撑时，围护结构上部水平位移比较大，易引起基坑外地面及附近建筑下沉，在对沉降要求严格的地段应十分慎重，因此基坑开挖深度也受到一定限制。并且斜支撑基础及结构底板需分批施工，工序交错复杂，施工难度大。

（三）锚　杆

锚杆是一种设在基坑外的支撑，如图 6-1-4 所示，一般由锚头、拉杆和锚固体三个基本部分组成。其中，锚头锚固在围护结构上；锚固体在岩石中的为岩石锚杆，在土层中的为土层锚杆。基坑开挖时，作用在围护结构上的侧应力可由锚杆与岩土之间产生的作用力来平衡。

锚杆是受拉杆件,可采用高强度钢索,充分发挥其抗拉性能。由于锚杆设置在基坑外,可提供宽敞的施工空间,有利于机械开挖和组织结构主体施工。锚杆易于施加预应力,较好地控制围护结构的水平位移,减小地面及建筑物的沉降量,并能适用于各种形状的围护结构。锚杆可设成单层或多层,开挖深度不受限制;在大面积的基坑中,应用锚杆的经济效益较为显著。

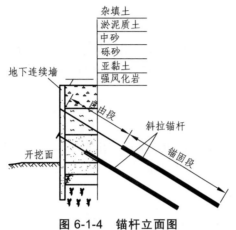

图 6-1-4 锚杆立面图

其缺点是工艺复杂,锚杆不易回收,造价较高;当围护结构四周建筑物若有密集的深基础时,不宜采用;锚杆的蠕变会降低其承载力;在流砂地层中若锚头预留孔口与锚杆套筒之间的空隙过大,易发生涌水涌砂,引起坑外地面和建筑物沉降。

锚杆的施工方法是:开挖至锚杆的设计标高,钻孔插入钢索后注浆,7~10 d 后对锚杆施加预应力。

第二节 地下连续墙施工

地下连续墙,也称为混凝土地下墙、连续地中墙。它是将分段施工的单元地下墙连接成连续的地下墙体,替代传统的木桩、钢桩、钢筋混凝土桩等,起挡土、承重、防水作用。

地下连续墙分为现浇地下连续墙、预制地下连续墙、排桩地下连续墙,目前广泛应用于地下工程并作为基坑开挖的围护结构,也可作为地下结构物的一部分。其墙体刚度大、防渗性能好,能适应软土地质条件,工程施工对周围土体扰动小,对周围建筑物影响小,施工时振动小、噪声低,在狭窄场地也能安全施工;但须随地质条件选用不同的挖槽机械及采取相应措施稳定槽壁。

一、现浇地下连续墙

在地下开挖一段狭长的深槽,在槽内放入钢筋笼,浇筑成一段钢筋混凝土墙体,把这些墙体逐一连接起来形成一道连续的地下墙壁,就是一般所称的地下连续墙。

（一）施工准备

包括编制施工组织设计；审阅技术文件；测量放线，场地规划与拆迁；道路、供水、供电等临时设施的建设；机械设备、材料的落实及设立试验室等工作。

（二）护壁泥浆

在地基中进行钻孔或挖槽时，可通过泥浆的静压力来防止槽孔坍塌或剥落，维持槽孔的形状。同时泥浆还具有悬浮土渣，把土渣携出地面的功能。槽孔形成之后，浇筑混凝土把泥浆由槽孔中置换出来。

1. 泥浆的种类

有膨润土泥浆、聚合物泥浆、CMC 泥浆、盐水泥浆等。使用的外加剂有分散剂、CMC增黏剂、加重剂、防漏剂、盐水泥浆剂等。

2. 泥浆的使用方法

（1）静止方法：抓斗挖槽时不断注入新泥浆，直到浇筑混凝土将泥浆置换出来为止。泥浆一直储存在槽内仅起护壁作用，不用来排渣。

（2）循环方式：用泵使泥浆在槽底与地面之间进行循环，把土渣排出地面。有正、反循环两种。适用于钻头式挖槽机施工。

3. 泥浆质量要求

拌制和使用泥浆时，必须随时检验，对不合格的泥浆必须及时进行处理。泥浆性能指标分为：① 新泥浆质量指标；② 存放 24 h 质量指标；③ 使用过程中的质量指标；④ 废弃泥浆指标。

当泥浆达到废弃指标时，应予废弃。未达到废弃程度的泥浆可回收，采用振动筛、旋流器或沉淀池等进行除砂净化再生利用。

4. 泥浆池容量

新鲜泥浆总需量为每幅槽段挖方量的 70% ~ 80%（钻抓法）或 80% ~ 90%（回转切削法）。若地层为砂砾质土，宜适当增大。泥浆池总容积包括拌浆池、优质泥浆池、沉淀池、净化池、废浆池等。用一台抓斗挖槽时，大约需 3 倍单幅槽段挖方量的泥浆池；用回转式挖槽机时，约需 4 倍挖方量的泥浆池。

（三）导　墙

导墙的作用：在挖槽孔时起导向作用，提高槽孔垂直精度；储存泥浆，保持泥浆液面高度，稳定槽壁；支挡表土，支承施工设备及固定钢筋笼、接头管；防止泥浆渗漏及地表水流入。

导墙分为现浇或预制拼装钢筋混凝土、H 型钢等，常用的为现浇钢筋混凝土导墙。导墙深度一般为 1.2 ~ 2.0 m，内净宽比地下连续墙宽 5 ~ 10 cm，顶面应高出地表 15 cm 以上，并高于地下水位 1.5 m。导墙中心线定位，应考虑成槽垂直误差和地下连续墙变位，适当外移，防止侵限。

导墙形式：根据地质及地表情况不同，可选用不同的形式，有矩形、槽形、L 形、倒 L 形。在拐角处，常将其平面形式设计成 L、T、十字形。

导墙面应垂直，精度要求为 1/500（液压抓斗有纠偏装置者不受此限），且与连续墙轴线平行，内外导墙间距允许误差 5 mm，内外侧墙顶允许高差 10 mm。

导墙宜建在密实地基上，背后开挖回填部分需用黏性干土分层夯实。导墙应做成连续的。地下管线横穿导墙或地下连续墙底部有较大障碍物时，应探明其位置后予以妥善处理。导墙筑完后，一般应即时在墙间加设支撑，防止导墙在外力作用下内挤。

（四）挖槽机械

挖槽是地下连续墙施工中最主要的工序之一。目前还没有一种能够适用于各种地质条件的挖槽机。因此，应根据不同的功能要求、不同的地质条件来选择不同的挖槽方法和挖槽机械。按挖槽机理不同，挖槽机可分为两大类：挖斗式挖槽机、钻斗式挖槽机。

1. 挖斗式挖槽机

这类机械的特点是既对土层进行破碎，又将土渣运出槽外，构造简单耐用、故障少，广泛用于软弱土层施工。挖斗式挖槽机的构成包括土斗，使土斗开闭、旋转、上下运行的原动机，传动及动力结构，专用机架（或履带式起重机）。挖斗式挖槽机有蚌式挖槽机、铲斗式挖槽机、回转式挖槽机、螺旋钻等。

蚌式抓斗挖槽机最为常用，它利用斗齿切削土层并将土渣收容在斗内提出地面卸渣，然后又返回到挖土位置，进行新的循环。此类挖槽机可分为三种：钢索式抓斗挖槽机、液压式抓斗挖槽机（见图 6-2-1）、导杆式抓斗挖槽机。上部设导板以提高挖槽垂直度的抓斗称为导板抓斗。

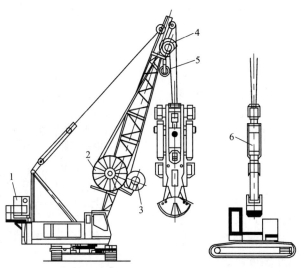

图 6-2-1　MHL 液压式抓斗与履带吊车起重机配套图

1—液压装置配电盘；2—软管卷筒；3—电缆卷筒；
4—软管导向轮；5—电缆导向轮；6—MHL 抓斗

（1）钢索式抓斗挖槽机：抓斗可装备在普通的双卷筒的起重机上或卷扬机上，依靠斗体本身自重进行切削土体。操作简便，斗体损耗小，但挖槽较慢，垂直精度低。

（2）液压式抓斗挖槽机：抓斗工作时，切削力不是主要依靠自重而是由液压缸的推进来完成，吃土深、挖土多，并能克服启闭时钢索磨损、更换不便等缺陷，提高了挖掘能力和速度，但斗体损耗较大。备有测斜纠偏装置，挖槽精度高。此类挖槽机使用较多。

（3）导杆式抓斗挖槽机：将抓斗固定在一根刚性杆上，抓斗与导杆由起重机控制上下起落。由于晃动小，每个循环的工效高，精度高；但机构多，所需施工场地净空高。

2. 钻头式挖槽机

这类机械是用钻头对地层进行破碎，借助泥浆循环将土渣排到槽外。依据钻头对地层的破坏方式可分为冲击式、回转式、凿刨式挖槽机、双轮铣槽机，其载运机械是专用机架或履带式起重机。常用的是冲击式、回转式挖槽机和双轮铣槽机。

（1）冲击式挖槽机就是冲击钻机。它通过钻头上下运动，冲击破碎地基土，借助泥浆循环把土渣携至槽外。叠合钻孔可成槽。适用于大卵石、大孤石等较大障碍物和软硬不均的复杂的地层。挖槽精度较高，但速度较慢，多用于钻导孔和接合面的防渗构造施工。

（2）回转式挖槽机就是回转钻机。它是将钻头压入土层并使之回转来破碎土层。在松软的地层中速度快、精度高，但在砾石等硬地层中施工较困难。它又分为独头回转钻机和多头钻机。

独头回转钻机只有一个钻头，其开挖形状为圆形，叠合钻孔能成槽，成槽速度慢，主要用于钻导孔。

多头钻机由数个钻头组合成一体，其工作原理图如图 6-2-2 所示。同时回转钻头切削土层，并有边刀上下滑动刮平槽壁，钻头边挖边下降。多头钻配有偏差纠正器，可以从垂直和水平两方向测定钻头偏差，通过可调导件进行纠偏，保证开挖精度。通常多头钻机由标准支架悬吊，也可将其吊在履带式起重机上。多头钻机挖槽精度高，但维修保养要求高，辅助设备较多；地质不均匀时，部分钻头易超负荷运转而造成损坏。

（3）双轮铣槽机，是国内外新近采用的一种成槽机，其下端装有能旋转的多刃刀具用于切削破碎地层，通过反循环泵将碎渣排出槽孔。一次能完成槽形孔，效率高，设有纠偏装置，因此精度高，适合坚硬岩土地层施工；由于反循环泵吸力较大，在软土地层中使用时易塌孔，不宜采用。

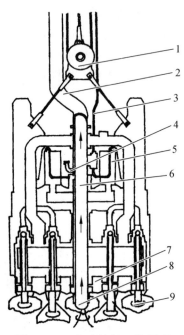

图 6-2-2　多头钻机工作原理

1—滑轮组；2—反循环软管；3—电缆；4—压缩空气喷嘴；
5—潜水电机；6—反循环轴；7—边刀；
8—反循环钻头；9—回转钻头

（五）挖　槽

1. 导孔施工

蚌式抓斗挖槽机施工前，常先以一定间距钻出垂直导孔，其作用是提高挖槽效率和垂直精度，也便于接头施工。导孔的直径为地下连续墙的厚度，导孔间距为挖斗宽度。导孔视具体情况可用回转式挖斗机、螺旋钻机、冲击式钻机、独头回转钻机。

2. 槽段的划分和施工机械

槽段长度的选择应根据地质、地下水位、有无地下管线等因素来决定。考虑槽壁稳定性和钢筋笼重量，槽段一般长 4~6 m，不良地层、附加荷载大时为 2~3 m，条件好可用至 7~8 m，拐角处应短些。槽段有一段式和多段式，多段式应跳挖，如图 6-2-3 所示。

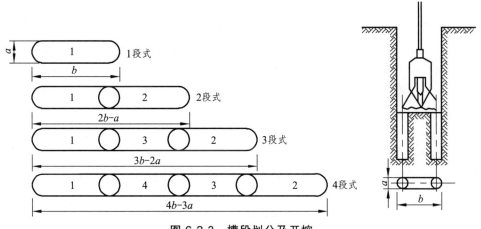

图 6-2-3　槽段划分及开挖

挖槽机采用最多的是蚌式抓斗挖槽机和钻机。采用回转式挖斗机、螺旋钻机、冲击式钻机和独头回转钻机时应沿槽段先打一排钻孔，然后用叠合钻孔的形式削掉两孔之间的尖凸角，使之成槽，如图 6-2-4 所示。

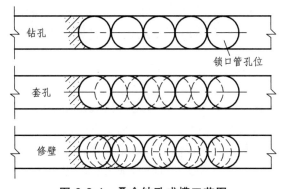

图 6-2-4　叠合钻孔成槽工艺图

3. 挖槽要领

（1）泥浆面一般应高于地下水位 1 m，开挖过程中不低于导墙顶 0.5 m，随挖随加泥浆。

239

停止时应把泥浆面加至不低于导墙顶 0.2 m，以保证槽段稳定。

（2）挖槽机的载运机械（履带式起重机）距槽边不小于 3 m，履带宜垂直导墙。挖槽机不得碰撞导墙，其他机械不得在槽边停留。

（3）暂时不挖的槽段，导墙应用对口撑撑好。

（4）用抓斗挖土，挖完后应进行一次扫孔，以挖除欠挖部分，清除槽底的大块泥土。为避免超挖，清底前不宜挖至设计标高。

（5）两槽段接头处任何深度的偏差值不得大于墙厚的 1/3，以防槽壁修直后，浇筑混凝土绕管，造成拔管困难、浪费混凝土和影响下段开挖。挖槽时随时检测槽壁的垂直精度，随时纠正。

4. 挖槽过程中的事故及处理措施

（1）槽壁坍塌。

漏浆或施工不慎引起液面太低，造成槽壁坍塌时，可调整泥浆配合比或加防漏剂，并恢复液面高度；泥浆质量不合格时，应进行再生处理；因降雨等引起地下水位急剧上升时，应随时确保液面高出地下水位 1m 以上；因地下障碍物引起坍塌时，浅部的障碍物可挖除并用优质土回填后再挖槽，也可用地质套筒钻排除障碍物；存在极软弱层和松砂层时，应缩短槽段长度。因上部荷载大、受到偏压，引起坍塌时，应移走机械设备等附加荷载，进行减载和加固地基。

（2）挖槽机卡在槽内。

挖槽机卡在槽内的主要原因是挖槽机停放在槽内被沉渣堆埋，槽壁偏斜过大或大块石落入槽内等。

处理措施：停止挖槽时，禁止将挖槽机停在槽内；清除泥浆中的土渣，不合格的泥浆不得使用，在黏土内挖槽时，泥浆应保持低黏度；修壁保持垂直精度；机具卡在槽内时不能强行提拉，可先排出泥渣石块，然后提拉。

（六）调入接头构件

接头构件可采用钢管、接头箱、型钢、预制钢筋混凝土等。前两种可以拔出，重复利用。常用钢管做接头管，又称锁口管。吊入时，表面涂油，尽量使其紧靠原土层，垂直、缓慢插入。

（七）刷壁、清底

刷壁、清底的目的是清除接头部位的凝聚物、槽底已松动的泥块、沉淀物、不合格的泥浆。这些不利因素，将使混凝土上部不良部分增加；影响混凝土的强度和流动性以及接头部位的防渗性；降低混凝土的灌注速度；促使钢筋笼上浮；加速泥浆变质；沉渣在槽底很难被混凝土置换，使地下连续墙承载力降低、沉降量加大；沉渣过多影响钢筋笼插到预定位置，影响结构的标高。

具体做法如下：

（1）刷壁是用吊车或钻机将刷壁器下到槽底，向已灌侧靠拢贴紧，提起刷壁器，反复数次至将泥土除净为止。刷壁器应经常清理，保持干净，以提高刷壁效果。刷壁不彻底，接头夹泥过厚，开挖后将造成严重渗漏，很难处理。

（2）清底可用抓斗抓泥和置换泥浆两种办法。抓斗挖槽时，不要挖到设计标高，留 0.5 m 以上土体，待清除浮土沉渣后再挖至设计标高。置换泥浆排泥时可采用吸泥泵排泥、压缩空气升液排泥或潜水泥浆泵排泥。应由底部抽吸，顶部补浆，保持液面高度。刷壁、清底后应使槽内泥浆达到规定要求，一般比重小于 1.15，黏度小于 3 Pa·s，含砂量小于 10%。

（八）钢筋笼制作及吊装

1. 钢筋笼制作

钢筋笼在现场模型台架上制作，其大小视槽段长宽、起吊能力、净空而定，可制成整幅式或分段式。钢筋笼应按设计设置保护层垫块、连接钢筋、支撑预埋件等。钢筋笼起吊点附近两竖排向主筋间焊成 W 形抗弯钢筋片，减小起吊时钢筋笼变形。灌注混凝土导管处的竖向筋应设在导管侧，以利导管上下活动。钢筋笼制作误差应在允许范围内，并注明上下、里外侧以及槽段编号。

2. 钢筋笼的吊装

起吊前应验算起吊能力。钢筋笼的下端不得在地上拖拉、碰撞，应系上拖绳防止其摆动，运至槽口时对准后慢速下降就位。需在槽口上对接的钢筋笼，将先吊入槽的下段临时固定在导墙上，再吊上段对准后焊成一体，继续吊装入槽就位。钢筋笼吊装就位应保证上下、前后、左右位置的正确性。就位后，应将钢筋笼固定，防止浇筑混凝土时上浮。钢筋笼在水中的浸泡时间不应大于 24 h，避免降低钢筋的握裹力，如图 6-2-5 所示。

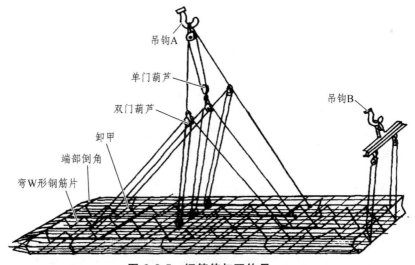

图 6-2-5　钢筋笼与双钩吊

3. 事故处理措施

（1）为防止钢筋笼变形和破坏，吊装应采用主、副吊钩，并用起吊架均衡起吊。吊点处，钢筋笼设 W 形抗弯钢筋片，笼内吊点设横穿钢管，以便钢筋能均匀受力，局部拉脱处应及时补强。

（2）钢筋笼入槽困难主要是因为槽壁偏斜、壁面不平内鼓、槽底有沉渣、钢筋笼不平直。应通过修壁扫孔保持槽壁垂直精度；缩短槽段开挖宽度；增加泥浆比重，增大泥浆面与地下水位高差，保持槽壁稳定性；通过清底保证槽底设计标高；保证钢筋笼加工精度，增加钢筋笼的抗弯刚度减小其变形。

（九）浇筑混凝土

水下灌筑混凝土应比设计等级提高一级。水灰比为 0.5～0.6，水泥用量宜大于 400 kg/m³，坍落度为（20±2）cm，流动保持率 k 每 1～2 h 为 20 cm，具有良好的和易性和黏聚性。混凝土的集料宜采用中粗砂及粒径不大于 40 mm 的碎石。水泥宜采用普通硅酸盐水泥。

浇筑水下混凝土应采用导管法。导墙上槽口应铺盖板，防止混凝土掉入槽内。导管应事先检查并进行水压试验。导管与漏斗相接，在漏斗内放置铁格栅以截留大块石，导管内塞入底塞，导管下端放槽底。每幅槽段一般用两根导管，其间距不大于 3 m，浇筑混凝土时交叉使用两导管，尽量使混凝土表面平整上升，导管埋入深度 2～6 m。边浇筑边抽出槽内泥浆，以保持液面高度。

在浇筑混凝土过程中，应经常测量导管底与混凝土面高差，根据测量结果决定提升及拆除导管长度。在浇至顶部时，由于落差小，混凝土流动困难，导管埋深可控制在 1m 左右。必须确保混凝土的供应能力，使浇筑能连续进行，中断时间不宜超过半小时。偶有中断时，应经常活动导管，防止导管被凝结、堵死。浇筑混凝土时应防止脱管、返浆、漏浆、导管破裂、堵管等。发生堵管时，应分段拆下导管，将管内混凝土清至槽外，不允许吊升整根导管，以免混凝土散落入槽。安装好导管后按重新浇筑办理。

（十）拔出接头构件

提拔接头构件宜采用顶升架。根据混凝土开始凝结的时间，依次适当地拔动，最后全部拔出。若拔管过早，会影响接头的强度和形状；拔管过迟，可能拔不出来。一般是浇筑后 2～3 h 开始，每次拔 10 cm 左右，已拔 0.5～1.0 m 后，每隔半小时拔 0.5 m 左右。

接头构件拔不出的主要原因是：被钢筋笼卡死；提拔过晚，被混凝土凝结；土层阻力较大。

使用吊车提拔时不能强行提拔，以免翻车，拔不动时应改用顶升架提拔，如仍拔不动，则继续浇筑槽段混凝土，待邻幅槽段开挖后再将其取出。

二、预制地下连续墙

预制地下连续墙是挖槽后用预制的墙板组拼并经水泥浆固化后形成的地下连续墙。预制地下连续墙有板-梁法和板-板法。板-梁法中，板的作用是将土压力传递到梁上，梁比板长，梁设有锚杆，锚固于更深的地层。常用的为板-板法，又可分为板榫槽、板槽体系。平面简图如图 6-2-6 所示。

预制地下连续墙施工的主要工序有：① 导墙施工；② 制备护壁泥浆；③ 挖槽；④ 清底和刷壁；⑤ 用锚固水泥浆替换护壁泥浆；⑥ 吊装预制墙板；⑦ 接缝处理。①—④道工序的作法与现浇地下连续墙基本一样，导墙内净宽要求比地下连续墙宽 15 cm 左右。

锚固水泥浆是用水、起缓凝作用的膨润土、砂子以及抗腐蚀作用的水泥、黏结掺和料调制成的。其比重约为 1.25，水灰比约为 0.3。清底和刷壁完成后，把锚固水泥浆注入基坑底部，吊放预制墙板，置换全部护壁泥浆。为了使墙板顺利压入槽内，并将其嵌住，应采用流动性极大的水泥浆。水泥浆的标号随墙的高度而变化，在底部采用标号较高的以承受较大的竖向荷载，靠土侧采用防水水泥浆。

吊放预制墙板时，通过预埋在墙板里的导杆用吊车悬吊墙板入槽，墙板又通过钢构件支承在导墙上，浸渍于锚固水泥浆中。墙板的位置可由导杆上螺栓调整。相邻墙板间可采用锚杆或张拉设备相互扣住，保持整体稳定。水泥浆凝固起锚固作用后地下连续墙也就形成了，如图 6-2-7 所示。

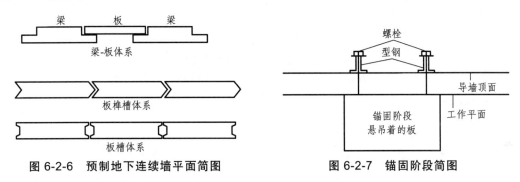

图 6-2-6　预制地下连续墙平面简图　　　　图 6-2-7　锚固阶段简图

板间接缝处理：① 简单缝，可向两板间的缝隙灌入水泥浆；② 为了提高接缝抗剪强度，可在缝中放置钢筋混凝土楔；③ 在水泥浆中放止水带，如图 6-2-8 所示。

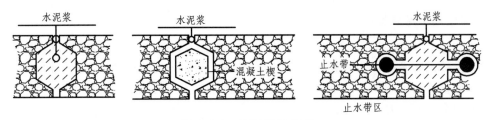

图 6-2-8　板间接缝处理

与地下连续墙相比其优点为：墙板生产效率高，施工速度快；墙的防水性能好，表面平整；墙的位置较准确，工程精度高，后续表面处理也较简单。其缺点为：为预制和贮存，应有较大的场地；每块墙板较重，安装需要较大吨位的起重机，为了减轻板的重量，正研究采用空心板、轻集料混凝土、预应力墙板等。

三、排桩地下连续墙

排桩地下连续墙是把各个独立施工的桩连成一体组成的地下连续墙。

（一）钻冲孔排桩地下连续墙

采用"两钻一冲"，即按一定桩距钻孔并浇筑钢筋混凝土成桩，然后在两桩间冲孔再浇筑钢筋混凝土，形成排桩地下连续墙。比较适合在狭窄、净空高度受限制、大卵石等障碍物较多地段和无大型挖槽机情况下使用，如图 6-2-9 所示。

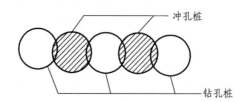

图 6-2-9　钻冲孔排桩地下连续墙平面简图

1. 钻冲孔排桩地下连续墙施工机械

钻孔可用旋转钻和冲击钻。冲孔用冲击钻，其使用的钻头有：一是配平行钻头、鼓形钻头和修平钻头。先用平行钻头粗钻一遍，再用鼓形钻头进行冲削，最后用修平钻头将钻孔桩侧面修平。二是目前常用的方法，使用四周焊有锤齿特制的冲锤，冲削钻孔桩侧面成孔。

2. 施工方法

泥浆制备及导墙施工两工序与现浇地下连续墙相似。

排桩地下连续墙成孔时，每一根桩孔都要满足垂直精度的要求。

浇筑水下混凝土时，为确保钻孔桩的混凝土保护层稳定，在连续墙纵向，桩的钢筋笼两侧挂上 2 根定位钢管，横向在钢筋笼上焊定位钢块，浇筑混凝土后拔出钢管。冲孔桩钢筋笼纵横向均设定位钢块。

3. 排桩地下连续墙的特点

（1）桩径小，有效搭接面小，防渗效果较差；桩径大，搭接面大，但会造成冲孔难度大。

（2）排桩钢筋笼位置准确度有严格要求，偏斜过大，冲孔时就会碰上钢筋而造成卡锤。

（3）冲程控制。冲孔时，冲锤对钻孔桩两边的混凝土进行切割，冲程过大，也容易造成卡锤，冲程应由小到大试冲而定。

（4）锤齿磨损较大，应勤修冲锤。

（5）墙顶宜设压顶梁，形成整体，增加稳定性。

（6）与现浇地下连续墙相比，不但具有防水挡土承重功能，而且施工简便，成本较低；不需设置笨重的接头管，省去吊放和拔除接头管的大型设备；孔壁稳定性好，不需大型挖槽机；钻孔与冲孔的时间差要求不高，便于流水作业，可多工作面作业。其缺点是接合面多，整体性和抗渗性较差，工艺要求较严，施工速度较慢。

（二）挖孔排桩地下连续墙

地下水影响不大、适合人工挖孔的地下工程，可采用挖孔排桩地下连续墙作为围护结构或主体结构一部分。其优点：可多工作面同时作业施工，速度快；不需大型提拔、吊装、挖槽设备；地下连续墙的尺寸精度、防水、混凝土的质量都能得到很好保证；施工简便，材料消耗少，造价低。挖孔桩多采用带护壁的方桩。

施工方法和步骤：根据地质条件间隔挖孔，并及时施作护壁，保持土体稳定；挖到桩底标高，吊装桩身钢筋笼就位，并浇筑混凝土，完成挖孔桩；然后在已做好的挖孔桩相邻桩位挖土，凿除已成桩护壁的混凝土，将钢筋与新桩护壁钢筋相接、浇筑护壁混凝土，挖到新桩底标高，吊装钢筋笼就位，浇筑混凝土，新旧桩连为一体。这样就形成了地下连续墙，如图6-2-10所示。

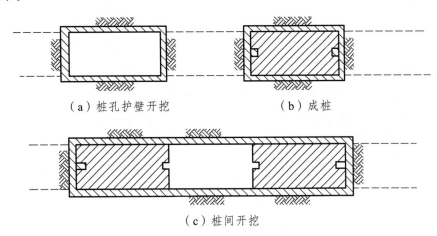

（a）桩孔护壁开挖   （b）成桩

（c）桩间开挖

图 6-2-10　挖孔排桩地下连续墙施工平面图

第三节　盖挖法施工

盖挖法是由地面向下开挖至一定深度后，将顶部封闭，其余的下部的工程在封闭的顶盖下进行施工，主体结构可以顺作，也可逆作。

盖挖法施工的特点：结构的刚度大水平位移小；结构板作为基坑开挖的支撑，节省了临时支撑；缩短占道时间，减少对地面的干扰；受外界气候影响小。但出土不方便；板墙柱施工接头，需进行防水处理；工效低，速度慢；结构框架形成之前，中间立柱能够支承的上部荷载有限。

一、盖挖法施工工序

盖挖施工方法主要有：盖挖顺作法、盖挖逆作法、盖挖半逆作法。

（1）盖挖顺作法：在支护基坑的钢桩上架设钢梁、铺设临时路面维持地面交通。开挖到基坑底后，浇筑底板，然后浇筑侧墙，最后浇筑顶板。

（2）盖挖逆作法：用刚度更大的围护结构取代钢桩，用结构顶板作为路面系统和支撑，结构施作顺序是自上而下；挖土后先浇筑顶板，然后浇筑侧墙，最后浇筑底板，如图 6-3-1所示。

（3）盖挖半逆作法：施工程序如下：施作围护结构—浇筑顶板—挖土到基坑底—浇筑底板及其侧墙—浇筑中板及其侧墙。

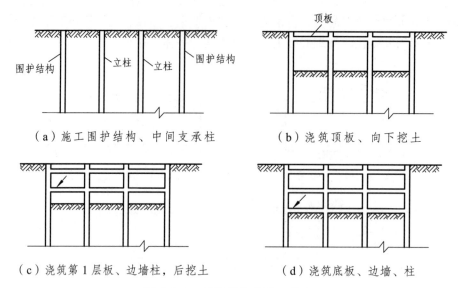

（a）施工围护结构、中间支承柱　　　　　（b）浇筑顶板、向下挖土

（c）浇筑第1层板、边墙柱，后挖土　　　　（d）浇筑底板、边墙、柱

图 6-3-1　盖挖逆作法施工程序

从减少墙体水平位移和对附近建筑物的影响来看，盖挖逆作法效果最好。盖挖顺作法与盖挖逆作法的组合如图 6-3-2 所示；盖挖法与暗挖法的组合如图 6-3-3 所示；盖挖法与盾构法的组合如图 6-3-4 所示。

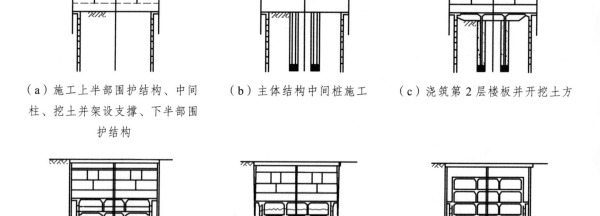

（a）施工上半部围护结构、中间柱、挖土并架设支撑、下半部围护结构

（b）主体结构中间桩施工

（c）浇筑第2层楼板并开挖土方

（d）架设支撑，浇筑第3层楼板及其侧墙并开挖土方

（e）依次浇筑第4层楼板及相应侧墙

（f）用顺作法浇筑第1、2层结构，拆除临时设施回恢路面

图 6-3-2　盖挖顺作法与盖挖逆作法组合施工程序

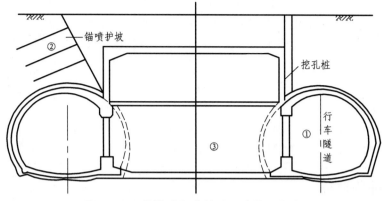

图 6-3-3　盖挖法与暗挖法组合施工程序

① 用暗挖法修建两个行车隧道及梁柱；② 锚喷护坡、挖孔桩；③ 用盖挖法完成其余部分

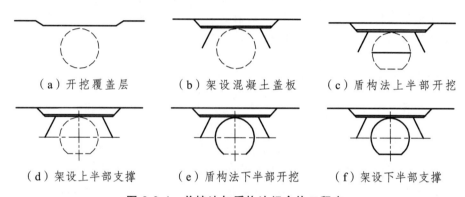

（a）开挖覆盖层　　　（b）架设混凝土盖板　　　（c）盾构法上半部开挖

（d）架设上半部支撑　　（e）盾构法下半部开挖　　（f）架设下半部支撑

图 6-3-4　盖挖法与盾构法组合施工程序

二、盖挖法施工措施

（一）施工期间地面的处置

施工期间地面的处置有以下几种基本方式：

（1）部分或全部占用地面；

（2）分条施工临时路面和结构顶板，维持部分交通；

（3）夜间施工，白天恢复交通。

（二）围护结构

盖挖法施工的地下工程围护结构形式基本可分为两大类：

（1）由桩（钻孔桩；挖孔或预制桩）和内衬墙组成的柱墙结构。

（2）地下连续墙或地下连续墙与内衬墙组合结构。在软弱土层中，多采用刚度和防水性较好的地下连续墙。

围护结构与内衬墙之间的构造视传力方式不同可分为两种：

（1）分离式结构：当围护结构与内衬墙之间需设防水层时，为保证防水效果，在围护结构与内衬墙和板之间一般不用钢筋拉结。施工中为保证板的强度和刚度，有时需在上、下板之间设置拉杆或临时立柱。软弱土层中，分离式内衬墙往往较厚，但由于防水性能好，故采用较多。

（2）复合式结构：在围护结构与内衬墙设置拉结钢筋，使二者结合为整体，共同受力；但防水效果较差。

从减少墙体水平位移和对附近建筑物影响来看，盖挖逆作法效果最好。在软弱土层中开挖时，侧压力较大，除以板作为墙体的支撑外，还需设置一定数量的临时支撑，并施加预应力。

（三）中间临时柱

中间临时柱在结构框架形成前是承受竖向荷载的主要受力构件，能减少板肋应力。盖挖顺作法大多采用在永久柱两侧单独设置临时柱。而盖挖逆作法多使临时柱与永久柱合二为一。临时柱通常采用钢管柱或 H 形钢柱。柱下基础可采用桩基和条基。桩基多采用灌注桩；条基用于地质条件较好的地段，可通过暗挖小隧道来完成。

（四）土方挖运

土方挖运是控制逆作法施工进度的关键工序，开挖方案还直接影响板的模板形式及侧墙水平位移的大小。根据基坑的空间和地质条件，可选择是人工挖运或是小型挖掘机挖运。

盖挖法施工的土方，由明、暗挖两部分组成。条件许可时，从改善施工条件和缩短工期考虑应尽可能增加明挖土方量。一般以顶板底面作为明、暗挖土方的分界线，这样可利用土模浇筑顶板。而在软弱土层中，难以利用土模时，明挖土方可延续到顶板下，按要求架设支撑，立模浇筑顶板。

暗挖土方时应充分利用土台护脚支撑效应，采用中心挖槽法，即先挖出支撑设计位置土体，架设支撑，再挖两侧土体。

暗挖时，材料机具运送、挖运的土方均通过临时出口。临时出口可单独设置或利用隧道的出入口和风道。

（五）混凝土施工缝处理

逆作法施工时，结构的内衬墙及立柱是由上而下分段施作，施工缝一般多在立柱上设 V 形接头、在内衬墙上设 L 形接头进行处理，如图 6-3-5 所示。施工缝根据结构对强度及防水的要求，有三种处理方法可供选择：

（1）直接法。在先浇混凝土的上面继续浇筑，浇筑口高出施工缝，利用混凝土的自重使其密实，对接缝处实行二次振捣，尽可能排除混凝土中的气体，增加其密实性。

（2）注入法。在先浇和后浇混凝土之间的缝隙压入水泥浆或环氧树脂使其密实，如图 6-3-6 所示。

（3）充填法。在先浇和后浇混凝土之间留一个充填接头带，清除浮浆后再用膨胀的混凝土或砂浆充填。

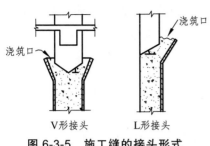

图 6-3-5 施工缝的接头形式

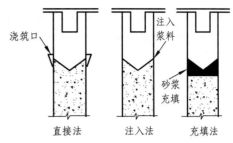

图 6-3-6 施工缝处理方法

第四节 顶推法施工

顶推施工是一种非完全开挖修建隧道的施工方法。顶推施工工艺就是在隧道的一端做一个工作井，另一端做一个接收井；然后将顶管机安装在工作井内，借助工作井后座主顶油缸及管道间中继环等的推力，把顶管机或紧随其后的隧道管段从工作井穿越土层一直推到接收井内，完成整个隧道的修建过程。

需要顶管的地方和形式很多，如穿越江河湖泊、丘陵山脉等的长距离顶管，一般为 300～500 m，也有更长的；也有穿越铁路、公路、地面建筑物等，此时顶管长度为 30～60 m，一般称之为短距离顶管法。

一、基本原理

先在工作井内设置支座和安装液压千斤顶，借助主顶油缸及管道间中继间等的推力，把工具管或掘进机从工作井内穿过土层一直推到接收井内吊起；与此同时，紧随工具管或掘进机，将预制的管段顶入地层。边顶进，边开挖地层，边将管段接长。

二、工作井和接收井

施工时，先制作顶管工作井及接收井，作为一段顶管的起点和终点。工作井中有一面或两面井壁设有预留孔，作为顶管出口，其对面井壁是承压壁，承压壁前侧安装有顶管的千斤顶和承压垫板（即钢后靠），如图 6-4-1 所示。千斤顶将工具管顶出工作井预留孔，而后以工具管为先导，逐节将预制管节按设计轴线顶入土层中，直至工具管后第一节管节进入接收井预留孔，施工完成一段管道。为进行较长距离的顶管施工，可在管道中间设置一至几个中继间作为接力顶进，并在管道外周压注润滑的泥浆。

工作井是安放所有顶进设备的场所，也是顶管掘进机的始发场所，是承受主顶油缸推力的反作用力的构筑物，供工具管出洞、下管节、挖掘土砂的运出、材料设备的吊装、操纵人员的上下等使用。在工作井内，布置主顶千斤顶、顶铁、基坑导轨、洞口止水圈以及照明装置和井内排水设备等。在顶进井的地面上，布置行车或其他类型的起吊运输设备。接收井是接收顶管机或工具管的场所，与工作井相比，接收井布置比较简单。

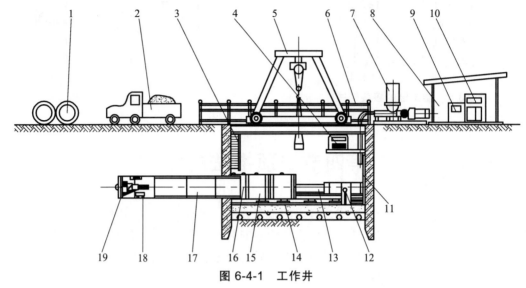

图 6-4-1　工作井

1—预制的混凝土管；2—运输车；3—扶梯；4—主顶油泵；5—行车；6—安全护栏；
7—润滑注浆系统；8—操纵房；9—配电系统；10—操纵系统；11—后座；
12—测量系统；13—主顶油缸；14—导轨；15—弧形顶铁；16—环形顶铁；
17—已顶入的混凝土管；18—运土车；19—机头

三、掏　土

　　掏土是顶管作业的主要工序，顶管进度、质量、安全等均取决于这道工序，也是劳动强度最大的一道工序。工人在进入管内掏土时，管内应安设便于作业的安全照明，一般用低于32 V 的安全电压，内外应规定明确的联系信号；工人在管内掏土时不得将头或身体伸到管外，以防塌方伤人，管四周必须均匀清土，不能留残土。在含有地下水的土中挖土时，可采用自上而下的挖土方法，并且要避免使下面的土成为稀泥，底部应挖得平整，管底坡度始终应符合设计要求，防止弯曲、扭转。在正常情况下挖土时，上部可以较外多挖 10 ~ 15 mm，以减少土壤间的摩擦力及顶进时的阻力。下部 120° ~ 153°范围内不得超挖，可以预留 10 mm，让管子在前进时切去。此方法可以防止管子下沉或越顶越低。

四、管道的连接

　　管道的连接是对钢筋混凝土管的平口连接而言的，一般情况下，施工时选用外钢筋混凝土接轮连接，在顶管施工中只能采用钢套环连接，利用螺栓固定。中间的缝隙用石棉水泥或膨胀水泥填充。每个钢套环用 4 个螺栓连接为宜。螺栓必须错开管的水平和竖直中心线安装，一般 45°为宜，底部可以通过运土小车。

钢套环加工时可以超过钢筋混凝土外圆直径，开口。安装时按顺时针方向拧紧螺栓，即可牢固地将两管连接在一起，多余部分切除，供给加工螺垫用。安装时钢套环内外均进行除锈，然后刷两道沥青漆防腐。

五、其他顶推开挖方法

（一）水力出土顶管法

利用高压射水设备，将顶进过程挤入管内的土用水冲成泥浆，然后从管内将其导流至排泥坑，再用泥浆泵排到沉淀池中。经过沉淀后的污水方可排掉。

采用这种方法施工，经常使管线下方的管基础土质被水浸泡，破坏原有自然土质，易造成管线下沉。在顶管过程中管线出现下沉现象，不易调整。另外，采用这种方法必须增设一整套排泥设备、沉淀池及排放设施以及充足的水源，施工费用较高，施工质量也难以保证，故一般很少采用。

（二）水平钻孔法

当管径不大于 700 mm 时，人工挖土有困难，可以采用不同类型的水平旋转式挖土设备进行机械出土；但每套设备只能完成几种管径，需用的专用设备较多，故造价也较高。

（三）穿刺法

当管径不大于 400 mm 时，根本无法采用人工挖土，若又无旋转式挖土设备，此时可采用穿刺法施工。即在管的前端加一个密封式的金属锥形头。随着顶进过程将土挤向管壁的四周。虽然省去了挖土的工序，节约了人力，但是锥形头往往因为钻到石头或者遇到其他障碍物而引起中心偏移，不易控制。为了解决这个矛盾，可以将锥形头去掉，平面敞口顶进。为了防止大量土方挤入管内，可以在管的前端 300~400 mm 处，在管内加一个挡土环或隔板。环与板作用相同，可以用 $\delta = 10$ mm 钢板施工，但焊缝必须牢固，效果很好。此种施工方法顶力较大，一般情况下可以满足 40 m 左右的顶管长度。

第五节　洞口及明洞施工

一、洞口施工

隧道洞口地段，一般地质条件差，且地表水汇集，施工难度较大。施工时要结合洞外场地和相邻工程的情况，全面考虑、妥善安排、及早施工，为隧道洞身施工创造条件。

由于每座隧道的地形、地质及线路位置不同，要很明确地规定洞口段的范围是比较困难的。一般情况下，可以将由于隧道开挖可能给上坡地表造成不良影响的洞口范围称为洞口加强段。每座隧道应根据各自的围岩条件来确定洞口段范围，一般亦可参照图6-5-1确定。

隧道洞口工程主要包括边、仰坡土石方，边、仰坡防护，端墙、翼墙等洞门坞工，洞口排水系统，洞口检查设备安装，洞口段洞身衬砌。洞口工程中的洞门施工，一般可在进洞后进行，并应做好边仰坡防护，以减少洞门施工对洞身施工的干扰。

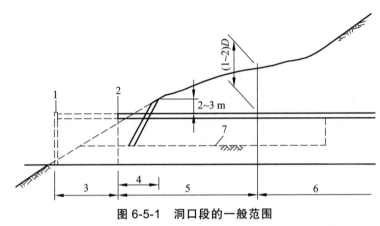

图 6-5-1　洞口段的一般范围

1—洞门位置；2—洞口位置；3—明洞段；4—进口过渡段；5—洞口段；
6—隧道洞身段；7—上部开挖地基；D—隧道开挖最大洞跨（m）

（一）洞口段施工注意事项

（1）在场地清理前做施工准备时，应先清理洞口上方及侧方有可能滑塌的表土、灌木及山坡危石等。平整洞顶地表，排除积水，整理隧道周围的流水沟渠。之后施作洞口边、仰坡顶处的天沟。

（2）洞口施工宜避开雨季和融雪期。在洞口土石方工程施工中，不得采用深眼大爆破或集中药包爆破，以免影响边、仰坡稳定。应按设计要求进行边、仰坡放线，自上而下逐段开挖，不得掏底开挖或上下重叠开挖。

（3）洞口部分坞工基础必须置于稳固的地基上。须将虚渣杂物、泥化软层和积水清除干净。地基强度不够时，可结合具体条件采取扩大基础、桩基、压浆加固地基等措施。

（4）洞门拱墙应与洞内相邻的拱墙衬砌同时施工并连接成整体，确保拱墙连接良好。洞门端墙的砌筑与回填应两侧同时进行，防止对衬砌产生偏压。

（5）洞口段洞身施工时，应根据地质条件、地表沉陷控制以及保障施工安全等因素选择开挖方法和支护方式。洞口段洞身衬砌应根据工程地质、水文地质及地形条件，至少设置不小于5 m长的模筑混凝土加强段，以提高坞工的整体性。

（6）洞门完成后，洞门以上仰坡脚受破坏处，应及时处理。如仰坡地层松软破碎，宜用浆砌片石或铺种草皮防护。

（二）进洞方法

洞口段施工中最关键的工序是进洞开挖。隧道进洞前应对边仰坡进行妥善防护或加固，做好排水系统。洞口段施工方法的确定取决于诸多因素，如施工机具设备情况、工程地质、水文地质和地形条件，洞外相邻建筑的影响，隧道自身构造特点等。根据地层情况，可分为以下几种施工方法：

（1）洞口段围岩为Ⅲ类以上，地层条件良好时，一般可采用全断面直接开挖进洞。初始 10~20 m 区段的开挖，爆破进尺应控制在 2~3 m。施工支护，于拱部可施作局部锚杆；墙、拱采用素喷混凝土支护。洞口 3~5 m 区段可以挂网喷混凝土及设钢拱架予以加强。

（2）洞口段围岩为Ⅲ~Ⅳ类，地层条件较好时，宜采用正台阶法进洞（不短于 20 m 区段）。爆破进尺控制在 1.5~2.5 m。施工支护采用拱、墙系统锚杆和钢筋网喷射混凝土。必要时设钢拱架加强支护。

（3）洞口段围岩为Ⅳ~Ⅵ类，地层条件较差时，宜采用上半断面长台阶法进洞施工。上半断面先掘进 50 m 左右后，拉中槽落底，在保证岩体稳定的条件下，再进行边墙扩大及底部开挖。上部开挖进尺一般控制在 1.5 m 以下，并严格控制爆破药量。施工支护采用超前锚杆与系统锚杆相结合的方法，挂网喷射混凝土。拱部安设间距为 0.5 m~1.0 m 的钢拱架支护，及早施作混凝土衬砌，确保稳定和安全。

（4）洞口段围岩为 V 类以下，地层条件差时，可采用分部开挖法和其他特殊方法进洞施工。具体方法有：① 预留核心土环形开挖法；② 插板法或管棚法；③ 侧壁导坑法；④ 下导坑先掘进再上挑扩大，由里向外施工法；⑤ 预切槽法等。开挖进尺控制在 1 m 以下，宜采用人工开挖，必要时采用弱爆破。开挖前应对围岩进行预加固，如采用超前预注浆锚杆或采用管棚注浆法加固岩层后，用钢架紧贴洞口开挖面进行支护，再进行开挖作业。在洞身开挖中，支撑应紧跟开挖工作面，随挖随支。施工支护采用网喷混凝土，系统锚杆支护；架立钢拱架间距为 0.5 m，必要时可在开挖底面施作临时仰拱。开挖完毕，及早施作混凝土内层衬砌。当衬砌采用先拱后墙法施工时，下部断面开挖应符合下列要求：① 拱圈混凝土达到设计强度的 70%之后方可进行下部断面的开挖；② 可采用扩大拱脚、打设拱脚锚杆、加强纵向连接等措施加固护脚。③ 下部边墙部位开挖后，应及早、及时做好支护，确保上部混凝土拱稳定。

施工前，在施工工艺设计中，应对施工的各工序进行必要的力学分析。施工过程中应建立健全量测体系，收集量测数据及时分析，用以指导施工。

二、明洞施工

明洞是用明挖法修建的隧道，其结构形式分为独立式和接长式。它的结构形式，常因地形、地质条件的不同而有许多种，采用最多的是拱式明洞和棚式明洞。明洞大多设置在坍方、落石、泥石流等不良地质地段。

明洞施工方法的选择，应根据地形、地质条件、结构形式等因素确定。独立式明洞可采用明挖法或盖挖法施工；接长式明洞按开挖与衬砌的施工顺序，可采用全部明挖先墙后拱法、上部明挖先拱后墙法及部分明挖墙拱交错法三种。

（一）全部明挖先墙后拱法

这种方法适用于隧道埋置深度较浅，边仰坡开挖后能暂时稳定，或已成路堑中增建明洞的地段。开挖程序如图 6-5-2 所示。

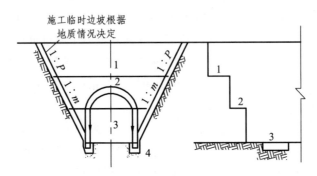

图 6-5-2　全部明挖先墙后拱法

施工步骤：从上向下分台节开挖，先做好两侧边墙，再做拱圈，最后做防水层及洞顶回填。

（二）上部明挖先拱后墙法

这种方法适用于明洞位于岩层破碎，路堑边坡较高，全部明挖可能引起坍塌，但拱脚岩层承载力较好，能保证拱圈稳定的地段。开挖程序如图 6-5-3 所示：起拱线以上部分，采用拉槽法，开挖临时边坡、仰坡。当临时边坡、仰坡不够稳定时，采用喷锚网加固坡面。先做好拱圈，然后开挖下部断面，再做边墙，拱脚应设连续的纵向钢筋混凝土托梁，并使混凝土与两侧岩石密贴。

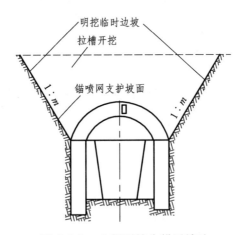

图 6-5-3　上部明挖先拱后墙法

（三）墙拱交错法

这种方法适用于半路堑、原地面边坡陡峻，由于地形限制不能先做拱圈；或由于外侧地层松软，先做拱圈可能发生较大沉陷，先墙后拱亦有困难时。

1. 先做外侧边墙法（见图 6-5-4）

（1）先挖出外侧墙基坑 1，然后将外侧墙Ⅱ砌筑（或模筑）至设计标高。

（2）开挖内侧起拱线以上部分 3，挖除后立即架立拱架灌注拱圈Ⅳ；如有耳墙，同时做好耳墙。

（3）在拱内落底 5，应随落随支护，以保持内侧边坡的稳定。

（4）开挖内边墙马口 6，逐段施作内边墙Ⅶ，然后进行拱顶回填，并做防水层。

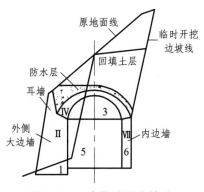

图 6-5-4　先做外侧边墙法

2. 挖开灌筑边墙法

先拱后墙法施工的路堑式明洞，如开挖后发现地层松软，难以承受拱圈压力时，或采用先墙后拱法，路堑边坡明挖过深能引起边坡坍塌等不安全情况时，均可采用挖开法或拉槽法灌筑边墙。施工步骤：一般开挖至起拱线后，先间隔挖开或横向与中线垂直间隔拉槽，灌注部分边墙；再做拱圈，拱脚应加纵向钢筋以形成钢筋混凝土托梁；最后挖马口，做其余边墙。

明洞大多数修筑于地质较差、地形陡峻的地段，受力条件复杂。施工中应特别注意安全和结构的稳定，并满足下列各项要求：

（1）开挖前要做好全部临时排水系统，选择适当的施工方法，并按设计要求正确测定中线和标高，放好边桩和内、外墙的位置。

（2）认真处理基础。明洞边墙基础承载力必须保证达到设计要求；有地下水流时，要相应采取措施，如夯填厚度不小于 10 cm 的碎石层或扩大基础以提高其承载力；若为岩石地基，应挖至表面风化层以下 0.25 m。

（3）明洞衬砌。其拱圈要按断面要求，制作定型挡头板，内、外模及骨架，加强各部内、外模支撑，防止变形及位移。采用墙拱交错法施工时，要保证拱脚稳定，防止拱圈沉落。

明洞顶回填土石主要是起缓和边、仰坡上的落石、坍塌和支挡边坡稳定的作用。应按设计厚度和坡度进行施工。

回填土石应在做好防水层，衬砌达到设计强度的 70% 时，才能开始施工。路堑式明洞拱背回填应对称分层夯实，每层厚度不宜超过 0.3 m；其两侧回填土的土面高差不得大于 0.5 m；至拱顶后须满铺分层填筑；拱顶填土高达 0.7 m 及以上时才能拆除拱架。采用推土机等大型机械回填时，先用人工夯填一定的厚度后，方可使用机械在顶部进行作业，并在机械回填完成后才能拆除拱架。

回填土石与边坡接触处，要挖成台阶，并用粗糙透水材料填塞，防止回填土石沿边坡滑动。

明洞与隧道衔接的施工方法，有先做明洞后进隧道和先进隧道后做明洞两种。明洞长度不大和洞口地层松软，开挖仰坡和边坡易引起坍方，或在已坍方的地段，一般是先做明洞后进隧道。在地层较为稳定或工期较紧的长隧道设有较长明洞，或是洞口路堑开挖后可能发生坍塌时，则可采用先进隧道后做明洞的施工方法。

不论是先"隧"后"明"，还是先"明"后"隧"，隧道部分的拱圈都应由内向外和明洞拱圈衔接，必须确保仰坡的稳定和内外拱圈联结良好。一般情况下明洞与隧道的衔接处是结构防水的薄弱部位，施工时应把隧道的洞身衬砌向明洞方向延长一定长度，以达到整体防水的效果。

复习思考题

1. 浅埋隧道施工方式有哪些？各有什么特点？
2. 什么是地下连续墙？预制地下连续墙的施工工序是什么？
3. 盖挖法分为哪几种形式？各施工程序是什么？
4. 简述洞口地段施工注意事项。

第七章　隧道其他施工方法

第一节　掘进机施工方法

一、概　述

隧道掘进机（Tunnel Boring Machine，TBM）施工法是用隧道掘进机切削破岩，开凿岩石隧道的施工方法。它始于 20 世纪 30 年代，随着掘进机技术的迅速发展和机械性能的日益完善，隧道掘进机施工得到了快速发展。掘进机施工，特别是对于长隧道的施工，较之钻爆法施工有其显著的特点：大大降低工人劳动强度，保证施工人员的安全；掘进速度快，进一步发展将有达到自动化的可能，等等。在科技飞速发展的今天，更使掘进机有了广阔的使用条件。虽然钻爆法仍是当前山岭隧道施工的最普遍的方法，而且掘进机也不能取代钻爆法施工，但用掘进机施工的隧道数量不断上升。据不完全统计，世界上采用掘进机施工的隧道已有 1 000 余座，总长度在 4 000 km 左右。特别是在欧美国家，由于劳动力昂贵，掘进机施工已成为进行施工方案比选时必须考虑的一种方案。

（一）施工特点

与钻爆法开挖隧道施工过程相比，使用掘进机开挖隧道的特点在于施工过程是连续的，具有隧道工程"工厂化"的特点。

1. 优　点

（1）安全。掘进机开挖断面一般为圆形，承压稳定性好；由于用机械方法切削成型，没有爆破法的危险因素，减少了周围岩层松动、冒顶的可能性，因此也减少了支护的工作量。在土质或软弱地层施工，可采用护盾式掘进机，作业人员在司机房内或护盾内工作，大大提高了作业的安全性。

（2）快速。根据现有使用效果看，在均质岩层中，掘进速度一般可达：软岩层 2 m/h，中硬岩层 1 m/h，硬岩层 0.5 m/h。按一般的中硬岩石，掘进机每月掘进约 600 m，如英法海峡隧道，英国端每月掘进 764 m，法国端每月为 685 m。一般认为，掘进机的掘进速度较钻爆法的掘进速度可提高 2 ~ 2.5 倍。

（3）经济。用机械方法开挖的断面平整，洞壁光滑，免去爆破应力，通常不需要临时支护（硬岩中），或可用喷锚、钢圈梁、钢丝网等简易支护（软岩或中硬岩中）。而且，超挖量可控制在几厘米之内，能减少清理作业和混凝土用量（混凝土用量约节约 50%），适合于喷射混凝土衬砌。因此，国外部分人士认为，在作业条件适宜时，其施工总成本可降低 20%～30%。但掘进机自身造价高，工程一次性购入成本高。

（4）省工与降低劳动强度。据统计，一般掘进机施工所需总人数为 40～45 人即能达到月进尺 200 m，而用钻爆法施工欲达到月成洞 200 m 则需 700 人（三班制）。更为重要的是，用掘进机施工可以大大减轻劳动强度。

（5）排渣容易。机械法破碎的土屑和岩渣多成中块或粉状，粒度均匀，可由皮带运输机直接排出。如果采用适应于开挖量的转载运输机，则可利用掘进机的换步时间，进行调车作业，尽量不因运输工序而影响掘进速度。

（6）由于集中控制操作，有实现远距离操作和自动化的可能性。

2. 缺 点

（1）一次投资大，尺寸、重量大，机器较复杂（但对于岩层适宜的长隧道，由于掘进机掘进速度快，总的工程成本相对来说不高），制造周期长，装运费时费事费钱，刀具的消耗和维修费用亦很昂贵。但也要看到，随着冶金技术的发展，刀具消耗的问题也能够解决。如国外某掘进机（$\phi 3.3$ m），在瑞士开挖一条 1 461 m 长的公路隧道导洞，其岩石抗压强度为 100 MPa（砾岩和砂岩），但只换过一把刀。

（2）对岩层变化的适应性差。就目前试用和使用情况来看，对中硬岩使用较为有效，对软岩和硬岩仍存在许多困难。如遇到破碎岩层及不均匀多变的岩层，掘进速度下降，甚至无法工作；如遇涌水、溶洞及漂石砾石等情况，多需改为其他方法开挖。

（3）开挖的隧洞断面局限于圆形，对于其他形状的断面，则需进行二次开挖；如要机器本身来完成，则机器构造将更为复杂。

（4）作业率低。隧道施工工序多，要求施工组织严密、配合协调。如检查机器能否正常运转、电缆延伸、洞壁保护、水管路延长及机器方向调整等工序，一般占整个作业时间的 50% 左右。

（5）能耗大。纯机械破岩，不像钻爆法利用炸药的化学能，过分破碎石渣而耗费能量，粉状石渣难于再利用。

经过近一个世纪的努力，随着现代技术的发展，特别是近几十年来，掘进机不仅能在岩石整体性及磨蚀性强的条件下工作，也能在稳定条件差的地层中施工，从而被许多隧道作为主要施工方案进行比选。

（二）掘进机类型

山岭隧道掘进机分为全断面和悬臂式两大类。全断面掘进机（Tunnel Boring Machine，TBM）又分开敞式和护盾式两类。目前使用的主要是全断面掘进机，悬臂式掘进机尚处在发展的初期阶段。

开敞式和护盾式掘进机的区别在于，开敞式掘进机在开挖中依靠撑于岩壁上的水平支撑提供设备推力和扭矩的支撑反力，开挖后的围岩暴露于机械四周；而护盾掘进机则可在掘进中利用尾部已安装的衬砌管片作为推进的支撑，围岩由于有护盾防护，在护盾长度的范围内，不暴露。

一般而言，开敞式掘进机适合于硬岩隧道的开挖。开敞式掘进机有两种形式：单支撑和双支撑。

护盾式掘进机适用于软岩。护盾式掘进机也有两种形式：单护盾和双护盾。

单护盾掘进机适用于软岩地层以及自稳时间相对较短，地质条件较差的地层，如图7-1-1所示。

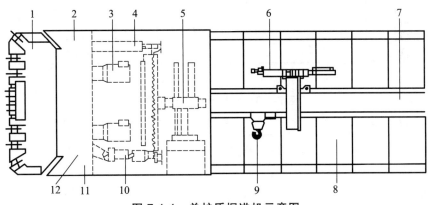

图 7-1-1　单护盾掘进机示意图

1—刀盘；2—护盾；3—驱动组件；4—推进千斤顶；5—管片安装器；
6—超前钻机；7—出渣输送机；8—拼装好的管片；9—提升机；
10—铰接千斤顶；11—主轴承、大齿圈；12—刀盘支撑

例如，瑞士巴塞尔市的 ADLER 隧道，使用一台直径 12.58 m 的单护盾掘进机完成了 5 km 的软岩开挖。单护盾掘进机在掘进和安装衬砌管片时，是依次顺序进行的，即不能同时作业。掘进中，它依靠后部的推进千斤顶顶推已安装好的衬砌管片（见图 7-1-2）得以向前掘进，掘进停止后，利用管片安装机将分成若干块的一环管片安装到隧道上。

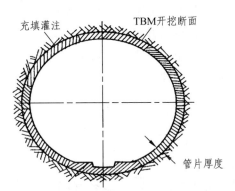

充填灌注　　TBM开挖断面

管片厚度

图 7-1-2　全周预制钢筋混凝土管片衬砌示意图

双护盾掘进机（见图 7-1-3）在软岩及硬岩中都可以使用。当它在自稳条件不良的地层中施工时，其优越性更突出。它与单护盾掘进机的区别在于增加了一个护盾。在硬岩中施工时利用水平支撑，支撑洞壁传递反力，所以它既可利用尾部的推力千斤顶顶推尾部安装好的衬砌管片推进，也可以在利用水平支撑进行开挖时，同时安装衬砌管片，因此双护盾掘进机使开挖和安装衬砌管片的停机换步时间大大缩短。我国甘肃引大入秦工程中的 30 A 号水工隧道，使用一台直径 5.5 m 双护盾掘进机完成了 11.6 km 的开挖，最高月开挖突破了 1 000 m。

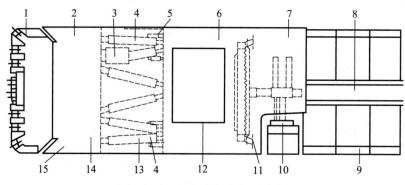

图 7-1-3　双护盾掘进机示意图

1—刀盘；2—前护盾；3—驱动组件；4—推进油缸；5—铰接油缸；6—撑靴护盾；
7—尾护盾；8—出渣输送机；9—拼装好的管片；10—管片安装机；
11—辅助推进靴 12—撑靴；13—伸缩护盾；
14—主轴承大齿圈；15—刀盘支撑

二、开敞式掘进机基本构造

（一）主　机

1. 基本构造

目前，世界上生产的开敞式掘进机基本有两种形式——单支撑和双支撑。

单水平支撑掘进机如图 7-1-4 所示。它的主梁和大刀盘支架是掘进机的构架，为所有的其他构件提供安装支点。大刀盘支架的前部安装主轴承和大内齿圈，其四周安装了刀盘护盾，利用可调式顶盾、侧盾和下支撑保持与开挖洞面的浮动支承，从而保证了大刀盘的稳定；主梁上安装推力千斤顶和支撑系统。由于采用了一对水平支撑，因此它在掘进过程中，方向的调整是随时进行的，掘进的轨迹是曲线。单支撑式掘进机主轴承多为三轴承组合，驱动装置直接安装在刀盘的后部，故机头较重，刀盘护盾较长。

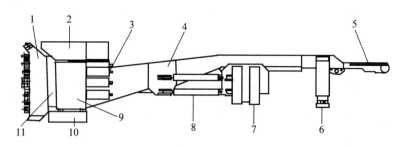

图 7-1-4　单水平支撑掘进机示意图

1—刀盘；2—拱顶护盾；3—驱动组件；4—主梁；5—出渣输送机；
6—后下支撑；7—撑靴；8—推进千斤顶；9—侧护盾；
10—下支撑；11—刀盘支撑

双水平支撑掘进机如图 7-1-5 所示。

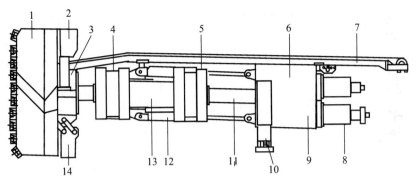

图 7-1-5　双水平支撑掘进机示意图

1—刀盘；2—顶护盾；3—轴承外壳；4、5—水平支撑（前、后）；6—齿轮箱；
7—出渣输送机；8—驱动电机；9—星形变速箱；10—后下支撑；
11—扭矩筒；12—推进千斤顶；13—主机架；
14—仰拱刮板（前下支撑）

在主机架中间有两对水平支撑，可以沿着镶着铜滑板的主机架前后移动。主机架的前端与大刀盘、轴承、大内齿圈相连接，后端与后下支撑连接，推进千斤顶借助水平支撑推动主机架及大刀盘向前，布置在水平支撑后部的驱动装置通过传动轴将扭矩传到大刀盘。在掘进中由两对水平支撑撑紧洞壁，因此掘进方向一经定位，就只能沿着直线掘进，只有在重新定位时，才能调整方向，所以掘进机轴线是折线。德国维尔特公司制造的掘进机属此类型。

开敞式掘进机结合工程实践中取得的丰富经验，仍在不断改进和发展。例如，有的将双水平支撑，有的改为 X 形支撑，也有将大刀盘三轴组合形成前后两组轴承的简支型。

2．开敞式掘进机的掘进作业循环过程

开敞式掘进机掘进作业循环过程如图 7-1-6 所示，从图中可看出：

（1）掘进循环开始时，水平支撑已移动到主机架的前端，将撑靴撑紧在洞壁上。仰拱刮板与仰拱处的岩面轻微接触，收回后下支撑，此时大刀盘可以转动，推进千斤顶将转动的大刀盘向前推进一个行程，此即为掘进状态。

（2）在向前推进到达推进千斤顶行程终点处，结束开挖，大刀盘停止转动，放下后下支撑，同时仰拱刮板支撑大刀盘，此时整个机器的重量全部由前、后支撑支承。

（3）收回两对水平支撑靴，移动水平支撑到主机架的前端。掘进机掘进方向的调整可以通过后下支撑进行水平、垂直的调整，达到调整目标。

（4）当水平支撑移到前端限位后，又重新撑紧在洞壁上。此时收回后下支撑，仰拱刮板与仰拱又

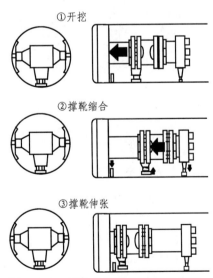

①开挖

②撑靴缩合

③撑靴伸张

图 7-1-6　开敞式掘进机循环示意图

转换成浮动接触状态。此时掘进机处于准备进行下一个掘进循环的状态。

3. 刀　盘

刀盘（见图7-1-7）是钢结构焊接件，其前端是加强了的双层壁，通过溜渣槽与后隔板相连接，刀盘后隔板用螺栓与刀盘轴承连接。刀盘装有若干个盘形滚刀，用于挤压切削岩石；同时在前端还装有径向带齿的石渣铲斗，用于软岩开挖。刀座是大刀盘的一部分，做成凹形，使盘形刀刀圈凸出刀盘。这样可以防止破碎围岩中大块岩石阻塞刀盘。大刀盘具有足够的强度和刚度。从而使施加在大刀盘上的推力平均分配到全部盘形滚刀上，使它们达到同时压挤入岩石至同一深度，并使掘进机处于高效率运转的状态下；否则不仅不能完成良好的切削，也会由于个别盘形刀受到超载的推力而过早损坏，使刀具费用急剧增加。大刀盘上盘形刀的平面布置，是根据使用盘形刀的类型和合理刀间距来考虑的，一般而言，在硬岩中刀间距大约是贯入度（即大盘每转动一圈，盘形刀切入岩石的深度）的 10～20 倍，即 65～90 mm。在一定的刀间距下，大刀盘直径（即开挖洞径）与盘形刀的数量关系可以从图7-1-8 中查验。开挖下来的石渣利用刀盘圆周上的若干铲斗和刮渣器以及刀盘正面上径向碴口，经刀盘内部的导引板将石渣通过漏斗传送到主机胶带输送机上。

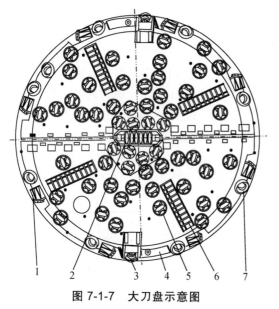

图 7-1-7　大刀盘示意图

1—铲斗；2—中心刀；3—扩孔边刀；4—扩孔刮渣器；
5—面刀；6—铲齿；7—边刀

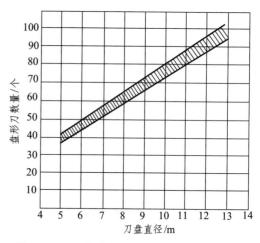

图 7-1-8　刀盘直径与盘形刀数量关系曲线

4. 支撑和推进系统

支撑系统是掘进机的固定部分，掘进时，它支承着掘进机的重量并将开挖推力和扭矩传递给岩壁形成反力。不同结构形式的掘进机，支撑系统对掘进方向的控制不同。双水平支撑的开敞式掘进机在换步时利用后下支撑来调整机器的方位，一经确定，刀盘只能按预定方向掘进（见图7-1-9）。

一般，掘进机能提供的支撑反力应是大刀盘额定推力的3倍左右，足够大的支撑反力可保证在强大推力下掘进时，刀盘有足够的稳定和正确的导向，并有利于刀具减少磨耗。开挖刀盘推进力是按照每把盘形刀所能承受的推力和盘力数量来确定的，目前较为成熟的17英寸盘形刀，可承受的推力为250 kN。

支撑靴借助球形铰自动均匀地支撑在洞壁上，避免引起集中荷载而对洞壁的破坏。

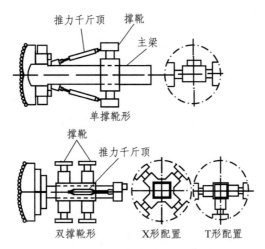

图 7-1-9　敞开型 TBM 的撑靴形式

5. 刀盘驱动系统

刀盘驱动方式有两大类：电动和液压。电动又分单速电机、双速电机和调频电机。

掘进机贯入度指标，在很大程度上取决于刀盘的转速和推力。采用无级调速确定刀盘的转速可以根据岩石的变化而产生最大的适应性，有效地控制刀盘负荷和振动，提高瞬时贯入度，减少刀具的磨耗。无级调速可以通过液压传动和变频调速两种方式达到。利用变频技术可采用标准工业电机，具有较高的惯性，当 0 ~ 50 Hz 时可以达到全扭矩，启动扭矩瞬时可以达到额定扭矩的 170%，启动电流小、效率高；但对工作环境要求严格。液压驱动方式技术上成熟，启动扭矩大，但效率低（70%左右），维修相对比电机繁杂。

双速电机通过变换极对数达到两挡变速，它体积较大，启动电流大；但结构简单，可靠性高。大刀盘的转速目前控制于其边刀线速度不超过 2.5 m/s，这主要是受盘形刀材料及岩石破碎速度影响而决定的。例如西安至安康铁路秦岭隧道使用德国维尔特公司生产的TB850/1000E 开敞式掘进机，大刀盘直径为 8.8 m，转速为 5.4 rad/min（低速为 2.7 rad/min）。

刀盘转动时所具有的扭矩受地质条件影响，当刀盘切削软岩时，具有较高的贯入度，此时会产生较大的滚动阻力，相应需要增大刀盘的驱动扭矩。

沿着刀盘周围布置的刮板和铲斗，把切削下来的石渣从开挖断面的底部铲起，并在刀盘转动中随刀盘送到顶部，然后沿着刀盘内渣槽落到输送机上方的渣斗内，再通过胶带输送机送到后配套上的矿车中，掘进机只要开动，胶带输送机就不停地运转。

刀盘在切削岩石时会产生大量粉尘，因此利用冷却盘形刀的喷水装置，可起到一定的除尘作用。此外，刀盘的内腔室与集尘器风管相连通，使这里含有粉尘的空气通过集尘器达到最好的除尘效果。除尘器是掘进机通风系统的一部分，安装在后配套上。

（二）后配套设备

掘进机主机与后部配套设备，组成了一个完整的掘进机设备。后配套设备主要是为主机提供供给的设备和石渣运输系统。后配套设备包括液压传动站（为主机液压系统提供动力源）、变电设备、开关柜、主驾驶室、通信系统、备用发电机、空压机、通风系统、喷射混凝土设备、围岩加固堵水注浆设备以及供水系统。运渣系统的作用是，后配套设备上的胶带输送机将主机输送机运来的石渣卸入矿车，再用内燃机车牵引运到洞外。

通常，后配套设备安装在一轨道平台车上，小断面掘进机受开挖隧道空间的限制，可采用单线运渣轨道；而较大断面的掘进机，可能采用双线运渣轨道。由于开挖的隧道是圆形，所以铺设轨道时，一般先将预制的仰拱块安装在隧道底部。仰拱块上预留排水槽，钢拱架沟槽及预埋轨道螺栓扣件。因此轨道的铺设延伸，不仅能保证轨道的铺设精度，同时也提高了出渣列车的运行稳定和速度。运渣列车先经铺设于隧道的轨道，再通过后配套设备尾部的爬轨斜坡道，进入平台车上的轨道系统（见图 7-1-10）。

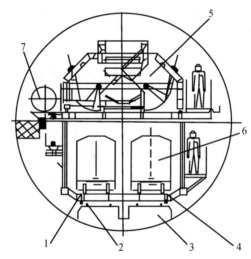

图 7-1-10　仰拱块及轨道示意图

1—车辆车轮及平台车上轨道；2—仰拱块上轨道及平台车车轮；3—仰拱预制块；
4—后备套平台车；5—石渣分配系统；6—矿车；7—通风管道

在后配套平台车上安放通风管、接力风机，供应新鲜空气的主风机放在洞外，通过风管与后配套上的接力风机连接。在掘进机施工中，隧道通风考虑的主要因素是施工人员的需要、设备运输中产生的热量、岩石破碎中以及喷射混凝土中产生的粉尘、内燃机设备产生的废气等。

在后配套平台车上安放供、排水设备。供水设备用来对盘形刀进行冷却，刀盘内腔室的水雾除尘，液压系统对油的冷却，对驱动电机的水冷以及必要的空气冷却等。为了提高供水压力，往往在水箱上设置增压水泵，一般用水量可按每开挖 $1 m^3$ 岩石需要 $0.5 m^3$ 左右估算。隧道开挖中排水至关重要，必须采取强制排水措施防止积水对主机的漫浸，尤其在安放仰拱块时更需要将水排净。顺坡开挖时，应充分利用仰拱块上的排水沟排水；反坡开挖时，应设多处积水槽、多处水泵站将水排至洞外。

三、掘　进

（一）破岩机理

掘进机切削破碎岩石的机理是在掘进时盘形刀沿岩石开挖面滚动，同时通过大刀盘均匀地在每个盘形刀上对岩面施加压力，形成滚动挤压切削而实现破岩。大刀盘每转动一圈，将贯入一定深度，在盘形刀刀刃与岩石接触处，岩石被挤压成粉末，从这个区域开始，裂缝向相邻切割槽扩展，进而形成片状石渣。图 7-1-11 显示了掘进机切削岩石机理。

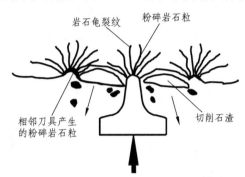

图 7-1-11　掘进机切削岩石机理示意图

不同岩石需要不同的盘形刀压入岩石的最低压强值，才能达到较理想的贯入深度。而贯入深度，在坚硬和裂隙很少的岩石中，一般为 2.5～3.5 mm/转；在中等坚硬和裂隙较多岩石中，一般为 5～9 mm/转。

如前所述盘形刀的间距问题。如果刀间距太大，一把盘形刀产生的压力达不到与相邻盘形刀的影响范围相接，必定开挖不出片状石渣，从而使开挖效率降低；反之，如果刀间距太小，则会使石渣块太小，从而浪费设备的功率。

单个盘形刀（见图 7-1-12）的使用寿命，与轴承使用寿命、刀圈材质和加工质量以及其在大刀盘上的位置有关。目前，刀圈的形状已趋于常断面形，它的优点是刀圈尖端宽度在磨损后仍保持不变，因此确保了即使它承受的荷载有变化，也将是具有良好的贯入速度，从而提高了切割速度并降低刀具的消耗。

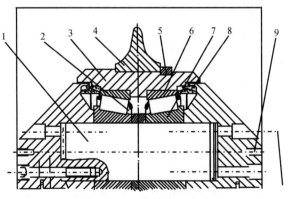

图 7-1-12　正滚刀示意图

1—刀轴；2—隔圈；3—刀体；4—刀圈；5—挡圈；6—轴承外圈
7—轴承内圈及滚桩；8—滑动密封；9—紧固螺钉

应该强调指出，掘进机施工中不仅要注意岩石的抗压强度，还应注意岩石的磨蚀性以及岩体的裂隙程度，当岩体节理裂隙面间距越大时，切割也就越困难。

（二）施工管理

采用掘进机开挖隧道，实现了隧道施工的工厂化，这是一个大的管理系统工程。提高施工现场管理和设备管理水平，是提高掘进机施工效率和效益的基础。

从图 7-1-13 可知，使用同一型号的掘进机，在相同地质条件下，由于管理的原因而造成不同的纯掘进时间。例如材料供应不及时，就有可能造成仰拱块不能及时铺设，延误轨道的延伸，进而影响掘进机下一个循环的进行。任何设备的故障都会直接影响到掘进机的运行。

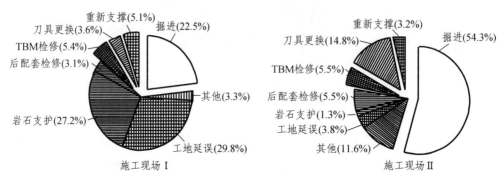

图 7-1-13　时间/利用率-分析图

每日的时间都用作掘进是不可能的，这是因为掘进过程中需换步更换支撑和对围岩进行支护，每日需安排一定时间进行设备系统的维修保养，一定时间内需检查和更换刀具，供料、出渣等其他工序滞后误时，以及设备故障停机等。据统计，在一般地质条件下，掘进机净掘进时间占 40% ~ 50% 是较为理想的。

提高设备完好率是保证提高净掘进时间的基础。强化维修保养，每班、每日、每周都必须进行预防性维修和某些部件的修理，只有坚持做好预防性维修才能保证掘进机的利用率。

加强掘进机的管理，必须注意对刀具的管理，这是因为刀具消耗占据隧道开挖成本的很大部分。从图 7-1-14 可知，如不适当地提高推力，虽可提高净开挖速度，但刀具费用会急剧增加。故选择合理的掘进系数可以节省刀具费用的支出。如果只换上一把新刀，而它周围的刀具磨损已超过限度，则新刀就会更多地承担刀盘传给它的推力，使其磨损加快。图 7-1-15 显示了刀具磨损及更换条件。

由于设备类型不同，使用的刀具不同，隧道围岩变化多样，因而掘进选用的操作参数也不同。因此很难确切提出刀具消耗定量标准（在当前物价条件下每开挖 1 m³ 岩石，刀具消耗为 1 ~ 10 美元，可供参考）。

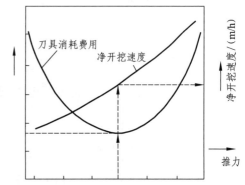

图 7-1-14　刀具消耗费用与推进力、开挖速度关系曲线

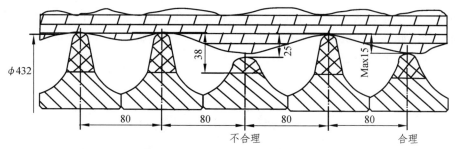

图 7-1-15 刀具磨耗更换示意图

配件供应是一大问题。为此必须弄清掘进机的易损件和故障较多配件的名称和更换周期，确定一个合理的配件储备量，避免临时急用时无配件或造成配件仓库积压。

所需工作人员与钻爆法相比有大幅减少，一般每作业班只配 13~16 人。工作人员必须明确岗位以及岗位工作内容和职责，按标准化作业规程进行施工操作。

对地质施工描述应加强，按地质变化随机应变。特别要做好不同围岩情况下的初期支护或临时支护，不允许冒险作业。加强地质超前预报工作。可用超前钻机、地震波反射法及地质雷达法等物探方法，对洞内掌于面前方 30~50 m 范围内的地质条件作出预报，以提前安排作业措施。

对隧道的控制测量和施工测量要提高精度等级要求，因为圆形断面一旦形成，很难再调整中线和标高。

对电力供应的要求要比钻爆法高得多，因此必须建立专门的电力供应机构，确保供电质量。

四、衬砌施工

用掘进机施工的隧道，其衬砌结构一般由临时或初期支护和二次衬砌组成。初期或临时支护是隧道开挖中保证掘进期间围岩的稳定和掘进机顺利掘进所不可缺少的。

采用掘进机施工，由于开挖工作面被掘进机主体充塞，对围岩很难进行直接观察和判断，而且造成进行支护的位置相对开挖面滞后一段距离。因此不同形式的掘进机，也要求采用不同的支护形式。一般在充分进行地质勘探后，在隧道设计时，就应确定基本支护形式。

（一）预制管片式衬砌

使用护盾掘进机时，一般采用圆形全周管片式衬砌。其优点是：适合软弱围岩，特别是当围岩允许承载力很低，撑靴不能支撑岩面时，可利用尾部推力千斤顶，顶推已安装的管片而获得推进反力；当撑靴可以支撑岩面时，双护盾掘进机可以使掘进和换步同时进行，提高循环速度；利用管片安装机安装管片，速度快、支护效果好、安全性高，但是造价高。为了防水的需要，每块之间要安装止水条，并需在管片外圆和洞壁间隙压入豆石和注浆。

为了预制管片，需要在工地建设混凝土预制品工厂。

（二）模筑混凝土衬砌

使用开敞式掘进机，一般是随开挖先施作临时支护，然后进行二次模筑混凝土永久性衬砌（见图7-1-16），这是为了保证掘进机高速度掘进。而不可能使开挖作业与模筑混凝土衬砌作业同时进行。此外，在机械上部进行衬砌作业，会给掘进机设备带来严重的混凝土污染，因此只在刀盘后部进行必要的临时支护，如锚杆、喷射混凝土、钢拱架等。

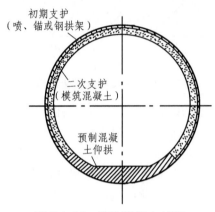

图 7-1-16 模筑混凝土衬砌

　　二次混凝土衬砌，根据地质条件也有用喷射混凝土作为永久衬砌的，如瑞士弗尔艾那铁路单线隧道，就是采用二次喷射混凝土为永久衬砌的，在喷射混凝土中安装了钢网，加入了钢纤维。多数隧道往往采取二次模筑混凝土衬砌，使用穿行式模板台车，进行永久衬砌的灌注。根据设计的断面形状，制造模板台车，这与钻爆法施工一致。值得注意的是，二次衬砌完成后，掘进机完成掘进任务后，不可能从原路退出，只有在完成开挖位置进行扩大洞室，在隧道内进行拆卸掘进机部分机件（如大刀盘的解体），才有可能退出。如果用一台掘进机从进口一直掘进到出口，则不会发生沿洞内拆卸的问题。

第二节　沉埋施工方法

一、概　述

　　沉埋施工方法简称沉埋法，沉埋法又称沉管法，是修筑水底隧道的主要方法。沉埋法施工时，先在隧址附近修建的临时干坞内（或利用船厂的船台）预制管段，预制的管段采用临时隔墙封闭，然后将此管段浮运到隧址的规定位置，此时已于隧址处预先挖好的一个水底基槽。待管段定位后，向管段内灌水、压载，使其下沉到设计位置，将此管段与相邻管段在水下连接，并经基础处理，最后回填覆土，即成为水底隧道。

　　沉埋法修筑隧道的施工特点：

1. 对地质水文条件适应能力强

　　沉埋法在隧址的基槽开挖较浅，基槽开挖和基础处理的施工技术比较简单，而且沉管受到水浮力，作用于地基的荷载较小，因而对各种地质条件适应能力较强。管段采用先预制再浮运后沉放的方法施工，避免了难度很大的水下作业，故可在深水中施工，而且对于潮差和流速的适应能力也强。例如美国旧金山海湾地铁隧道的水面至管段基底深达 40.5 m，比利时安特卫普斯尔德隧道处水流速度达 3 m/s。

2. 可浅埋，与两岸道路衔接容易

由于沉管隧道可浅埋，与埋深较大的盾构隧道相比，沉管隧道路面标高可抬高，这样，与岸上道路很容易衔接，无需做较长的引道，线形也较好。

3. 沉管隧道的防水性能好

每节预制管段由于很长，一般约 100 m（而盾构隧道预制管片环宽仅为 1 m 左右），因而沉管隧道的管段接缝数量很少，管段漏水的机会与盾构管片相比大幅减少。而且沉管接头采用水力压接法后，可达到滴水不漏的程度，这一特点对水底隧道的营运至关重要。

4. 沉埋法施工工期短

每节预制管段由于很长，一条沉管隧道只用几节预制管段就可完成（广州珠江隧道只用 5 节预制管段，每节长 22～120 m 不等），而且管段预制和基槽开挖可同时进行，管段浮运沉放也较快，这就使沉管隧道的施工工期与其他施工方法相比要短得多。特别是管段预制不在隧址，使隧址受施工干扰的时间相对较短，这对于在运输繁忙的航道上建设水底隧道十分重要。

5. 沉管隧道造价低

沉管隧道水底挖基槽的土方数量少，而且比地下挖土单价低，管段预制整体制作与盾构隧道管片预制相比所需费用也低。管段接缝少，接缝处理费用低，因此沉管隧道与盾构隧道相比，每延米的单价更低。而且沉管隧道由于可浅埋，隧道全长相对埋深大的盾构隧道要短得多，这样工程总造价可大幅度降低，能节省大量的建设资金。

6. 施工条件好

沉管隧道施工时，预制管段、浮运沉放管段等主要工序大部分都是在水上进行，水下作业极少，除了少数潜水工作外，工人都在水上操作，也无需气压作业，因此施工条件好，施工较为安全。

7. 沉管隧道可做成大断面多车道结构

由于采用先预制后浮运沉放的施工方法，故可将隧道横向尺寸做大，一个隧道横断面可同时容纳 4～8 个车道，而盾构隧道施工时受盾构尺寸的影响不可能将隧道横断面做得很大，一般为双车道。

沉管隧道一般由敞开段、暗埋段、岸边竖井及沉埋段等到部分组成，如图 7-2-1 所示。

在沉埋段两端，通常设置竖井作为沉埋段的起讫点。竖井是沉埋隧道的重要组成部分，可作为通风、供电、排水、运料及监控等的通道。

应根据两河岸的地形、地物及地质条件，也可将沉埋段与暗埋段直接连接而不设竖井。

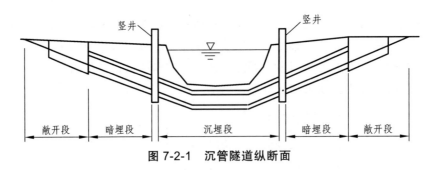

图 7-2-1　沉管隧道纵断面

深埋管段按断面形式可分为圆形和矩形两大类。一般来讲，采用矩形管段比采用圆形管段经济，且适合于多车道的公路隧道，故成为最常用的断面形式。

二、预制管段

（一）钢筋混凝土管段制作

在钢筋混凝土管段制作中，最重要的是保证管段预制完成后在水中浮运时能有合适的干舷浮运，沉埋于江底基槽中使用时，不产生管壁渗漏。因此，在灌筑管段混凝土时，要求保证管段混凝土的匀质性和水密性。

管段混凝土的匀质性是指管段板、壁的厚度均匀、混凝土密实度均匀。由于矩形管段在浮运时的干舷露出水面的高度只有 10 ~ 15 cm，仅占管段全高的 1.2% ~ 2%，如果管段容重变化幅度稍大，超过 1%，管段常会浮不起来。此外，如果管段各部位板厚的局部偏差较大或管段各部位混凝土密度不均匀，管段就会侧倾，干舷的浮运就无法保证了。因此，在管段制作时必须经常检查管段尺寸，严格控制混凝土密实度与匀质性。为使管段尺寸准确无误，外表平整，可选用刚度大、精度高、可微动高速的大型滑动内、外模板台车，灌筑管段混凝土。在灌筑混凝土全过程中，一定要严格控制模板的变形与走动，模板制作与安装要达到以毫米计的精度。另外，必须实行严格的密实度管理，每班八小时内应取一定数量的混凝土试件，通过测试试件来控制混凝土的密实度变化，以达到：

$$(\rho - \rho_{\mathrm{m}}) / \rho_{\mathrm{m}} \leqslant 0.6\% \qquad (7\text{-}2\text{-}1)$$

式中　ρ ——混凝土试件密实度；

　　　ρ_{m} ——混凝土试件的平均密实度。

为确保管段的水密性，混凝土的防裂问题也非常突出。混凝土开裂是"通病"，但人为可以采取特殊的技术措施控制裂缝的宽度限值。钢筋混凝土管段的防裂、防水措施有四种：管段自身防水、管段外侧防水、施工接缝防水及采用预应力提高抗裂性能。

1. 管段结构物自身防水能力的提高

一方面采用防水混凝土灌筑管段，其抗渗标号应根据最大水深与管段边墙厚度所确定的水压力梯度值来选用；另一方面要防止管段混凝土由于温差和干缩造成的裂缝。

施工中采用以下防止管段裂缝的措施：

（1）控制节段长度。

将每片预制管段分成几个节段施工，每个节段长度宜为 15～20 m。

（2）控制混凝土内外的温差。

采用隔热性能良好的木模板，推迟拆模时间，加强养护工作。

（3）降低混凝土灌筑温度。

采用低水化热的矿渣水泥等品种，降低水灰比，减少水泥用量（如掺用粉煤灰）；夏天掺冰水拌和混凝土，选择气温较低的夜间或阴天灌筑混凝土等措施。

（4）减少施工缝两侧混凝土温差。

在灌筑边墙混凝土时，在离底板 3 m 范围内的边墙中设置蛇形冷却水管，降低边墙混凝土温度，使先浇筑的底板混凝土与后浇筑边墙混凝土温差减小。

2. 管段结构外侧防水

外侧防水层必须满足以下要求：不透水性、耐久、耐压、耐腐蚀性好，不必修补，并能适应管段的温度变化而延伸与收缩，便于施工，较经济等。外侧防水的技术措施如下：

（1）采用钢壳、钢板防水。

圆形管段采用钢壳（厚 12 mm）作模板兼作永久性防水层，但采用钢壳防水耗钢量大，焊缝防水的可靠性低，并且钢材防锈问题不易解决。矩形管段采用在管底与侧边墙下部以 6 mm 厚的钢板作钢筋混凝土板的外侧防水层，防水钢板的拼接一般采用焊接。底部钢板还可以在浮运、沉放时起到保护管段的作用。

（2）采用卷材、保护层防水。

管段边墙及顶板，可采用柔性防水层和保护层防水。柔性防水层常选用沥青类卷材与合成橡胶卷材。

沥青类卷材一般用浇油摊铺法粘贴，顶板由中间向两边摊铺，边墙则自下而上摊铺，搭接相叠宽度 10～15 cm，要求搭口不翘。异丁合成橡胶卷材层厚 2 mm，采用的层数视水头大小而定。例如：当水深 20 m 左右时，可用 3～5 层。卷材防水一般须在外面再设一保护层，其构成视管段具体部位，管段边墙外面可采用木板或混凝土作保护层，有的管段不设保护层，而是将顶板的保护层延伸到边墙上，以形成护舷。管段顶上一般设 10～15 cm 厚的钢筋混凝土保护层，同时起到防锚作用。

合成橡胶卷材的主要缺点是：施工工艺较复杂，施工中稍有不慎就会"起壳"，返工时非常费事，坏了基本无法修补。

（3）涂料防水。

可直接将化学涂料涂刷于管段边墙和顶部防水。其优点是施工工艺较简单，而且在平整度较差的混凝土表面上可直接施工使用；但缺点是延伸率较小。目前涂料防水尚未普遍采用。

3. 管段施工接缝防水

管段顶制时，一般先灌筑底板混凝土，后灌筑边墙（竖墙）和顶板混凝土。在边墙下端（在高出底板 30～50 cm）会产生纵向施工接缝，管段沿长度方向分成几个节段施工，节段之间设置横向施工缝为垂直变形缝，其水密性很难保证，一般要采用有针对性的防水措施。

一般将横向施工缝做成变形缝，其间隔长为节段长 15～20 m，如图 7-2-2 所示，以使管段结构不因隧道纵向变形而开裂。变形缝的构造如图 7-2-3 所示。

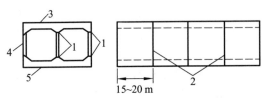

图 7-2-2　管段纵向接缝与变形缝

1—纵向施工接缝；2—变形缝；3—顶板；
4—边墙；5—底板

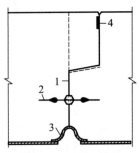

图 7-2-3　变形缝构造

1—变形缝；2—钢板橡胶止水带；
3—"Ω"密封带；4—止水填料

管段变形缝的构造应满足以下三个要求：

（1）能适应一定幅度的线变形与角变形。

（2）施工阶段能传递弯矩，使用阶段能传递剪力。

（3）变形前后均能防水。

在管段浮运时，为了保持管段的整体性，变形缝一定要能传送由波浪及施工荷载引起的纵向弯矩。通常采用如下两种措施：

① 把变形缝处所有管壁内、外纵向（水平）钢筋全部切断。另设临时纵向预应力筋承受浮运时的纵向弯矩。

② 只将变形缝处所有的管壁外排纵向钢筋切断。内排纵向钢筋则保持连续并通过变形缝。待沉没完毕，再予切断，使之成为完全的变形缝。

在变形缝中，一般设置 1～2 道止水带，以保证变形前后均能防止河、海水流入。止水带必须既能适应变形，又能有效地截止渗漏水。止水带的形式种类有很多，图 7-2-4 所示的钢板橡胶止水带目前应用得较多。

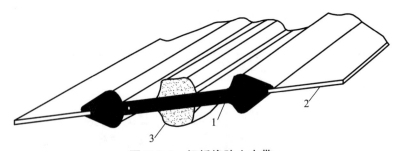

图 7-2-4　钢板橡胶止水带

1—橡胶带体；2—薄钢板（0.7～0.8 mm）；3—塑料

（二）封端墙

在管段灌筑完成，拆除模板之后，为了使管段能在水中浮起，必须在管段两端距端面 50～100 cm 处设置封端墙（或称端封墙）。封端墙可采用钢板或钢筋混凝土制成。近年较多用钢筋混凝土封端墙，其优点是变形较小，易于确保不漏水；但缺点是拆除封端墙较麻烦。沉管隧道工程实践表明，钢板封端墙方法仍较可取，其密封问题不难解决，钢板制作的封端墙由端面钢板、主梁及横肋组成正交异性板（可用防水涂料封缝或用多环橡胶密封环，其防漏效果相当可靠、密封性能良好，并且装拆方便）。

封端墙设有水力压接的设施：人字孔钢门（密封防水）、给气阀（设于上部）、排水阀（设于下部）、鼻式托座（左、右对称设置）和拉合结构（左、右对称设置）。人字孔钢门应向外开启。沿门的周边应设密封性能良好的密封条止水带。

（三）压载设施

沉管隧道的预制段是自浮的，浮运拖拉就位后要沉放到水底，在沉放时不加压载就沉不下去。加压下沉时，可用石渣、矿渣、砂砾等压载。用水箱压载简单方便，采用得较多。

在封端墙安设前，须先设置防水密封门供人员出入孔，及在管段内对称设置容纳压载水的容器，使管段保持平衡，达到平稳地下沉。压载水箱宜采用拼装或木板水箱，便于装拆，可重复使用。

三、沉管基槽开挖与航道疏浚

（一）沉管基槽开挖

1. 沉管基槽开挖的基本要求

沉管隧道施工中，在隧址处的水底沉埋管段范围内，需在水底开挖沉管基槽。沉管基槽开挖的基本要求如下：

（1）槽底纵坡应与管段设计纵坡相同。

（2）沉管基槽的断面尺寸，根据管段断面尺寸和地质条件确定（见图7-2-5）。

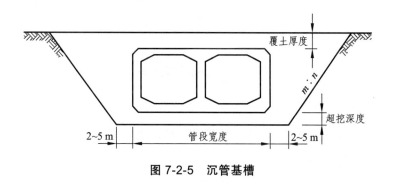

图 7-2-5 沉管基槽

① 沉管基槽的底宽，一般比管段底每边宽 2～5 m。这个宽余量应视土质情况及基槽搁置时间及河道水流情况而定，一般不宜定得太小，以免边坡坍塌，影响管段沉入顺利进行。

② 开挖基槽的深度，应为管顶覆土厚度、管段高度和基础所需超挖深度三者之和。

③ 沉管基槽开挖边坡，稳定边坡与土层地质条件有关，对不同的土层采用不同的边坡，表 7-2-1 所列为不同土层荐用的边坡参考数值。此外，基槽留置时间长短、水流情况等因素均对基槽的稳定边坡有很大影响，切勿忽视。

表 7-2-1　基槽开挖坡度

土层种类	荐用坡度	土层种类	荐用坡度
硬土层	1∶0.5～1∶1	紧密的细砂，软弱的砂夹黏土	1∶2～1∶3
砂砾、紧密的砂夹黏土	1∶1～1∶1.5	软黏土、淤泥	1∶3～1∶5
砂、砾夹黏土，较硬黏土	1∶1.5～1∶2	极稠软的淤泥、粉砂	1∶8～1∶10

2. 沉管基槽开挖方法

（1）水中基槽开挖方法。

一般采用吸扬式挖泥船疏浚，用航泥驳运泥。当土层较坚硬，水深超过 20～25 m 时，可用抓斗式挖泥船（亦称抓扬式挖泥船）配合小型吸泥船清槽及爆破。粗挖时亦可采用链斗式挖泥船，其挖泥深度可达 19 m。对硬质土层，可采用单斗挖泥船。

（2）泥质基槽开挖方法。

一般分两个阶段（即粗挖和精挖）进行挖泥。粗挖时挖到距管底标高 1 m 处；精挖时应在邻近管段沉放前开挖，以避免淤泥沉积（精挖层的长度只需超前 2～3 节管段长度）。挖到基槽底设计标高后，应将槽底浮土和淤泥渣清掉。

（3）岩石基槽开挖方法。

首先清除岩面以上的覆盖层，然后采用水下爆破方法挖槽，最后清礁。一般，水底炸礁采用钻孔爆破法，可根据岩性和产状确定炮眼直径、孔距与排距（排距相互错开）。炮眼的深度一般超过开挖面以下 0.5 m，采用电爆网路连接起爆。水底爆破时要注意冲击波对来往船只和水中作业人员的安全不造成威胁，其安全距离应符合规定，并加强水上交通管理，设置各种临时航标以指引船只通过。

（二）航道疏浚

航道疏浚包括临时航道改线的疏浚和浮运管段航道的疏浚。

1. 临时航道改线的疏浚

必须在沉管基槽开挖以前完成，以保证施工期间河道上正常的安全运输。

2. 浮运管段航道的疏浚

浮运航道是专门为管段从干坞到隧址浮运时设置的，在管段出坞拖运之前，浮运前要疏浚好，管段浮运航道的中线应沿着河道深水河槽航行，以减少疏浚挖泥工作量。管段浮运航道必须有足够的水深，根据河床地质情况，应考虑具有 0.5 m 左右的富余水深，并使管段在低水位（平潮水位）时能安全拖运，防止管段搁浅。

四、沉管预制管段浮运与沉放

（一）预制管段浮运作业

1. 管段拖运出坞

在干坞内预制管段完成后，可向干坞内灌水，使预制管节逐渐浮起。在浮起过程中，利用在干坞四周预先为管段浮运布设的锚位，用地锚绳索固定在浮起的管段上，然后通过布置在干坞坞顶布置的绞车将逐节牵引出坞，如图 7-2-6 所示，使下一批管段按期预制。

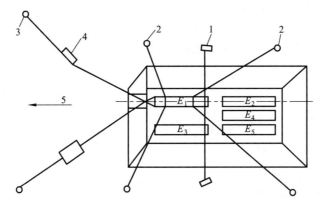

图 7-2-6　管段拖运出坞（宁波甬江沉管隧道）

1—绞车；2—地带；3—沉埋锚；4—工作；5—出坞牵引缆

2. 管段向隧址浮运

一般可采用拖轮拖运或用岩上的绞车拖运管段。当拖运距离较长，水面较宽时，一般采用拖轮拖运管段。拖轮的大小和数量可根据管段的长、宽、高、拖拉航速及航运条件（航道形状、水深、流速等），通过力学计算分析选定。

3. 拖轮布置形式

（1）四船拖运。

一种形式是将两艘拖轮并排在管段的前面领拖，另两艘拖轮并排在管段的后面反拖，并制动转向，如图 7-2-7（a）所示。另一种形式是前一艘主拖轮作为领拖，管段两边各用一艘拖轮帮助，后面一艘拖轮进行反拖并制动管段转向。

（2）三船拖运管段。

一种形式是用两艘拖轮在前领拖，一艘拖轮在后反拖并制动转向，如图 7-2-7（b）所示。另一种形式是用一艘主拖轮在前面拖拉，两艘动力较小的拖轮系靠在管段后面两侧控制导向。

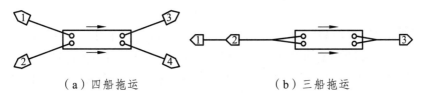

（a）四船拖运　　　　　　　　　　（b）三船拖运

图 7-2-7　管段拖运

4. 岸上绞车拖运和拖轮顶推管段浮运

当水面较窄时，可采用岸上设置绞车拖运。例如，浙江宁波甬江水底沉管隧道的预制沉管浮运过江时，根据江面窄水流急及受潮水影响情况，采用绞车拖运"骑吊组合"浮运过江，如图 7-2-8 所示。又例如，广州沙面至芳村珠江水底沉管隧道施工，采用绞车拖运与拖轮顶推方式，如图 7-2-9 所示。即在沉放管段接头处位置的前方，抛锚布置一艘方驳，在方驳上安置一台液压绞车作为管段出坞及浮运主拖力，在干坞岸上设置两台液压绞车作为管段的制动力，浮运时三艘拖轮顶推协助浮运，一艘拖轮在上游作备用。施工实践证明，这种方法方便可行，且施工中淤泥不会卷入已开挖好的基槽。

采用绞车拖运与拖轮顶推管段浮运时，应在临时航道设置导航系统，要选择良好的气候条件，一般选在晴天、风力小于 5 级，能见度大于 500 m 的天气，并要加强水上交通管理，以确保安全。

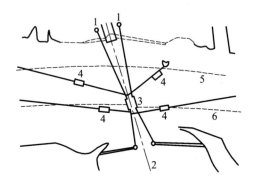

图 7-2-8　绞车拖运管段与浮箱组合体

1—绞车；2—干坞；3—管段与浮箱起吊组合；
4—工作方驳；5—主航道；6—副航道南边线

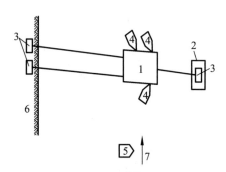

图 7-2-9　绞车拖运和拖轮顶推管段(广州珠江隧道)

1—管段；2—方驳；3—液压绞车；4—顶推拖轮；
5—备用拖轮；6—芳村岸；7—水流

（二）预制管段沉放就位

1. 管段沉放方法

当管段浮运就位后，需将管段沉放到水底基槽中与相邻管段对接。管段沉放作业是沉管隧道施工中的重要环节。它受到管段尺寸、气象、水流、地形等条件的直接影响，还受到航运条件的一定制约。因此，在施工时须根据这些具体条件选择合适的沉放方法，并制订实施性水中作业方案，安全、稳定地将管段沉放就位。目前，沉管隧道管段的沉放方法可归纳为两大类：一类是吊沉法；另一类是拉沉法。采用吊沉法的居多。吊沉法又分为起重船吊沉法、浮箱或浮筒吊沉法、水上自升式作业平台吊沉法和船组或浮箱组吊沉法。

（1）起重船吊沉法。

超重船吊沉法亦称浮吊法。采用浮吊法进行管段的沉放作业时，一般采用 2~4 艘起重能力为 1 000~2 000 kN 的起重船提着管段顶板预埋吊环，吊环位置应能保证各吊力的合力通过管段重心，同时逐渐给管段压载，使管段慢慢沉放到规定位置上，如图 7-2-10 所示。这种方法的缺点是占用水面较宽，对航道交通干扰较大。

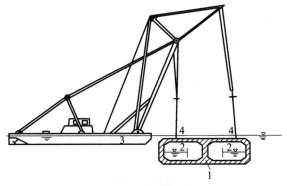

图 7-2-10 起重船吊沉法

1—沉管；2—压载水箱；3—起重船；4—吊点

（2）浮箱吊沉法。

通常在管段顶板上方采用 4 只浮力为 1 000～1 500 kN 的方形浮箱（体积 10 m×10 m× 4 m），直接将管段吊起（吊索起吊力要作用在各浮箱中心），四只浮箱分前、后两组，每两只浮箱用钢桁架连接起来，并用 4 根锚索抛锚定位。起吊的卷扬机和浮箱定位卷扬机均安放在浮箱顶部。也可以不采用浮箱组的定位锚索，只用管段本身上的 6 根定位索进行坐标控制，使水上沉放作业进一步简化。浮箱吊沉法的全过程如图 7-2-11 所示。

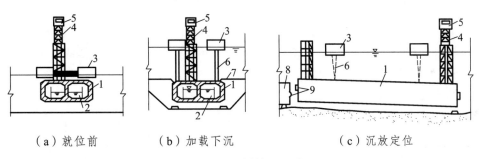

（a）就位前　　　　（b）加载下沉　　　　（c）沉放定位

图 7-2-11 浮箱吊沉法

1—就位前；2—加载下沉；3—沉放定位；4—定位塔；5—指挥塔；
6—定位索；7—现设管段；8—鼻式托座

上海金山沉管隧道施工中，把控制管段定位的卷扬机全部移到河岸上，采用"全岸控"作业，大大减少了水上作业，又使管段沉放时对航道的影响减小，使指挥、操作更为便利。

（3）自升式平台吊沉法。

自升式平台一般由 4 根柱脚与船体平台两部分组成。移位时靠船体浮移，就位后柱脚靠液压千斤顶下压至河床以下，平台沿柱脚升出水面，利用平台上的起吊设备吊起沉放管段，如图 7-2-12 所示。自升式平台吊沉法适用于水深或流速较大的河流或海湾沉放管段，施工时不受洪水、潮水、波浪的影

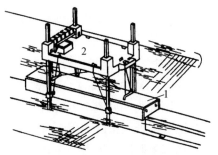

图 7-2-12 自升式平台吊沉法

1—沉管；2—自升式平台

响，不需要锚锭，对航道干扰小。但这种方法的缺点是设备费用较大。

（4）船组杠吊法。

指采用两副"杠棒"搭在两组船体上组成船组，完成管段吊沉作业。所谓"杠棒"，即钢桁架梁或钢板梁。每组船体可用两组浮箱或两只铁驳船构成，将两组钢梁（杠棒）两头搭在两只船体上，构成一个船组，再将先后两个船组用钢桁架梁连接起来形成一个整体船组。船组和管段各用 6 根锚索定位（均为四边锚及前后锚），所有定位卷扬机均安设在船体上，起吊卷扬机则安设在杠棒上，吊索的吊力通过杠棒传到船体上，如图 7-2-13 所示。

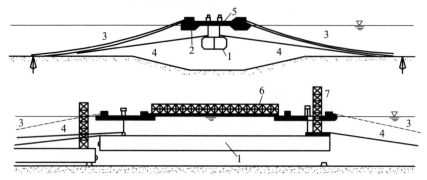

图 7-2-13　船组杠吊法

1—沉管；2—铁驳；3—船组定位索；4—杠棒；5—连接梁；6—定位塔

在船组杠吊法中，需要四只铁驳或浮箱，其浮力有 1 000 ~ 2 000 kN 就足够了。亦可采用两只吨位较大的铁驳（驳体长 60 ~ 85 m、宽 6 ~ 8 m、深 2.5 ~ 3 m）代替四只小铁驳进行管段沉放作业，称为双驳杠吊法，如图 7-2-14 所示。
这种方法的主要特点是：

船组整体稳定性好，操作较方便，并且可把管段的定位锚索省去，但双驳杠吊法大型驳船等设备费较贵，一般很少采用。

只在具备下面条件之一时才适合采用双驳杠沉法：

① 小型管段的沉放，工程规模较大，管段沉放数量较多时，沉放时较平稳，且浮运时还可利用铁驳船组挟持着管段航行，使浸水面积对浮轴的惯性矩成倍增大，使浮运时抗倾覆稳定性及安全度大大提高。

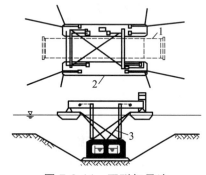

图 7-2-14　双驳杠吊法

1—管段；2—大型铁驳；3—定位索

② 计划准备在附近连续修建多条沉管隧道。

③ 沉管工程施工完毕，大型方驳可移作他用（如改用作码头等）。

（5）拉沉法（见图 7-2-15）。

拉沉法特点是：既不用起重船、浮吊、方驳，也不用浮箱、浮筒。管段沉放时，也不靠灌注压载水来取得下沉力，而是利用预先埋置在基槽底面的水下桩墩当做地垄，依靠安设在管顶钢桁架上的卷扬机，通过扣在地垄桩墩上的钢索，将具有 2 000 ~ 3 000 kN 浮力的管段慢慢拉下水，使管段沉放在桩墩上。在进行管段接头水下连接时，也用此法以斜拉方式使管段接头靠拢。使用此法时必须设置水底桩墩，费用较高，因此未得到推广。

以上各种沉放管段的方法中，最常采用且最方便的方法是浮箱吊沉法和船组杠沉法。一般顶宽在 20 m 以上的大、中型管段，使用浮箱吊沉法较为适合，而小型管段则以采用船组杠沉法为最佳。

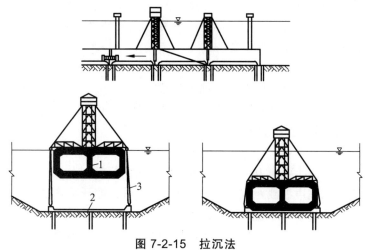

图 7-2-15　拉沉法

1—沉管；2—桩墩；3—拉索

2. 沉放作业

管段沉放作业全过程可按以下三个阶段进行：

（1）沉放前准备工作。

沉放前，在开始前的 1~2 天，须把管段基槽范围内和附近的回淤泥砂清除掉，保证管段能顺利地沉放到规定位置，避免沉放中途发生搁浅，临时延长沉放作业时间，打乱港务计划。

在管段沉放之前，应事先和港务、港监等有关部门商定航道管理有关事宜，并及早通知有关方面。同时，水上交通管制（临时改道及局部封锁）开始之后，须抓紧时间布置好封锁线标志，包括浮标、灯号、球号等。短暂封锁的范围：上下游方向各 100~200 m，沿隧道中线方向的封锁距离，视定位锚索的布置方式而定。为防止误入封锁区的船只于紧急抛锚后仍刹不住，有的施工现场还沿着封锁线在河底敷设锚链，以策安全。同时应事先埋设好管段与作业船组定位用的水下地锚，地锚上需设置浮标。

（2）管段就位。

在管段浮运到距离规定沉放位置的纵向 10~20 m 处，挂好地锚，校正方向，使管段中线与隧道中线基本重合，误差不应大于 10 cm，管段纵坡调整到设计纵坡。定好后即可开始灌水压载，至消除管段全部浮力为止。

（3）管段下沉。

管段下沉的全过程，一般需要 2~4 h，因此应在潮位退到低潮平潮之前 1~2 h 开始下沉。开始下沉时，水流速度宜小于 0.15 m/s；如流速超过 0.5 m/s，就要另行采取措施，如加设水下锚锭，使管段安全就位。管段下沉作业，一般分为三个步骤进行，即初步下沉、靠拢下沉和着地下沉，如图 7-2-16 所示。

① 初步下沉。

先灌注压载水至下沉力达到规定值的 50%（用缆索测力计测定），随即进行位置校正，待前后左右位置校正完毕，再继续灌注压载水至下沉力达到规定值的 100%，然后使管段按不大于 30 cm/min 的速度将管段下沉，直到管段底部离设计高程 4～5 m 为止。下沉过程中要随时校正管段的位置。

② 靠拢下沉。

将管段向前，按既设管段方向平移至前节管段 2.0～2.5 m 处，再将管段下沉到管段底部距设计高程 0.5～1.0 m，并再次校正管段的位置。

③ 着地下沉。

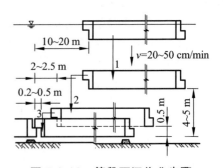

图 7-2-16　管段下沉作业步骤
1—初步下沉；2—靠拢下沉；3—着地下沉

先将管段底降至距设计高程 10～20 cm 处（用超波测仪控制），再将管段继续前移至既设管段 20～50 cm 处（用超声波测距仪控制），校正位置后，即开始着地下沉。在到最后 10～20 cm 时，下沉速度要很慢，并应随时校正管段位置。着地时，先将管段前端上鼻式托座搁在前节管段下鼻式托座上，然后将管段后端轻轻地搁置到临时支座上（其位置可以用管段内操纵千斤顶进行调整）。搁好后，管段上各吊点同时卸载，先卸去 1/3 吊力，校正管段位置后再卸 1/2 吊力，待再次校正管段位置后，卸去全部吊力，使管段下沉力全部作用在临时支座上。在有些工程实例中，这个阶段再灌压载水加压，使临时支座下的石渣堆得到进一步压实，石渣压实后再将压载水排掉。此时，就可以准备进行管段接头水下连接的拉合作业。开始拉合前，需先由潜水员下去检查管段接头端面、胶垫以及对位情况，然后再收紧各吊索，使管段前端的鼻式托座反力降到原来的 1/2，后端临时支座的反力降到原来的 1/2 以下，甚至接近零，这时各支座摩阻力很小，可用设在既设管段后端的封端墙上的"探棒"（直径约 10 mm，带有密封圈可前后伸缩）进行触探。待校正管段位置后，即可进行拉合。拉合之后，须再进行管段位置的校正，此时即可正式"着地"。水下连接作业全部结束后就可撤去吊索上的荷载，并撤除管段顶部的临时设备和附件，以便重复利用。

五、管段水下连接及基础处理

（一）管段水下连接

管段沉放完毕，须与已沉放好的管段或竖井连接成一个整体。这项连接工作在水下进行，故称管段水下连接。水下连接技术的关键是保证管段接头不渗、不漏水。水下连接的方法有两种：一种是用水下混凝土连接；另一种是水力压连接。

1. 采用水下混凝土连接法

早期的沉管隧道，都是采用水下混凝土连接法。采用水下混凝土连接法时，应先在接头两侧管段的端部与管段同时制作安设平堰板，待管段沉放完毕，在前、后两块平堰板左、右两侧水中，安设一个圆形围堰板，同时在隧道衬砌的外边用钢檐板把隧道内外隔开，再往围堰内灌筑水下混凝土，形成管段水下的连接。

水下混凝土连接法的主要缺点是：水下作业工艺复杂，水下作业（潜水）工作量较大，管段接头处混凝土容易开裂漏水，故 20 世纪 60 年代末开始很少采用水下混凝土连接法，自此之后，几乎所有的沉管隧道都采用了简单、可靠的水力压接法进行管段水下连接施工。

目前，水下混凝土连接法仅在管段的最终接头时采用。

2. 水力压接法

20 世纪 50 年代末，加拿大的迪斯隧道首创水力压接法。接着 60 年代初开工的荷兰鹿特丹市地铁沉管隧道工程，采用了这种水力压接法，并加以改进，使其更加完善，各国广泛推广。

（1）水力压接法的作用原理。

水力压接法是利用作用在管段上的巨大水压力使安装在管段前端周边上的一圈胶垫发生压缩变形，形成一个水密性相当可靠的管段接头。具体施工方法是：在管段沉放就位完成后，先将新设管段拉向既设管段并紧靠，这时接头胶垫产生第一次压缩变形，并且有了初步的止水作用。随即将既设管段后端的封端墙与新设管段前端的封端墙之间的水（此时已与河水隔离）排走。排水之前，作用在新设管段前、后两端封端墙上的水压力变成了 1 个标准大气压的空气压力，于是作用在后封端墙上的巨大水压力就将管段推向前方，使接头胶垫产生第二次压缩变形，如图 7-2-17 所示。经二次压缩变形后的胶垫，使管段接头具有非常可靠的水密性。

水力压接法工艺较简单、施工方便、水密性好、基本上不用潜水作业、施工速度较快、工料费较节省等，因此水力压接法得到了世界各国迅速地推广应用。

（2）水力压接法所用的接头胶垫。

目前水力压接法所使用的管段接头胶垫有两种类型：一种是荷兰经试验研制的尖肋型橡胶垫，如图 7-2-18 所示，安装在管段接头的竖

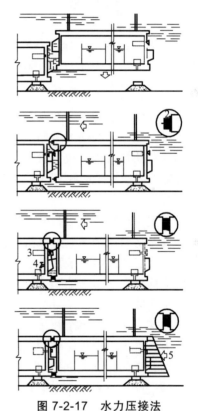

图 7-2-17　水力压接法
1—鼻式托座；2—接头胶垫；3—拉合千斤顶；
4—排水阀；5—水压力

直面，作为管段接头第一道防水线承受压力；第二种类型采用"W"或"Ω"形式橡胶板安装（用扣板和螺栓连接）在管段接头的水平方向，作为管段接头第二道防水线（并且具有抗震性能），可以承受拉力等。

（3）水力压接施工程序。

采用水力压接法进行管段水下连接的主要工序是：对位、拉合、压接、拆除封端墙。

① 对位。

管段沉放作业是按前述的工序，分初步下沉、靠拢下沉和着地下沉三步进行。着地下沉时须结合管段连接工作进行对位，对位精度应符合以下规定：管段前端的水平方向为 ± 2 cm、垂直方向为 ± 0.5 cm；管段后端水平方向为 ± 5 cm，垂直方向为 ± 1 cm。为确保对位精度，管段接头一般应采用托座定位。如图 7-2-19 所示为上海金山沉管隧道工程用的"卡式托座"，它是鼻式托座的改良形式，更便于保证管段接头定位的精度要求。

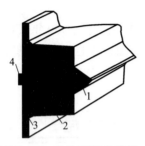

图 7-2-18　尖肋形接头胶垫

1—尖肋；2—胶垫本体；3—底翼缘；4—底肋

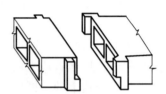

图 7-2-19　卡式托座

② 拉合。

拉合工序是：利用安装在既设管段竖壁上带有锤形拉钩的千斤顶，将刚对好位的管段拉向前节既设管段，使胶垫的尖肋产生初压变形和初步止水作用。拉合工作程序为：先推出拉杆，将锤形拉钩插入刚沉放的管段中的临时支架内的连接部分，旋转 90° 后快速固定，即完成拉合作业。拉合作业也可用定位卷扬机完成。拉合作业完成后，应再次测量与调整。

③ 压接。

拉合作业完成后，即可打开既设管段后封端墙下部的排水阀，排出前、后两节沉管封端墙之间被胶垫所封闭的水。排水阀用管道与既设管段的水箱相连接。排水开始后不久，应打开安设在既设管段后封端墙顶部的进气阀，以防封端墙受到反向真空压力（一般设计封端墙时只考虑单向水压力）。当封端墙间水位降低到接近水箱水位时，应开动排水泵助排，否则水位不能继续下降。

排水完毕，作用在整个胶垫上的压力，便等于作用在新设管段后封端墙和管段端面上的全部水压力，其大小视水深和管段断面尺寸而定。在全部水压力作用在胶垫上后，胶垫必然进一步压缩，从而达到完全密封。这个阶段胶垫的压缩量约为胶垫高度的 1/3。胶垫的尺寸和硬度，即按此压力和压缩变形量进行设计与施工。

④ 拆除封端墙。

压接工序完成后，即可拆除封端墙，安装"W"或"Ω"形橡胶板，使管段向岸边连通。因没有像盾构施工时那样的出土和管片运输的频繁行车，内装工作（包括浇筑压载混凝土）铺设路面、安装壁面、平顶、永久性照明灯具等均可开始作业。这也是沉管隧道工期较短的一个重要因素。

（二）沉管基础处理

沉管基础处理是水底沉管隧道水下施工的最后工序。因沉管隧道在基槽开挖、管段沉放、基础处理和回填覆土后，其抗浮系数（管段总重与管段排水量之比）仅为 1.1～1.2，因此作用在地基上的荷载一般比开挖前小，故沉管隧道地基一般不会产生由于土质固结或剪切破坏引起的沉降。沉管隧道施工时是在水下开挖基槽，一般不会产生流沙现象，因而对地质条件的适应性很强。然而在沉管隧道中，仍须进行沉管的基础处理。其原因是：在开挖基槽作业后的槽底表面与沉管底面之间存在着很多不规则的空隙，会导致地基受力不均匀而产生局部破坏，从而引起地基不均匀沉降，使沉管结构受到较大的局部应力而开裂。因此，在沉管隧道中必须进行基础处理，其目的是使管段底面与地基之间的空隙垫平、充填密实，以消除沉管结构有危害的空隙。

沉管隧道的基础处理主要是垫平基槽底部。其处理方法较多，主要有两大类八种方法：一类是先铺法（又称刮铺法），包括刮砂法、刮石法两种；另一类是后铺法，包括灌砂法、喷砂法、灌囊法、压浆法、压砂法和桩基法。刮铺法在管段沉放前进行，故称先铺法。喷砂法和压浆法等在管段沉放后进行，故称后填法。桩基法主要适用于软弱地基。

沉管隧道基础处理，早期曾采用过灌砂法和灌囊法。灌砂法是沿管段两侧向基底灌砂，因不能使底宽较大的矩形管段底面中间部位充填密实，只适用于圆形管段。灌囊法是在管段底面系上囊袋，管段沉放后向囊袋内灌注水泥砂浆填充，这种方法现已被压浆法取代。在此仅就目前应用最多的刮铺法、喷砂法、压浆法和桩基法等四种基础处理方法介绍如下。

1. 刮铺法

采用刮铺法开挖基槽底应超挖 60～80 cm，在槽底两侧打数排短桩安设导轨，以便在刮铺时控制高程和坡度。安设导轨时要有较高的精度，否则影响基础处理的质量和效果。

刮铺法是在管段沉放前用专门船上的刮板在基槽底刮平铺垫材料（如碎石或砂砾石）作为管段基础，如图 7-2-20 所示。投放铺垫材料采用抓斗或通过刮铺机的喂料管投放，投放范围为一节管段长，宽度为管段底板宽加 1.5～2.0 m；若铺垫材料为砂砾石或碎石，其最佳粒径分别为 2.6～3.8 cm 和 15 cm。刮板船用沉到水底的锚块起稳定作用，刮板支承在刮板船的导轨上，刮铺时刮平后垫层的表面平整度为：刮砂±5 cm、刮石 20 cm。

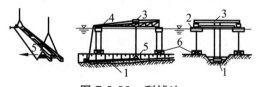

图 7-2-20　刮铺法

1—碎石垫层；2—驳船组；3—车桁架及轨道；
4—桁架及轨道；5—刮板；6—锚块

为了保证基础密实，管段就位后可加过量的压载水，使其产生超载，以使垫层压紧密贴。若铺垫材料为碎石，可通过管段底面板上预埋的压浆孔向垫层压注水泥膨润土混合砂浆。

刮铺法的缺点：必须要有专门的刮铺设备；作业时间较长，对船道有干扰；刮铺完后需经常清除回填淤泥或坍坡的泥土；管段底宽较大时（超过 15 m）施工较为困难。

2. 喷砂法

管段宽度较大时，用刮铺法施工很困难，1941 年荷兰玛斯（Mass）水底沉管隧道施工时首创了喷砂法。喷砂法主要是从水面上用砂泵将砂、水混合料通过伸入管段底下的喷管向管段底喷注，填充饱满空隙。喷填的砂垫层厚度一般为 1 m 左右。喷砂的材料，要求平均砂粒径为 0.5 mm 左右；混合料中含砂量一般为 10%，有时可达到 20%；但喷出的砂垫层较疏，孔隙比为 40% ~ 42%。

喷砂作业用一套专用的台架，台架顶部突出在水面上，可沿铺设在管段顶面上的轨道作纵向前后移动。在台架的外侧悬挂着一组（三根）伸入管段底部的 L 形钢管，中间一根为喷管，直径为 100 mm，旁边两根吸管的直径为 80 mm。作业时将砂、水混合料经喷管喷入管底下空隙中，喷管作业按扇形旋移前进，如图 7-2-21 所示。在喷砂作业的同时，经两根吸管抽吸回水，使管段底面形成一个规则有序的流动场，砂子便能均匀沉淀。从回水的含砂量中可测定砂垫层的密实程度。喷砂从管段前端开始，喷到后端时，用浮吊将台架移到管段的另一侧，再从后端向前喷填，如图 7-2-22 所示。

图 7-2-21　喷砂法原理

1—喷砂管；2—回吸管

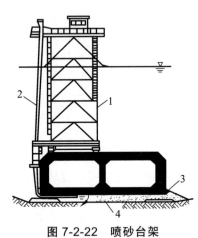

图 7-2-22　喷砂台架

1—喷砂台支架；2—喷管及吸管；
3—临时支撑；4—喷入砂垫

喷砂作业的施工速度约为 200 m³/h。喷砂作业完成后，随即松卸临时支座上的定位千斤顶，使管段的全部重量（含压载物）压到砂垫层上去进行压密。这时产生的沉降量一般为 5 ~ 10 mm。运营后的最终沉降量在 15 mm 以内，喷砂法适用于宽度较大的沉管隧道。

喷砂法在清除基槽底的回淤土时十分方便，可在喷砂作业前，利用喷砂设备逆向作业系统进行。

喷砂法存在的缺点：设备费较昂贵；喷砂台架体积庞大，占用航道而影响通航；对砂子的粒径要求较高，因此增加了喷砂法的费用。

3. 压注法

在管段沉放后向管段底面压注水泥砂浆或砂，作为管段的基础。根据压注材料不同分为压砂法和压浆法两种。

因压注法不需要专用设备，操作较简单，施工费用较低，还不受水深、流速、浪潮及气象条件影响，具有不干扰航运，也不需要潜水作业，便于日夜连续施工方便的显著优点，故此在今后的发展中极可能会取代其他沉管基础处理方法而得到更加普遍地应用。

（1）压浆法。

这是一种在灌囊法的基础上进一步改进和发展起来的处理方法。其优点是可省去大量的囊袋以及水上作业、潜水作业等。

压浆法是在浚挖基槽时，先超挖 1 m 左右；然后摊铺一层厚 40～60 cm 的碎石，但不必刮平，只要大致整平即可。再堆设临时支座所需的渣堆，完成后即可沉放管段。在管段沉放结束后，沿着管段两侧边及后端底边抛堆砂、石封闭栏，栏高至管底以上 lm 左右，以封闭管段周边，然后从隧道内部用压浆设备通过预埋在管段底板上的 $\phi80$ mm 压浆孔向管段底空隙压注混合砂浆，如图 7-2-23 所示。混合砂浆由水泥、膨润土、黄砂和缓凝剂配成，强度应不低于原地基强度，但流动性要好。压浆材料也可用低标号、高流动性的细石子混凝土。

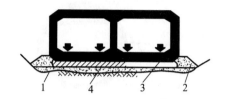

图 7-2-23　压浆法

1—碎石垫层；2—砂；3—石封闭栏；
4—压入砂浆

国内外水底隧道工程采用压浆法，不但解决了地震区液化问题，而且施工后观测结果表明压浆基础情况良好，并说明在软弱地基采用压浆基础是合适的。

（2）压砂法。

此法与压浆法很相似，但压入的材料不是砂浆，而是砂、水混合料。所用的砂的粒径以 0.15～0.27 mm 为宜，注砂压力比静水压力大 50～140 kPa。压砂法具体做法是：在管段内沿轴线方向铺设 $\phi200$ mm 输料钢管，接至岸边或水上砂源，通过泵砂装置及吸料管将砂水混合料泵送（在管中流速可达 3 m/s）到已接好的压砂孔，打开单向球阀，混合料压入管底孔隙，压注孔间距约为 20 m（压注半径达 12 m）。砂水混合料的流量为 30 m³/h。停止压砂后，在水压作用下球阀自动关闭。每次只连接三个压砂孔，当一个压砂孔灌注范围填满砂子后，返回重压前的孔，其目的是填满大大小小的空隙。完成一段后再连接另外的压注孔，进行下一段压砂作业。压砂顺序是从岸边注向中间，这样可避免淤泥聚积在管段隧道两端。待整个管段基础压砂完成后，再用焊接钢板封闭砂孔。采用此法时应注意压前要先行试验，以合理选定压砂孔径、孔间距、砂水比、砂泵压力等参数。一般宜选用大流量低压砂泵，压力稍大于管段底水压力即可行。此法设备简单，施工工艺容易掌握，施工方便；对航道干扰较小，受气候影响小。但此法在管底预留压砂孔时，施工中应认真作业，否则容易造成渗漏，危及隧道的工程质量及安全。此外，在砂基经压载后会有少量沉降，应做相应的技术处理措施。

我国广州市内珠江沉管隧道成功地采用了压砂基础，其砂积盘半径为 7.5 m，压砂孔出口净压强为 0.25 MPa。即压砂法已取代了喷砂法。

4. 桩基法

当沉管下的地基极软弱时，其容许承载力很小，仅作"垫平"处理是不够的。采用桩基础支撑沉管，承载力和沉降都能满足要求，抗震能力也较强，桩较短，费用较小。

沉管隧道采用水底桩基础后，由于在施工中桩顶标高不可能达到齐平，为使基桩受力较均匀，必须在桩顶采取一些措施。这些措施大体有以下三种：

（1）水下混凝土传力法：基桩打好后，在桩群顶灌筑水下混凝土，并在其上铺一层砂石垫层，使沉管荷载经砂石垫层及水下混凝土层均匀传递到桩基础上，如图 7-2-24 所示。

（2）砂浆囊袋传力法：在管段底部与桩顶之间，用大型化纤囊袋灌注水泥砂浆加以垫实，使所有基桩均同时受力。

（3）活动桩顶法：该法在所有基桩顶端设一小段预制混凝土活动桩顶。在管段沉放完成后，向活动桩顶与桩身之间的空腔中灌筑水泥砂浆，将活动桩顶升到与管段密贴接触为止，如图7-2-25所示。可采用钢制活动桩顶，在基桩顶部与活动桩顶之间用软垫层垫实，垫层厚度按预计沉降来确定在管段沉放完后，在管段底部与活动桩顶之间灌注水泥砂浆填实。

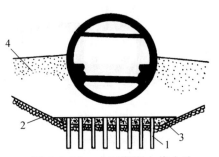
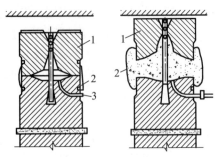

图7-2-24 水下混凝土传力法
1—基桩；2—碎石；3—水下混凝土

图7-2-25 活动桩顶法
1—活动桩顶；2—尼龙布套；
3—压浆孔；4—砂石垫层

5. 覆土回填

回填工作是沉管隧道施工的最终工序，回填工作包括沉管侧面回填和管顶压石回填。沉管外侧下半段，一般采用砂砾、碎石、矿渣等材料回填，上半段可用普通砂土回填。覆土回填作业中应注意以下几点：

（1）全面回填必须在相邻管段沉放完毕才进行，用喷砂法做基础处理或用临时支座时，要待管段基础处理完，落到基床上再回填。

（2）用压注法做基础处理时，先回填管段两侧，防止过多的岩渣存落在管段的顶部。

（3）管段上、下游左右两侧应对称回填，管段顶面和基槽施工范围内应均匀回填，回填过多处会造成航道障碍，回填不足处会形成漏洞。

第三节　盾构施工方法

盾构，是一种用于软弱地层隧道暗挖施工，具有金属外壳，壳内装有整机及辅助设备，在盾壳的掩护下进行土体开挖、土渣排运、整机推进和管片安装等作业，而使隧道一次成形的隧道施工机械。盾构必须能够承受围岩压力，且能安全、经济地进行隧道的掘进。盾构在其施工区间内所遇到的各种条件是复杂多变的，因此必须根据地质条件的调查结果选择盾构型式，使其强度、耐久性、施工可行性、安全性、经济性与实际条件相适应。

盾构由通用机械（外壳、掘进机构、挡土机构、推进机构、管片组装机构、附属机构等部件）和专用机构组成。专用机构因机种的不同而异，如对土压盾构而言，专用机构即为排土机构、搅拌机构、添加材注入装置；而对泥水盾构而言，专用机构系指送、排土机构，搅拌机构。

一、盾构分类及其适用范围

盾构类型很多，可按开挖方式、构造类型、盾构的断面形状、盾构前部构造和排水与稳定开挖面方式等进行分类。

盾构按开挖方式不同，可分为手工挖掘式、半机械挖掘式和全机械挖掘式三种；按断面形状不同，可分为圆形、拱形、矩形和马蹄形四种；按前部构造不同，可分为敞胸式和闭胸式两种；按排除地下水与稳定开挖面的方式不同，可分为人工井点降水、泥水加压、土压平衡式的无气压盾构，局部气压或全气压盾构等。随着科技发展，盾构机械的种类越来越多，适用性更加广泛。为帮助读者进一步了解盾构机械性能和适用性，现将盾构的分类列入表7-3-1。

表 7-3-1　盾构分类表

挖掘方式	构造类型	盾构名称	开挖面稳定措施	适用地层	附　注
手掘式盾构	敞胸	普通盾构	临时挡板支撑千斤顶	地质稳定或松软均可	辅以气压，人工井点降水及其他地层加固措施
		栅式盾构	将开挖面分成几层,利用砂的安息角和栅的摩擦	砂性土	
		网格式盾构	利用土和钢制网状格栅的摩擦	软土淤泥	
	闭胸	半挤压盾构	胸板局部开孔,依靠盾构千斤顶推力土砂自然流入	软可塑黏土	
		全挤压盾构	胸板无孔、不进土	淤泥	
半机械式盾构	敞胸	反铲式盾构	手掘式盾构装上反铲式挖土机	土质坚硬，稳定面能自立	辅助措施
		旋转式盾构	手掘式盾构装上软岩掘进机	软岩	
机械式盾构	敞胸	旋转刀盘式盾构	单刀盘加面板多刀盘加面板	软岩	辅助措施
		插刀式盾构	千斤顶支撑挡土板	硬土层	
	闭胸	局部气压盾构	面板与隔板间加气压	含水松软地层	不再另设辅助措施
		泥水加压盾构	面板与隔板间加有压泥水	含水地层冲积层、洪积层	
		土压平衡盾构	面板隔板间充满土砂产生的压力和开挖处的地层压力保持平衡	淤泥,淤泥夹砂	辅助措施
		网格式挤压盾构	胸板为网格,土体通过网格孔挤入盾构	淤泥	

二、盾构的基本构造

（一）外　壳

设置盾构外壳的目的是保护掘削、排土、推进、作衬砌等所有作业设备、装置的安全，故整个外壳用钢板制作，并用环形梁加固支承。

一台盾构的外壳沿纵向从前到后可分为前、中、后三段，通常又把这三段分别称为切口环、支撑环及盾尾三部分。盾尾后端安装有盾尾密封。基本组成部分见图 7-3-1。

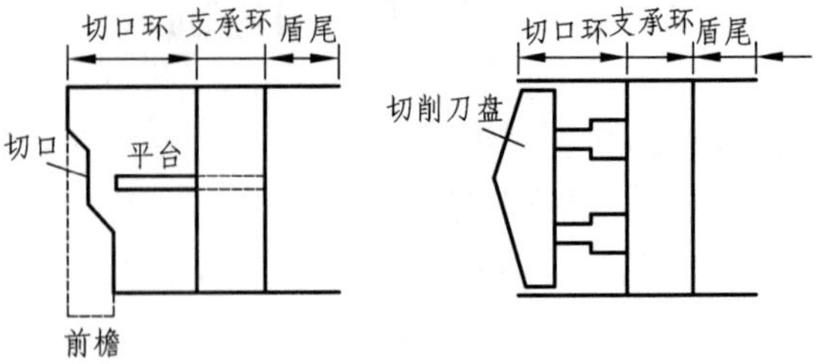

图 7-3-1　盾构体构成图

1. 切口环

切口环位于盾构的前方，该部位装有掘削机械和挡土设备，故又称为掘削挡土部。对切口环的要求是：

（1）切口环的形状、尺寸，必须与围岩条件相适合。

（2）刃脚必须是坚固、易贯入地层的结构。

切口环保持着工作面的稳定，并作为把开挖下来的土砂向后方运送的通道。因此，采用机械化开挖、土压式、泥水加压式盾构时，应根据开挖下来土砂的状态，确定切口环的形状、尺寸。尤其是当工作面用隔板隔开，构成承受水压、土压的压力室状态时，对其强度必须进行充分研究。

对于全敞开式盾构而言，切口的形状通常有阶梯形、斜承形、垂直形三种，见图 7-3-2。切口的上半部较下半部突出，呈帽檐状。突出的长度因地层的不同而异，通常为 300 ～ 1 000 mm。但是对部分敞开式（网格式）盾构而言，也有无突出帽檐的设计。对自立性掘削地层来说，切口的长度可以设计得稍短一些；对无自立性地层而言，切口的长度应设计得长一些。掘削时把掘削面分成几段，设置几层作业平台，依次支承挡土、掘削。有些情况下，把前檐做成靠油缸伸缩的活动前檐。切口的顶部做成刃形；对砾石层而言，应做成 T 形。

对于封闭式盾构，如 7-3-2 中图（b）与图（a）的主要区别是在切口与支承之间设有一道隔板，使切口部与支承部完全隔开，即切口部得以封闭。切口部的前端装有掘削刀盘，刀盘后方至隔板止的空间称为土舱（或泥水舱）。刀盘背后土舱空间内设有搅拌装置。土舱底部设有进入螺旋输送机的排土口，土舱上部留有添加材注入口。此外，当考虑更换刀头、拆除障碍物、地中接合等作业需要时，应同时考虑并用压气工法和可以出入掘削面的形式，因此隔板上应考虑设置入孔和压气闸。

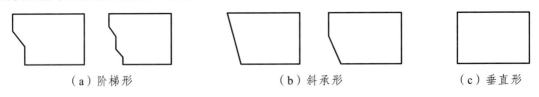

（a）阶梯形　　　　　　　（b）斜承形　　　　　　　（c）垂直形

图 7-3-2　切口形状

2. 支撑环

支撑环作为切口环与盾尾的连接部分，其内部作为安装切削刀盘的驱动装置、排土装置、盾构千斤顶等的空间，或作为进行推进操作的场所（见图 7-3-3）。在人力开挖盾构的切口环中，装备有支挡装置，支撑环作为承受支护开挖面千斤顶和盾构千斤顶反力的部分，并作为盾构千斤顶等设备安装的空间，或者用来作为进行推进操作的场所。

支撑环是盾构的主体结构，承受作用于盾构上的全部荷载。另外，切口环和盾尾的设计都是根据支撑环具有足够刚度的假定进行的，故在支撑环设计时，必须充分注意。在支撑环的前方设置环状刚性结构作为补强措施，因此，支撑环的壳板有时设计得比切口环及盾尾板薄一些。

图 7-3-3　盾构支撑环（中盾）

支撑环的长度应根据安装盾构千斤顶、切削刀盘的轴承装置、驱动装置和排土装置的空间确定，其结构必须具有足够的刚度。

封闭式盾构的切口环与支撑环用隔板隔开，切口环作为用切削刀盘切削下来的土砂的通路。

3. 盾　尾

盾尾的长度必须根据管片宽度和形状及盾尾密封装置的道数来确定；对于机械化开挖式、土压式、泥水加压式盾构，还要根据盾尾密封的结构来确定。盾尾的最小长度必须保证衬砌组装工作的正常进行，同时应考虑在衬砌组装后因破损而需更换管片、修理盾构千斤顶和在曲线段进行施工等条件，使其具有一些余裕量。

盾尾板的厚度在不产生有害变形的范围内，应尽可能薄一些。在盾尾的尾端安装有密封材料，使之具有防水性能。另外，在盾尾中安装有管片拼装机。在带有可折设备的盾构中，为了在支撑环处进行分割，钢壳部分分为前壳和后壳，或分割成几块，用方向控制千斤顶联结。

（二）盾构的尺寸、质量的确定

1. 盾构外径 D_e 的确定

盾构外径（D_e）可由下式确定，即

$$D_e = D_0 + 2(X + t) = D_0 + 2\Delta D \tag{7-3-1}$$

式中　D_0——管片的外径，mm；

　　　X——盾尾间隙，mm；

　　　t——盾尾外壳的厚度，mm；

　　　ΔD——构筑空隙，mm。

2. 盾构的长度 L

盾构的长度（L）与地层条件、开挖方式、出土方法、操作方式及衬砌形式等多种因素有关，通常为

$$L = L_C + L_G + L_T \tag{7-3-2}$$

式中　L_C——切口环的长度，m；

　　　L_G——支承环的长度，m；

　　　L_T——盾尾的长度，m。

切口环的长度 L_C 对全（半）敞开式盾构而言，应根据切口贯入掘削地层的深度、挡土千斤顶的最大伸缩量、掘削作业空间的长度等因素确定。对封闭盾构而言，应根据刀盘厚度、刀盘后面搅拌装置的纵向长度、土舱的容量（长度）等条件确定。

支承长度 L_G 取决于盾构推进千斤顶、排土装置、举重臂支承机构等设备的规格大小。L_G 不应小于千斤顶最大伸长状态的长度。

盾尾长度 L_T 可按下式确定：

$$L_T = L_D + B + C_F + C_R \tag{7-3-3}$$

式中　L_D——盾构千斤顶撑挡的长度，m；

B——管片的宽度，m；

C_F——组装管片的余度（m），通常取 $C_F = (0.25 \sim 0.33)B$，见图 7-3-4；

C_R——包括安装盾尾密封材在内的后部余度，m。

通常把 $L/D_e (=\xi)$ 记作盾构的灵敏度。ξ 越小，操作越方便。大直径盾构 $D_e \geqslant 6$ m 时，取 $\xi = 0.7 \sim 0.8$（多取 0.75）；中直径盾构（3.5 m $\leqslant D_e \leqslant 6$ m）时，取 $\xi = 0.8 \sim 1.2$（多取 1.0）；小直径盾构 $D_e \leqslant 3.5$ m 时，取 $\xi = 1.2 \sim 1.5$（多取 1.5）。

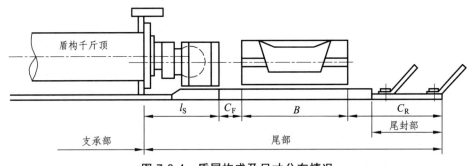

图 7-3-4　盾尾构成及尺寸分布情况

3. 盾构的质量

盾构的质量是盾构的驱体、各种千斤顶、举重臂、掘削机械和动力单元等质量的总和。另外，重心位置也极为重要，因为它直接影响盾构的运转。盾构的解体、运输、运入竖井等作业也应予以重视。有人对盾构的自重力（W）直径（D_e）的关系做了统计调查，得出的大致规律如下：

对人工掘削盾构（或半机械盾构）：

$$W \geqslant (25 \sim 40)(kN/m^2) \times D_e^2 \tag{7-3-4}$$

对机械掘削盾构：

$$W \geqslant (45 \sim 55)(kN/m^2) \times D_e^2 \tag{7-3-5}$$

对泥水盾构：

$$W \geqslant (45 \sim 65)(kN/m^2) \times D_e^2 \tag{7-3-6}$$

对土压盾构：

$$W \geqslant (55 \sim 70)(kN/m^2) \times D_e^2 \tag{7-3-7}$$

（三）隔板与平台

在敞开式盾构中，需设有竖直隔板和水平工作平台。隔板和平台的结构除能保证作业空间和加固支撑环之外，还必须具有与围岩条件相适应的开挖和支挡的构造。

隔板和平台一般均安装在支撑环内，组成 H 形、I 形、十字形、井字形等形状，形成一定的空间，用于安装支挡开挖面的千斤顶，保护配管和机器及堆渣设备等；同时也作为支撑环的加强构件，分隔开的空间大小以宽 1.2 m 以上、高 1.8 m 左右为宜。确定这些尺寸时，应充分考虑支挡方法及开挖土砂的处理等因素。另外，平台是作为作业台使用的，除承受开挖土砂、作业人员及排土装置、组装机等的荷载外，还应作为支撑环的加劲梁。

（四）盾尾密封

盾尾密封通常安装在尾板和衬砌之间，作用是防止周围地层中的土砂、地下水、背后注入浆液、掘削面上的泥水、泥土从盾尾间隙流向盾构掘削舱而设置的封装措施。盾尾密封通常使用钢丝刷、尿烷橡胶或者两者的组合。

盾尾密封通常与衬砌保持同心圆状态，但也有装配成偏心圆或椭圆形的。在曲线施工中，盾尾空隙很难做到均等，因此，盾尾密封层数至少是设计的两倍。另外，盾尾密封还要能抵抗注浆压力、地下水压力及泥浆压力。

为了提高止水效果，通常设多级盾尾密封，具体数量视盾构外径、土质条件、地下水压力、施工中更换盾尾密封的情况而定。盾尾密封的材料有橡胶、树脂、钢制及不锈钢制等几种或其中几种的组合。其形状有刷状及板形，见图 7-3-5。

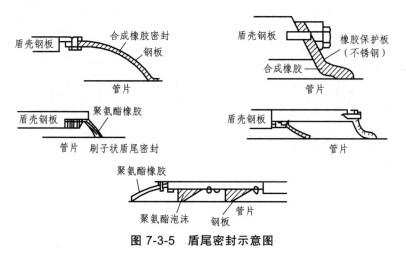

图 7-3-5　盾尾密封示意图

通常情况下，要求盾尾密封有高止水性和高寿命。盾尾中经常充填一些油脂类物质，随着推进不可避免地被损耗，因此，必须准备定期补充油脂的设备。盾尾密封的寿命受其材质、结构所左右，此外，所使用的衬砌背面的物质、拼装精度的影响也很大，因此，在选择时应充分考虑这些因素。特别是长距离施工或有急转弯半径曲线施工时要周密研究盾尾密封的材料、级数及充填材料的给脂方法与问题。

现阶段比较常用的一般盾尾密封装置由三道钢丝刷和一道弹簧钢板组成，每两道密封之间注入密封材料如黄油等，做防高压水措施，并可减少钢丝刷密封件与隧道管片外表面之间的摩擦，延长密封件的寿命。盾尾密封中的钢丝刷是一部分一部分组合起来的，在磨损、损坏时可方便更换，钢丝刷的润滑是由装在后配套系统上的盾尾密封黄油泵通过在尾端的管道进行的，可按预定注油速度进行自动润滑或者人工进行操作。盾尾发生泄露现象时的对策：

（1）针对泄露部位集中压注盾尾油脂。

（2）配置初凝时间较短的双液浆进行壁后注浆，压浆部位在盾尾后 3 环钢丝密封刷处。

（3）利用垫放海绵等进行堵漏。

如上述措施效果不佳时，可用聚氨酯在盾尾一定距离处压浆封堵或用充气膨胀密封装置进行封堵。

（五）中折装置

在小曲率半径曲线施工中，可以把盾构做成可以折 2 节、3 节的中折形式。中折装置的设置不仅可以减少曲线部位的超挖量，同时弯曲容易，故盾构千斤顶的负担得以减轻，推进时作用在管片上的偏压减小，施工性得以提高。另外，中折装置不仅可以做成水平中折，还可以做成纵向中折（即竖向中折），故而使掘进方向的修正变得容易。当仅靠中折装置不能满足小曲率半径施工要求的场合下，还应增加偏心掘削器（见图 7-3-6）；也有采用中折装置 + 弯曲刀盘的情形（见图 7-3-7）。

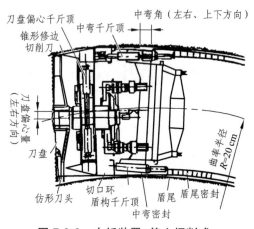

图 7-3-6 中折装置+偏心掘削式

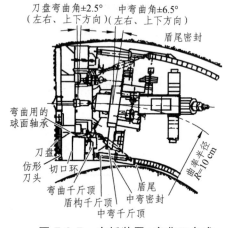

图 7-3-7 中折装置+弯曲刀盘式

三、盾构施工

（一）盾构始发

1. 盾构始发流程

盾构始发是指利用反力架和负环管片，将始发基座上的盾构由始发竖井推入地层，开始沿设计线路掘进的一系列作业。

盾构始发流程按图 7-3-8 进行。

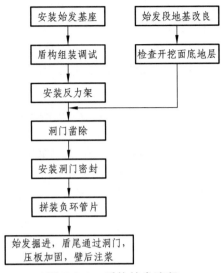

图 7-3-8　盾构始发流程

2. 始发施工技术

（1）始发阶段应注意的问题：

① 始发推进前需凿除车站的围护结构（主要是处理钢筋混凝土结构），凿除围护结构后的土体在一定的时间段内必须保持自稳，不能有水土流失。

② 始发阶段盾构主体在始发导轨上不能进行调向。

③ 始发阶段的姿态及地面沉降控制比正常推进阶段更困难。

④ 始发期间，一些设备如管片小车、管片吊机，包括出渣都不能正常使用。有时也会存在盾构因为车站结构的原因而不能整机始发。

综上所述，盾构在初始阶段的施工难度很大。因此，盾构隧道始发技术是盾构法施工技术的关键，也是盾构施工成败的一个标志，必须全力做好。

（2）始发施工技术。

始发施工技术包括洞口端头处理（在软土无自稳能力的地层中）、洞门混凝土凿除（主要针对钢筋混凝土围护结构）、盾构始发基座的设计加工与定位安装；始发用反力架的设计加工、就位；支撑系统、洞门环的安设、盾构组装、盾构始发方案、其他保证盾构推进用设备、人员、技术准备等，直到始发推进。

3. 始发洞口的地层处理

在盾构始发之前，一般要根据洞口地层的稳定情况评价地层，并采取有针对性的处理措施。地层处理一般采取如"固结灌浆""冷冻法""插板法"等措施进行地层加固处理。选择加固措施的基本条件为加固后的地层要具备最少一周的侧向自稳能力，且不能有地下水的损失。常用的具体处理方法有搅拌桩、旋喷桩、注浆法以及 SMW 工法、冷冻法等。选择哪一种方法要根据地层具体情况而定，并且严格控制整个过程。其相关内容在本书第六章中进行了详细介绍。

4. 始发洞口维护结构的凿除

洞门混凝土凿除前，端头加固的土体须达到设计所要求的强度、渗透性、自立性等技术指标后，方可开始洞口凿除工作。

根据经验，一般在始发前至少一个月开始洞口维护结构的凿除。整个施工一般分两次进行，第一次先将围护结构主体凿除，只保留维护结构的钢筋保护层，在盾构始发前将保护层混凝土凿除。

在凿除完最后一层混凝土之后，要及时检查始发洞口的净空尺寸，确保没有钢筋、混凝土侵入设计轮廓范围之内。

为了避免洞门凿除对车站结构产生扰动，围护桩钢筋混凝土的凿除分两步进行（见图7-3-9）：先沿洞周凿除 A 部分，采用人工手持风镐施作；再采用静态爆破的方式凿除 B 部分。凿除时，围护桩内层钢筋先不予割除，待盾构推进或出洞时再迅速割除。其洞门凿除顺序见图 7-3-10。

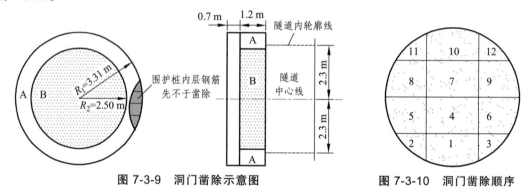

图 7-3-9　洞门凿除示意图　　　　　图 7-3-10　洞门凿除顺序

5. 洞口密封

洞口密封是为盾构在始发时防止背衬注浆砂浆外泄所用，按种类分有压板式和折叶式两种，其中折叶式越来越被人们所认可。洞口密封的施工分两步进行：第一步是在车站结构的施工工程中，做好始发洞门预埋件的埋设工作。要特别注意的是，在埋设过程中预埋件必须与车站结构钢筋连接在一起。第二步，在盾构正式始发之前，应先清理完洞口的渣土，再完成洞口密封的安装。例如：土压平衡盾构始发洞门密封形式如图 7-3-11 所示；泥水盾构始发洞门密封形式如图 7-3-12 所示。

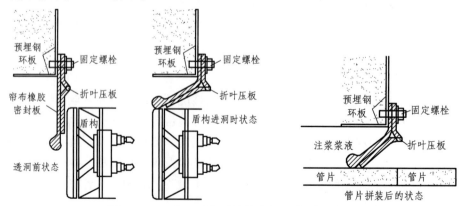

图 7-3-11　土压平衡盾构始发洞门密封示意图

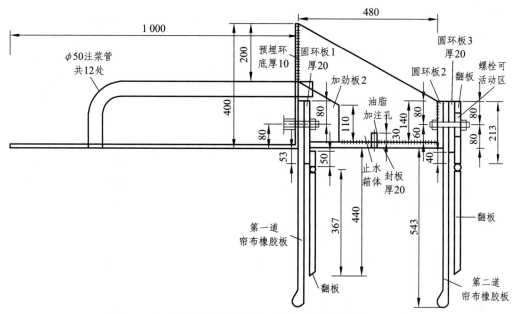

图 7-3-12　泥水盾构始发洞门密封示意图（单位：mm）

6. 洞口始发导轨的安装

在围护结构破除后，盾构基座端部与洞口围岩之间必然会产生一定的空隙，为保证盾构在始发时不至于因刀盘悬空而产生盾构"叩头"现象，需要在始发洞内安设洞口始发导轨。安设始发导轨时应在导轨的末端预留足够的空间，以保证盾构在始发时，不致因安设始发导轨而影响刀盘的旋转。

7. 反力架、负环钢管片位置的确定

（1）盾构基座的安装。

在洞门凿除完成之后，依据隧道设计轴线定出盾构始发姿态的空间位置，然后反推出盾构基座的空间位置，并对盾构基座进行加固。盾构基座的安装高程可根据端头地质情况适当抬高 2~3 cm。

（2）负环管片环数的确定。

假定盾构长度 $L_{TBM} = 8.3$ m，安装井长度 $L_{AS} = 12$ m（因不同的始发井尺寸而不同），洞口维护结构在完成第一次凿除后的里程 D_F，设计第一环管片起始里程 D_{IS}，管片环宽 $W_S = 1.2$ m，反力架与负环钢管片长 $W_R = 1.5$ m（自行设计加工的尺寸），D_R 为反力架端部里程，N 为负环管片环数。

（3）在安装井内始发时，最少负环管片环数：

$$N = (D_{IS} - D_F + 8.3)/W_S \tag{7-3-8}$$

（4）反力架、负环钢管片位置的确定。

反力架、负环管片位置主要依据洞口第一环管片的起始位置、盾构的长度以及盾构刀盘在始发前所能到达的最远位置确定。

在确定始发最少负环管片环数后，即可直接定出反力架及负环管片的位置。反力架端部里程：$D_R = D_{IS} - N \times W_S$。

反力架、盾构基座的定位与安装在盾构主机与后配套连接之前，开始进行反力架的安装。安装时，反力架与车站结构连接部位的间隙要垫实，以保证反力架脚板有足够的抗压强度。

8. 盾构的始发

（1）盾构基座两侧的加固。

由于盾构基座在盾构始发时要承受纵向、横向的推力以及约束盾构旋转的扭矩，所以在盾构始发之前，必须对盾构基座两侧进行必要的加固。

（2）盾构的始发。

① 空载推进。

盾构在空载向前推进时，主要控制盾构的推进油缸行程和限制盾构每一环的推进量。要在盾构向前推进的同时，检查盾构是否与盾构基座、始发洞发生干涉或是否有其他异常事件或事故的发生，确保盾构安全地向前推进。

② 始发时盾构姿态的控制。

主要通过盾构的推油缸行程来控制姿态。

③ 始发时盾构推进参数的控制。

在保证盾构正常推进的情况下，稍微降低总推力和刀盘扭矩。

（3）洞口注浆。

在盾尾完全进入洞体后，调整洞口密封，进行洞口注浆。对浆液，不但要求可顺利注入，而且要有早期的强度。注浆压力控制在 150 kPa 以内。

9. 负环管片的拼装

（1）负环管片拼装准备。

在安装负环管片之前，为保证负环管片不破坏尾盾刷，保证负环管片在拼装好以后能顺利向后推进，在盾壳内安设厚度不小于盾尾间隙的方木（或型钢），使管片在盾壳内的位置得到保证。

（2）负环管片后移。

第一环负环管片拼装完成后，用 6 个推进油缸完成管片的后移。管片在后移的过程中，要严格控制每组推进油缸的行程，保证每组推进油缸的行程差小于 10 mm。

（3）负环管片与负环钢管片的连接。

负环管片的最终位置要以推进油缸的行程进行控制，负环管片与负环钢管片之间的空隙用早强砂浆或钢板填满。

（4）负环管片的拼装类型。

安装井内的负环管片通常采取通缝拼装（见图 7-3-13），主要是因为盾构井一般只有一个，在施工过程中要利用此井进行出渣、进管片。采用通缝拼装可以保证能及时、快速地拆除负环管片。

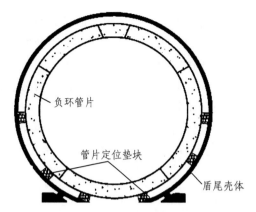

图 7-3-13　负环管片拼装示意图

10. 反力架、负环管片的拆除

反力架、负环管片的拆除时间根据背衬注浆的砂浆性能参数和盾构的始发掘进推力确定。一般情况下，掘进 100 m 以上（同时前 50 环完成掘进 7 d 以上），可以根据工序情况和工作整体安排，开始进行反力架、负环管片拆除。

（二）管片拼装

1. 盾构工程中的管片选型

管片选型的原则有三个：

（1）选型要适合隧道设计线路；

（2）管片选型要适应盾构的姿态；

（3）据现有的管模数量和类型，及生产能力。

管片是在盾尾内拼装，所以不可避免地受到盾构姿态的约束。管片要尽量垂直于盾构轴线，让盾构的推进油缸能垂直地推在管片上，这样使管片受力均匀，掘进时不产生管片破损。同时也要兼顾管片与盾尾之间的间隙，避免盾构与管片发生碰撞而破损管片。当因地质不均、推力不均等原因，使盾构偏离线路设计轴线时，管片的选型要适应盾构的姿态。

在进行管片选型的时候，只有盾尾间隙接近警戒值（60 mm）时，才根据盾尾间隙选择管片。

2. 影响管片选型的因素

（1）盾构的盾尾间隙的影响。

盾尾与管片之间的间隙叫盾尾间隙。如果盾尾间隙过小，则盾构在掘进过程中盾尾将会与管片发生摩擦，增加盾构向前的阻力和造成管片压坏而引起隧道渗漏水；同时盾尾密封效果减弱，造成盾尾漏浆。

（2）油缸行程和铰接油缸行程差对管片的选型的影响。

盾构是依靠推力油缸顶推在管片上产生的反力向前掘进的，推力油缸按上、下、左、右四个方向分成四组，每一个掘进循环这四组油缸的行程的差值反映了盾构与管片的平面位置之间的空间关系，可以看出下一个掘进循环盾尾间隙的变化趋势。当管片平面不垂直于盾构轴线时，各组推进油缸的行程就会有差异，当这个差值过大时，推进油缸的推力就会在管片环的径向产生较大的分力，从而影响已拼装好的隧道管片以及掘进姿态。通常我们以各组油缸行程的差值大小来判断是否应该拼装转弯环，在两个相反的方向上的行程差值超过 40 mm 时，就应该拼装转弯环来进行纠偏。通过转弯环的调整，左右与上下的油缸行程差值控制在 30 mm 以内，有利于盾构掘进及保护管片不受破坏。

铰接油缸可以被动收放，有利于曲线段的掘进及盾构的纠偏。铰接油缸的行程差会影响管片的选型，这时应将上下或左右的推进油缸行程差值减去上下或左右的铰接油缸行程差值，最后的结果作为管片选型的依据。

3. 管片的拼装

（1）拼装顺序。

管片的分块要顾及管片制作、运输、拼装等方面的施工要素，同时考虑管片的受力条件及防水效果。管片分块数过少，衬砌结构整体刚度很大，不利于有效地调动土层的被动抗力；单块管片过大、过长会引起施工的不便，并不易保证管片的质量；管片分块数过多，则会影响管片的拼装速度，并使接缝防水工作量增加。管片一般由标准块、邻接块及封顶块组成。拼装时，由下部开始，对称安装标准块和邻接块，最后装封顶块。封顶块拼装方便，施工时可先搭接 2/3 环宽径向推上，再进行纵向插入（与施工设计有关，一种沿隧道半径方向呈锥角从隧道内侧插入；一种纵向带锥度，沿隧道纵轴插入。还有一种是将前述两种方法结合起来实施）。

（2）拼装工艺。

① 管片在做防水处理前必须对管道进行清理，然后再进行密封垫的粘贴。

② 安装过程中彻底清除盾壳安装部位的垃圾，同时必须注意管片的精度定位，尤其第一环要做到居中安放。

③ 安装时千斤顶交替收回，即安装哪段管片就收回那段相对应的千斤顶，其余千斤顶仍顶紧。

④ 管片安装过程中把握好管片环面的平整度、超前量以及真圆度。

⑤ 边拼装管片边扭紧纵、环向连接螺栓，待整环管片安装完毕，撑开真圆保持器固定。

⑥ 在整环管片脱出盾尾后，再次按规定扭矩扭紧全部连接螺栓。

（3）特殊地段的管片拼装。

① 曲线段管片安装。

选用将标准管片和楔形管片进行排列组合，以拟合不同半径曲线的办法。施工中必须注意标准管片和楔形管片的衔接，拼装工艺与标准管片相同。

② 区间内联络信道位置处的管片的安装。

区间隧道的联络通道与正线隧道相接处采用两环钢管片，以通封形式拼装。此时管片仍为封闭的，并在洞门周边设置一圈封闭钢梁，构成一坚固的封闭框架，在联络通道施工前，先将填充管片拆除，将洞口荷载完全传到框架上，再向里施工。安装管片时，由于管片分块较多，因而必须注意标准管片和楔形管片的衔接，拼装工艺与标准管片相同。

（4）管片安装中的注意事项：

① 每一环推进长度必须达到大于环宽 300 mm（1 800 mm）方可拼装管片，以防损坏 K 块止水条。

② 管片吊装头必须拧紧；为避免管片旋转过程中安装头单独承受管片重量，应将四条压板均匀地接触管片；避免管片拼装过程中螺栓头被拔出。

③ 管片拼装过程中，第一块管片的位置尤为重要，它决定了本环其他管片的位置及拼缝的宽窄。管片高于相邻块，导致 K 块的位置不够；低于相邻块，纵缝过大，防水性降低。同时，第一块应平整，防止形成喇叭口。

④ 当拼装第五块（B 或 C）时，应用尺子量 K 块空位的宽度，并调整第五块，保证 K 块空位的宽度为（48±1）cm 或（95±1）cm。

⑤ 管片拼装应满足规范规定的偏差：高程和平面不侵限；每环相邻管片平整度 10 mm，纵向相邻环环面平整度 15 mm；衬砌环直径椭圆度 5‰。

⑥ 拧紧螺栓，确保螺栓紧固，紧固力矩要达到设计要求（300 N·m）。

⑦ 同一环内各管片的相邻位置应符合设计图纸要求，不可互换。每环管片上有管片类型标记、环类型标记、纵缝对接标记，安装管片时应认真查看这些标记，是保证管片正确安装；管片迎千斤顶面和背千斤顶面不同，方向不要错装。操作手在安装管片时看到"管片中心"，管片标识字符的朝向应是正确的；如果是倒置的，则管片上字体朝向错误。

⑧ 管片 K 块的安装方法为：先纵向搭接 1 m，然后安装器径向推顶到预定位置再纵向插入。K 块以及 B、C 与 K 块相邻面的止水条，在安装面上应涂润滑剂。

⑨ 安装时注意小心轻放，避免损坏管片和止水条。

⑩ 对掘进过程中出现的管片裂缝和其他破损，要及时观察记录并提醒盾构操作手注意，并要选择合适时间对管片进行修补。

（三）壁后注浆

1. 注浆目的与方式

管片壁后注浆按与盾构推进的时间和注浆目的不同，可分为同步注浆和堵水注浆。

同步注浆：注浆与盾构掘进同时进行，是通过同步注浆系统及盾尾的注浆管，在盾构向前推进盾尾空隙形成的同时进行，浆液在盾尾空隙形成的瞬间及时起到充填作用，使周围岩体获得及时的支撑，可有效防止岩体的坍塌，控制地表的沉降。

二次补强注浆：管片背后二次补强注浆则是在同步注浆结束以后，通过管片的吊装孔对管片背后进行补强注浆，以提高同步注浆的效果，补充部分不充填的空腔，提高管片背后土体的密实度。二次注浆其浆液充填时间滞后于掘进一定的时间，对围岩起到加固和止水的作用。

堵水注浆：为提高背衬注浆层的防水性及密实度，在富水地区考虑前期注浆受地下水影响以及浆液固结率的影响，必要时在二次注浆结束后进行堵水注浆。

盾构推进时，盾尾空隙在围岩坍落前及时地进行压浆，充填空隙，稳定地层，不但可防止地面沉降，而且有利于隧道衬砌的防水，选择合适的浆液（初始黏度低，微膨胀，后期强度高）、注浆参数、注浆工艺，在管片外围形成稳定的固结层，将管片包围起来，形成一个保护圈，防止地下水侵入隧道中。壁后注浆的目的如下：

（1）使管片与周围岩体的环形空隙尽早建立注浆体的支撑体系，防止洞室岩壁坍陷与地下水流失造成地层损失，控制地面沉降值。

（2）尽快获得注浆体的固结强度，确保管片衬砌的早期稳定性。由此可防止长距离的管片衬砌背后处于无支承力的浆液环境内，而使管片发生移位变形。

（3）作为隧道衬砌结构加强层，具有耐久性和一定强度。充填密实的注浆体将地下水与管片相隔离，避免或大大减少地下水直接与管片的接触，从而作为管片的保护层，避免或减缓了地下水对管片的侵蚀，提高管片衬砌的耐久性。

2. 同步注浆参数的控制

（1）注浆材料。

注浆材料必须选择适合于隧道的土质和盾构形式等条件。作为注浆材料，应具备以下性质：不发生材料离析；不丧失流动性；注浆后的体积减小量小；尽早达到围岩强度以上；水密性好。

注浆材料最重要的是具有充填性、流动性及不向盾尾以外的区域流失等特性，这些特性是实现壁后注浆目的的关键。但由于上述条件是相互矛盾的，譬如，为了提高充填性，应使浆液的流动性好，但是流动性太好，又易使隧道管片背后顶部部分出现无浆液充填的现象。

通常使用的注浆材料有单液型和双液型。

① 单液浆。

单液注浆材料的性质：可压送的流动性；能填充到目标间隙范围；在填充的注浆材料硬化前，不发生材料离析或凝固。

单液浆液在搅拌机中搅拌和成为流动的液体，再由砂浆泵注入盾尾后部的间隙，注入时要求浆液处于流动性好的液态，以利于充填，浆液经过液体—固体的中间状态（流动态凝结及可塑状凝结）后固结（硬化）。但是，水泥的水化反应非常缓慢，所以从注入固结需要几个小时，因此，管片背面的顶部位置很难充填到，加上水泥砂浆液易受地下水的稀释，致使早期强度下降。

不同材料配比的单液浆液，具有不同的凝胶时间、抗压强度、固结率等，加入水玻璃作为速凝剂可加快浆液的凝胶。

② 双液浆。

双液注浆材料的性质：能在指定范围内注浆；材料离析少而且不受地下水的影响；能调节硬化时间；能根据需要尽早达到所需的强度等。

在围岩难以稳定的黏土层或易坍塌的砂层，需要在推进的同时，把壁后注浆材料通过安装在盾尾中的注浆管注入空隙中去。除了要求在注浆期间具有流动性外，还要求浆液在注浆后可迅速变为可塑状固结或固结，故背后注浆中使用的是水玻璃类双液型浆液。以水泥与水玻璃浆液为主剂，根据需要添加其他附加剂，可克服单液水泥砂浆液的凝结时间长、不宜控制等。凝胶时间随水玻璃浓度、水泥浆浓度（即水灰比）、水玻璃与水泥浆体积比、温度等有关。一般情况下水泥浆浓度增大，浆液凝胶时间长；水玻璃与水泥浆体积比增大，浆液的凝胶时间短；水玻璃浓度增大，凝胶时间缩短。

使用双液注浆时，应注意对注浆管的清洗，否则会发生堵管现象。

（2）同步注浆主要技术参数。

同步注浆是从安装在盾构上的注浆管直接注入盾尾空隙的方法，盾构推进油缸与注浆是联动的，控制系统通过 PLC 与盾构的推进相互锁定，保证盾构前进时环缝中的压力。砂浆流动速度是无级调整的，这样就可以调整它来满足盾构前进的速度。注浆操作通过预先设定的压力进行控制，从而保证：避免过高的压力损坏盾尾密封或管片；系统中每个部位都有足够的压力来平衡预计的地面土压力和地面水压力，这样可避免地面的沉降。

所有操作功能都通过中央控制板控制。注浆操作控制板上可以选择/预先设定：每个注入点上的砂浆压力、在每个注入点计算行程（砂浆量）、总行程计算（砂浆量）、每环的注入点砂浆注入量、每环总的砂浆量、预先设定的限定值。

① 注浆压力。

同步注浆时要求在地层中的浆液压力大于该点的静止水压及土压力之和，做到尽量填补而不宜劈裂。注浆压力过大，管壁外面土层将会被浆液扰动而造成地表隆起，浅埋地段易造成跑浆；而注浆压力过小，浆液填充速度过慢，填充不充足，会使地表沉降增大。泥水盾构施工中，一般同步注浆压力比相应水压高 0.2～0.3 MPa。

② 注浆量。

同步注浆量理论上是填充切削土体与管壁之间空隙的注浆量，但同时要考虑盾构推进过程中的纠偏、跑浆（包括向地层中扩散）和注浆材料收缩等因素。

③ 注浆时间及速度。

根据盾构推进速度，以每循环达到总注浆量而均匀注入，从盾构推进进行注浆开始，推进完毕注浆结束，具体注浆速度根据现场实际掘进速度计算确定。

④ 注浆结束标准。

采用注浆压力和注浆量双指标控制标准，即当注浆压力达到设定值，注浆量达到设计值的 85%及以上时，即可认为达到了质量要求。

3. 同步注浆方法、工艺

（1）同步注浆方法与工艺。

同步注浆与盾构掘进同时进行，通过同步注浆系统及盾尾的内置注浆管，在盾构向前推进盾尾空隙形成的同时进行，采用双泵四管路（四注入点）对称同时注浆（见图 7-3-14）。注浆可根据需要采用自动控制或手动控制方式，自动控制方式即预先设定注浆压力，由控制程序自动调整注浆速度，当注浆压力达到设定值时，自行停止注浆。手动控制方式则由人工根据掘进情况随时调整注浆流量、速度、压力。

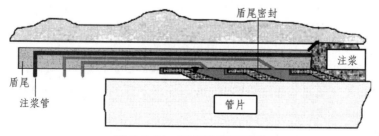

图 7-3-14　同步注浆示意图

（2）设备配置。

搅拌站：自行设计建造砂浆搅拌站一座，搅拌能力 20 m³/h。

同步注浆系统：配备 SWING KSP12 液压注浆泵 2 台（盾构上已配置），注浆能力 2×12 m³/h，8 个盾尾注入管口（其中 4 个备用）及其配套管路。

运输系统：自制砂浆罐车（6 m³），带有自搅拌功能和砂浆输送泵。随编组列车一起运输。

4. 同步注浆的注意事项

（1）在开工前制订详细的注浆作业指导书，并进行详细的浆材配比试验，选定合适的注浆材料及浆液配比。

（2）制订详细的注浆施工设计和工艺流程及注浆质量控制程序，严格按要求实施注浆、检查、记录、分析，及时做出 P（注浆压力）、Q（注浆量）、t（时间）曲线，分析注浆速度与掘进速度的关系，评价注浆效果，反馈指导下次注浆。

（3）成立专业注浆作业组，由富有经验的注浆工程师负责现场注浆技术和管理工作。

（4）根据洞内管片衬砌变形和地面及周围建筑物变形监测结果，及时进行信息反馈，修正注浆参数和施工工艺，发现情况及时解决。

（5）做好注浆设备的维修保养，注浆材料供应，定时对注浆管路及设备进行清洗，保证注浆作业顺利连续不中断进行。

（6）环形间隙充填不够、结构与地层变形不能得到有效控制或变形危及地面建筑物安全时、存在地下水渗漏区段，必要时通过吊装孔对管片背后进行补充注浆。

（四）盾构到达

盾构到达是指盾构沿设计线路，在区间隧道贯通前 100 m 至车站的整个施工过程。

盾构到达一般按下列程序进行：洞门凿除、接收基座的安装与固定、洞门密封安装、到达端掘进、盾构接收，如图 7-3-15 所示。

到达设施包括盾构接受基座(也称接收架)、洞门密封装置。接收架一般采用盾构始发架。

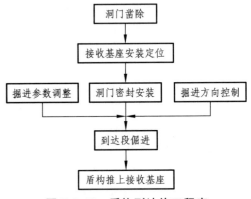

图 7-3-15 盾构到达施工程序

1. 盾构到达的准备工作

盾构到达前，应做好以下工作：

（1）制订盾构接收方案，包括到达掘进、管片拼装、壁后注浆、洞门外土体加固、洞门围护拆除、洞门钢圈密封等工作的安排。

（2）对盾构接收井进行验收并做好接收盾构的准备工作。

（3）盾构到达前 100 m 和 50 m 时，必须对盾构轴线进行测量、调整。

（4）盾构切口离到达接收井距离约 10 m 时，必须控制盾构推进速度、开挖面压力、排土量，以减少洞门地表变形。

（5）盾构接收时应按预定的拆除方法与步骤，拆除洞门。

（6）当盾构全部进入接收井内基座上后，应及时做好管片与洞门间歇的密封，做好洞门堵水工作。

2. 接收基座的安装与定位

接收基座的构造同始发基座，接收基座在准确测量定位后安装。其中心轴线应与盾构进接收井的轴线一致，同时还要兼顾隧道设计轴线。

接收基座的轨面标高应适应盾构姿态，为保证盾构刀盘贯通后拼装管片有足够的反力，可考虑将接收基座的轨面坡度适当加大。接收基座定位放置后，采用 I25 的工字钢对接收基座前方和两侧进行加固，防止盾构推上接收基座的过程中接收基座移位。

在接收基座安装固定后，盾构可慢速推上接收基座。在通过洞门临时密封装置时，为防止盾构刀盘和刀具损坏帘布橡胶板，在刀盘外圈和刀具上涂抹黄油。

盾构在接收基座上推进时，每向前推进 2 环拉紧洞门临时密封装置一次，通过同步注浆系统注入速凝浆液填充管片外环形间隙，保证管片姿态正确。

3. 到达段掘进

根据到达段的地质情况确定掘进参数：低速度、小推力、合理的土压力（或泥水压力）和及时饱满的回填注浆。

在最后 10 ~ 15 环管片拼装中要及时用纵向拉杆将管片连接成整体，以免在推力很小或者没有推力时管片之间出现松动。

4. 洞门圈封堵

在最后一环管片拼装完成后，拉紧洞门临时密封装置，使帘布橡胶板与管片外弧面密贴，通过管片注浆孔对洞门圈进行注浆填充。注浆的过程中要密切关注洞门的情况，一旦发现有漏浆的现象应立即停止注浆并进行封堵处理。确保洞门注浆密实，洞门圈封堵严密。

复习思考题

1. 隧道掘进机法的概念及优缺点是什么？
2. 隧道掘进机的种类及特点有哪些？
3. 掘进机的破岩机理是什么？
4. 沉管法施工的特点是什么？
5. 沉管法施工中管段防水有哪些措施？
6. 盾构的类型有哪些？
7. 盾构始发的流程是什么？
8. 壁后注浆的目的是什么？

第八章 隧道施工辅助作业

在隧道施工中，将开挖、出渣、支护及衬砌等称为基本作业，而为基本作业提供必要的施工条件，并直接为基本作业服务的作业，称为隧道施工辅助作业。其内容包括：压缩空气的供应、施工供水与排水、施工通风与防尘、施工供电与照明等。

第一节 压缩空气的供应

在隧道施工中，以压缩空气为动力的风动机械（具）设备得到广泛的使用，常用的有凿岩机、装渣机、喷混凝土机、锻钎机、压浆机等。这些风动机具所需的压缩空气是由空气压缩机（以下简称空压机）生产，并通过高压风管输送给风动机具的。

压缩空气俗称高压风，即经空气压缩机压缩后的具有一定压力的空气。要保证风动机械（具）设备正常工作，压缩空气必须具有一定的风量和风压。

一、供风量的计算

空气压缩机（也称空压机或压风机）站应提供能满足各种风动机械（具）设备正常运转及输送损耗所需要的风量。供风量的大小可根据下式计算：

$$Q = (1 + k_备)(\sum q \cdot k + q_漏)k_m \quad (\text{m}^3/\text{min}) \tag{8-1-1}$$

式中　$k_备$——空压机的备用系数，一般采用 75% ~ 90%；

$\sum q$——风动机具所需风量（可查阅风动机具性能表），m^3/min；

k——同时工作系数，见表 8-1-1；

k_m——空压机所处海拔高度对空压机生产能力的影响系数见表 8-1-2。

$q_漏$——管路及附件的漏耗损失（m^3/min），其值为

$$q_漏 = \alpha \sum L$$

其中　α——每千米漏风量，平均为 1.5 ~ 2.0 m^3/min；

$\sum L$——管路总长（包括主、支管路的实际铺设长度和配件折合成管路当量，配件折合当量见表 8-1-3），km。

根据计算的风量选择合适的储风罐，如果用多台空压机，一般采用相同的型号，以方便操作和维修。

表 8-1-1　同时工作系数

机具类型	凿岩机		装渣机		锻钎机	
同时工作台数	1～10	11～30	1～2	3～4	1～2	3～4
k	1.00～0.85	0.85～0.75	1.0～0.75	0.70～0.50	1.0～0.75	0.65～0.50

表 8-1-2　海拔高度影响系数

海拔高度/m	0	305	610	914	1 219	1 524	1 829	2 134	2 438	2 743	3 048	3 658	4 572
k_m	1.00	1.03	1.07	1.10	1.14	1.17	1.20	1.23	1.26	1.29	1.32	1.37	1.43

表 8-1-3　配件折合成管路长度表（m）

配件名称	钢管内径/mm						
	25	50	75	100	150	200	300
球心阀	6.0	15.0	25.0	35.0	60.0	85.0	
闸门阀	0.3	0.7	1.1	1.5	2.5	3.5	6.0
丁字管	2.0	4.0	7.0	10.0	17.0	24.0	40.0
异径管	0.5	1.0	1.7	2.5	4.0	6.0	10.0
45°弯头	0.2	0.4	0.7	1.0	1.7	2.4	4.0
90°弯头	0.9	1.8	3.2	4.5	7.7	10.8	18.0
135°弯头	1.4	2.8	4.9	7.0	12.0	16.8	28.0
逆止阀		3.2		7.5	12.5	18.0	30.0

二、空压机站

空压机站主要由空压机、配电设备、储风罐（俗称风包）、送风管及配件、循环水池（用于冷却空压机）等组成。

空压机按动力来源可分为电动和内燃两种。短隧道可采用移动式内燃空压机，长隧道可采用固定式大型电动空压机。

空压机站一般应靠近洞口，与铺设的高压风管路同侧，并注意防洪、防火、防爆破。机房要求地形宽敞，通风良好，地基坚固。空压机组采用并列式布置，两台空压机之间的净距不小于 1.5 m。此外，还应考虑空压机出入、调换、加油、加水等方便。

三、高压风管管径的选择

高压风管管径应根据可能出现的最大风量和容许的最大风压损失来确定。使之满足：能通过计算的最大供风量；送风管末端的风压不小于 0.6 MPa，以保证高压风通过胶管到达风动机械（具）后仍能保持 0.5 MPa 的风压。

压缩空气在输送过程中，由于管壁摩擦、接头、阀门等产生阻力，其压力会减少，一般称为压力损失。根据达西公式，钢管的风压损失ΔP可按下式计算：

$$\Delta P = \lambda \frac{L}{d} \cdot \frac{v^2}{2g} \gamma \times 10^{-6} \tag{8-1-2}$$

式中　λ——摩阻系数，见表 8-1-4；

　　　L——送风管路长度（包括配件当量长度，见表 8-1-3）；

　　　d——送风管内径，mm；

　　　g——重力加速度，采用 9.81 m/s²；

　　　v——压缩空气在风管中的速度（m/s），根据风量和风管面积可得；

　　　γ——压缩空气的容重。

大气压强下，温度为 0 ℃ 时，空气容重为 12.9 N/m³；温度为 t ℃ 时，其容重则为 $\gamma_t = 12.9 \times 273/（273 + t）$ N/m³，此时，压力为 P 的压缩空气的容重 $\gamma = \gamma_t（P + 0.1）/0.1$（N/m³），$P$ 为空压机生产的压缩空气的压力，单位为兆帕（MPa）。

表 8-1-4　风管摩阻系数 λ 值

风管内径 / mm	λ
50	0.037 1
75	0.032 4
100	0.029 8
125	0.028 2
150	0.026 4
200	0.024 5
250	0.023 4
300	0.022 1

以上计算的压力损失值若过大，则需选用较大管径的风管，从而减少压力损失值，使钢管末端风压不得小于 0.6 MPa。胶皮风管是连接钢管与风动机具的，由于其压力损失较大，一般应尽量缩短使用长度，从而保证压缩空气的工作压力不小于 0.5 MPa。胶皮风管的压力损失值见表 8-1-5。

表 8-1-5 压缩空气通过胶皮风管的压力损失（MPa）

通过风量 /（m³/min）	胶管内径/mm	胶管长度 / m					
		5	10	15	20	25	30
2.5	19	0.008	0.018	0.020	0.035	0.040	0.055
	25	0.004	0.008	0.013	0.017	0.021	0.030
3	19	0.010	0.020	0.030	0.050	0.060	0.075
	25	0.006	0.012	0.018	0.024	0.040	0.045
4	19	0.020	0.040	0.055	0.080	0.100	0.110
	25	0.010	0.025	0.040	0.050	0.060	0.075
10	50	0.002	0.004	0.006	0.007	0.010	0.015
20		0.010	0.020	0.035	0.050	0.055	0.065

高压风钢管管径选择可按下列步骤进行：

（1）计算出送风管路最大的理论长度。

（2）根据最大供风量及送风管管路最大理论长度，由表 8-1-6 可查得风管直径。

（3）根据查得的风管直径及最大供风量，计算风压损失值 ΔP（也可查表 8-1-7 确定）。当风压损失值 $\Delta P \leqslant P - 0.6$ MPa 时（P 为送风钢管始端风压），查得的风管直径即可使用；否则将风管直径加大一级，并重复以上步骤重新选取，直至满足为止。

表 8-1-6 容许通过风量与管径、管长关系（m，m³/min）

管径 d / mm	管长与风量 L/Q（m，min/m³）										
	100	200	400	600	800	1 000	1 250	1 500	2 000	3 000	5 000
50	16	11	8	6	5	—	—	—	—	—	—
70	46	33	23	19	16	15	—	—	—	—	—
100	98	70	50	40	35	31	28	25	22	18	14
125	177	125	89	72	68	56	50	47	40	32	25
150	289	205	145	119	102	92	83	75	65	53	41
200	—	436	309	252	218	196	174	160	138	113	87
250	—	—	—	348	315	284	245	202	158		
300	—	—	—	—	—	—	—	—	401	325	303

注：本表系按送风钢管始端风压 0.7 MPa，钢管末端风压为 0.6 MPa，即风压通过管路的损失为 0.1 MPa 计算。

表 8-1-7　风压损失ΔP（MPa）

最大供风量 Q/（m³/min）	风管内径 d/mm							
	50	75	100	125	150	200	250	300
10	0.416	0.047	—	—	—	—	—	—
20	1.653	0.188	—	—	—	—	—	—
30	—	0.422	0.092	—	—	—	—	—
40	—	0.751	0.155	0.051	—	—	—	—
50	—	1.175	0.257	0.080	—	—	—	—
60	—	—	0.370	0.114	0.043	—	—	—
70	—	—	0.504	0.155	0.059	—	—	—
80	—	—	0.658	0.203	0.076	0.017	—	—
90	—	—	0.833	0.257	0.097	0.021	—	—
100	—	—	1.025	0.317	0.120	0.026	0.008	—
110	—	—	—	0.383	0.144	0.032	0.010	—
120	—	—	—	0.456	0.172	0.038	0.012	—
130	—	—	—	0.536	0.202	0.044	0.014	—
140	—	—	—	—	0.234	0.052	0.016	—
150	—	—	—	—	0.269	0.059	0.019	0.007
160	—	—	—	—	0.305	0.067	0.021	0.008
170	—	—	—	—	—	0.076	0.024	0.009
180	—	—	—	—	—	0.085	0.027	0.010
190	—	—	—	—	—	0.095	0.030	0.011
200	—	—	—	—	—	0.105	0.033	0.013

注：本表系按送风钢管始端风压 0.7 MPa，送风管长度（含配件当量长度）为 1 000 m 计算而得。

四、高压风管管路铺设要求

（1）管道敷设要求平顺、接头密封、防止漏风，凡有裂纹、创伤、凹陷等现象的钢管不能使用。

（2）在洞外地段，风管长度超过 500 m、温度变化较大时，宜安装伸缩器；靠近空压机 150 m 以内，风管的法兰盘接头宜用耐热材料制成垫片，如石棉衬垫等。

（3）压风管道在总输出管道上，必须安装总闸阀以便控制和维修管道；主管上每隔 300～500 m 应分装闸阀；按施工要求，在适当地段（一般每隔 60 m）加设一个三通接头备用；管道前端至开挖面距离宜保持在 30 m 左右，并用高压软管接分风器；分部开挖法通往各工作面的软管长度不宜大于 50 m，与分风器联结的胶皮软管长度不宜大于 10 m。

（4）主管长度大于 1 000 m 时，应在管道最低处设置油水分离器，定期放出管中聚积的油水，以保持管内清洁与干燥。

（5）管道安装前应进行检查，钢管内不得留有残杂物和其他脏物；各种闸阀在安装前应拆开清洗，并进行水压强度试验，合格者方能使用。

（6）管道在洞内应敷设在电缆、电线的另一侧，并与运输轨道有一定距离；管道高度一般不应超过运输轨道的轨面；若管径较大而超过轨面，应适当增大距离。管道如与水沟同侧，不应影响水沟排水。

（7）管道使用时，应有专人负责检查、养护。

第二节　隧道施工通风与防尘

隧道施工中，由于凿岩、爆破、装渣运输、喷射混凝土等作业产生大量的粉尘，而且炸药爆炸还会释放大量的 CO、CO_2、NO_2、SO_2、H_2S 等有害气体；隧道穿经煤层或某些地层，还会放出瓦斯、硫化氢等有害气体；洞内施工人员要消耗氧气，呼出 CO_2 等，这些都会使洞内工作环境中的空气恶化，降低洞内施工效率，甚至会造成安全事故。此外，随着隧道不断向山体深部延伸，温度和湿度相应增高，会对人体产生有害影响。

隧道施工通风的目的，就是向洞内送进新鲜空气，排除有害气体，降低粉尘浓度和洞内温度，保障洞内施工人员的健康，改善劳动条件，从而保证施工安全和提高劳动生产率。

按照《隧道施工安全九条规定》规定，洞内作业环境必须符合下列卫生标准：

（1）洞内空气中含氧量不得少于 20%，并保证洞内施工人员每人有 3 m^3/min 的新鲜空气；当洞内采用内燃机作业时，供风量不宜小于 3 m^3/（min·kW）。

（2）粉尘最高容许浓度为：1 m^3 空气中含有 10% 以上游离 SiO_2 的粉尘为 2 mg。

（3）瓦斯隧道装药爆破时，爆破地点 20 m 内，风流中瓦斯浓度必须小于 1.0%；总回风道风流中瓦斯浓度应小于 0.75%；开挖面瓦斯浓度大于 1.5% 时，所有人员必须撤到安全地点。

（4）有害气体最高容许浓度为：CO 最高容许浓度为 30 mg/m^3。在特殊情况下，施工人员必须进入工作面时，浓度可为 100 mg/m^3，但工作时间不得超过 30 min。CO_2 按体积计不得大于 0.5%、氮氧化物（换算成 NO_2）为 5 mg/m^3 以下。

（5）洞内气温不得超过 28 ℃，噪声不得大于 90 dB。

一、施工通风方式

施工通风方式应根据隧道的长度、掘进断面大小、施工方法和设备条件等诸多因素来确定。在施工中，有自然通风和机械通风两类，其中自然通风是利用洞室内外的温差或高差来实现通风的一种方式，一般仅限于短直隧道，且受洞外气候条件的影响极大，因而完全依赖于自然通风是较少的，绝大多数隧道均应采用机械通风。

机械通风按照通风类型、通风机安装位置的不同，可分为风管式、巷道式两大类。而风管式根据隧道内空气流向的不同，又可分为压入式，吸出式和混合式三种。

（一）风管式通风

此种通风形式的风流经由管道输送，可分为以下三种形式：

（1）压入式通风，如图 8-2-1（a）所示。这种通风方式的特点为：风机将洞外新鲜空气通过风管压送到工作面，而工作面的污浊空气沿巷道排到洞外，以达到通风的目的。这种通风方式若采用大功率、大管径风机，其适用范围较广。

（2）吸出式通风，如图 8-2-1（b）所示。这种通风方式的特点为：风机将工作面的污浊空气吸入风管而排到洞外。巷道内空气新鲜而工作面附近空气污浊；风机离工作面距离较近时，易被爆破飞起的石块砸坏。这种通风方式一般不宜单独使用，常用压入式风机配合组成混合式通风。

（3）混合式通风，如图 8-2-1（c）所示。这种通风方式的特点为：设置两套风机与风管，一套吸出式，将洞内污浊空气排到洞外。另一套压入式，向工作面输送新鲜空气。既保持了前述两种通风方式的优点，又避免了它们的不足，因此是施工现场常采用的通风方式。但管路、风机等设施增多，在管径较小时可采用，若有大管径、大功率风机时，其经济性不如压入式。

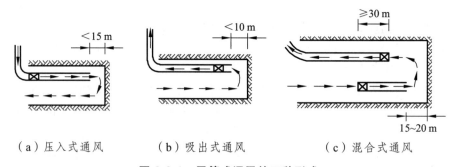

（a）压入式通风　　　（b）吸出式通风　　　（c）混合式通风

图 8-2-1　风管式通风的三种形式

采用混合式通风必须注意的技术要求：

① 压入和吸出两台风机必须同时起动；

② 吸出风机的通风能力应比压入风机的通风能力大 20%～30%；

③ 吸出风机和压入风机的位置布置最小要交错 30 m，以免在洞内形成短循环风流；

④ 压入风机的风管端部与工作面间的距离应在风流有效射程之内，一般为 15～20 m。

（二）巷道式通风

巷道式通风是利用隧道本身（包括成洞、导坑及扩大地段）和辅助坑道（如平行导坑）组成主风流和局部风流两个系统互相配合而达到通风的目的。现以设有平行导坑的隧道为例说明，如图 8-2-2 所示。

1. 主风流循环系统

利用平行导坑与正洞的横向联络通道作为风道，在平行导坑口侧面的风道口处设置主风机（主扇），通风时把平行导坑口设置的两道挡风门关闭。当主扇向外吸风时，平行导坑内空气产生负压，正洞外面新鲜空气即通过正洞向洞内补充，污浊空气经由最前端横通道进入平行导坑，再经施工通风道排到洞外，从而形成以坑道为通风道的主风流循环系统，使主风流范围内的污浊空气很快被排到洞外。

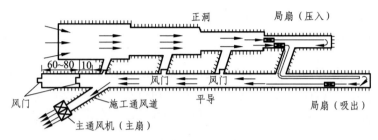

图 8-2-2　巷道式通风（单位：m）

挡风门是巷道式通风的关键之一，为此必须做到：

（1）平行导坑口设置两道风门，其间距为 1.2 ~ 1.5 倍出渣列车长度，一般为 60 ~ 80 m。设置两道风门，是为保证当列车通过平行导坑口时，始终有一道风门处于关闭状态，而不出现风流短路。

（2）不作运输的横通道应及时关闭，以减少风流损失。

（3）挡风门应做到顺风关、逆风开，要做到严密不漏风，并应派专人看守和维修。

2. 局部风流循环系统

正洞及平行导坑开挖作业区，必须配置风扇，以形成局部风流循环系统，如图 8-2-2 中，正洞开挖作业区布置一台压入式风机，压入新鲜空气，工作处的污浊气体即随主风流系统经横通道、平行导坑排到洞外。为了提高平行导坑开挖作业区的通风效果，可布置成以吸出式为主、压入式为辅的混合式通风。主风流中部分新鲜空气由压入式风机压送到平行导坑工作面，而污浊气体则由吸出式风机吸出到平行导坑中排到洞外。

（三）通风方式的选择

（1）风管式通风不仅适用于独头坑道，如导坑独头掘进、全断面法开挖等，目前在长大隧道的施工中亦多采用。当风量需要较大，风压需要较高时，可采用两台或数台同型号的通风机串联。

（2）巷道式通风，通常与辅助坑道配合使用，是解决长大隧道通风的主要方法之一。如需要较高风压，且无大功率通风机时，可采用数台同型号的通风机并联。另外，巷道式通风尚有风墙式、通风竖井、通风斜井、横洞等。

（3）随着我国独头掘进技术的提高，开挖断面的增大，通风方式更趋向于采用大功率、大管径的压入式通风。秦岭隧道Ⅱ线平导，开挖断面为 28 m²，独头掘进 9.5 km。通风设计为两阶段：第一阶段采用 PF-110SW55 型风机，ϕ1.3 m 的 PVC 塑布软风管的单机压力式通风，通风长度可达 6 km；第二阶段在 4.5 ~ 5 km 处设通风站，采用混合式通风，总通风长度可达 10 km。充分说明了压入式通风方式的优点。

二、施工通风计算

施工通风计算的目的是供给洞内所需的新鲜空气，选择合适的通风机，以便布置合理的通风管道，从而满足施工作业环境的要求。

（一）风量计算

隧道施工的通风计算，因施工方法、隧道断面、爆破器材、炸药种类、施工设备等不同而变化。目前所用的通风计算公式大都是根据矿井通风及铁路运营通风的计算公式类比或直接引用，一般按以下几个方面计算并取其中最大的数值，再考虑漏风因素进行调整，并加备用系数后，作为选择风机的依据。

1. 按洞内同时工作的最多人数计算风量

$$Q = k \cdot m \cdot q \tag{8-2-1}$$

式中　Q——所需风量，m^3/min；

　　　k——风量备用系数，常取 $k = 1.1 \sim 1.2$；

　　　m——洞内同时工作的最多人数；

　　　q——洞内每人每分钟需要新鲜空气量，通常按 $3\ m^3/min$ 计算。

2. 按同时爆破的最多炸药量计算风量

由于通风方式不同，计算方法也各不相同，以下分别介绍。

（1）巷道式通风：

$$Q = 5Ab/t \tag{8-2-2}$$

式中　A——同时爆破的炸药量，kg；

　　　b——1 kg 炸药折合成一氧化碳的体积，一般采用 $b = 0.04\ m^3/kg$；

　　　t——爆破后的通风时间，min。

（2）管道式通风。

① 压入式通风：

$$Q = \frac{7.8}{t} \sqrt[3]{A \cdot S^2 \cdot L^2} \tag{8-2-3}$$

式中　S——隧道断面面积，m^2；

　　　L——隧道长度，m；

　　　其他符号意义同前。

② 吸出式通风：

$$Q = \frac{15}{t} \sqrt{A \cdot S \cdot L_{散}} \tag{8-2-4}$$

式中　$L_{散}$——爆破后炮烟的扩散长度（m），非电起爆：$L_{散} = 15 + A$（m），电雷管起爆：$L_{散} = 15 + A/5$（m）；

其他符号意义同前。

③ 混合式通风。

采用混合式通风时，要求吸出分机功率大于压入风机功率，即 $Q_{混吸} > Q_{混压}$，计算中取 $Q_{混吸} = 1.3 Q_{混压}$。$Q_{混压}$ 按式（8-2-3）计算，需将式中 L 改为 $L_{入口}$，即

$$Q_{混压} = \frac{7.8}{t} \sqrt[3]{A \cdot S^2 \cdot L_{入口}^2}$$ （8-2-5）

式中 $Q_{混压}$——压入风量；

$Q_{混吸}$——吸出风量；

$L_{入口}$——压入风口至工作面的距离，一般采用 25 m 计算；

其他符号意义同前。

3. 按内燃机作业废气稀释需要的风量计算

$$Q = n_i A$$ （8-2-6）

式中 n_i——洞内同时使用内燃机作业的总 kW 数；

A——洞内同时使用内燃机每 kW 所需的风量，一般用 3 m³/min 计算。

4. 按洞内允许最小风速计算风量

$$Q = 60 v_{min} S$$ （8-2-7）

式中 v_{min}——洞内允许最小风速（m/s），全断面开挖时为 0.15 m/s，分部开挖时为 0.25 m/s；

S——开挖断面面积，m²。

（二）漏风计算

通风机的供风量，除满足上述计算的需要风量外，还应考虑漏失的风量。一般考虑漏风系数来计算，即

$$Q_供 = PQ$$ （8-2-8）

式中 Q——前述计算结果的最大值称计算风量；

P——漏风系数，管道通风时，根据风管材料不同可分别由表 8-2-1、8-2-2、8-2-3 中查得，巷道式通风则常取 1.2～1.3。

表 8-2-1 聚氯乙烯塑料风管漏风系数

风管直径 / m	风管延长 / m									
	100	200	300	400	500	600	700	800	900	1 000
0.5	1.019	1.045	1.091	1.145	1.157	1.230	1.280			
0.6	1.014	1.036	1.071	1.112	1.130	1.180	1.201	1.330		
0.7	1.010	1.028	1.053	1.080	1.108	1.145	1.188	1.237	1.288	1.345
0.8	1.008	1.022	1.040	1.067	1.090	1.126	1.153	1.195	1.229	1.251

表 8-2-2　胶皮风管漏风系数

风管延长 / m	50	100	150	200	250	300	400	500
漏风系数 p	1.04	1.08	1.11	1.14	1.16	1.19	1.25	1.30

表 8-2-3　金属风管漏风系数

风管长 / m	风管每节为 3 m 及下列直径（m）时的漏风系数			风管每节为 4 m 及下列直径（m）时的漏风系数		
	0.5	0.7	0.8	0.5	0.7	0.8
100	1.02 1.09	1.01 1.04	1.01 1.03	1.02 1.06	1.01 1.03	1.008 1.02
200	1.08 1.27	1.05 1.16	1.03 1.16	1.06 1.19	1.02 1.11	1.02 1.06
300	1.16 1.51	1.09 1.29	1.06 1.18	1.10 1.37	1.06 1.22	1.04 1.12
400	1.25 1.82	1.15 1.46	1.10 1.32	1.16 1.61	1.10 1.34	1.06 1.23
500	1.36 2.25	1.21 1.62	1.14 1.45	1.25 1.88	1.14 1.51	1.08 1.32
600	1.49 2.76	1.28 1.93	1.19 1.57	1.27 2.22	1.18 1.66	1.12 1.45
700	1.63 3.44	1.36 2.20	1.27 1.79	1.48 2.60	1.28 1.85	1.16 1.56
800	—	1.45 2.63	1.33 2.05	—	1.30 2.13	1.22 1.74
900	—	1.54 2.89	1.36 2.25	—	1.39 2.28	1.25 1.87
1000	—	1.65 3.42	1.50 2.52	—	1.46 2.62	1.28 2.07

注：表中同格内上行值为风管接头用橡皮或油封衬垫密封，螺栓完全拧紧；下行值为风管接头用马粪纸或麻绳密封，螺栓完全拧紧。

对于长距离大风量供风，一般采用 PVC 塑布软管，管路直径大于 1 m。由于采用长管节（20～50 m），从而大大降低了接头漏风，漏风以管壁为主。如选用优质管路，在良好管理的条件下，每百米漏风率一般可控制在 2%以下，其漏风系数可由送风距离及每百米漏风率计算而得。若处于高山地区，由于大气压强降低，供风量尚需进行风量修正，即

$$Q_{高} = \frac{100}{P_{高}} Q_{正} \qquad (8\text{-}2\text{-}9)$$

式中　$Q_{高}$——高山修正后的供风量，m^3/min；

　　　$P_{高}$——高山地区大气压（kPa），见表 8-2-4；

　　　$Q_{正}$——正常条件下的供风量，即上述 $Q_{供}$。

表 8-2-4　海拔高度与大气压（$P_{高}$）的关系

海拔高度 / m	1 500	2 000	2 500	3 000	3 500	4 000	4 500	5 000
大气压强 / m	82.9	77.9	73.2	68.8	64.6	60.8	57.0	53.6

（三）风压计算

在通风过程中，要克服风流沿途所受阻力，保证将所需风量送到洞内，并达到规定的风速，则必须有一定的风压。因此，风压计算的目的就是要确定通风机本身应具备多大的压力才能满足通风需要。

气流所受到的阻力有摩擦阻力和局部阻力（包括断面变化处阻力、分岔阻力、拐弯阻力）及正面阻力，其计算如下：

$$\sum h_{机} \geqslant \sum h_{阻} = \sum h_{摩} + \sum h_{局} + \sum h_{正} \tag{8-2-10}$$

式中　$h_{机}$——通风机的风压；

　　　$h_{阻}$——风流受到的总阻力；

　　　$h_{摩}$——气流经过各种断面的管（巷）道时产生的摩擦阻力；

　　　$h_{局}$——气流经过断面变化，拐弯、分岔等处分别产生的阻力；

　　　$h_{正}$——巷道通风时受运输车辆阻塞而产生的阻力。

1. 摩擦阻力（$h_{摩}$）

摩擦阻力是管道（巷道）周壁与风流互相摩擦以及风流中空气分子间的挠动和摩擦而产生的阻力，也称沿程阻力。

根据流体力学的达西公式可以导出隧道通风的摩擦阻力公式：

$$h_{摩} = \lambda \cdot \frac{L}{d} \cdot \frac{v^2}{2g} \cdot \gamma \tag{8-2-11}$$

式中　$h_{摩}$——摩擦阻力，Pa；

　　　λ——达西系数；

　　　L——风管长度，m；

　　　v——风流速度，m/s；

　　　d——风管直径，m；

　　　g——重力加速度，m/s^2；

　　　γ——空气容重，N/m^3。

对于任意形状时 $d = 4S/U$（U 为风道周边长度，S 为风管面积），代入上式有

$$h_{摩} = \frac{\lambda \cdot \gamma}{8g} \cdot \frac{LU}{S} \cdot v^2 \tag{8-2-12}$$

若风道流量为 Q（m^3/s），则 $v = Q/S$，再令 $\alpha = \gamma\lambda/(8g)$，称为摩擦阻力系数（单位为 N·s^2/m^4），见表 8-2-5、表 8-2-6。将 α、v 代入上式，有

$$h_{摩} = \alpha LUQ^2/S^3 \tag{8-2-13}$$

表 8-2-5　管道摩擦阻力系数

风管	直径 / m	α	浸胶风管			
			雷诺数 Re	α	雷诺数 Re	α
金属管	500	0.003 5	1×10^5	0.009 6	6×10^5	0.003 5
	600	0.003 2	2×10^5	0.006 3	7×10^5	0.003 2
	700	0.003 0	3×10^5	0.005 1	8×10^5	0.003 0
	800	0.002 5	4×10^5	0.004 2	9×10^5	0.002 9
塑料管	500	0.001 6	5×10^5	0.003 8	10×10^5	0.002 9
	600	0.001 5	$Re=(Q/1.201)\times10^5$ 注：Q 为风量（m³/s）；d 为风管直径（m）			
	700	0.001 3				
	800	0.001 3				

表 8-2-6　巷道摩擦阻力系数

巷道特征	α 值	巷道特征	α 值
混凝土衬砌成洞地段	0.004～0.005	拱部扩大已完成，无支撑地段	0.012～0.016
块石砌筑成洞地段	0.006～0.008	导坑无支撑地段	0.016～0.020
砌拱已完成，马口未开挖地段	0.01～0.012	导坑有支撑，无中间立柱地段	0.020～0.025
拱部扩大已完成，有支撑地段	0.02～0.03	导坑有支撑，有中间立柱地段	0.030～0.040

2. 局部阻力（$h_{局}$）

风流经过风管的某些局部地点（如断面扩大、断面减小、拐弯、交叉等）时，由于速度或方向发生突然变化而导致风流本身产生剧烈的冲击，由此产生的风流阻力称局部阻力。

以风流断面突然扩大为例来分析局部阻力的计算。设空气自小断面 S_1 流到大断面 S_2，小断面中的风速为 v_1，到大断面中流速必然降为 v_2，这时所产生的能量损失可按下式计算：

$$h_{大}=\frac{(v_1-v_2)^2}{2g}\cdot\gamma \tag{8-2-14}$$

由于 $S_1v_1=S_2v_2$，故 $v_2=\dfrac{S_1}{S_2}v_1$，即 $h_{大}=\left(1-\dfrac{S_1}{S_2}\right)^2\cdot\dfrac{v_1^2}{2g}\cdot\gamma$。令 $\zeta_{大}=\left(1-\dfrac{S_1}{S_2}\right)^2$，则有

$$h_{大}=\zeta_{大}\cdot\frac{v_1^2}{2g}\cdot\gamma \tag{8-2-15}$$

类似于断面扩大时的局部阻力分析，也适用其他几种不同情况，用 $v=Q/S$ 代替 V_1，γ 取 12 N/m³，得局部阻力公式为

$$h_{局}=0.612\zeta\frac{Q^2}{S^2} \tag{8-2-16}$$

式中　ζ——局部阻力系数，见表 8-2-7；

其他符号意义同前。

3. 正面阻力（$h_{正}$）

当通风面积受到阻挡时，会在受阻区域出现过风断面减小后再增大的现象，相应地会增加风流阻力。风流阻力一般可用下式计算：

$$h_{正} = 0.612\varphi \cdot \frac{S_m Q^2}{(S - S_m)^3} \qquad （8\text{-}2\text{-}17）$$

式中　φ——正面阻力系数（当列车行走时，$\varphi = 1.5$；斗车停放时 $\varphi = 0.5$，斗车停放间距超过 1 m 时则逐辆相加）；

S_m——阻塞物最大迎风面积，m^2。

其他符号意义同前。

表 8-2-7　局部阻力系数表

管（巷）道形式	阻力系数（ξ）				
	$\dfrac{\alpha}{R/d}$	30°	45°	60°	90°	120°
	1.5	0.08	0.11	0.14	0.175	0.20
	2.0	0.07	0.10	0.12	0.15	0.17
	α	10°	20°	30°	40°	50°
	ξ	0.018	0.070	0.164	0.359	0.494
	α	60°	70°	80°	90°	100°
	ξ	0.654	0.818	1.145	1.471	1.800
	α	110°	120°	130°	150°	170°
	ξ	2.130	2.620	2.845	3.600	5.070
	如为圆形，则需除以 1.22					
	$\zeta = 1.5$					
	$\alpha = 45° \sim 6.0°$ $\zeta = 1.5$					
	$\zeta = 1.0$					
	f/F 面积比	0.2	0.4	0.5	0.8
	ξ	0.64	0.36	0.25	0.04

断面变化地点	ξ
由洞口进入成洞	0.6
由成洞进入扩大断面	0.46
单道断面进入双道断面	1.70
双道断面进入单道断面	1.00
由平导进入通风洞	0.50

三、通风机的选择、安装和使用

通风机有轴流式和离心式两类。在隧道施工中，通风主要采用轴流式通风机。轴流式通风机具有风量大、效率高、结构紧凑、重量轻等优点。选择时，按 $Q_{机} \geq 1.1 Q_{供}$（1.1 为风量储备系数，$Q_{供}$ 为前述计算结果）及 $h_{机} \geq P \sum h_{阻}$（P 为漏风系数，$\sum h_{阻} = \sum h_{摩} + \sum h_{局} + \sum h_{正}$），从通风机技术性能表或通风机"特性曲线"图中选取合适的通风机型号。通风机应有备用量，备用数量一般为计算能力的 50%。此外，根据具体情况，还可以选用具有吸尘、防爆和低噪声等特性的风机。

设置通风机时，其安装基础要能充分承受机体重量和运行时产生的震动，或者水平架设到台架上。吸入口注意不要吸入液体和固体，而且要安装喇叭口以提高吸入、排出的效率。要注意以下几点：

（1）按照通风设计要求安装主机，洞内辅助风机应安装在新鲜风流中。

（2）通风机应装有保险装置，发生故障时能自动停机。

（3）通风机应有适当的备用量，一般为计算能力的 50%。

四、风管布置、选择及安装

（1）放置在隧道内的风管，应设在不妨碍出渣运输作业、衬砌作业的空间处，同时要牢固地安装以免受到振动、冲击而发生移动、掉落。在衬砌模板台车附近，不要使风管急剧弯曲，以减少风压损失。风管一般均用夹具等安装在支撑构件上；若不使用支撑，只有喷混凝土和锚杆时，可在锚杆上装特殊夹具挂承力索，而后通过吊钩安装风管。

（2）风管的连接应密贴，以减少漏风，一般硬管用密封带或垫圈，软管则用紧固件连接。风管可挂设在隧道拱顶中央、隧道中部或靠边墙墙角等处，一般在拱顶中央处通风效果较佳。

（3）吸入式的进风管口或集中排风管口处应设在洞外，并做成烟囱式，防止受污染空气回流进洞。

（4）通风管管口距开挖面处的距离应根据具体情况确定，压入式通风管的送风口距开挖面不宜大于 15 m，排风式风管的吸风口距开挖面不宜大于 5 m。

（5）采用混合式通风方式，当一组风机向前移动时，另一组风机的管路应相应接长，并始终保持两组管道相邻端交错 20~30 m。局部通风时，排风式风管的出风口应引入主风流循环的回流中。

（6）通风管的安装应做到平顺、接头严密、弯管半径不小于风管直径的 3 倍。

（7）通风管如有损坏，必须及时修理或更换。

（8）风压管采用软质橡胶管，吸入管采用硬质金属管或玻璃钢管。

五、通风管理

隧道施工通风要取得良好的效果，除合理选择通风设备外，还必须加强通风管理，并要求做到以下几点：

（1）定期测试通风量、风速、风压，检查通风设备的供风能力和动力消耗；

（2）发现风管、风门、封闭的通道等处漏风时，必须立即堵塞；

（3）通风巷道中，避免停放闲置的车辆、堆积料具和废渣；

（4）采用平行导坑作通风巷道时，除最外一个横通道外，其余均应设置风门，在通风时及时关闭风门。

六、防　尘

在隧道施工中，由于钻眼、爆破、装渣、喷混凝土等，在洞内浮游着大量的粉尘，这些粉尘对施工人员的身体健康危害极大。特别是粒径小于 10 μm 的粉尘，极易被人吸入，或沉附于支气管中，或吸入肺泡，隧道施工人员常见的硅肺病就是因此而形成的。此病极难治愈，病情严重发展会使肺功能完全丧失而死亡。因而，防尘工作是十分重要的。

目前，在隧道施工中采取的防尘措施是综合性的。通常为湿式凿岩、机械通风、喷雾洒水和个人防护相结合，综合防尘。

1. 湿式凿岩

湿式凿岩，就是在钻眼过程中利用高压水湿润粉尘，使其成为岩浆流出炮眼，以防止岩粉的飞扬。根据现场测定，这种方法可降低粉尘量 80%。目前，我国生产并使用的各类风钻都有给水装置，使用方便。

对于缺水、易冻害或岩石不适于湿式钻眼的地区，可采用干式凿岩孔口捕尘，其效果也较好。

2. 机械通风

施工通风可以稀释隧道内的有害气体浓度，给施工人员提供足够的新鲜空气，同时也是防尘的基本方法。因此，除爆破后需要通风外，还应保持通风的经常性，这对于消除装渣运输中产生的粉尘是十分必要的。

3. 喷雾洒水

喷雾一般是爆破时实施的，主要是防止爆破中产生粉尘过大。喷雾器分两大类：一类是风水喷雾器；另一类是单一水力作用喷雾器。前者是利用高压风将流入喷雾器中的水吹散而形成雾粒，更适合于爆破作业时使用。后者则无需高压风，只需一定的水压即可喷雾，此类喷雾器便于安装、使用方便，可安装于装渣机上，故适合于装渣作业时使用。

洒水是降低粉尘浓度的简单而有效的措施，即使在通风较好的情况下，洒水降尘仍然需要。因为单纯加强通风，还会吹干湿润的粉尘而重新飞扬。对渣堆洒水必须分层洒透，一般每吨岩石洒水的耗水量大致为 10~20 L；如果岩石湿度较大，水量可适当减少。

4. 个人防护

对于防尘而言，个人防护主要是指佩戴防护口罩，在凿岩、喷混凝土等作业时还要佩戴防噪声的耳塞及防护眼镜等。

第三节　施工供水与排水

施工中的供水和排水是同施工安全密切相关的。隧道内出现地下水会软化围岩，引起落石坍方；隧道底部积水不及时排除，则有碍钻眼、爆破、清底和铺道；坑道顶部淋水对工人健康不利；水量过大时甚至会淹没工作面，迫使工作停顿，这是水对施工不利的一面。但是，隧道内凿岩、喷雾洒水、灌注衬砌、机械运转和施工人员日常生活等都离不开水。因此隧道工程既要有供水设施，又要有排水措施，方能确保施工安全顺利进行。

一、施工供水

施工供水主要应考虑水质要求、水量的大小、水压及供水设施等几方面的问题。

（一）水质要求

凡无臭味，不含有害矿物质的洁净天然水，都可以作施工用水；饮用水的水质则要求更为新鲜清洁。无论是生活用水还是施工用水，均应做好水质化验工作。参照国家水质标准，施工用水水质要求见表 8-3-1，生活用水水质要求见表 8-3-2。

表 8-3-1　施工用水水质要求

用水范围	水质项目	允许最大值
混凝土作业	硫酸盐（SO₄）含量	不大于 1 000 mg/L
	pH	不得小于 4
	其他杂质	不含油、糖、酸等
湿式凿岩与防尘	细菌总数	在 37 ℃培养 24 h 每毫升不超过 100 个
	大肠菌总数	每升水中不超过 3 个
	浑浊度	不大于 5 mg/L，特殊情况不大于 10 mg/L

表 8-3-2　生活饮用水卫生标准

项　　目	允许最大值
色度	不大于 20 ℃，应保证透明和无沉淀
浑浊度	不大于 5 mg/L，特殊情况（暴雨洪水）不大于 10 mg/L
悬浮物	不得有用肉眼可见水生物及令人厌恶的物质
嗅和味	在原水或煮沸后饮用时不得有异臭和异味
细菌总数	在 37 ℃培养 24 h 每毫升不超过 100 个
大肠菌总数	每升水中不超过 3 个
总硬度	不大于 8.9 mg（当量）/L（25 ℃）
铅含量	不大于 0.1 mg/L
砷含量	不大于 0.05 mg/L
氧化物含量	不大于 1.5 mg/L
铜含量	不大于 3 mg/L
锌含量	不大于 5 mg/L
铁总含量	不大于 0.3 mg/L
pH	6.5～9.5
酚类化合物	加氯消毒时，水中不得产生氯酚臭
余氯含量	水池附近游离氯含量不小于 0.3 mg/L，管路末端不小于 0.05 mg/L

（二）用水量估算

用水量与隧道工程的规模、施工进度、施工人员数量、机械化程度等条件有关，变化幅度较大，一般可参照表 8-3-3 来估算 1 d 的用水量，再加一定的储备量。

表 8-3-3　1 d 的用水量（t）

用水项目	单　位	耗水量	说　明
手持式凿岩机	t /（台·h）	0.20	
喷雾洒水	t / min	0.03	每次爆破后喷雾 30 min
衬　砌	t / h	1.50	包括混凝土养护及洗石
机　械	t /（台·h）	5.00	循环冷却
浴　池	t /次	15.0	
生　活	t /（人·d）	0.02	

（三）供水方式

供水方式主要根据水源情况而定。选择水源时，应根据当地季节变化，要求有充足的水量，保证不间断供水。通常应尽量利用自流水源，以减少抽水机械设备。一般是把山上流水或泉水、河水或地下水（打井）用水管或抽水机引或扬升到位于山顶的蓄水池中，然后利用地形高差形成水压，通过管路送达使用地点。

蓄水池形式一般为开口式，水池容量根据最大计算用水量、水源及抽水机等情况而定。为防止抽水机发生故障或偶尔停电，还应考虑备用水量。根据经验可按 1 d 用水量的 1/2 ~ 2/3 来修建。

蓄水池位置应选择在基底坚固的山坡上，避开隧道洞顶，以防水池下沉开裂后漏水渗入隧道，造成山体滑动或洞内坍方。

水池相对高度，以使水到达隧道最高工作面时的水压不小于 0.3 MPa 为准，折合水柱高为 30 m。因此，水池与由它供水的最高工作面间的高差应为

$$H \geqslant 1.2(30 + h_{损}) \quad (\text{m}) \tag{8-3-1}$$

式中　1.2——压力储备系数；

　　　$h_{损}$——管路全部水头损失，其值为 $h_{损} = \sum h_{摩} + \sum h_{局}$，其中 $\sum h_{摩}$ 为管路摩擦损失，$\sum h_{局}$ 为管路局部损失。

管路水头损失的计算可查阅有关施工技术手册。

（四）供水管道布置

（1）管道敷设要求平顺、短直且弯头少，干路管径尽可能一致，接头严密不漏水。

（2）管道沿山顺坡敷设悬空跨距大时，应根据计算来设立支柱承托，支撑点与水管之间加木垫；严寒地区应采用埋置或包扎等防冻措施，以防水管冻裂。

（3）水池的输出管应设总闸阀，干路管道每隔 300 ~ 500 m 应安装闸阀一个，以便维修和控制管道。管道闸阀布置还应考虑一旦发生管道故障（如断管）能够暂时由水池或水泵房供水的布置方案。

（4）给水管道应安设在电线路的异侧，不应妨碍运输和行人，并设专人负责检查养护（可与压风管道共同组织一个维修、养护工班）。

（5）管道前端至开挖面，一般保持的距离为 30 m，用直径 50 mm 的高压软管接分水器，中间预留的异径三通，至其他工作而供水使用软管（$\phi 13$ mm）连接，其长度不宜超过 50 m。

（6）如利用高山水池，其自然压头超过所需水压时，应进行减压。一般是在管路中段设中间水池作过渡站，也可直接利用减压阀来降低管道中水流的压力。

二、施工排水

施工期间的排水包括洞外排水和洞内排水两部分。

（一）洞外排水

施工期间的洞外排水，主要是做好洞口的防洪和排水设施，防止雨季到来时山洪或地面水倒流入洞，对于斜井、竖井尤应多加注意。其次是将与地下水有补给关系的洼地、勾缝用黏土回填密实，并施作截水沟截流导排。

（二）洞内排水

洞内水主要来源于地下水和施工用水。对于有污染性的施工用水，还应按环境保护要求经净化处理后方能排入河流。洞内排水方式应根据线路坡度大小和水量大小而定。按隧道开挖方向和线路坡度情况可分为两种：

1. 顺坡施工排水

沿上坡进行隧道开挖时，随着隧道延伸，在一侧（或两侧）开挖排水沟，使水顺坡自然排到洞外。

2. 反坡施工排水

沿下坡进行隧道开挖时，水会向工作面汇集，需借用机械将地下水排到洞外，斜井开挖也属于此类。排水系统常用的布置方式有两种：

（1）挖反坡水沟，在分段处挖集水坑，每个集水坑处设一抽水机，把水抽至后一段反坡，最后一个抽水机把水排到洞外，如图 8-3-1（a）所示。

集水坑间距 L_K 用下式计算：

$$L_K = \frac{h_K}{i_S + i_K} \quad (m) \tag{8-3-2}$$

式中　h_K——反坡水沟最大开挖深度，一般不超过 0.7 m；

　　　i_S——线路坡度；

　　　i_K——水沟底坡度，不小于 2‰。

这种方式的优点是工作面无积水，抽水机位置固定，也不需要水管；缺点是用的抽水机多，而且要开挖反坡水沟。一般隧道较短和坡度较小时采用。

（2）隔开较长距离开挖集水坑，开挖面的积水用小水泵抽到最近的集水坑内，再用主抽水机将水排到洞外，如图 8-3-1（b）所示。

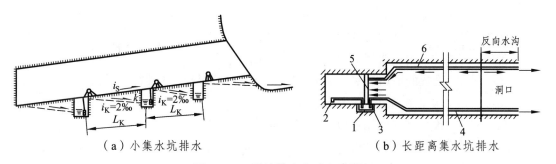

（a）小集水坑排水　　　　　　　　（b）长距离集水坑排水

图 8-3-1　反坡排水方式示意图

1—主水泵；2—小水泵；3—集水坑；4—排水管；5—横沟；6—水沟

这种方式的优点是所需抽水机数量少；缺点是要安装水管，抽水机需随隧道掘进而拆迁前移。在隧道较长、涌水量较大时采用为宜。

反坡施工的隧道，应对地下水涌水量有足够估计，排水设施要有后备。必要时，应在坑道掌子面上钻较深的探水眼，防止突然遇到地下水囊、暗河等大量涌水进入坑道而造成事故。

另外，施工排水的一个特殊方面是要防止洞外洪水突然倒灌洞内。尤其在反坡施工及斜井施工时，洪水倒灌往往会造成重大安全事故。为此，应做好洞口地表排水、截水设施。

第四节　施工供电与照明

一、供　电

随着隧道施工机械化程度的提高，隧道施工的耗电量也越来越大，且负荷集中。同时，为保证施工质量和施工安全，对隧道施工供电的可靠性要求也越来越高，因而施工供电显得越来越重要。

（一）施工总用电量估算

在施工现场，电力供应首先要确定总用电量，以便选择合适的发电机、变压器、各类开关设备和线路导线，做到安全、可靠地供电，减少投资，节约开支。确定现场供电负荷的大小时，不能简单地将所有用电设备的容量相加。这是因为在实际生产中，并非所有设备都同时工作；另外，处于工作状态的用电设备也并非均处在额定工作状态。

1. 同时考虑施工现场的动力和照明

$$S_{总} = K\left(\frac{\Sigma P_1 \cdot K_1}{\eta \cdot \cos\phi} \cdot K_2 + \Sigma P_2 \cdot K_3\right) \tag{8-4-1}$$

式中　$S_{总}$——施工总用电量，$kW \cdot h$；

　　　K——备用系数，一般取 1.05 ~ 1.10；

　　　ΣP_1——整个工地动力设备的额定输出功率总和，kW；

　　　ΣP_2——整个工地照明用电量总和，$kW \cdot h$；

　　　η——动力设备的平均效率，采用 0.83 ~ 0.88，通常取 0.85 进行计算；

　　　$\cos\varphi$——平均功率因数，采用 0.5 ~ 0.7；

　　　K_1——动力设备同时使用系数，见表 8-4-1；

　　　K_2——动力负荷系数，考虑不同类型设备带负荷工作时的情况，一般取 0.75 ~ 1.0；

　　　K_3——照明设备同时使用系数，一般可取 0.6 ~ 0.9。

表 8-4-1　同时用电系数（K_1）

通风机的同时用电系数	0.8 ~ 0.9
施工电动机械同时用电系数	0.65 ~ 0.75

注：根据同时用电机械的台数选取，一般 10 台以下取低限，10 台以上取高限。

2. 只考虑动力负荷

当照明用电相对于动力用电而言，所占比例较少时，为简化计算，可在动力用电量之外再加 10%～20% 作为总用电量，即

$$S_{动} = \frac{\sum P_i}{\eta \cdot \cos\Phi} \cdot K_1 \cdot K_2 \qquad\qquad (8\text{-}4\text{-}2)$$

$$S_{总} = (1.1 \sim 1.2)S_{动} \qquad\qquad (8\text{-}4\text{-}3)$$

式中　$S_{动}$——现场动力设备所需的用电量，kW·h；

其他符号意义同上，但当使用大型用电设备（如掘进机）时，K_1 可取 1.0 进行计算。

（二）供电方式

隧道施工供电方式有自设发电站供电和地方电网供电两种。一般尽量采用地方电网供电，只有在地方供电不能满足施工用电需要或距离地方太远时，才自设发电站。此外，自发电还可作为备用，当地方电网供电不稳定时采用，在有些重要施工场所应设置双回路供电网，以保证供电的稳定性。因绝大多数情况下采用地方电网供电，故在此主要介绍变电站的有关内容。

1. 变压器选择

一般根据估算的施工总用电量来选择变压器，其容量应等于或略大于施工总用电量，且在使用过程中，一般使变压器承受的用电负荷达到额定容量的 60% 左右为佳。具体可按下述方法确定：

（1）配属电动机械的单台最大容量占总用电量的 1/5 及以下时，变压器最大容量为

$$S_e = \frac{\sum P_1 \cdot K_1}{\eta \cdot \cos\Phi} \qquad\qquad (8\text{-}4\text{-}4)$$

（2）配属电动机械的单台最大容量占总用电量的 1/5 以上时，变压器最大容量为

$$S_e = \frac{5\sum P_1 \cdot K_1 \cdot \mu}{\eta \cdot \cos\Phi} \qquad\qquad (8\text{-}4\text{-}5)$$

其中，μ 为配属机械中最大一台的容量与总用量的比值。公式（8-4-4）、（8-4-5）中其他符号意义同前。

根据上述计算，从变压器产品目录中选择适当型号的配电变压器即可。

2. 变压器位置的确定

变压器的位置应考虑便于运输、运行和检修，同时应选择安全可靠的地方，因此应满足以下几个方面：

（1）变压器应选择在高压进线方便处，且应尽量接近高压线。

（2）变压器必须安设在其供电范围的负荷中心，使其投入运行时线路损耗最小，且能满足电压要求。一般情况下还应安设在大负荷的附近。当配电电压在 380 V 时，供电半径不应大于 700 m，一般以 500 m 为宜。高压变电站之间的距离，一般在 1 000 m 左右。

（3）洞内变压器应安设在干燥的避车洞或不用的横通道处，变压器与周围及上下洞壁的距离不得小于 30 cm，同时按规定设置安全防护措施。

（三）供电线路布置及导线选择

1. 线路电压等级

隧道供电电压，一般是三相四线 400/230（V）。长大隧道可用 6 ~ 10 kV，动力机械的电压标准是 380 V；成洞地段照明采用 220 V，工作地段照明和手持电动工具按规定选安全电压供电。

2. 导线选择

当供电线路中有电流时，由于导线具有阻抗，会产生电压降，使线路末端电压低于首端电压。线路始、末两端电压的差称为线路电压损失，俗称电压降。根据施工规则规定，选用的导线断面应使末端电压降不超过额定电压的 10%及国家对经济电流密度的规定（见表 8-4-2）。

表 8-4-2　导线的经济电流密度 I_i（A/mm^2）

铜导线	铝导线
1.40	0.9

线路电压降可按下式计算：

$$\Delta U_1 = \frac{54lI}{1\,000I_i S} \tag{8-4-6}$$

$$\Delta U_3 = \frac{934lI}{1\,000I_i S} \tag{8-4-7}$$

式中　ΔU_1——按单相电路计算的电压降，V；

　　　ΔU_3——按三相电路计算的电压降，V；

　　　l——送电距离，m；

　　　I——线路通过电流强度，A；

　　　I_i——经济电流密度，A/mm^2；

　　　S——导线截面积，mm^2。

根据上述公式可以计算出所需导线截面，选择各种不同规格的导线。但一般不宜采用加大导线截面、减少电压降以增加送电线路距离。

3. 供电线路布置

在成洞地段用 400/230 V 供电线路，一般采用塑料绝缘铝芯线或橡皮绝缘铝芯线架设；开挖、未衬砌地段以及手提灯应使用铜芯橡皮绝缘电缆。布置线路时应注意以下几点：

（1）输电干线或动力、照明线路安装在同一侧时，必须分层架设。其原则是：高压在上，低压在下；干线在上，支线在下；动力线在上，照明线在下。且应在风、水管路相对的一侧。

（2）隧道内配电线路分低压进洞和高压进洞两种。一般隧道在 1 000 m 以下（独头掘进时），采用低压进洞，电压为 400 V，配电变压器设在洞外；隧道在 1 000 m 以上时则采用高压进洞，以保证线路终端电压不致过低。高压进洞电压一般为 10 kV，配电变压器设在洞内。

（3）根据隧道作业特点，电线线路架设分两次进行。在进洞初期，先用橡胶套装设临时电路，随着工作面的推进，在成洞地段用胶皮绝缘线架设固定线路，换下电缆供继续前进的工作面使用。

（4）洞内敷设的高压电缆，在洞外与架空高压线连接时，应安装相同电压等级的阀型避雷器一组及开关设备。架设低压线路进洞时，在洞口的电杆上，应安装低压阀型避雷器一组。

（5）不允许将通电的多余电缆盘绕堆放，以免引起电缆过热发生燃烧和增加线路电压降的现象。

（6）低压进路导线敷设方式分垂直、水平两种。水平排列占空间较大，影响大型施工机械通过，故一般采用垂直排列。垂直排列时，采用针式绝缘子固定，线间距为 0.2 m，下部导线离地面≥3 m，横担间距一般为 10 m。高压进洞电缆一般采用明敷设。明敷设是将电缆架设在明处，根据不同地段的具体条件，可分别用金属托架、挂钩、木耳子或帆布带等固定。电缆离地面≥3.5 m，横向间距一般为 3～5 m。

（7）线路需分支时，分支至所接设备的连接应使用橡套电缆，且每一分支接线应在接头与所接设备之间，安装开关和熔断器；照明线路则仅在总分支接头处设置开关和熔断器。分支接头处应按规定搭接，并用绝缘胶布包缠。

二、照　明

（一）普通光源施工照明

1. 照明安全变压器

作业地段照明必须使用安全变压器，其容量不宜过大，输入电压为 220 V，输出电压最好有 36 V、32 V、24 V、12 V 四个等级，以便按工作面的安全因素要求选用照明电压，并应装有按电源电压下降而能调整的插头。

2. 不同地段的照明布置

根据公路隧道施工规范要求，如表 8-4-3 所示。

表 8-4-3　不同地段的照明布置

工作地段	灯头距离 / m	悬挂高度 / m	灯泡容量 / W
施工作业面	不少于 15 W/m² （断面较大可适当采用投光灯）		
开挖地段和作业地段	4	2～2.5	60
运输巷道	5	2.5～3	60
特殊作业地段或不安全因素较多地段	2～3	3～5	100

工作地段	灯头距离 / m	悬挂高度 / m	灯泡容量 / W
成洞地段			
用白炽灯时	8～10	4～5	60
用日光灯照明时	20～30	4～5	40
竖井内	3		60

注：① 在直线段灯头距离采用表中大数，在曲线段采用较小数。
　　② 在有水地段应用胶皮电线，工作面附近应用防水灯头。

3. 事故照明设施

在主要交通道、竖井、斜井、涌水较大的抽水站、高压变电站等重要地点，应设事故照明装置以保安全，事故照明自动线路如图 8-4-1 所示。

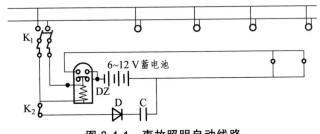

图 8-4-1　事故照明自动线路

图中 K_1 为检查事故照明系统状态的开关，一般每天应检查一次；K_2 为充电电路开关；D 为整流器；C 为电容器；DZ 为继电器。

（二）新光源照明

普通光源一般使用的是白炽灯或荧光灯管，优点是价格低、使用方便，但其耗电量较大且亮度较弱。而采用新光源，如低压卤钨灯、高压钠灯、钪钠灯、钠铊铟灯、镝灯等，则具有以下优点：① 大幅度地增加施工工作面和场地的照度，为施工人员创造一个明亮的作业环境，可保证操作质量；② 安全性能好；③ 节电效果明显；④ 使用寿命长，维修方便，减少电工的劳动程度。

新光源洞内外照明布置要求见表 8-4-4。

表 8-4-4　新光源洞外照明布置

工作地段	照明布置
开挖面后 40 m 以内作业段	两侧用 36 V500 W 卤钨灯各 2 盏（或 300 W 卤钨灯 7 盏，以不少于 2 000 W 为准），灯泡距离隧道底面高 4 m
开挖面后 40～100 m 区段	安设 2 盏 400 W 高压钠灯和 2 盏 400 W 钠铊铟灯，间距约 15 m，灯泡距隧道底面高 5 m
开挖面后的 100 m 至成洞末端	每隔 40 m，左右侧各设计 400 W 高压钠灯 1 盏
模板台车衬砌作业段	台车前台 10 m～15 m，增设 400 W 高压钠灯各 1 盏，台车上亮度不足时，增设 36 V300 W 或 500 W 卤钨灯

工作地段	照明布置
成洞地段	每隔 40 m 安装 400 W 高压钠灯 1 盏
斜井、竖井井身掌子面及喷混凝土作业面	使用 36 V500W 或 36 V300 W 卤钨灯，已施工井身部分选用小功率 110 V 高压钠灯，间距：混合井 30 m 安装 1 盏，主副井每 25 m 安装 1 盏
洞外场地	每隔 200 m 安装高压钠灯 1 盏

三、安全用电

安全用电是保证人身安全和高速度、高质量完成施工任务的重要措施之一。防止触电事故，主要依靠健全的规章制度和完善的技术措施。常用的技术措施有：采用绝缘材料，屏护遮拦，保证安全距离；采用保护接零；采用安全电压等。

1. 安全作业要求

有关安全作业，除应遵守电工安全作业规程外，重点应注意以下几点：

（1）线路及接头不许有裸露，要经常检查，发现裸露的应立即包扎。

（2）各种过电流保护装置不应加大其容量，不能用任何金属丝代替熔丝。

（3）电工人员操作时必须戴绝缘手套和穿绝缘胶靴。

（4）在需要触及导电部分时，必须先用测电器检查，确认无电后，才能开始工作；并事先将有关的开关切断封锁，以防误合闸。

（5）一切电气设备的金属外壳或构架都必须进行妥善接地。

2. 接 地

在隧道施工中需要接地的设施有：与电机连接的金属构架、变压器外壳、配电箱外壳、起动器外壳、高压电缆的金属外皮、低压橡套电缆的接地芯线（即联结变压器中性点的中性线）、风水管路、轨道及洞内临时装设的金属支架等。

接地是由高压电缆外皮和低压电缆的接地芯线以及所有明线架设的中性线连接成一个总的接地网路，在网路上分别连接上述需要接地的设施，构成一个具有多处接地装置的接地系统（见图 8-4-2）。

不用高压供电的隧道，应在 400/230 V 进线端设置中心接地装置。

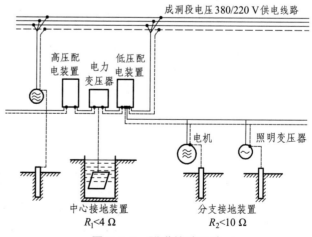

图 8-4-2 隧道接地系统

复习思考题

1. 如何确定空压机的生产能力？

2. 高压风管管径选择应满足什么条件？如何进行高压风管管径的选择？

3. 某中长隧道，有进口向出口方向施工为下坡，且富含地下水，试设计隧道施工排水方案。

4. 隧道施工通风有哪几种方式？有何特点？各适用于何种情况？

5. 隧道内不同作业地段的照明标准各有什么规定？

第九章　隧道养护维修与病害整治

第一节　运营隧道养护维修

隧道结构的寿命是指设计时预计的结构可安全稳定的工作年限。影响隧道结构寿命长短的因素有：① 隧道的结构形式；② 使用的建筑材料；③ 外界因素，如人为因素、工程地质和水文地质状态等。经验表明，由砖石材料砌筑成的隧道结构寿命一般为 70 ~ 80 年，而钢筋混凝土的隧道结构寿命可达 100 年。当然一些外界因素和偶然因素会使隧道结构的寿命出现较大的波动。

为了尽量延长隧道结构的寿命，应对隧道进行经常性的养护工作。隧道养护工作应本着以预防为主，预防与及时整治病害相结合的原则，确保隧道的功能和运营环境的质量，而对影响隧道结构物安全性、耐久性的变异进行检查及调查，并采取适当的对策和措施，做到防治结合，把病害控制在最小的范围内。

在隧道结构使用寿命以内，应进行以下预防与养护工作：运营状态监视；检查以便及时发现隧道结构出现的病害；分析引起隧道病害的原因；采用适当的维修及修复措施；评价隧道结构的安全性及稳定性。

一、运营状态监视

通过运营控制系统同时监视及控制车辆流动状态、洞内的温度、湿度、通风、照明、有害气体含量、火警能量供给状态等多项运营工作状态，并可根据监视结果及时发现不正常状态，调整隧道能量供给方式，节约运营费用。例如，可根据洞内有害气体的含量及车辆在同一时间的流量确定隧道通风机的工作状态，根据隧道洞内的不同位置以及洞内外光线差别调整洞内照明的强度。

二、隧道病害检查

通过检查及时发现隧道结构是否出现病害是隧道养护工作的重要内容，其目的是尽早发现结构已出现的破损，避免由于破损程度的发展而导致破损范围的扩大，以便尽可能减少维修的程度以及维修的工程费用。即遵循"早发现，控制发展；早维修，少工料费"的原则。

1. 隧道检查

隧道检查有经常检查、定期检查、特别检查和限界检查等。

（1）经常检查。其内容包括排水设施是否通畅，衬砌表面是否有漏水，洞口山坡是否有坍方落石，隧道上方地表是否出现冲沟和陷穴，对已有病害进行观测并做好记录以便存档。

（2）定期检查。由工务段按铁路局工务处的布置，对管区内所有隧道进行每年一次的全面检查。检查时间一般在秋季或春季，故称为"秋检"或"春检"。检查内容包括洞口、洞内各种建筑物的状况，可能产生的病害，洪水前后的状态变化，严寒地区春季冰雪融化后对建筑物的影响等。

（3）特别检查。由铁路局组织或指定有关单位，对个别长大的、构造复杂的和有严重病害的隧道进行特别检查。

（4）限界检查。它是专门对隧道衬砌限界所进行的全面检查，是隧道技术管理的重要内容之一。工务规则规定，至少每5年要检查1次，并做好检查记录以便存档。

2. 隧道病害的检查方法

隧道病害的类型主要有水害、冻害、衬砌裂损和衬砌侵蚀。最为常见的是水害，素有"十隧九漏"之说。

隧道病害发生较多的地段，从地质情况看：一般是断层破碎带、风化变质岩地带、裂隙发育的岩体、岩溶地层、软弱围岩地层等；从地形情况看，多发生在斜坡、滑坡构造地带和岩堆崩坍地带等。

常用于观察隧道结构是否出现病害的方法有：

（1）在洞内通过肉眼观察；

（2）定期对设置的观察面进行量测，并用曲线外插法预测变形及受力状态；

（3）观察地下水数量及水质变化；

（4）钻孔探查，了解岩石受力及松动状态、岩石与隧道接触状态、隧道结构变形裂缝状态、密封层防水性等；

（5）开挖检查井及坑道；

（6）现代测量方法，如物理地质电测法、地质电测法、红外线测量法等。

三、引起隧道病害的原因

引起隧道病害的原因有多种，主要可分为两类，即人为因素和自然因素。

1. 人为因素

引起隧道病害的人为因素主要是指设计和施工不当引起。包括以下几个方面：

（1）建筑材料：建筑材料强度低，质量差，易老化。

（2）设计不当：截面形式不合理，强度偏小，密封及防排水系统不当。

（3）施工不当：岩石松动或自承效应丧失，支护结构与岩石接触差，仰拱合龙过晚，开挖及衬砌方法不当等。

2. 自然因素

引起隧道病害的自然因素是指工程地质及水文地质、交通等状态的变化。主要包括以下几个方面：

（1）地质状态：作用于岩体上的外力荷载发生改变；岩体自身由于发生应力重分布、松动或出现膨胀应力而改变了岩体原来的受力状态；围岩体积变化改变了原来的围岩作用。

（2）内部荷载：交通状态的改变使洞内荷载强度及振动强度发生变化。

（3）地貌改变：如在隧道临近处开挖土方，进行振动较大的施工作业。

（4）地下水影响：隧址处地下水位改变，水量及水质改变，密封层渗水等。

通常，隧道破损的形式、程度与上述因素之间没有对应的因果关系，这是由于一方面上面提到的两类引起破损的因素在很多情况下是相互影响的，另一方面相同的破损形式可能在不同的情况下由不同的原因而引起，或相同的破损原因可能导致不同的破坏形式及程度。另外，还存在很多其他的引起破损的因素。例如，没有及时发现引起破损的迹象或出现破损的痕迹，由错误的判断而发生新的破损，维修及修复措施不当等。

四、采用适当的维修措施

1. 建筑材料方面

（1）由于建筑材料强度低、质量差、易老化而引起破损的，可采用更换材料的维修方法。

（2）建筑材料表面易脱落、风化及腐蚀的，可在该表面抹水泥浆或喷混凝土。

（3）由于材料冻裂的，特别是在洞口附近，则需改善排水设施，尽可能将水引离结构，并且加强通风。

2. 设计方面

（1）外力过大、结构强度偏低时，可考虑：更换高强度材料；增加钢锚杆，加受力铰以改变原来结构的受力形式；注浆加固以提高岩体的自承能力并减小作用在隧道结构上的围岩压力，并在注浆时考虑结构原来的排水形式及排水系统。

（2）隧道结构无仰拱，墙脚发生塑性位移时，若只加固支座地基效果不大，可考虑加钢锚杆或注浆以加强衬砌与围岩的连接，加固侧墙或增建仰拱。

3. 施工方面

（1）施工不当而造成衬砌与岩体接触差时，可考虑注浆或填充方法，加强围岩与衬砌的连接以形成共同受力结构，减少松动。

（2）隧道结构由于局部施工引起的质量较差，可考虑更换。

4. 地质方面

由于围岩体积变化或由于岩体松动及应力重分布而改变了原来的抗力作用时，可采用注浆填充空洞，并用钢锚杆加强隧道衬砌与围岩之间的接触，使它们共同受力。

5. 地下水方面

（1）密封防水层局部破坏，可在渗水处插软管将水排（排水沟，或增补一局部阻水层将水路阻塞），不让地下水流进隧道内部。

（2）密封防水层被大面积破坏而不起密封作用时，通常无法恢复原来的密封层，只有考虑放弃原来密封层的作用，或在衬砌内表面重修防水层，或采用改善排水系统功能的方法将水汇流后排到洞外。

五、评价隧道结构的安全性及稳定性

隧道衬砌除了由于各种因素导致破损外，还有一个自然老化的过程，即随着使用年限的增长，建筑材料慢慢地腐蚀、脱落、强度降低，从而使功能逐步衰退、下降。

隧道在运营保养阶段，除了对破损要进行及时修复外，还要对修复的效果及隧道的安全性、稳定性给予正确的评价。如果隧道破损后，修复效果不好，破损范围不断发展及扩大，并有塌方或失稳的危险时，则需临时停止隧道的运营使用。当对隧道综合评价的结果证明隧道已无法正常运营使用，并无法或不值修复时则认为隧道已达寿命年限。

1. 隧道结构的评价

包括对衬砌结构的刚度及变形状态、材料强度及变形性、仰拱及基底效应等进行评价。

2. 围岩状态的评价

包括对隧道衬砌与围岩的接触状态、松动区的大小及形状、作用于隧道衬砌上的压力、抗力效应、静水及附加压力、岩石的力学性能等进行评价。

根据隧道结构的评价和围岩状态的评价结果，可对隧道结构进行静力学计算分析，必要时可做动力学分析，进行截面的强度验算，评价隧道的安全及稳定性。

通过对旧隧道综合状态的评价，可以确定维修的必要性及相应的维修及加固方法。

第二节　隧道水害与其防治

一、隧道水害的主要类型及危害

隧道水害是指在隧道修建和运营过程中遇到的水的干扰和危害，是最常见的隧道病害。其主要指运营隧道水害，即围岩的地下水和地表水直接或间接地以渗漏或涌出的形式进入隧道内造成的危害。主要类型有隧道渗漏水、涌水，衬砌周围积水，潜流冲刷等。

（一）隧道渗漏水的影响与危害

隧道渗漏水对隧道稳定、洞内设施、行车安全、地面建筑和隧道周围水环境产生诸多不良影响甚至威胁。

（1）渗漏水促使混凝土衬砌风化、剥蚀，造成衬砌结构破坏；渗漏水还会软化围岩，引起围岩变形，有些隧道渗水中含有侵蚀性介质，造成一般的衬砌混凝土和砌筑砂浆腐蚀损坏，使衬砌的承载能力降低；在寒冷和严寒地区，隧道漏水会造成边墙结冰、拱部挂冰，侵入隧道建筑限界时，还会造成衬砌冻胀裂损。

（2）渗漏水加快内部设备（通信、照明、钢轨等）锈蚀，影响设备的正常使用，缩短线路设备的使用寿命，增加维修费用。

（3）水害引发路基下沉、基底裂损、翻浆冒泥等病害，导致铁路线路轨距水平变形超限、冻胀引发洞内线路起伏不平以及洞内漏水潮湿降低轮轨黏着力，均会影响行车安全；水害使电绝缘失效、短路、跳闸，影响安全运营，引发漏电伤人事故；少数隧道，暴雨后隧道铺底破损涌水，造成淹没轨道、冲空道床，影响行车安全。

（4）严重渗漏水引发地面和地面建筑物的不均匀沉降和破坏。

（5）隧道渗漏造成地表水和含水层水大量流失，破坏周围水环境，造成环境灾害。

（二）衬砌周围积水的影响和危害

（1）水压较大时导致衬砌破裂。

（2）围岩浸水软化，承载力降低，对衬砌压力加大，导致衬砌破裂

（3）膨胀性围岩体积膨胀，导致衬砌破裂。

（4）寒冷地区引发冻胀病害。

（三）潜流冲刷的影响和危害

（1）衬砌基础下沉，边墙开裂或仰拱、整体道床下沉开裂。

（2）围岩滑移错动导致衬砌变形开裂。

（3）超挖围岩回填不实或未全部回填者，引起围岩坍塌，导致衬砌破坏。

二、隧道水害的成因

隧道水害的成因是，修建隧道，破坏了山体原始的水系统平衡，隧道成为所穿过山体附近地下水集聚的通道。当隧道围岩与含水地层连通，而衬砌的防水及排水设施、方法不完善时，就必然发生隧道水害。

1. 隧道穿过含水的地层

主要包括砂类土和漂卵石类土含水地层；节理、裂隙发育，含裂隙水的岩层；石灰岩、白云岩等可溶性地层。

当有充水的溶槽、溶洞或暗河等与隧道相连通时，在浅埋隧道地段，地表水可沿覆盖层的裂隙、孔洞渗透到隧道内。

2. 隧道衬砌防水及排水设施不完善

主要有原建隧道衬砌防水、排水设施不全；混凝土衬砌施工质量差，蜂窝、孔隙、裂缝

多，自身防水能力差；防水层（内贴式、外贴式或中间夹层）施工质量不良或材质耐久性差，经使用数年后失效；混凝土的工作缝、伸缩缝、沉降缝等未做好防水处理。

三、运营隧道水害整治措施

隧道漏水应在周密调查、弄清水源和既有衬砌防排水设备现状的基础上，根据隧道的具体情况，因地制宜地贯彻"截、排、堵"相结合，综合整治的原则。力求达到建立完善的隧道防排水系统，使用的材料安全而耐久，工艺先进，质量可靠，方便维修，经济合理的目的。

环境水有侵蚀性时，应采取可靠的抗侵蚀措施。

在寒冷、严寒地区，应防止冬季水流冻结造成衬砌和轨道冻胀及电力牵引区段挂冰、放电危及行车和人身安全。

常用的整治运营隧道渗漏水的基本方法如下：

1. 适当疏排

对地表水丰富的浅埋隧道，当地表沟谷坑洼积水、渗水对隧道有影响时，用疏导积水、填平沟谷、砌沟排水等措施，使洞顶地表形成良好的排水系统，不使洞顶的地表水流入或渗入隧道。洞口仰坡边缘周围设截水沟和排水沟，并保持良好的状态。

对地下水丰富，隧道内无排水沟或排水沟深度不足而导致隧底积水的，应增设水沟。将单侧沟改为双侧沟，加深侧沟或采取设置密井暗管加深水沟等措施。既有隧道侧沟沟底位于基床底面以上，排水沟只能排除基底以上衬砌的渗漏水，隧道底部的地下水排不出去，积聚在基底以下，在列车动荷载作用下基底软化，沟墙开裂或倾倒，铺底或仰拱破碎，道床翻浆。实践证明，消除这一病害的有效方法是将侧沟加深至轨面以下 1.5 m 左右，排除基底以下的积水，以保持隧底干燥和稳定。

增设或疏通平行导洞。长大隧道中，当仅靠隧道内的排水沟不能将流入隧道的地表水及地下水排出时，往往引起水漫道床，中断行车。如贵昆线梅花山隧道、果纳隧道，京原线平型关隧道，这种情况都曾多次发生，这时一般采用增设或疏通平行导洞的方法。

增设防寒泄水洞是整治寒冷地区隧道水害的有效方法。寒冷地区的隧道，衬砌后的地下水渗漏到隧道中，冻结成冰，悬挂在拱部成冰溜，贴附在边墙成冰柱，积聚在道床上成冰丘，都可能侵限危及行车安全，而且还会因结冰冻胀，导致衬砌裂损、脱落。嫩林线的岭顶隧道、兰新线乌鞘岭隧道、京原线平型关隧道，都曾因上述原因中断行车。为消除其病害，可以增设了泄水洞，泄水洞设在最大冻结线以下，以竖向排水沟与衬砌背后相连，并在泄水洞边墙及洞顶向围岩打潜水孔以利疏排围岩中的裂隙水。

2. 注浆堵水

对注浆材料总的要求是：可灌性好；凝结时间可控制，固化最好是突变的；固化体强度高、抗渗性好、黏结力强、微膨胀、耐久性好；材料来源广，价格便宜；施工工艺简便；无毒，对环境无污染。

向衬砌背后围岩或回填层注浆。一般使用普通水泥净浆或砂浆。普通水泥净浆或砂浆原料丰富，价格低廉，且结硬强度高，耐久性好；但是普通水泥浆初凝时间长，且难以准确控制，易造成浆液流失，同时早期强度低，强度增长慢，易沉淀析水。因此使用时必须加入速凝剂、膨胀剂、减水剂等使普通水泥浆具有快凝、早强、微膨胀的性能。

向衬砌内部注浆。衬砌内部空洞、裂纹与围岩裂隙及回填层相比要小得多，一般采用超细水泥。超细水泥的比表面积为 8 000 ~ 9 000 cm^2/g，最大粒径为 20 μm，可渗入渗透系数为 $10^{-4} ~ 10^{-3}$ cm/s 的细砂或裂隙宽度大于 0.05 mm 的缝隙中。而普通水泥的比表面积为 3 000 ~ 3 200 cm^2/g，最大粒径为 90 μm，只能渗入渗透系数大于 5×10^{-4} cm/s 的粗砂或裂隙宽度大于 0.6 mm 的缝隙中。超细水泥的可灌性与化学浆液相近，无毒、无污染、结硬强度高、耐久性好，是衬砌内部注浆的理想材料。

向基底注浆。一般在行车间隔内进行，要求注浆材料必须具有快凝、早强、高强、微膨胀的性能，而且耐久性好。注浆材料曾使用过水泥水玻璃混合液，可灌性好、早期效果也好，但是水玻璃的耐久性差，不久病害重新出现。在南岭隧道整治隧底病害时，成功地使用了双快水泥注浆。双快水泥注浆必须随着气温的高低掺加缓凝剂，工艺比较复杂。

3. 增设内防水层

新建隧道衬砌防水一般采用防水混凝土或外贴式防水层。然而运营隧道发生水害，增设外贴式防水层几乎不可能，因此通常增设内防水层。内防水层虽然不能阻止水流进入衬砌，但可阻止水流进入隧道。当水停止在衬砌内流动，衬砌内的孔洞可能因碳酸钙沉积而有一定程度的愈合。

设内防水层是比较经济的。增设内防水层的方式有三种：一是刷涂；二是刮压；三是喷涂。

四、隧道水害整治技术关键

1. 摸准病根，对症整治

水是导致隧道发生水害的基本因素，但不是说有水就必有水害。问题是要抓住水的规律，根据实际情况，采取针对性的措施。病根抓不准，方案不对头，效果就不会好。兰新线乌鞘岭隧道水害整治就是一例。乌鞘岭隧道位于兰新线 K83 + 778 处，穿越祁连山支脉（金强河与古浪河的分水岭），垭口高程 2 988 m。冬季最低气温为-30.6 ℃，最大冻结深度 2 m，隧道内渗漏水冻害严重，道床结冰侵限，为保证行车安全冬季安排多人刨冰。在兰新线兰武段电化改造时曾对此进行整治，由于未抓住严寒这个关键要害，采用了通常加强地下水疏导的方法，收效甚微。之后总结失败的教训，采用严寒地区隧道治水经验，在道床中心右侧轨面下 4 m 增设了防寒泄水洞，收到了较好的效果。

2. 合理选择防水材料

防水材料种类的很多，根据隧道水害的特点，合理地选择防水材料，可做到施工简便、质量可靠、牢固耐久、造价低廉。隧道衬砌一般都比较潮湿，增设内防水层使用的材料应具有可在潮湿界面上施工的特性，否则不是工艺麻烦就是影响效果；隧道内一般通风较差，使用的材料应该是无毒、无味、无污染的；隧道是永久建筑物，使用的材料应是耐久性好、长寿命的。对于有侵蚀介质的隧道，在弄清侵蚀介质性质的基础上，选择耐腐蚀的材料。在有流水的部位，注浆应选用水溶性聚氨酯，因为水溶性聚氨酯遇水迅速膨胀和固化，堵水效果显著；但聚氨酯强度低，耐久性差，价格高，流水一旦被堵住，衬砌后仍应压注普通水泥净浆或砂浆堵塞空隙。

3. 严格施工工艺

不论采用哪种材料，不论增设内防水层还是注浆堵水，都应严格按施工工艺进行，否则将严重影响整治效果。所谓"三分材料，七分工艺"，讲的这个道理。这说明了按施工工艺操作的重要性。

第一，隧道增设内防水层时衬砌表面必须平整，要用凿毛、喷砂及高压水进行认真清理。使衬砌表面不得有灰尘、油污、泛碱、油漆、泛浆、剥落在即的混凝土等。不然，无论用什么方法施作的内防水层都不可能与衬砌牢固地黏结在一起。

第二，增设内防水层必须在经过注浆堵漏的基础上进行，在衬砌有明显水流的情况下，不论用何种材料施作内防水层，都不可能与基底黏结牢固。也就是说，增设内防水层只能在没有明水的基面上进行（有的材料要求基面必须干燥）。衬砌有较大射流或渗流时，必须先进行堵漏处理，然后增设内防水层。

第三，堵漏必须与引排相结合，一般是在拱部采取堵的办法，在墙部采取排的办法。在漏水严重的地段，应先凿槽埋管引排，避免因强堵而增加衬砌背后的积水压力，导致衬砌其他薄弱部位出现新的渗漏。

第四，注浆堵水应按施工工艺进行，必须根据漏水情况合理布孔，根据堵水类型保证钻孔深度，严格控制水灰比和注浆压力。注浆前先压水检查注浆孔贯通情况及估算注浆量；注浆完了应认真复查注浆效果，未达到设计要求的应进行补浆。基底注浆还应保证注浆量及基底清洗的洁净度，如基底清洗不干净，含有泥沙，注浆就不能达到预期效果。

第三节　隧道衬砌裂损与其防治

铁路隧道衬砌，是承受山岭地层压力、防止围岩变形坍落的工程建筑物。地层压力的大小，主要取决于工程地质、水文地质条件和围岩的物理力学特性，同时与施工方法、支护衬砌是否及时和工程质量的好坏等因素有关。

由于地层压力（含原始地应力场和地下水）作用、温度和收缩应力作用、围岩膨胀性或冻胀性压力作用、腐蚀性介质作用、原建施工中人为因素等的影响，使隧道衬砌结构物产生裂纹变形，影响到隧道的正常使用，统称为隧道衬砌裂损病害。

一、隧道衬砌裂损类型及主要危害

1. 衬砌裂损类型

衬砌裂损的类型主要有：衬砌开裂；衬砌变形；衬砌腐蚀破坏；衬砌背后空洞；仰拱破碎，道床下沉，翻浆冒泥，等等。

（1）衬砌开裂。隧道衬砌开裂根据走向及其隧道长度方向的相互关系，分为纵向裂缝、环向裂缝和斜向裂缝三种。

纵向裂缝平行于隧道轴线，危害性最大，发展可引起隧道掉拱、边墙断裂甚至整个隧道塌方；斜向裂缝一般和隧道纵轴成 45°左右，其危害性仅次于纵向裂缝，也需认真加固；环向裂缝主要由纵向不均匀荷载、围岩地质变化、沉降缝等处理不当所引起，多发生在洞口或不良地质地带与完整岩石地层的交接处，一般对隧道结构正常承载力的影响不大。

（2）衬砌变形。混凝土衬砌发生收敛变形、造成隧道净空不够或侵占预留加固的空间，个别隧道的混凝土衬砌侵入 30 ~ 40 mm，此运营隧道需定期进行限界测量，作为加固的依据。

（3）衬砌腐蚀破坏。我国西南地区不少铁路隧道混凝土衬砌被酸性地下水所腐蚀。这些地区的地下水，硫酸根（SO_4^{2-}）在水中含量高达 6 000 mg/L，因而造成混凝土衬砌和道床被腐蚀成豆腐渣状，强度降低 30%，这种混凝土衬砌的处理和加固难度较大。

（4）衬砌背后空洞。衬砌与围岩之间没有回填密实或回填不密实处，容易出现较大的位移和外鼓，一般加固方法困难。

（5）仰拱破碎，道床下沉，翻浆冒泥。这些直接影响行车安全，加固修衬又受行车时间限制，因此施工时必须及时处理。

2. 隧道衬砌裂损的主要危害

隧道衬砌裂损是隧道病害的主要形式，其主要危害有：
（1）降低衬砌结构对围岩的承载能力；
（2）使隧道净空变小，侵入建筑限界，影响行车安全；
（3）拱部衬砌掉块，影响行车和人身安全；
（4）裂缝漏水，造成钢轨扣件锈蚀，道床翻浆，在严寒和寒冷地区会产生冻害；
（5）铺底和仰拱破损，基床翻浆、线路变形、危及行车安全，被迫降低列车运行速度，大量增加养护维修工作量。

在运营条件下对裂损衬砌进行大修整治，施工与运输互相干扰，费用较大。

二、隧道衬砌裂损原因分析

客观上，隧道穿越山体的工程地质和水文地质条件复杂多变，由于受修建时期的勘测设计条件的限制，在设计阶段难以取得完整准确的地质资料，可能出现一些地段的围岩级别划分不准、衬砌类型选择不当的情况，如果在施工中得不到纠正或施工中对正确的设计进行了错误的变更，都会造成这些地段的衬砌结构与围岩实际荷载不相适应。例如：对一些具有膨胀性围岩地段，未采取曲墙加仰拱衬砌；对隧道倾向不利（呈单斜 20° ~ 70°构造）并有软硬互层，易产生顺层滑动错落的偏压地段，未采用偏压衬砌；对断层破碎带、裙皱区等局部围岩松散压力或构造应力较大地段，衬砌结构未能相应采取加强措施；对基底软弱和易风化泥化地段，未设可靠防排水设备，混凝土铺底厚度及强度不足。

修建时，由于受技术条件限制，方法不当，管理不善，造成工程质量不良。例如：对Ⅲ级以下的围岩，通常采用先拱后墙（上下导坑）施工方法，由于工序配合不当、衬砌成环不及时、拱部衬砌悬空地段过长、拱架支撑变形下沉等原因，都容易造成拱部衬砌产生不均匀下沉，导致拱腰和拱顶衬砌发生施工早期裂缝。

由于施工测量放线发生差错、欠挖、模板拱架支撑变形、坍方等，施工中未能妥善处理，造成局部衬砌厚度偏薄。

由于过早拆除模板支撑，使衬砌承受超容许的荷载，易发生裂损。

由于施工质量管理不善，混凝土材料检验不力，施工配合比控制不严，水灰比过大，混凝土捣实质量不佳，拱部浇筑间歇施工形成水平状工作缝等，造成衬砌质量不良，承载能力降低。

三、隧道衬砌裂损的预防和整治措施

1. 预防措施

加强地质勘探工作，为隧道衬砌结构设计提供准确的工程地质与水文地质资料。采用开挖面超前钻探等方法，加强施工中的地质复查核实工作，正确选择施工方法和衬砌断面。对不良地质地段衬砌，应贯彻"宁强勿弱，宁曲勿直，加强衬砌过渡段宁长勿短"的设计原则。

采用先进的施工技术设备，尽量减少施工对围岩的扰动，提高衬砌质量。对隧道拱部应大力推广光面爆破，锚喷支护，提高喷混凝土永久性衬砌的抗裂、抗渗性能。

2. 整治措施

在运营条件下对隧道衬砌裂损病害的整治原则：应在加强观测，掌握裂纹变形情况和地质资料，查清病害原因的基础上，对不同裂损地段，采用不同的工程措施，注意对衬砌漏水、腐蚀等病害，一并综合进行整治，贯彻彻底整治的原则，达到稳定围岩，加固衬砌，确保运营安全的目的；合理安排施工慢行封锁计划，尽量减少对正常运营的干扰；精心测量，保证加固后的隧道净空满足隧限的要求；精心施工，确保锚喷加固衬砌、拱背压浆等项整治措施的施工质量。

小裂缝又无渗水时，可用水泥浆嵌补，或先凿槽后再用 1：1 水泥砂浆或环氧树脂砂浆涂抹，为防止砂浆固结收缩，可在制备砂浆时加入 10%～17%为膨胀剂；裂损严重，拱圈有多道裂缝，部分失去承载能力时，原则上拆除重建，一般用锚网喷或喷射早强钢纤维混凝土；开裂严重，但拱圈基本形状无较大变形时，可采用素喷或网喷混凝土整治。

对严重裂损变形的隧道衬砌，为了保证行车安全和隧道的正常使用，应有计划地进行整治加固。以往作为临时的加固措施和施工安全防护措施，常使用钢拱架支护，当隧道净空足够时，可在衬砌内边架设；净空不富裕时，采用凿槽嵌入衬砌。作为永久性加固措施，在净空富裕时，过去常采用在隧道内增设钢筋混凝土套拱加固的办法；当衬砌严重裂损变形陷入隧道建筑限界的地段，则采用更换衬砌的办法整治。但套拱与更换衬砌的办法，都具有施工进度慢、劳动强度大、工程费用高、行车干扰大等缺点。特别是爆破拆除旧衬砌时，不可避免地要对围岩产生再一次扰动，导致地层压力进一步增大，塌方断道事故时有发生，不仅增加工程处理的难度，而且严重干扰正常运营。

锚喷加固裂损衬砌，喷层与原衬砌之间具有紧密黏结能力，使新旧拱形成刚度更大的组合拱结构，可以恢复和提高原衬砌的承载能力；布设了钢筋网后，大大提高了组合拱结构的抗裂性和抗弯、抗剪强度，因而可大幅度地提高衬砌的承载能力。锚喷加固衬砌新技术比套拱、换拱的旧方法，还具有施工进度快、劳动强度小、工程费用低、行车干扰少、安全可靠性高等优点。

研究试验结果，对既有线模筑混凝土隧道衬砌三心圆尖拱式断面，常见的"马鞍形"不利荷载组合（即拱腰承受较大的地层压力，而拱顶空载情况），在采用钢筋网喷射混凝土加固裂损衬砌的同时，还需要对拱背空隙压浆回填，以增加拱顶抗力，改善衬砌结构外部的受力条件，这也是提高既有隧道衬砌结构承载能力的重要措施。

喷射早强钢纤维混凝土，具有早期强度特别高、抗裂、抗渗、抗震、抗硫酸盐腐蚀性能好等优点，特别适用于运营铁路桥隧建筑物抢修工程、抗震加固和电化前隧道拱顶裂损、漏水的综合整治，对运营隧道裂损、腐蚀病害的综合整治也是适用的技术。

压浆填充拱背空隙，是改善衬砌受力状态，提高衬砌承载能力的一项必要措施。隧道压浆耗费水泥量较大，为了节省水泥和投资，可选用水泥粉煤灰砂浆、水泥沸石粉砂浆、水泥核土砂浆等可灌性好、抗渗性、耐腐蚀性较好的廉价材料。成昆线南段黑井、法拉等座隧道通过含硫酸盐地层，衬砌产生裂损、漏水、腐蚀病害，采用网喷混凝土和压注水泥-粉煤灰砂浆综合整治，取得了较好效果。

改建侧沟、更换铺底，易风化、泥化的泥质岩类隧底，排水不良，铺底容易损坏，产生翻浆冒泥病害，是运营线较常见的一种病害。一般采用改建加深侧沟或增建深侧沟、更换铺底的方法整治。当为黏土质泥岩或为有膨胀特性的页岩时，宜增设仰拱，以防止边墙下沉、内移和隧底隆起。

换拱、换边墙，一般情况下不宜采用。隧道承载力模型试验证明，开裂的衬砌仍然具有一定的承载能力。即使是严重裂损错台，并局部侵限的衬砌，在钢拱架的临时支护下，可采用凿除其侵限部分，加强网喷的办法来恢复和提高承载能力。只有在衬砌严重变形、其断面大部分侵入建筑限界，必须拆除扩大限界的情况下，才采用更换衬砌的整治方法。

第四节　隧道冻害与其防治

隧道冻害是寒冷地区和严寒地区的隧道内水流和围岩积水冻结，引起隧道拱部挂冰、边墙结冰、洞内网线设备挂冰、围岩冻胀、衬砌胀裂、隧底冰堆、水沟冰塞、线路冻起等，影响到安全运营和建筑物的正常使用的各种病害。

一、隧道冻害种类及其危害

（1）拱部挂冰、边墙结冰。

隧道漏水冻结，在拱部形成挂冰，不断增长变粗；在边墙形成冰柱，多条相近的冰柱连成冰侧墙，如不及时清除，挂冰、冰柱和冰侧墙侵入限界，对行车安全造成严重威胁。

（2）衬砌发生冰楔。

隧道衬砌背后与围岩之间若有空隙，则渗透岩层的地下水就会在排水不通畅时积在衬砌与围岩之间结冰冻胀，产生冰冻压力，再传递给衬砌。经缓慢发展，常年积累冰冻的压力楔子似的，使衬砌发生破碎、断裂、掉块等现象。

（3）围岩冻胀破坏。

Ⅳ~Ⅵ级围岩和风化破碎、裂隙发育的Ⅲ级围岩，在隧道冻结圈范围内含水量达到起始冻胀含水量及以上，并在水分迁移和聚冰作用的条件下，围岩产生强烈的冻胀。这时，抗冻胀能力差的直墙式衬砌产生变形，限界缩小，衬砌裂损；洞门墙和翼墙前倾裂损；洞口仰拱坍塌。

（4）洞内网线挂冰。

隧道漏水落在铁路电力牵引区段的接触网和电力、通信、信号架线上结冰。如不及时除掉，会坠断网线，使接触网短路、放电、跳闸，中断通信、信号，危及行车和人身安全。

二、隧道冻害的成因

（1）寒冷气温的作用。

隧道冻害与所在地区的气温（低于 0 ℃ 或正负交替）有直接关系。

（2）季节冻结圈的形成。

沿衬砌周围各最大冻结深度连成的一个圈叫作季节冻结圈。当衬砌周围超挖尺寸大小不等，超挖回填用料不当及回填密实不够产生积水时，则形成冻结圈。

在严寒冬季，较长的隧道两端各有一段长度能形成冻结圈，叫作季节冻结段。中部的一段，因不会形成季节冻结圈，叫作不冻结段。隧道两端冻结段长度不一定相等。同一座隧道内季节冻结段的长度恒小于洞内季节负温段的长度。

隧道的排水设备如埋在冻结圈内，冬季易发生冰塞。在冻结圈范围内的岩土，由于受到强烈、频繁的冻融破坏，风化破碎程度与日俱增，也是冻害成因之一。

（3）围岩的岩性对冻胀的影响。

隧道的季节冻结圈内如果是非冻胀土，就不会发生冻胀性病害。冻结圈内冻土的分布情况决定了发生冻害的部位。如果隧道围岩全是冻胀性土且均匀分布，则冻胀沿衬砌外围对称均匀分布；如果是冻胀性土与非冻胀性土成层状分布，就可能出现冻胀部位不对称和非均匀分布。

（4）隧道设计和施工的影响。

隧道在设计和施工时，对防冻问题没有考虑或考虑不周，造成衬砌防水能力不足，洞内排水设施埋深不够，治水措施不当，加上施工单位未能按规范认真施工等，都会造成和加重运营阶段隧道的冻害。

三、隧道冻害的防治措施

严寒及寒冷地区隧道冻害的防治，其基本措施是综合治水、更换土壤、保温防冻、结构加强、防止融坍等，可根据实际情况综合运用。

1. 综合治水

隧道冻害的根本原因就是围岩地下水的冻结，如果能将水排除在冻结圈以外，杜绝水进入冻结圈，就能达到防止冻害的目的，综合治水是防治冻害的最基本措施。

综合治水要在查明冻害地段隧道漏水及衬砌背后围岩含水情况后，采取"防、排、截、堵"的综合治水措施，消除隧道漏水和衬砌背后积水。具体措施包括：

（1）消除漏水，加强接缝防水，防水材料要有一定抗冻性，以消除接缝漏水；

（2）完善冻害段隧道的防、排水系统，消除衬砌背后积水，并防止冻结圈外的地下水向冻结圈内迁移；

（3）衬砌背后空隙用砂浆回填密实；

（4）排水设施或泄水沟应保证不冻结；

（5）严寒地区可采用中心深埋泄水洞。

2. 更换或改造土壤

将冻结圈内的围岩更换或改造，将冻胀土变为非冻胀土、透水性强的粗粒土或保温隔热材料，从而达到防治冻害的目的。

更换土壤一般是将砂黏土、粉砂、细砂更换为碎、卵石或炉渣，换土厚为冻深的 0.85 ~ 1.0 倍；同时加强排水，防止换土区积水。

改造土壤就是采用压浆固结方法，在砂类土及砾卵石等容易压浆的岩土中注入水泥-水玻璃或其他化学浆固结冻结圈内岩土，消除冻胀性。

改造土壤的另一种方法就是在冻结圈注入憎水性填充材料，使之堵塞所有孔隙、裂隙，阻止土中水分迁移和聚冰作用。

3. 保湿防冻

通过控制湿度，使围岩中水分达不到冰点，达到防冻目的，方法主要有保湿、供热、降低水的冰点。

（1）在隧道内加筑保温层。在消除隧道渗、漏水的基础上，隧道衬砌的内缘（或外缘）或双层衬砌之间加筑一层保温衬层，防止衬砌周围形成季节冻结圈。以消除冻害所采用的保温材料主要有：加气混凝土、泡沫混凝土、浮石混凝土、膨胀珍珠岩混凝上等，一般厚度需要 20 ~ 40 cm。保温衬层的四周应设防潮层，以避免受潮失效，而且不能与结构层共同受力。

（2）降低水的冰点。向围岩中注入丙二醇、$CaCl_2$、$NaCl$，使水的冰点降低，从而降低围岩的起始冻结温度，达到防冻的目的。一般只在紧急情况下用。

（3）供热防冻。供热防冻采用不多，一般只在紧急情况下使用，主要方法有红外线融冰、电热、锅炉采暖等。

4. 结构加强

结构加强是防治冻害不可缺少的措施和内容。对于因冻害而开裂的衬砌，应采取减轻冻害因素的措施。结构加强的主要措施有：加大侧向拱度，使拱轴线能更好地抵抗侧向冻胀；拱部衬砌厚度增加，一般加厚 10 cm 左右；提高衬砌混凝土标号或采用钢筋混凝土；隧底增设混凝土支撑。

5. 防治融坍

隧道洞内要防止基础融沉，可采用加深边墙至冻土上限或冻而不胀层；防治道床春融翻浆，可采用加强底部排水，疏干底部围岩含水或采用换土法。也可采用：加大侧向拱度，使拱轴线能更好地抵抗侧向冻胀；增加拱部衬砌厚度，一般加厚 10 cm 左右；提高衬砌混凝土标号或采用钢筋混凝土；隧底增设混凝土支撑。

第五节　隧道衬砌侵蚀与其防治

隧道衬砌，外侧是围岩，内侧临空，衬砌背后的环境水容易沿衬砌的毛细孔、工作缝、变形缝及其他孔洞渗流到衬砌内侧，成为隧道渗漏水。在某些特定的环境、地质条件下，溶解于环境水中的一些侵蚀性介质，对衬砌混凝土和砌石、灰缝产生物理性或化学性的侵蚀作用。

一、隧道衬砌侵蚀种类及危害

隧道衬砌侵蚀分为物理性侵蚀和化学性腐蚀两类。

隧道衬砌受到物理性侵蚀的种类主要有冻融交替部位的冻胀性裂损、干湿交替部位的盐类结晶性胀裂损坏两种。前者产生的条件是隧道在寒冷和严寒地区衬砌混凝土充水部位，侵蚀的机理为普通混凝土是一种非均质的多孔性材料，其毛细孔、施工孔隙和工作缝等，易被环境水渗透。充水的混凝土衬砌部位，受到反复的冻融交替冻胀破坏作用，产生和发展冻胀性裂损病害，造成混凝土裂损；后者产生的条件是隧道周围含有石膏、芒硝和岩盐的环境水，侵蚀机理为渗透到混凝土衬砌表面毛细孔和其他缝隙的盐类溶液，在干湿交替条件下，由于低温蒸发浓缩析出白毛状或棱柱状结晶，产生胀压作用，促使混凝土由表及里逐层破裂疏松脱落。

隧道衬砌遭受化学性腐蚀，按主要物质因素和腐蚀破坏机理不同分类，有硫酸盐侵蚀、镁盐侵蚀、软水溶出性侵蚀、碳酸性侵蚀、一般酸性侵蚀等 5 种；按程度不同，分为弱侵蚀、中等侵蚀和强侵蚀三种。遭受弱侵蚀的部位，表现为隧道边墙脚附近（季节性潮湿部位）表面起白斑、长白毛，表层 1 cm 以内疏松剥落；或混凝土内部被渗透进去的酸性环境水、软水、

侵蚀性 CO_2 等分解溶出部分氢氧化钙后，结构强度降低，其外观尚完整，但用地质锤敲打表面有疏松感。受中等侵蚀的部位，混凝土表层疏松剥落厚 1~2 cm，强度显著降低。受强侵蚀的部位，表现为隧道拱部、边墙、侧沟等渗水（干湿交替）硫酸盐结晶腐蚀处所，沿裂缝呈条带状或分散的渗水点呈蜂窝洞穴状，析出芒硝、石膏结晶，结构进一步疏松、溃散、露石、脱落；或混凝土内部大量分解溶出 $Ca(OH)_2$，胶结力逐步减弱，强度严重降低，结构逐步溃散。衬砌冻胀性裂损和内部化学变化新生成物结晶产生物理性的胀裂破坏，都不同程度地降低了隧道衬砌的承载能力。

隧道衬砌腐蚀的主要影响因素有：衬砌圬工的质量和水泥的品种；渗流到衬砌内部的环境水含侵蚀性介质的种类和浓度；环境的温度和湿度等自然条件。隧道衬砌腐蚀的主要影响因素有：衬砌圬工的质量和水泥的品种；渗流到衬砌内部的环境水含侵蚀性介质的种类和浓度、环境的温度和湿度等自然条件。

隧道衬砌腐蚀使混凝土变酥松，强度下降，隧道衬砌的承载能力降低，还会导致钢轨及扣件腐蚀，使用寿命缩短，危及行车安全。为确保隧道建筑物的安全使用，应积极对衬砌腐蚀病害进行防治，研究分析隧道产生腐蚀的原因及作用机理，指导隧道腐蚀的预防和整治。

二、隧道衬砌侵蚀的防治措施

隧道衬砌防侵蚀措施，应首先从搞好勘测设计着手，掌握隧道工程地质和水文地质资料，查明环境水含侵蚀性介质的来源和成分，在正确判定其对衬砌混凝土侵蚀的程度的基础上，因地制宜地采取防治措施。

1. 提高衬砌的密实度和整体性

这是提高混凝土抗侵蚀性能最主要，也是最重要的措施。因为不管是混凝土或砌块、砂浆遭受化学侵蚀，还是冻融交替或是干湿交替作用，甚至几种情况同时存在的最不利情况，共同的必要条件是衬砌的透水性。这是因为水及其中侵蚀介质能渗透到衬砌内部，才会发生一系列物理、化学变化，致使衬砌混凝土或砌块、灰缝产生腐蚀损坏。如果在修建隧道衬砌时，采用了防水混凝土（或防水砂浆砌不受侵蚀的石料）作衬砌，提高了衬砌的密实度和整体性，使环境水不能渗入衬砌内部，就可以提高衬砌的耐久性，降低侵蚀的影响。

一般用集料级配法和掺外加剂法配制防水泥凝土，来提高隧道衬砌的密实性和防水性，由于隧道衬砌是现场浇筑，在有地下水活动的地段，往往很难保证防水混凝土的质量，从而影响防水性，因此要采取相应措施。

2. 外掺加料法

腐蚀主要是由于混凝土中游离的 $Ca(OH)_2$ 等引起的，可以采取降低混凝土中 $Ca(OH)_2$ 浓度的措施来达到抗侵蚀的目的。比如：掺加粉煤灰可以除去游离的 $Ca(OH)_2$；也可以掺加硅粉，但由于硅粉颗粒细，施工时污染严重，对环境有害，影响其使用。

3. 选用耐侵蚀混凝土

合理选择水泥品种，尽量改善混凝土受侵蚀的内因（如：对抗硫酸盐侵蚀的水泥要限制C3A含量不大于5%；在严寒地区不宜选用火山灰质水泥等），但目前尚没有完全可以消除腐蚀的水泥品种。将合理选择水泥品种，与优选粗细集料及级配、掺外加剂、减少用水量等项措施结合起来，最大限度地提高衬砌的抗腐蚀性和密实度，配制成防腐蚀混凝土，效果会更好。

目前隧道工程中常用的防腐蚀水泥有抗硫酸盐水泥、高抗硫酸盐水泥、低碱高抗硫酸盐水泥、矾土水泥、石膏矿渣水泥等。

4. 加强衬砌外排水措施

将侵蚀性环境水排离隧道周围，减少侵蚀性地下水与衬砌的接触。目前，在地下水丰富的地区，用泄水导洞法将地下水引至导洞内，减少地下水对主体隧道的影响，一般泄水导洞应根据地下水额活动规律和流向，做在主洞的上游，拦截住地下水。地下水不发育的地区，在隧道背后做盲沟，将地下水排入盲沟，从而减少对隧道衬砌的腐蚀。

5. 施作防蚀层

采用防蚀层是一种对混凝土表面进行处理的方法，把各种耐腐蚀的材料铺设在衬砌混凝土的表面，使之成为一层防蚀层，是提高衬砌抗腐蚀能力的常用方法。

（1）防蚀层铺设面的确定。防蚀层可以设在衬砌外面，也可以设在衬砌内面，对隧道衬砌，一般将防蚀层与防水层合二为一，在衬砌外面铺设。

（2）制作防蚀层。防蚀层按其成型工艺有注浆、抹面、喷涂（喷射混凝土和喷涂料）和块材镶砌等。

（3）伸缩缝、变形缝防蚀。当隧道衬砌的沉降缝、伸缩缝发生腐蚀病害时，一般可在病害发生处做位于衬砌背后的排水盲沟把水排走。如果采用防水措施，可用油膏和胶油嵌缝，缝口再用氯丁橡胶黏合剂粘贴氯丁橡胶，用开卸式塑料止水带或软的聚氯乙烯板条封口。施工缝如果发生腐蚀，可用聚氨酯压浆防水，同时兼有防蚀作用；或预留凹槽，用硫黄胶泥腻缝。

（4）已腐蚀衬砌的加固与翻修。一般的措施有抹补、浇补、镶补等。既有线隧道的普通混凝土衬砌，产生腐蚀病害，应查明病害原因，结合隧道裂损、漏水病害，综合考虑衬砌加固和改善防、排水条件。对于拱部质量较差的衬砌（有裂损、漏水、厚度不足和腐蚀等种病害），一般应在同时考虑衬砌背后压浆后，对衬砌圬工仍存在的局部渗漏采用排堵结合整治，并采用喷射混凝土补强堵漏。成昆线既有隧道裂损、漏水、腐蚀病害综合整治取得的大量成功经验证明：压浆与喷射混凝土，是综合整治隧道裂损、漏水、腐蚀三种病害的有效措施。对不需要补强的大面积渗漏水地段，也可采用喷涂阳离子乳化沥青胶乳或喷射防水砂浆，作成内贴式防水、防蚀层。在凿毛冲洗干净的圬工面上，喷射混凝土和防水砂浆，均具有黏结性好、密实度高（满足抗渗标号 > P8）、质量耐久可靠等突出优点，应优先考虑采用。

复习思考题

1. 简述隧道养护的主要内容。
2. 简述隧道水害与其防治措施。
3. 简述隧道衬砌裂损与其防治措施。
4. 简述隧道冻害与其防治措施。
5. 简述隧道衬砌侵蚀与其防治措施。

参考文献

[1]　铁道部工程设计鉴定中心. 高速铁路隧道. 北京：中国铁道出版社，2006.

[2]　朱永全，宋玉香. 隧道工程. 北京：中国铁道出版社，2008.

[3]　张俊儒. 隧道工程. 成都：西南交通大学出版社，2013.

[4]　隋修志，高少强，王海彦. 隧道工程. 北京：中国铁道出版社，2010.

[5]　铁道第二勘察设计院. TB 10003—2005 铁路隧道设计规范，2008.

[6]　中铁二局集团有限公司. TB 10204—2002 铁路隧道施工规范，2002.

[7]　浙江省交通设计院. TJT 026—90 公路设计规范，1990.

[8]　交通部重庆公路科学研究所. TJT 042—94 公路隧道施工技术规范，1994.

[9]　曹彦国. 隧道. 北京：中国铁道出版社，2003.

[10]　于书翰，杜谟远. 隧道施工. 北京：中国铁道出版社，1999.

[11]　黄成光. 公路隧道施工. 北京：中国铁道出版社，2001.

[12]　李天财，张攀柱. 隧道. 北京：中国铁道出版社，1997.

[13]　钟桂彤. 铁路隧道. 北京：中国铁道出版社，1995.

[14]　陈豪雄，殷杰. 隧道工程. 北京：中国铁道出版社，1995.

[15]　王梦恕. 大瑶山隧道——20 世纪隧道修建新技术. 广州：广东科技出版社，1994.

[16]　齐景岳，等. 隧道爆破现代技术. 北京：中国铁道出版社，1980.

[17]　冯叔瑜，马乃耀. 爆破工程. 北京：中国铁道出版社，1980.

[18]　姜振亚，马培德. 铁路工程结构的构造与施工. 北京：中国铁道出版社，2001.

[19]　铁道第三勘察设计院. 新建时速 300～350 公里客运专线铁路设计暂行规定（上）. 北京：中国铁道出版社，2008.

[20]　铁道第四勘察设计院. 新建时速 300～350 公里客运专线铁路设计暂行规定（下）. 北京：中国铁道出版社，2008.

[21]　中铁一局集团有限公司. TZ 214—2005 客运专线铁路隧道工程施工技术指南，2009.

[22]　关宝树. 隧道工程施工要点集. 北京：人民交通出版社，2003.

[23] 交通部重庆公路科学研究所. JTJ 026.1—1999 公路隧道通风照明设计规范. 北京：人民交通出版社，2001.

[24] 吕康成. 公路隧道运营设施. 北京：人民交通出版社，1999.

[25] 陈建勋，马建秦. 隧道工程试验检测技术. 北京：人民交通出版社，2005.

[26] 重庆交通科研设计院. TJT D70—2004 公路隧道设计规范. 北京：人民交通出版社，2004.

[27] 中交第一公路工程局有限公司. TJT F60—2009 公路隧道施工技术规范. 北京：人民交通出版社，2009.